统文化
究丛书

读"四书"随笔

〔清〕傅士远 著

吴秀华 标点、校注

清华大学出版社

北京

内 容 简 介

"四书学"是对《大学》《中庸》《论语》《孟子》进行阐释的学问。它奠基于宋代朱熹的《四书章句集注》，至明清时代，由于最高统治者倡导尊孔读经，将"四书学"列为科举考试的内容，故"四书学"成为社会显学。影响所及，穷乡僻壤也出现了许多汲汲于"四书学"的学者。河北灵寿人傅士逵即是这样一位学者。傅士逵，字鸿渐，乾隆乙酉科拔贡生，出身书香门第。其家族出了两位尚书——傅永淳和傅维鳞，他们为家族的发展奠定了坚实的文化基础。傅士逵赋资醇笃，庄重不佻，潜心理学，诸名儒著靡不悉心玩索，有所得即随笔记录；并"于圣贤心法咸克钩元扼要而阐其精微，积久遂成《读书随笔》全策"。本书稿既是傅士逵研读"四书"的心得，也是他多年设馆教书的结晶，在当时即得到部分直隶学者的肯定和称赞。本书稿原为抄本，现将其标点校注后出版，使读者见证清代直隶地区"四书学"研究的"热潮"。

图书在版编目（CIP）数据

读"四书"随笔/（清）傅士逵著；吴秀华标点、校注.—北京：清华大学出版社，2020.5
（中华优秀传统文化研究丛书）
ISBN 978-7-302-54176-9

Ⅰ.①读… Ⅱ.①傅… ②吴… Ⅲ.①儒家 ②四书－注释 Ⅳ.①B222.12

中国版本图书馆 CIP 数据核字（2019）第 256590 号

责任编辑：王巧珍
封面设计：傅瑞学
责任校对：王荣静
责任印制：丛怀宇

出版发行：清华大学出版社
　　　网　　址：http://www.tup.com.cn，http://www.wqbook.com
　　　地　　址：北京清华大学学研大厦 A 座　　邮　　编：100084
　　　社 总 机：010-62770175　　　　　　　　邮　　购：010-62786544
　　　投稿与读者服务：010-62776969，c-service@tup.tsinghua.edu.cn
　　　质量反馈：010-62772015，zhiliang@tup.tsinghua.edu.cn
印 装 者：三河市国英印务有限公司
经　　销：全国新华书店
开　　本：170mm×230mm　　印　　张：24.75　　字　　数：383 千字
版　　次：2020 年 5 月第 1 版　　　　　　　印　　次：2020 年 5 月第 1 次印刷
定　　价：76.00 元

产品编号：083350-01

"中华优秀传统文化研究丛书"编委会

整 理 说 明

一、本书以清代傅士逵《读"四书"随笔》抄本为底本，以宋代朱熹《四书章句集注》及当代通行本"四书"为校本整理。此书可称得上是清代乾隆时代的"学术论著"，反映特定时代的儒学学术氛围。作者时常引用前人和时人的学术观点，这在那个时代具有一定的共鸣性。因而阅读本书要与"四书"原文及当时流行的学术著作相对照，方能理解其意。

二、校勘原则

1. 本书对有异文而义相通者，保留底本原文，不予变动。

2. 在脱、误、颠倒等字词处改正或补缺，并在注释中说明。

3. 确认底本原文无误，但与其他文本不同处，在注释中说明，以备参考。

4. 个别因错误明显，便直接在文中给予纠正。

5. 作者原文中有因避讳而改动的文字，如"玄"字写作"元"字，凡此均不再改动，保持原样。此外，个别词语有用语习惯和时代差别，本书保持了原文的样貌。如"原文"的"原"字，作者底本写作"元"，整理时保留了"元"字。"著"字，有时通"着"字，整理时在文中依据上下文的具体情况径改，不再出注。

6. 关于本书的章节次序编排，一依傅士逵底本，二参照"四书"原文。某些节次中，在大的节次里又包含小的节次，如"治国平天下传"中，又包含"慎德节""秦誓节"等，而其编排序号仍统一于"治国平天下"总的序号之下，凡此皆保持原貌。在节次称呼上，个别地方显得较随意，如首节，下面却跟以"下节"的称呼，本书也保持了原貌。特此说明。

三、注释要求

1. 力求简明扼要。遇典故，引证原出处。

2. 参考各家说法，吸收学术界最新成果，择善而从。

3.同词同解,为节约篇幅,于第一次出现时注出,后文出现时写明见前页码,不再另注。

4.本书引用注语较多,如内注、外注、大注、小注等,均指向了特定的书籍,凡此均加书名号。"注"字之前凡冠以姓氏者,如吕注、朱注、杨注等,不加书名号。现做统一说明。

目　　录

序言："四书学"在清代灵寿乡村的回响
　　——清人傅士逮及其抄本"四书学"著作述论 ……………………………… 1

读《大学》随笔 ………………………………………………………………… 13

读《中庸》随笔(上册) ………………………………………………………… 59

读《中庸》随笔(下册) ………………………………………………………… 127

读《论语》随笔(上册) ………………………………………………………… 175

读《论语》随笔(下册) ………………………………………………………… 283

序言："四书学"在清代灵寿乡村的回响

——清人傅士逯及其抄本"四书学"著作述论

  "四书学"是一门对《大学》《中庸》《论语》《孟子》进行阐释的学问。它奠基于朱熹的《四书章句集注》，该书经由儒学后人不断诠择、刊润，日渐发扬光大。元代虽然是少数民族入主中原，但却形成了对朱子"四书学"诠释的盛期，不但朱子《四书章句集注》于1313年被确定为科举教材，而且还出现了朱子理学的"新安学派"。至明清时代，由于最高统治者倡导尊孔读经，将"四书学"列为科举考试的内容，故"四书学"成为社会显学。影响所及，穷乡僻壤也出现了许多汲汲于"四书学"的"学者"。本文要介绍的，正是清代乡村学者的"四书学"研习成果——几部新发现的抄本"四书学"著作。

一、作者傅士逯与灵寿傅氏家族

  抄本"四书学"著作的作者是傅士逯。傅士逯在"四书学"阐释史上虽然名不见经传，但其家族在明清时代却远近闻名。灵寿傅氏原籍江南上元，永乐十九年（1421），明成祖迁都北京，时任锦衣卫亲军指挥使的傅才扈驾北迁，中途奉母单氏卜居于灵寿，因家焉。傅才是灵寿傅氏始祖，至五世傅鸣会时，考中嘉靖己酉进士，傅氏家族开启了科举发家之路，先后有五人中进士[1]、十一人中举、三十九人获得拔贡资格。共有二十多人在官府中任职，其中，傅永淳、傅维鳞父子是佼佼者。傅永淳官至崇祯时期的吏部尚书，傅维鳞官至康熙时期的工部尚书。父子两代尚书，灵寿傅氏从此远近闻名。为表彰傅永淳的功劳，崇祯皇帝敕建"三世中枢"石牌坊。该牌坊高五丈，宽三丈，南北纵一丈，凡五檐三架，至今仍完好地矗立在灵寿县北关村。这见证着傅氏家族曾有过的一段辉煌历史。

---

  [1] 五人为进士，分别是：傅鸣会中嘉靖庚戌科进士；傅永淳中天启壬戌科进士；傅维鳞中顺治丙戌科进士；傅维楷中顺治乙丑科武进士；傅墍中雍正甲辰科进士。

傅士逵的父亲名傅基赐,曾任永平府儒学训导。再往上推,其曾祖傅维楳是傅维鳞的堂弟,曾任江南休宁知县,后因顺治十六年(1659)抗击郑成功围攻南京有功,升为贵州广顺州知州。傅维楳的父亲名傅永清,是傅永淳的兄长,他们的父亲傅铤,是万历庚子举人,曾官陕西岐山县知县。

灵寿傅氏因科举而发家,因而该家族有著述的传统,不少人是官僚兼学者型的人物。傅永淳的祖父傅承问(字岩轩),"博通古今,明心性之宗",是一个醉心于朱熹学说的儒者。傅承问辞官归家后,"构书院与后进讲学",并著有理学著作《俚语集》二卷(又名《一得语》)。在河南共城(今辉县)人程艾生所著的《理学明儒咏》一书中,傅承问的名字与明代许多大儒如薛文清、罗钦顺、刘宗周等并列其间。傅永淳长子傅维鳞秉承家学,著述丰厚,他的《明书》(171卷)、《四思堂文集》(8卷)被收入《四库全书存目丛书》。傅永淳第四子傅维樨的《植斋文集》(2卷)、《燕川渔唱集》(2卷),傅维鳞嫡长子傅燮詷的《史异纂》(16卷)、《明异丛》(10卷)等,也被收入《四库全书存目丛书》。以上可见灵寿傅氏笔耕有成,家学渊深。

傅士逵生活在这样一个重视科第和著述的家族里,深受家族文化氛围的影响,读书科举是其必由之路。据同治《灵寿县志·选举志·拔贡》记载:"傅士逵,乾隆乙酉拔贡。"与他并排在一起的是他的堂兄傅士达,也是拔贡。关于拔贡资格,清代原定六年选拔一次,乾隆七年(1742)之后,改为每十二年(即逢酉岁)选拔一次,由各省学政选拔文行兼优的生员,贡入京师,称为拔贡生,简称拔贡。获得拔贡资格后,再经过朝廷举办的考试,如果合格,就可以充任京官、知县或教职。可见清代对拔贡的才学资质是比较认可的,拔贡也是一条走上仕途的道路。然而傅士逵并没有就此走上仕途,是没有参加朝廷举办的考试,还是没有通过这样的考试,由于没有资料可证,我们不好妄断。与《灵寿县志》记载的简单化相比,灵寿傅氏家谱《傅氏家乘》对傅士逵的生平、学养作了比较详细的记载,其生平情况如下:

> 士逵,行二,字鸿渐,号莲亭,乾隆乙酉科拔贡生。赋资醇笃,庄重不佻。少长,即潜心理学,诸名儒著述靡不悉心玩索,有所得,即随笔纪录。于圣贤心法咸克钩元扼要而阐其精微,积久,遂成《读书随笔》全策。所批《唐诗试帖》,人共服其理法兼备,真引进后学之宝符也。作文务归大雅,不投时向,以故挟册十

上，未能一售。家贫，籍砚田糊口，循循善诱，贤否智愚，悉有所启发。凡列讲席者，恍如披云雾而坐春风，是以邑人争延致焉。其设帐乐羊沟，师东相得。至二十八年之秋闱后，省父于永平府训导署中。适父病遂卒，哀毁骨立，扶榇归里，葬冈头东新茔，承父遗命也。事孀母，养志承颜，以奉甘旨，晨昏无少缺。至当大事，哭泣丧葬，一遵文公家礼，必诚必敬，无少遗憾。平生严以律己，和以处众，允足为乡人矜式焉。载《邑志》。生于雍正甲辰年八月二十九日午时，卒于乾隆壬子年六月二十七日卯时。娶马子骦女，淑慎其仪，治家有法，亦称内有贤助云。生于雍正乙巳年二月初十日子时，卒于嘉庆十七年四月十五日巳时。合葬冈头东新茔。生子三：泌存、牖存、麓存。牖存，出继堂兄士达；麓存，出继从堂兄士遴。女二：一适平山郝喆，一为兄士达所抚[1]。

从上面这段资料看，傅士逵以教书糊口，教读之余，于"诸名儒著述靡不悉心玩索"，完成了"《读书随笔》全策"，同时还"批《唐诗试帖》"。他参加了十次科举考试，终"未能一售"。然其为人和学养，却得到了时人称赞。除《读"四书"随笔》著作外，傅士逵还有《雏音偶弄》一卷，及遗文八篇。《雏音偶弄》是一部抄本诗词文集。傅士逵在该集序言说：

> 余早岁见邑前辈于春花秋月之辰，每濡墨挥毫，以抒一己之怀，以遣一时之兴。虽才愧雕龙，而情殷附骥，因不辞效颦之丑，妄弄管城[2]，制为俚句……后为大人所窥，督之曰："学者自有正业，诗词小技，非时所急，奈何以有用之心思，置无用地也？"余尊父命，复为病所苦，十数年来，遂屏不复作。客岁奉天子诏，乡、会两场增五言八韵排律一首，科岁试增六韵一首。因念昔虽染指，而毫无巴鼻[3]，今功令昭彰，依然茫无以应，愧报之余，检敝箧中，复得旧所为诗数十首。按之类，皆巴人下里之词，难入巨匠宗工之目。

傅士逵的《雏音偶弄》仅一卷，非鸿篇巨制。从其序言中，可知诗词在乾隆早

---

[1] 在傅士逵的传记里，称此女"适柏乡监生魏翌"。这段引文见于《傅氏家乘》，该《家乘》具体情况后文第六页有介绍。

[2] 管城：毛笔的别称。

[3] 巴鼻：来由、根据的意思。

期于乡间被排斥的情况。只是因为成了科举考试的一项内容,诗词才被乡间读书人捡拾了起来。可见在科举年代,一切文学艺术都受制于科举指挥棒的影响。

二、傅士逵"四书学"著述基本情况

傅士逵著有《读"四书"随笔》十卷,现存五卷(缺失《读〈孟子〉随笔》)。

即使现存的五卷,总字数已达四十万字左右,可谓是傅士逵心血结晶。这些著述均为手抄本,未刊刻过,抄写极为工整。它们采用统一的抄写格式,封面均标注"先世遗稿",下注"敬睦祠藏本"字样。"敬睦祠"是灵寿傅氏家族的家祠,里面存放着傅氏家族先人的著述。该家祠由于傅氏仕宦者日渐稀疏而破败,这些著述则被傅氏后人收藏于各自家中。抄本版高 20 厘米,宽 15 厘米,每页九行,每行二十字。个别页码上端有眉批。傅士逵现存于世的"四书"著述有:

1.《读〈大学〉随笔》

该书首页第一行标注"读大学随笔",第二行下移三个字,标注"灵寿傅士逵鸿渐氏著",第三行左下位置标注"侄孙耀曾校字"。版心位置注"大学随笔"。关于傅耀曾,《傅氏家乘》称他:"行一,字述先,一字继昌,号光亭,邑庠生。生于道光元年三月初二日申时,卒于光绪四年(1878)五月十七日。"可见傅耀曾也是当时灵寿乡村中的一个文化人。

《读〈大学〉随笔》一书,共一百三十四页,五万余字。作者开头先是对朱熹《四书章句集注》中序《大学》的言论进行了解读,继之,以节次方式,对《大学》原文进行了阐释。中间部分,作者还将《大学》一书分成若干"传",进行详析,如《明德传》《新民传》《至善传》《本末传》《格至补传》《诚意传》《正心修身传》《修身齐家传》《齐家治国传》《治国平天下传》。这些节次和"传",与《大学》原文呈现的前后顺序一致。

2.《读〈中庸〉随笔》

该书分上下两册,版心位置注"中庸讲义"四字。上册首页标注"读中庸随笔",至《中庸》第二十章结束。下册自第二十一章开始,至第三十三章结束。上册共二百零四页,下册共一百六十页。全书字数达十余万字。

3.《读〈论语〉随笔》

该书分上下两册,版心位置注"论语讲义"四字。上册首页是傅士逵撰写的

《论语序说》，由该序说开始，至"公冶长第五"结束。下册由"雍也第六"开始，至"乡党第十"结束。上册共二百九十八页，下册共二百九十页，全书字数近二十万字。就整部《论语》来说，这仅是半部，下半部已失。但从形制上把该书分上下册看，它也是一部完书，因为古人有半部《论语》治天下之说。

4.《读〈孟子〉随笔》

该书三卷，惜未能保存下来。

据傅氏后人介绍，傅士逯的"四书学"著述，原有十卷，现仅保存有五卷。而散失的五卷，应包括《读〈论语〉随笔》两卷，及《读〈孟子〉随笔》三卷。

需要说明的是，现存抄本"四书学"著作，并非由傅士逯抄写，而是由同治年间的傅氏后人傅宗善等人抄写。傅宗善（1823—1879）在《〈先世遗稿〉记事》一文中说：

> 丁卯（指1867年——笔者注）暮春，族侄耀曾、族孙思垀等就予商修先人遗书。以全帙半多残缺，更有散失不能尽睹者，恐其愈久愈失，考订无从。且以先祠祭田余资无多，必大家输捐方能成此事。予闻之而欣然，继复慨然，欣犹子辈知先人之手泽不忍听其散失，此亦见先人之教泽于尔等犹未泯也……维时急，允其议，遂走函族众之散居四方者。族众亦同心协力，乐此举之有成，而得闻所未闻者，继且读所修之全帙矣。呜呼，何其一心若是哉！或先灵在上，有所默启我后人者，而众遂降心相从乎？乃命耀曾等分督其事，勿草率，勿遗漏，勿始勤终惰而迁延岁月。能搜寻者复搜寻之，能完补者复完补之。全书虽缺而汇为一部，分世次，订前后，俾览者开帙便觉历历在目，井井在心，庶几先人当日心血之所挥洒，其灵爽复鉴于今兹也乎？自丁卯夏起，至己巳冬，功告竣，即述其颠末如此云。同治己巳（指1869年——笔者注）十月，十四代孙岩举命宗善秉笔。[1]

这是傅岩举命侄子傅宗善撰写的傅氏遗稿"整理说明"。此文载于《傅氏家乘》"文录补钞"中。关于《傅氏家乘》，亦为抄本，是灵寿傅氏家族的家谱。该家乘修于清代康熙年间，由傅永淳第四子傅维檽（1643—1722）编撰。傅维檽，字培吾，号霄影，国子监生，十六岁时因患头风病伤左目而弃举子业，肆力于经史，著有《灵

寿县志稿》[1]《植斋文集》《燕川渔唱诗集》，后二书入选《四库全书总目》。《傅氏家乘》自傅维楒创编后，后人对其多次续修和重修，目前保存下来的家乘共两套：其一为民国六年(1917)续修，封面有"思郁题签"字样；其二为民国十九年(1930)增修，封面题"思珉题签"字样。两套家乘内容基本重合，区别仅在于"思珉题签"的家乘分上、中、下三部分，上部为宗图、宦迹、封赠、祠坊、茔域、表志、文录、文录补钞、诗录汇集，中部和下部为一至二十世灵寿傅氏家传谱系。"思郁题签"的家乘去掉了上部内容，仅保留了中部、下部内容。该家乘前有曾任灵寿知县陆陇其及福建长汀名士黎士宏撰写的序言。陆氏署"赐进士出身知灵寿县事，平湖陆陇其拜撰"字样；黎士宏署"康熙三十四年岁次乙亥季春长汀黎士宏拜撰"字样。同治年间参与遗稿整理工作的傅岩举、傅宗善等人的生平情况，《傅氏家乘》"家传"部分均有记述。傅岩举(1789—1870)，字梦符，灵寿傅氏第十四代传人。因幼年家贫，弃儒为吏，中年好音乐，金石丝竹各得其妙。傅宗善，字佑常，号少簏，郡廪生，是灵寿傅氏第十五代传人，著有《守拙斋小草》《傅氏编年纪略》等。傅耀曾(1821—1878)，字述先，一字继昌，号光亭，邑庠生，灵寿傅氏第十五代传人。傅思牲(1828—?)，字鹿溪，邑庠生，后移居山东昌邑县土山镇，是灵寿傅氏第十六代传人。正是由于以上傅氏后人发起的对先世遗稿的搜集誊抄活动，使得傅氏先人著述得以保存下来。傅宗善等人原打算刊刻这些遗稿，却因财力不足而作罢，一直以抄本形式保存至今，最终由河北省图书馆复印收藏。

三、傅士逵"四书学"著述的特点

其特点有四：

一是傅士逵对"四书"原文有熟练掌握，可看出他长期设帐教学的深厚功底。从某些章节看，"四书学"著作是他教学讲义和读同类"四书学"著作的心得感受。如下面这段话堪可证明：

> 首句字字有味，不曰"丧"，而曰"终"者，父母于此永终，断不可忽。但人当此急遽匆迫之时，往往忽之，故用"慎"。"慎"有事事精详，不敢一毫留悔

---

[1] 1976年，台湾成文出版社出版的"中国方志丛书"，即包括这部县志，署名"卫秦龙修，傅维楒纂"。

意。不曰"祭"，而曰"远"者，见一脉相传，虽远不可忘。但人当时移物换之后，往往忘之，故用"追"。"追"有属目伤心，想象不忘之意。《古注》[1]以"哀敬"贴之，《集注》易以"礼诚"，方于"慎"、"追"二字有体会，方尽"德厚"之致。当时在上者多忽此。如"三年之丧，莫之行；禘自既灌而往，不欲观"之类可见。故曾子为此言。《注》"盖终者"五句，是将白文二语上下打通，泛论道理如此。下四句方贴"人"说。"忽则不尽礼"对"慎"字；"忘则多不诚"对"追"字。

此节看来，是以下句回抱上句，不当以上句想象下句。《蒙引》"民德归厚，亦是慎终追远，而各念所生"，《困勉录》曰："'厚'字宽说，不必指'丧祭'。"二说不同，看来当以《蒙引》为主，参用《困勉录》方备。云峰"惟民生厚"之说本杨氏[2]，《或问》驳之。看来似亦可用，俟再详定。"民德""德"字，《蒙引》只作"民心"看。按：直作"德"字看，似亦可，再详。

这段话深入《论语》中的具体字句，旁及它的篇章结构，语气有明显的针对学生理解的意思。作者又结合前人的解释，通过比较，指出其中的对错，便于学生理解其中的字句及意涵。故说它是基于讲义的著作，吻合事实。更何况《〈中庸〉随笔》的下册，作者更直接称为《〈中庸〉讲义》。

二是引用广博。正如《傅氏家乘》所说，傅士逵于"诸名儒著述，靡不悉心玩索"。他所"玩索"的名儒著述不下几十种，比较著名的有：朱熹《四书章句集注》《四书或问》，蔡清《四书蒙引》，陈栎《四书发明》，胡安国《春秋传》，杜预《春秋左氏经传集解》，陈琛《四书浅说》，饶双峰《五经讲义》，谢良佐《论语说》，胡炳文《四书通》，黄榦《四书纪闻》，曹端《四书详说》，张栻《四书存疑》，黄越《四书义疏》，许谦《读四书丛说》，张振渊《易经说统》，张甄陶《四书翼注论文》，胡备五《四书撮》，林希元《四书存疑》，秦宫璧《章句大全》，王肯堂《论语义府》，王遂升《殖学斋四书大全》，汪武曹《四书大全》。另有"二程"、王阳明、罗汝芳、金履祥、吕留良、仇沧柱、

---

[1]《古注》：指《十三经古注》。此书由东汉郑玄等人编注。

[2] 杨氏：指杨时（1053—1135），字中立，号龟山，祖籍弘农华阴（今陕西华阴）人。北宋哲学家。先后学于程颢、程颐，同游酢、吕大临、谢良佐并称"程门四大弟子"。以龙图阁直学士专事著述讲学。晚年隐居龟山，学者称"龟山先生"。著有《二程粹言》等。

陆陇其、管志道、王步青、汤斌、吴默等人的著述。此外,傅士遫对先秦以来儒家其他著述也多有涉猎。这种涉猎,往往使他在探讨问题时能够进行比较,从中看出问题之所在,从而得出比较客观的结论。由以上所列书名,可见傅士遫读书之多、涉猎面之广。这正是其著述虽产生于穷乡僻壤,但学术境界和研究视域并不窄陋的原因之一。

那么,傅士遫如此规模的藏书从何而来? 应当说,这些图书大部分来自于傅氏家族的世代积累。前面已经提到,灵寿傅氏家族在明清时代产生了两位重量级的人物:一是明末官至吏部尚书的傅永淳;二是清初官至工部尚书的傅维鳞。除他们二人外,其他考中举人、进士者也不在少数。可见灵寿傅氏家族是个因科举而发家的家族,这就意味着其家族的藏书必然丰富。从傅维鳞以一己之力独自撰写《明书》一百七十一卷来看,没有丰富的藏书和相当的知识积累,是难以完成这样的撰述活动的。尽管从康熙六年(1667)傅维鳞去世,到乾隆乙酉傅士遫获得拔贡资格,时间已经过去了将近百年,但傅氏家族的书香一脉并未断绝。这正是傅士遫能够坐拥书城,完成其"四书学"著述的重要原因。

三是傅士遫对"四书"典籍的解读十分精细。大到篇章结构,小到其中的一字一句,无不进行详细解读、比较、评析,指出前人的优点或失误,务求使问题得到合理的解释。这之中既反映了他本人对"四书"原文的理解,也体现了他对前人和当代学者学术观点的取舍,可谓独立性十足。

四是从语言角度来说,本书不少地方有口语化色彩,显得比较生动,这大约与傅士遫长期设帐教书有关。另外,由于作者多次参加科举考试,受八股文的影响较深,故该书有较浓厚的八股色彩。八股文讲究排比、对偶,故本书中的此类句子较多。如下面两段对偶的话:

> 惟道之不行,因乎不明,是必真能知得。若"谈虎色变"之说,则道自无不行。此行道之功,原从真知出,自然行得极其精实,而足副乎中庸矣;
>
> 惟道之不明,因乎不行,是必实能行得。若"如好好色"之说,则道自无不明。此明道之功,原从笃行出,自然明得极其精切,而足副乎中庸矣。
>
> ——《读〈中庸〉随笔》第四章

> 天地万物之理充塞于吾心,而略无间隔,本是广大底,只苦蔽于私意耳。

不以一毫自蔽,则致广大矣;

　　天地万物之理融彻于吾心,而略无撑覆,本是高明底,只苦累于私欲耳。
不以一毫自累,则极高明矣。

——《读〈中庸〉随笔》第二十七章

　　类似排比、对偶的句子,在傅士逵的著作里还有很多。尽管人们对八股文印象不佳,但这种文体却能反映出作者学养深厚、功力超凡,也反衬出傅士逵对其著述活动的高度重视。当然,文中也有一些比较迷信的思想观念。如傅士逵谈某些人的转世问题称,"及强壮而猝死,其气未归大造者,偶然感触,又复为人。此亦如虫鸟化生之类,于理亦自可信,然不过偶一有之,必非人尽如此也"。这段话不由得使我们想起《牡丹亭》中一个场面:

　　　　〔末〕禀老判,此女犯乃梦中之罪,如晓风残月。且他父亲为官清正,单生一女,可以耽饶。〔净〕父亲是何人?〔旦〕父亲杜宝知府,今升淮扬总制之职。〔净〕千金小姐哩。也罢,杜老先生分上,当奏过天庭,再行议处。〔旦〕就烦恩官替女犯查查,怎生有此伤感之事?〔净〕这事情注在断肠簿上。〔旦〕劳再查女犯的丈夫,还是姓柳姓梅?〔净〕取婚姻簿查来。〔作背查介〕是。有个柳梦梅,乃新科状元也。妻杜丽娘,前系幽欢,后成明配。相会在红梅观中。不可泄漏。〔回介〕有此人和你姻缘之分。我今放你出了枉死城,随风游戏,跟寻此人。〔末〕杜小姐,拜了老判。〔旦叩头介〕拜谢恩官,重生父母。则俺那爹娘在扬州,可能勾一见?〔净〕使得[1]。

　　杜丽娘因梦而亡,判官怜其死于非命,允其离开枉死城,随风游戏,跟寻柳梦梅其人。汤显祖是不是有神论者,我们不得而知,但他描写的这种情景和场面,足可使许多人相信,冥冥之中另有一个世界。无疑,傅士逵即是这许多人中的一个,他的思想观念有其时代局限性。

四、傅士逵"四书学"著作的影响

　　傅士逵"四书学"著作,并没有能够刊刻,但这并不意味着它们不会产生影响。

────────────

〔1〕　[明]汤显祖著,吴书荫校点:《牡丹亭》,62页,沈阳,辽宁教育出版社,1997。

按说,傅士逵如此倾尽心血的著作,应当想尽办法刊刻流传,以便名垂青史。为何却没有刊刻流传呢? 最主要的原因是缺乏资金。傅士逵作为一个靠舌耕糊口的乡儒,没有能力刊刻如此多的卷帙。虽然祖上曾经辉煌,但那毕竟是一百年前的事情,灵寿傅氏家族整体的衰败,使得傅士逵没有能力将其心血之作刊刻付梓。故而尽管傅士逵在当地赢得了不错的声誉,但其著述活动却不为更多的外人所知,这使得他的名声难以播于穷乡僻壤之外。

当然,傅士逵在"四书学"方面的造诣,在当时也产生了一定的影响力。如南皮人张太复(1747—?)在《秋坪新语》中说:"灵寿傅鸿渐为一邑名宿,设馆于城北之乐羊沟[1]。静海异士毛士流寓至灵,见鸿渐而深相契,常与之往来互质焉。"傅宗善对这段话加注语曰:"吾邑乡先辈尝言,鸿渐公与一瓢子谈及《论语》,公日两论圣贤精神,瓢子曰:'吾有得焉。'退居鲁柏山[2]之芙蓉楼,作《请看鸳鸯》,以相印证。"[3]

据考,张太复,字静旆,号春岩,别号秋坪,今河北南皮县人。《大清畿辅先哲传》卷二十五有其本传。传中称:

> (张太复)博学能文,尤长于诗。乾隆丙申,上东巡,献赋津门,诏在翰林院四库书誉录。四十二年,选拔贡生,授浙江太平知县……改迁安县教谕。性好游,尝南浮江淮,西登太行,东走历下,再至钱塘、吴门。怀伟抱,负奇气,激昂振奋,一泄之于诗。大江南北诗人,如阳湖洪亮吉、遂宁张问陶皆慕与交。年七十余,驰骑射鹄如少年。书舍一区,琴书几榻,潇洒夷旷。舍外茂树连云,皆数百年物,所谓"因树山房"者也。其诗跌宕淋漓,神味渊永,独来独往,有不可一世之概。间作小画,秀逸超众。书法出入晋唐,论者有郑虔三绝之目。自作生传,营圹,题曰"诗人张太复之墓"。

毛士(1728—1799),字誉斯,一字若人,号梦蝶,别号一瓢子,直隶静海县人。清代著名经学家。毛士自幼聪慧过人,十三岁应童子试,登榜首。后游学于正定、灵寿、无极、深泽、晋州等地。矢志研究《春秋》,食宿艰苦,每日手持一瓢,沿街乞

---

〔1〕 乐羊沟:村名兼地名。相传战国时,魏将乐羊伐中山,灭之。魏文侯封乐羊于此居住,此地后名乐羊沟。

〔2〕 鲁柏山:灵寿境内的山,位于灵寿县西北部一带。

〔3〕 见抄本傅宗善《先世遗稿总目·鸿渐公》。

讨,夜宿荒野破庙。后学问大成,著书多卷。其才学受到当时权贵的器重,九门提督和珅荐其为官,毛士并未接受。平生以游览天下为趣,历辽东,浮江汉,游陕闽,越巴蜀,下豫鲁,历览胜水名山,嘉庆四年(1799)卒于晋州。毛士著述很多,有《一瓢子诗草》《四书语录》《五经注疏》《三传驳语》《梦蝶集》《说陶》等,可谓是乾隆年间的著名学者。傅士迷能得到张太复、毛士的肯定,说明其学术造诣非同一般。

▶读《大学》随笔◀

著

姪孫耀曾校字

子朱子章句序大學之書古之大學所以教人之法
也按教人之法即是堯舜之道益道統開自中天祖
述者孔子闡發者曾思接往聖開來學皆使人各得
其本性之所有按朱子以中庸為推本禹謨精一執
中四句之旨則大學即推本堯典克明俊德一段之
義格致誠正修以明其德即所謂克明俊德者也齊

《大学》序说〔1〕

子朱子《〈章句〉序》〔2〕："《大学》之书,古之大学所以教人之法也。"

按:教人之法,即是尧舜之道。盖道统开自中天,祖述者孔子,阐发者曾思。接往圣,开来学,皆使人各得其本性之所有。

按:朱子以《中庸》为推本《禹谟》"精一执中"四句之旨,则《大学》即推本《尧典》"克明俊德"一段之义。格致诚正修〔3〕以明其德,即所谓"克明俊德"者也。齐治平〔4〕以新其民,即所谓"以亲九族,平章百姓,协和万邦"者也。盖道统开自中天,祖述者孔子,阐发者曾思。《学》《庸》〔5〕两册皆是绍述尧舜之道,古今原无二理,前圣后圣只此一脉相传而已。

《成均课讲》〔6〕:"《大学》《中庸》皆发明圣人'一贯'之道。'明德'即一也。一者,诚也。'诚意'正是求'一'紧要工夫,能诚其意,则'明德'在我,而修己治人一以贯之矣。"又曰:"曾子〔7〕闻'一贯'从'忠恕'入手,故《大学》'修身'以上,只做得一个'忠'字工夫;'齐家'以下,只做得一个'恕'字工夫,此一书先后本末之意。"

---

〔1〕 标题原无,由整理者添加。

〔2〕 子朱子《〈章句〉序》:子朱子,指宋代理学家朱熹(1130—1200),字符晦,又字仲晦,号晦庵,晚称晦翁,世称朱文公,徽州府婺源县(今江西婺源)人。南宋著名理学家、思想家、哲学家、教育家,儒学集大成者,世尊称朱子。朱熹是理学家程颢、程颐三传弟子李侗的学生,曾任江西南康和福建漳州知府、浙东巡抚,官至焕章阁待制兼侍讲。朱熹著述很多,有《四书章句集注》《太极图说解》《四书语类》等,后人辑有《朱子大全》。其中,《四书章句集注》是后代钦定的教科书和科举考试的标准教材。《〈章句〉序》是朱熹为自著《四书章句集注》一书所作的序言。章句包括《大学章句》《中庸章句》,集注包括《论语集注》《孟子集注》。在本书中,《四书章句集注》有时被简称为《注》。

〔3〕 格致诚正修:指格物、致知、诚意、正心、修身。

〔4〕 齐治平:指齐家、治国、平天下。

〔5〕 《学》《庸》:指《大学》和《中庸》二书。

〔6〕 《成均课讲》:成均,周代大学名。唐高宗改国学为成均监,后"成均"一词指官设最高学府。课讲,封建时代官学里讲解"四书""五经"的讲义,清代钱大昕编《四书课讲》,胡统虞编《成均讲录》,本书所说《成均课讲》,指当时官学里四书类讲义教材。

〔7〕 曾子(前505—前435):名参,字子舆,山东武城人。孔子弟子。

按：此二条以"一贯""忠恕"疏全书，总以"明德"为本，最为得旨圣经。纲领、条目[1]分作两段，需前后互照看。前似议论，然正从条目中举其几；后是叙述，然正纲领中核其实。前后两"本"字相应，前就本末、始终指出次序，后归到"为本"，标出要旨。"修身"即是"明明德"，通章归重在此。末二节反复发明，再三咏叹，圣人提醒学者之意可见矣。十传总重此意。"止至善"后段不再见，然须一一体会出，方得其意。

首节

大学者，大人之学也。《或问》[2]云："对小子言。"

按：此似指成人说，然不可泥看。对"小子"，则"大人"固是以"年"论，然谓之"大人"，又须以"德"论，即"正己而正物"之"大人"也。盖吾儒到成人时，不徒以"年"大，尤必以"德"大，故谓之曰"大人"。不然，是成人而已，安足言"大"哉？

"德"即"固有之德"，天命之性是也。冠以"明"者，以其具澄澈之众理，而无一丝污染，是为虚明。应参差之万事，而无一时顽钝，是为灵明。盖以本然之心，而主此固有之理，故曰"明德"也。《课讲》云："经意尤重'明'字，与他处概言'德'者不同。"

《成均课讲》曰："虚灵不昧者，心也。具众理，应万事者，统性情也。'性'即'心'之体，'情'即'心'之用，此天所以'无我'之大体，故曰：'人之所得乎天。'朱子释'明德'，是举'心之全体大用'而言也。"又曰："虚者明之体，灵者明之用。具众理者，明涵于内；应万事者，明照于外。"二条解《章句》最明晰。

"虚灵不昧"，是说心具众理；"应万事"，是说性情要知。惟其"虚灵不昧"，所以"能具能应"；亦惟其有此"能具能应"者，方谓之"虚灵不昧"。上下一串，而不相

---

[1] 纲领、条目：指三纲、八目。三纲，指明明德、亲民、止于至善。八目，指格物、致知、诚意、正心、修身、齐家、治国、平天下。

[2] 《或问》：指朱熹《四书或问》一书，此处简称《或问》。

离。陆清献〔1〕从下截看出上截,薛文清〔2〕从上截看出下截,是各就一边说,《课讲》轩轾之,殊不必。

"具众理","德"蕴于中;"应万事","德"发于外。心具乎"理",故曰"德";"理"宰以心,故曰"明德"。

大学成己,必兼成物,何也?是大道为公之心也。盖圣人立教之心,即是天地之心。天地之心只是尽道,原不分别人物彼此,理应如是,即便如是。

"四时行,百物生,雷以动之,风以散之,雨以润之,日以煊之";"无私覆,无私载",一处不尽道,便不是天地之心。

圣人以天地之心为心,其心亦只知有道而已。我与人同在道中,不分人我。一处不尽,便于道有欠缺,便不慊圣人之心。试以"道"论,人有欠缺,与我有欠缺何以异?苟于人不妨不尽道视为无妨,则我亦可以不尽道矣;于一人不妨不尽道,则我亦可以有时而不尽道矣,而可乎?此即大道为公之心所以成己,必兼成物也。

"亲民"之"止至善",《蒙引》〔3〕就"在上者"说,《存疑》〔4〕就"民"说,当以《存疑》为主。又,前"王不忘"〔5〕节,《章句》却指"在上"说。

愚按:《或问》《语类》教民"止至善",自是经文正意,然必上之政教法度,一一"至善",乃能教民"止至善"。此意即藏里许,故传文又以"在上"言也。

"止至善",即《中庸》之"中",圣人非以精深道理强人以难能,必如此,方与道无欠缺处。朱子训"至善",有极好、恰好二说。论字义,"极好"为切,而"恰好"却是实义。缘才不"恰好",便于道有亏缺处,岂圣人以道教人之意?

"至善"二字,不可惊为高远,朱子以"极好"解之,正如俗云"妥当"之说。往常

---

〔1〕 陆清献:指清代理学家陆陇其(1630—1692),字稼书,浙江平湖人。康熙九年进士,历官嘉定、灵寿知县,后任御史,卒谥清献。陆陇其学崇程朱,得其正宗,著有《三鱼堂文集》《困勉录》《松阳讲义》等。

〔2〕 薛文清:指薛瑄(1389—1464),字德温,号敬轩,山西河津人。薛氏是明代理学家,河东学派创始人。历官通议大夫、礼部左侍郎,兼翰林院学士。薛氏卒后谥文清,后世称其"薛文清"。著有《薛文清公全集》四十六卷。

〔3〕 《蒙引》:指《四书蒙引》,后文亦简称《引》。作者蔡清(1459—1509),字介夫,号虚斋,明代福建晋江人。成化进士,官至南京国子监祭酒。学宗朱熹。

〔4〕 《存疑》:明代学者林希元著《四书存疑》。林希元,字懋贞,福建晋江人。正德十二年(1517)进士,历官云南金事,坐考察不谨罢归。

〔5〕 "王不忘":语出《大学》,《诗》云:'於戏,前王不忘!'意思是前代君王的思想不能被忘记。

谈及晋时老兵追论诸葛武侯"事事妥当"之语[1]，马惟抑[2]先生云："谈何容易！惟我孔子，乃可言'事之妥当'耳。"窃以之诠"至善"，应属不易，盖"当"则"善"矣，"妥"则"至"矣，"当"而且"妥"，正谓"于理无纤毫可议"也。

此与圣人人伦之至，君臣必法尧舜，孟子愿学孔子，是一副道理。

二节

"有定"，《章句》以"定志"言；《或问》《语类》以"定理"言。《大全》陈新安[3]谓："兼二说，义始备。"

按："志有定向""向"字，内即包有"定理"在。知此意，则"定""静"字自分晓。

《语类》"能安以地位"，言"在此此安，在彼彼安，富贵贫贱无适不安"。此在未应事前说心安，于理故身无在不安，总无飞扬浮躁，张惶杌陧[4]之行，故事来能虑。

"知止能得"，中间罗列四层，乃极形真知景象，以见必能"得止"之故。"定""静"，谓真知不惑也。"安"，即乐道闲适也。"虑"，则缘安闲而能精细，直逼向"能得"去。

"知止物格"，《章句》《或问》俱就"成功圆满时"说，《语类》却有作活看者。阶级不限定一等，必如此，说理方圆。不然，初学便全无"行"一边工夫了。但论大阶级，必"全知至善"了，方能全得，"至善而止之"自是正说。

《蒙引》"八条目"中，节节有个"止至善"，在《课讲》"格致"下"六目"中，节节有个"定静""安虑"在。二义人多忽略，要旨确不可易。

----

[1] 晋时老兵追论诸葛武侯"事事妥当"之语：据载，东晋桓温伐蜀时，遇见一个经历诸葛亮时期、年过百岁的小吏。他厉声问小吏："今天谁可与诸葛丞相比？"小吏答曰："诸葛在时，不觉得有异。自他死后，无人可以与他相比。"冯梦龙在《智囊》中引用桓温和小吏的故事，他在故事后面写道：为人处事最难做到的就是处处恰当，事事妥当。本处"事事妥当"之语，当取自冯梦龙《智囊》。

[2] 马惟抑：指马曾鲁，字惟抑，又字唯一，河北灵寿人。清乾隆进士，选为庶吉士，后任贵州思南知府。

[3] 《大全》陈新安：《大全》，指《四书大全》，胡广等人奉旨编于明代永乐年间。本书凡《大全》所引前代理学家的说法，均采用"《大全》某某"格式。陈新安，指陈栎，字寿翁，一字定宇，晚号东阜老人，安徽休宁人。休宁古属新安郡，故人称陈栎"新安陈氏""陈新安"。陈栎是宋末元初理学家，学崇朱熹。陈栎于宋亡后隐居著书，学者称其"定宇先生"，著有《四书发明》等。

[4] 杌陧：不安的样子。

《课讲》将第六传《章句》"审"字，七八传《章句》"察"字，皆作"虑"字看，颇具只眼。

三节

二"有"字，乃大学之道中所本有者，故"知先后"则近"道"。"知所先后"，《大全》卢玉溪[1]谓："起下两节'先后'字。"近说驳《大全》则谓："与下文总无干涉。"

愚按：此处文义是结上，不是起下，然自与下意打通，下文又自是承此说也。《汇参》[2]说活甚。"知先后"，《蒙引》就"已用功"说，《困勉录》似就"未用功"说，看来可兼用。玩《或问》却不必拘，总是要就"用功底"说。在"未用功"者，"知先后"则举步得路；在"已用功"者，"知先后"则前路不迷。《汇参》云：《章句》谓此'结上文两节'，而玉溪卢氏谓：'不特结上，亦以起下'。"虽非语气，血脉自通。但以"先后"字分配下两节，则太泥。

四节

详叙古人为学之法。其"不平"列"八目"，而"先后"云之者，示人"循序以入"意最切。至数"者"字，乃想象推本之意。

"明明德"于天下者，推己之"明德"及于天下也。《蒙引》贴"己"说，与《或问》合。玩首节《章句》，《蒙引》自不可易。

不曰"善其意"，而曰"诚其意"，李立侯[3]论《诚意传》曰："《或问》云人性本有善无恶，故人心莫不好善恶恶。溯本而论，以见意之无不善也。据《或问》看，'意'字甚真，以故经文不曰'善其意'，而曰'诚其意'也。且次序在'格致'之后，已

---

〔1〕卢玉溪：指卢孝标，字孝孙，号玉溪，寄籍福建福州，南宋理学家。官翰林博士。曾在福州北园山下筑玉溪草亭，讲学著书，听者甚众，学者称"玉溪先生"。著有《玉溪文集》《得闲堂集》。

〔2〕《汇参》：指《朱子四书本义汇参》。作者王步青（1672—1751），字罕皆，又写作汉阶，号己山，江苏金坛人。雍正元年（1723）进士，改翰林院庶吉士，授翰林院检讨，以告归。著有《己山文集》等。

〔3〕李立侯：指李清植（1690—1745），字立侯，别号穆亭，清代福建安溪感化里（现湖头镇）人。大学士李光地之孙。雍正二年（1724）登进士，钦点翰林院庶吉士。五年（1727）授编修。七年（1729）典江南乡试。八年（1730）补右春坊中允。不久，迁翰林院侍讲，出督浙江学政。乾隆元年（1736），补翰林院侍读，充日讲起居注官。八年（1742），升右庶子，擢詹事府詹事，授三礼馆副总裁，升内阁学士兼礼部侍郎，主持校刊"十三经"等。李清植崇朴实，弃浮华，以经学育士，劝导学者沿宋儒的道路研讨"六经"。

深知善所当好，恶所当恶，但恐不能真实向善以去恶，故直云'诚其意'"。

细按《或问》，有"本于性分"之意，有"累于气禀"之意。本于性，则有善无恶；累于气，则有善有恶。诚其意，去其"气禀"之累，全其"本然"之真，犹云"复其性"耳。

朱子："'意'是动，'心'兼动、静。"《蒙引》："'意'是动之端，'心'之时分多，'意'之时分少。"

按："意"直贯至"事为"显著处，不仅是"动之端"，从朱说为是。

"致知"之"知"，即良知也。但分生、学、困[1]，统谓之"知"者，盖虽至精微道理，诚审问慎思，积岁月为研究，皆可明悟。以我本有，是能知之体也。使无此"知"，即竭力以求之，卒不解其何说矣。除是下愚容或有此，外此，则圣凡皆同。但圣人生知，无少昏蔽，下此，则气质不无拘蔽。合下不能便"知"，故有"学知""困知"之等。顾困犹能"知"，是原具此知之体也。且及其知而能一，"知之本"有昭昭矣。此"致知"之功，学者所不容已也。

"知"是明理之资，"才"是行道之资。天地生人，理气兼备，是造物之仁爱，即造物之慧巧。盖降衷之理，尽人赋畀，原欲人全尽此理。而尽理只在知行，故予以"理"，即予以能明之"知"，使不忧其昏昧；予以"理"，即予以能行之"才"，使不忧其阻滞。非造物之智巧，即造物之仁爱乎？然则学者顾可辜负天地之心，而不鼓其气，以全其理也哉？

《或问》："知者，心之神明。妙众理，而宰万物者也。"

按："知"是心之神变明朗处。"妙众理"者，如傀儡戏，许多木人安置箱中，是心具众理，却是死物有知，以妙之如人。取木人来捉弄其体，牵扯其机，以死物而能行，能住，能舞，能歌，灵活不滞，岂非人有以妙之乎？"宰万物"者，如家有许多银钱，能置买诸般物事，但须有主张底人。不然，钱财虽多，不能自行置买。惟有人主张起来，用某项银置某房，用某项钱买某地，然后施展得开。"知"则主张以往，应万事万物者也。

---

〔1〕 生、学、困：《中庸》第二十章："或生而知之，或学而知之，或困而知之。及其知之，一也。"

五节

上节是叙述体,就"用功"逆推说,见"序不可紊,功不可缺"意。此节是论断体,就"成功"顺推说,以申明所以"序不可紊,功不可缺"意。

此节就功效上见工夫意,自重在"工夫"上,特就"成功"说出耳。泥看饶双峰[1]说固非,直驳倒双峰说亦非,《困勉录》能得其平。

上节述古人之学,下节推古人所以如此为学之意。故上文是叙体,此是议体,二节一意相承,故《章句》于两节说完后,方分属上文。

六节

上皆统论道理,此方指出为学之人来,该尽上下。可见《大学》无所不统,乃凡为人者,通用之道也。

《困勉录》"修身为本,即是明德为本",看得甚好。照上"物有本末"看出,便见前后相应处。《精言》多作拖扯,未免牵强。

以"明德为本"意最重,故《治平传》归之"有诸己""无诸己",归之"慎德""忠信",皆照应此意。《课讲》以为《大学》全书指归,甚允。

七节

"本乱乱",不但格致诚正等事或有欠缺,凡不到"至善"处,便谓之"乱乱"者,即"不妥当"之谓。"本末""治乱",俱关照"至善"意方完全。

《课讲》:"所厚所薄,是爱有差等。爱即身之所施。"

按:此说甚是。"所厚"句,自是说"家不齐";"所薄"二句,自是说"国与天下不治平",却不单是申"末不治"。如《时讲》[2]说,自是发明"本乱而末不治"之实义。盖"厚薄"明以"身之所施"言,直将"身不修"事分派在"家国天下"上说。言

---

〔1〕 饶双峰:指饶鲁(1193—1264),字伯舆,又字仲元,人称"双峰先生",饶州余干人。饶鲁是南宋教育家、理学家,曾任饶州州学教授,从师于理学家黄榦、李燔,游学豫章、东湖书院,后归里建朋来馆,广聚学者,互相切磋。又筑石洞书院,聚徒讲学。著有《五经讲义》《语孟纪闻》等。

〔2〕 《时讲》:作者不详。

"本乱而末不治"者,不修其身,则用情疏薄,恩不及一家之亲,而无以"整齐",势必恩不被邦国天下之疏,而不能"平治"矣,所以谓"本乱而末不治"也。

按:"所厚"者薄,"所薄"者不能厚,此是"本乱"实情,即是"末不治"实事。将"本乱"糅入"末不治"中,合两层为一层,以发出上二句所以然之实义。据《或问》"不亲其亲,不长其长",则所厚者薄,而无以及人之亲长,是即《治国传》不孝、不悌、不慈之说,坐实"所厚者薄"看,正是"身不修"事之见于家者如此。则见于国与天下者,自必无孝、悌、慈之化,而"所薄者不厚"矣。此岂非以不修之身施于家,而家不齐;即施于邦国天下,而必不能"治且平"乎?可见正是发明"本乱而末不治"之实义。《说统》〔1〕《翼注》〔2〕说俱未彻。

据《或问》两对之说,此似又分出个本末。上句是"末"中之"本",下是"末"中之"末",仍以见相因必然之理。但合通节看来,却不重此意。看将"本乱"并装"末不治"两层中,虽后一层"末不治"从前一层看出,其实两层俱从"本乱"说出。"所厚者薄",是言"本乱"之所施,失于家者如此。"未有所薄者厚",即以见"本乱"之所施,必失于国与天下又如此。可见两层"末不治",总重缩归于"本乱"也。当就《或问》推衍之,以完本文归重"修身为本"之旨,不得误作"推说"余意。再详。

明 德 传

引三书大段,一意总推"明明德"。证据一气直下,趋归末句,内宜体会。"皆"字言古圣皆然,正见"明德"不可不明。至"所以明之",即当以"克明"为准的,"顾
諟"为工夫,"峻德"为究极,又言中微意也。

首节

此固是统言"明明德",然朱子谓"克"字最有力,是"真个会"底意思。便是示人务胜其任,非可苟且做浅尝止也,便与只言"明明德"不同。

---

〔1〕《说统》:全称《石镜山房四书说统》。明代学者张振渊辑,张懋忠、张师轼校正。张振渊,字彦陵,浙江仁和人,还著有《周易说统》。

〔2〕《翼注》:全称《四书翼注论文》。作者张甄陶,字希周,福建福清人。乾隆十年(1745)进士,选庶吉士,授编修。历任广东鹤山等县知县,因丁忧去官后,后主讲五华书院。晚年因病回福建,主讲鳌峰书院。著有《周易传义拾遗》《尚书蔡传拾遗》《诗经朱传拾遗》等。

"知""克"字对"不能明者"说,即谓"有力正无碍"。《蒙引》驳《语类》说,误甚。

后三节

"顾諟"句,《语类》有二义,但自一串。惟其为天之明命甚尊而不可亵,所以要"顾諟以密",此存养省察之功也。

"峻德"见德之量大;"克明"是尽其全体而无缺欠。《课讲》云:"'峻德'即'巍巍乎惟天为大,惟尧则之;荡荡乎民无能名之德。'明到极处,所谓'止于至善'也。"

"明德""止至善"似竖说;"克明峻德"似横说。然满其分量,亦便是"止于至善",故朱子亦有此说。

"自明"对"新民"说,重"明德为本"意,不重"由己"意。

新 民 传

上章重汤、文[1]诸人,见德不可不明。此却只取其辞,不重汤、武[2]、文。盖一言"自新"事,一言"新民"事,一言"本自新,以新民之极"也。《或问》自明。

首节

"铭",名也。"名其器",谓指其器之用,而属辞以显明之也。

《精言》不重"苟日新"句,谓"汤是已能自新者,特恐功之不继耳"。此说未的,盖即汤已自新,而传者引来,却不重在汤,自为学者指示首句正重。

《章句或问》[3]虽首句与下二句作两截看,然三句自是三层:首句是始而奋发,次句是继而接续,三句是久而提振。

"苟日新"后,似不当仍以"新"言。《困勉录》云:"日日新,又日新,兼未新者则更新,已新者则常新,且愈新三意。"又引吴因之[4]说附其后。

---

〔1〕 汤、文:指商汤、周文王。

〔2〕 武:指周武王。

〔3〕 《章句或问》:全称《大学章句或问》。是朱熹《四书或问》中的一种。

〔4〕 吴因之:指吴默(1554—1640),字言箴,一字因之,江苏吴江人。万历二十年(1592)会试第一,历任兵部主事、礼部郎中,官至太仆寺卿。资性沉敏,好静悟,是明代理学家。

按：此发"日新"道理似为圆足，但此是《盘铭》之词，"新"字只对旧染之污看，似不必搀入别义。只日日振刷，便日日新鲜，故选以"新"言也。《柏庐讲义》[1]以"朝曦迭代，万象照融"形容之，颇得其趣。

《课讲》云："引《盘铭》自有意思，见得圣人提撕警觉之教未颁于学校，先勒诸宥密，与泛言学问者不同。"此将"日新""又新"，与下"作"字紧相对照，方见所引为确不可易。此意发人所未发。

又云："'自新'是躬行之化，'新民'是学校之教。"此是打通后《齐治传》看出，较常解"自新为新民之本"尤进一层。盖言"新民之本"犹"明明德"事，曰"躬行之化"，则直移"明德"事为"新民"事矣。说大可从。

二节

"新民"正有许多事，传只以一"作"字尽之，不亦简乎？须知此一字绝大精神，笼盖一切，便有"无事不举行，无时不警觉"意。盖委靡自便之民，苟非如此振作之，正未易言新也。《课讲》云："'作'字便有上节'苟'字、'日'字之振奋精神在内，正是现身说法也。"

"作"字兼上下在内。"作"之之法在上，"作"之之象在民，正意自以"教民振作"为主。玩《或问》《语类》可见。至"民能振作"一层，即含在"作"字中。《精言》以"自新之民"当之，似觉不合。

"自新之民"，《大全》以"民心之善"言，《蒙引》以"武王之化"言，当以《大全》为主，参用《蒙引》。盖人心本善，但无以触之，则不发露。当时之民，正因武王有维新之化，触动其固有之良，故能有自新之机也。

三节

上二节言"自新之民"，尚未见"极"字意。此言"新命"，却未及"自新""新民"，然蒙上文来，正可以意会之。故《章句》添一语曰："言文王能自新其德，以及于民。"将上二节装入此节中，醒出"自新""新民"之极来，以为指归，遂说到末节去。

---

[1] 《柏庐讲义》：作者为明代诸生朱柏庐，江苏昆山人，著名理学家、教育家，著有《四书讲义》《困衡录》等。朱氏因敬仰晋人王裒"攀柏庐墓"之义，自号柏庐。

"新命",只在"人心归服"上见,沧柱[1]说切实可据。

末节

《大全》卢氏[2]看"用"字,似是"运用"之"用",《翼注》对"置"字看,则是"取用"之"用"。按之文义,《翼注》较合。然"取用"自包有"运用"意,故"用其极",即是"止于至善"也。

《课讲》将"自新"打入"新民"甲里,照传文"化之""推之"二意说,甚精。但"化之"从"新民"之本来"推之",方是"新民"正位,即同入"新民"中。毕竟串说较分明,看《章句》"能新其德以及民"句可见。结处又用对说者,以自新之民自是两事,要在两边用功也。前已串说,此虽对说,亦是本末相对,仍是串说意思,非彼此相对,直作两平看也。

将"自新"入"新民"中,则分说、对说皆见"新民"之义,不至仍说成是"明德"事。但又恐埋没了"明明德"正义,故串说为圆活。

至 善 传

"知止""得止",诸说不同。《大全》卢氏以第二节为"知止",三节为"得止";《蒙引》则以二节"知止"中便兼"能得"意。《成均课讲》谓:"二节、三节属'知止',后二节属'得止'。"以《章句》二节、三节用两"知"字,四节言"得止"之由为据。向从《蒙引》,今以《课讲》为不易之说。

首节释"止";二、三节释"知止";四、五节释"得止",以《章句》为断。

首节

"邦畿"影"至善","千里"即影"并包"意。《章句》各有字,正从"惟"字看出。

---

[1] 沧柱:指仇兆鳌(1638—1717),字沧柱,浙江鄞县(今宁波市)人。康熙二十四年(1685)进士,选庶吉士,授编修。四十三年(1704),以所著《杜诗详注》受知于清圣祖,历擢侍讲学士、侍读学士、内阁学士、礼部侍郎、吏部侍郎。少从黄宗羲游,论学以蕺山为宗。及贵,李光地、陈廷敬皆在内廷,相与讲贯,益以理学自任。仇兆鳌著述颇多,有《四书说约》等。

[2] 卢氏:指卢玉溪,即卢孝标,生平事迹见第18页第一个注释。

不重"民止",重"各有所止","所"字当玩。《精言》说此节细甚。

二节

"得止"端由于"知止",故重致其警醒。

"邱隅""岑〔1〕蔚"字意,《注》以黄鸟"当止之处"会意解之。

三节

上节警醒人当"知止",说来甚虚,此则实指出"至善"教人"知止"。两节紧相足说,下节乃实上节之意,玩《章句》"于天下之事,皆有以知其所止"可见。

"缉熙"二字,《大全》对说,《或问》《蒙引》串说,宜从《或问》。"缉熙"乃明德常明,"敬止"则"明德"事也。《存疑》"'敬止'乃'缉熙'之实,下五事又'敬止'之实",说最分明。《或问小注》〔2〕云:"引《诗》释经,重'至善',不重文王,文王只借来做个影子。不以'至善'关照,几认作画图中春风面矣。"此说自是。《条辨》因此遂谓:"下五句从'文王敬止'指出大目,与人看重在五伦道理如此,不重论文王时势境地。"此则矫枉过正矣,盖此正即文王时势境地,见"所止"之为"至善"。故本文为人君臣,为人父子,一一说得分明,安得云"不重"乎?又云:"仁、敬、孝、慈、信自是至善,大小浅深乃是分量未尽,不得以工夫欠处,当道理亏处。"

按:"仁敬"五者自以"至善"为极则,但亦有欠缺底"仁敬",自不得不谓之"仁敬"。故《章句》《或问》洗发得分明。安得一言"仁敬",而即以为"至善"乎?《蒙引》谓:"'仁'有大小浅深,必如文王之'止仁',方可谓'至善'。"此说甚明,正与《章句》"圣人之止,无非至善"相合。岱云〔3〕驳之,过矣。

"五目"不便是"至善",惟紧贴"文王所止"之仁、敬、孝、慈、信,方是"至善"。当云其"为人君"也,则止于"至当不易之仁"焉。下仿此。

---

〔1〕 岑:底本为"无",误。据《四书章句集注》改。

〔2〕《或问小注》:全称《朱子四书或问小注》,简称《或问小注》。本书又写作《朱子小注》。旧本题"朱熹撰",凡三十六卷。康熙壬午有陈蕚则家刻本,称明徐方广增注。另有康熙四十一年刻本,不署撰者。小注,指在正文大字旁,用小字所作的批注。

〔3〕 岱云:指李岱云,清代乾隆时期学者,湖南都梁(今湖南武岗)人。著有《增订四书诸儒辑要》《四书释义》等。

"为人君"对"臣民"说;"与国人交"当兼"外国"说。"为君",以"分之相临"言;"与交",以"请之相接"言,此即朋友一伦。

经文"八条目"乃"明新"之目,以"事"言;此节"五大目"乃"至善"之目,以"理"言。然"至善"与"明新"原一套事。盖"明新"八目即"止至善"之实功;"至善"五目即"明新"之极则。故"五目"以"八目"为路径,"八目"以"五目"为旨归。尽此实功,皆要求底于极则。《课讲》云:"格物致知,知此仁、敬、孝、慈、信也。诚意、正心、修身,行此仁、敬、孝、慈、信也。齐家、治国、平天下,推此仁、敬、孝、慈、信也。"说得融洽分明。

四节

"明明德"工夫实落详备处,已见之格致诚正修矣,见之"顾谝自新"矣。特取切磋琢磨,精益求精,密益求密意,直注到"止至善"去,与前面工夫虽一套事,但分外细致耳。

《注》"严密",谓"严谨不松放,细密不粗疏,则欲不能入"。"武毅",谓"武勇不懦弱,刚毅不间断,则欲不能屈"。乃工夫既到后,自然严敬之谓。

沙石、刀锯、严密、武毅,是释字义。本文道学、自修、恂慄、威仪,是释大旨。严密、武毅,总一战惧中存也。"修"者,治而去之之意。故讲家[1]主"去私"言,与"琢磨"自切。但"去私"即与"全理"原一套事。

"道学"即"格致"事,求"知乎至善"也。"自修"即"诚正修"事,求"行乎至善"也。"恂慄""威仪"是已到格致诚正修地位(《精言》分贴身心,似较分明,再详),乃既得至善而止之之验也。

"恂慄""威仪",《或问》谓"得之之验,乃微验之验"。盖"恂慄""威仪"便见"至善"处,故云。

---

[1] 讲家:指讲说儒家经典的学者。

"盛德至善"，据吴新安[1]说，似"盛德"便是"至善"。据《绍闻编》[2]几亭、备五[3]说，"盛德"不便是"至善"，"盛德"之至方是"至善"。后说为是。盖"盛德"是"明明德"，"盛德至善"则是"明明德止于至善"也。四字宜串说。

"盛德至善"从学、修来，即在恂慄、威仪上见，乃"有斐君子"[4]之实也。故曰："指其实，而叹美之。"

承上节来，所学所修者，即仁、敬、孝、慈、信之道也。恂慄、威仪，乃仁、敬、孝、慈、信之征也。

《翼注》云："'盛德至善'即恂慄、威仪也。由学问、自修之功，造恂慄、威仪之地，则'德盛'于内，而内焉一'至善'；'德盛'于外，而外焉一'至善'。"此说向常疑之，据前注"物各有当止之处，于天下之事皆有以知其所止而无疑"，则"至善"是就"事物"上说，如君之"仁"，臣之"敬"等项是也。恂慄、威仪以为至善之验则可，如何便以为至善，不知经文？《章句》云："'意诚'以下皆'得止'之序。"则意诚、心正、身修，皆"止至善"事，自当兼内外、动静说。"恂慄"无一毫私欲，固可云"至善"。若"威仪"，《或问》以"睟面盎背[5]，施于四体"言之。此乃"盛德"之至，征于其容者，是即容貌之"至善"也。只言内外，而事物之"至善"在其中，《翼注》固无可疑也。

末节

《翼注》"贤"以"道"言；"亲"以"位"言。乐其乐者，安享其太平；利其利者，世守其常业。又，仇沧柱以"师父教养"分贴四项。

---

[1] 吴新安：指吴浩，字义夫，安徽休宁人。未入仕。著有《〈大学〉讲义》。

[2] 《绍闻编》：全称《四书绍闻编》。作者王樵(1521—1601)，字明逸，别号方麓，江苏金坛人。明代大臣、抗倭英雄、经学著述家。明嘉靖进士，官至南京都察院右都御史。著有《周易私录》《四书绍闻编》等。

[3] 几亭、备五：几亭，指陈龙正(？—1634)，初名龙致，字惕龙，号几亭，浙江嘉善人。师从高攀龙，精研理学，旁通经济，学者称"几亭先生"。明崇祯七年(1634)进士及第，崇祯十年(1637)授中书舍人。著有《朱子经说》《皇明儒统》等。备五，指胡承箬，字备五，清雍正元年领乡荐，著有《四书撮》。

[4] "有斐君子"：有文采的君子，语出《诗经·淇奥》。

[5] 睟面盎背：德性表现于外，而有温润之貌，是有德者的仪态。语出《孟子·尽心上》："君子所性，仁义礼智根于心。其生色也睟然，见于面，盎于背，施于四体，四体不言而喻。"睟，suì，温润的样子。盎，原指小口大腹的器皿。盎背，引申指充盈的样子。

按：此二说大同小异，似明析可从，然《困勉录》云："贤、亲俱兼德业言，乐、利各兼教养说。"又云："贤即其亲，乐即其利。自其德业之盛，为法后人言，则曰贤；自其德业之盛，足覆后人言，则曰亲。自其利之乐处言，则曰乐；自其乐之实处言，则曰利。"又云："《或问》以'含哺鼓腹，耕田凿井'解乐、利"，谓之各兼教养者，不有教化，何能安其"含哺鼓腹"之乐，享其"耕田凿井"之利哉？

按：此三条与《或问》合，宜为定说。再详之。

上"贤"字是"观法"意；上"亲"字是"承继"意；上"乐"字是"安处"意；上"利"字是"享受"意。

亲、贤、乐、利，便见前王新民之事，"至善"即不外此。向疑贤、亲、乐、利之"至当不易"者方是至善，此节却不曾醒出。然即此泽被后人，使不能忘处看来，便可想见前王当日贤、亲、乐、利事之"恰好毫无苟且迁就"处。苟非至善，何以使后人尚被余泽，愈久不忘至此也？

《诗》只说个不忘传者，又推出所以不忘来。要皆下层意再上推一层，其所以泽被后人处，由于新民皆止于至善也。此层要在言外想见，正是咏叹淫泆之旨。

新民之"止至善"，说来甚虚，盖大半已在上节"明明德"中。明德"止至善"，则已明"新民"之理，已有"端本"之化，只少得措置实事耳。如"鼓舞振作"，已见前传中分详；"齐家治国平天下"事，则见后传中，道理原未尝欠缺也。

后二节须玩，着力摹画处及者也。此以诸虚字一片神行，味之不尽。

本 末 传

此章向从《蒙引》，细玩，与《章句》《或问》不合，今改从《条辨》。

释"本末"，不曾就"明明德""新民"两边正位说。引夫子之言，只借"新民"边"讼狱"一事，以发出所以"为本为末"之意。缘"听讼"亦"新民"事，故借作"新民"看，以使"无讼"。原于"明明德"，故用作"明德"看。"听讼"亦是要"新民"底，然实不足以使民新。惟使"无讼"，方是"民新"。此所以以"明德"为本，以"新民"为末也。

以"听讼"属"新民"为末，使"无讼"属"明明德"为本，与《或问》合，当从。但就

《注》"讼不待听而自无"句看来,颇疑崇本遗末,似能明其"明德",便不用"新民"了。覆思之,引夫子语自当活看,只是就此看出个轻重本末来。若"听讼",特"新民"中一事,传者不过借说,不可竟作"新民"看。盖就"讼狱"一事说,能"明德",而使民"无讼",则"听讼"自可不用。是有"本",自不须"末"意。就此推开看,能明其"明德",已大遽能"新民"了,后面再办"新民"事方不难。是有"本",乃可及"末"意。如此看自通,假借语固不可泥也。"不得尽"三字语意易错,须知此是从旧日情事说出。盖向来无情者原是得尽其辞底,经圣人出,能使无情化为有情,则不复然矣。

据《语类》,"无情"句是"无讼"之由;"大畏民志"句是"无情者不得尽其辞"之由。又按《注》,"明德"既明,更是"大畏民志"之由。细分之,有此四层;约言之,亦只两层。"无情"句是实说"使无讼"意。"明德"既明,即含在"大畏民志"内。故《课讲》云:"'无情'句是'使无讼';'大畏'句是'所以使无讼'。"玩《注》自明。或云:"'使无讼'本也,不以'听讼'为难,而以'使无讼'为贵知本也。"

按:此知本指夫子说,于《章句》不合。又一说,观夫子"必也使无讼"之言,可以知本。

按:此知本就"人"说,于《章句》合矣,但于本文"谓"字说不去,似皆未妥。

愚按:"谓"字即指经文"所谓"(以六章以下例之可见);"知"字即"知所先后"之"知"(观《注》带"先后"字可见)口气。盖云"看夫子之言归重在'使无讼',此正是经文所谓'人当知之本,而在所先'者也"。盖经文所谓"物有本末,知所先后",原是要人知"明德为本",而在所先;"新民为末",而在所后。今夫子所言"使无讼",正见得"明德为本"而当先;不重"听讼",正见得"新民为末"而当后。故曰:"此谓知本。"盖言经文所谓知本者,见之此也。如此说,于本文《章句》方两合而不碍,但不免破碎,再详之。

附辛未旧说。此谓"知本""知"字,即"知所先后"之"知",原连"知所先后"释在内。故《章句》云:"可以知本末之先后。"又云:"此是释'本末',而'先后'在其中,不是释'本末'所以'当先当后'之意。"《注》"可以知本末之先后",不要重看"之"字,归重下截。

《蒙引》说"见得民德之新,由于己德之明",说"本末"意亦甚显亮。《或问》《条辨》说"见得徒求'新民',不如归于'明明德'",说"本末"意煞甚分明;且不闲了"听讼"句,直改从可也。

《汇参》亦从《蒙引》,且强为之辞。看来不但闲了上句,将"使无讼"三字劈开,以分"本末",于文体更破碎伤巧。且"使无讼"是"民新",不是"新民",种种不合,安得妄从?

格 致 补 传

人心之灵,莫不有知,所以"知"要"致";天下之物,莫不有理,所以"物"要"格"。惟于"理"有未穷,故其"知"有不尽,所以"致知"在"格物"。

"人心之灵"二句,又为"格物"之本,说详《或问》。

"凡"字、"莫不"字横说;"已知""益穷""求极"字竖说。

"已知"之理,《条辨》指"一端发见"之"知",《课讲》指"良知",《或问》又指"学问"。所得宜兼用,《困勉录》说最圆备。

"表里精粗",《大全》饶氏[1]说分明切实。又须知"表里"中亦有"精粗","精粗"中亦有"表里",必顺看、倒看、横看、竖看、分看、互看,方尽其致。

用功时,"致知"由于"格物",故用侧说;成功时,见为"物格",亦见为"知至",故用对说。末二句只承末段结之。

诚 意 传

《或问》:"善者,天命所赋之本然。至其本心,莫不好善而恶恶。"探原而来,为通章埋根。而"恶恶臭""好好色",及"掩不善,著其善",与夫"诚中形外",一一皆踏着实地。

---

〔1〕 饶氏:指饶双峰。生平事迹见第20页第一个注释。

首节

"如恶"二句,乃"诚意"实义。"自慊"即就这上见得,反是便自欺了。"自欺"本通套语,此却借为"意不诚"之义,以冒下文。

"自"字从其意生出"欺"字,与"诚"字反对。从上"格致"看来,知之而不实之为"欺";明知己所当实,而不用力以实之,为"自欺"。"自欺"之情,即《章句》所谓"苟且以徇,外而为人,惟禁止之,则实尽乎己,而意诚矣"。

"自欺"乃掩耳盗铃;"毋自欺"自发己自尽,即忠也。《治平传》"必忠信以得之","忠信"即诚意,前后相应。

"自欺""自"字,上照"意"字,下起"独"字,与"自慊"反正相对。二字正警醒人,发"己自尽"意。盖"诚意"为自修之首,不诚,则"正心"以下皆失了根基,而全功堕矣。而"诚意"却全在"不自欺",须真实自尽乎己。凡好善恶恶,必使由内及外,无一毫不实。如"好好色"之真欲,快乎己之目;如"恶恶臭"之真欲,足乎己之鼻,方是"不自欺",亦即是"诚其意"。而"正修""齐治"皆植其基,所以重发"己自尽"也。

"如恶"二句即在"毋自欺"内,"自慊"即在"如恶"二句内。

"诚意"原是"工夫"字,"毋自欺"四句释其意,便就"工夫"说。故《章句》云:"当实用其力"。"慎独"则又"工夫"中前一层事。《时讲》谓"前四句是释其意,'工夫'只在'慎独'",殊误。

按:《蒙引》《汪订》[1],"独"即是意;"慎独"即是诚意。《辑语》《困勉录》,"独"意之初发处;"慎独"是"诚意"工夫下手处。玩《章句》"审几",及《语类》"几者动之微"条,自当以后说为是。且通节若一意,《章句》当一气说下。看用"然其"字一转,"盖有"字一接,"所者"字一别,可见"诚其意"直贯至"事为"显著处。用此数字,正从全体中分别出"独"来,故如此解之(后半段本《精言》)。据此,则两"自"字

---

〔1〕《汪订》:汪,指汪份,字武曹,江苏长洲人。清康熙四十三年(1704)进士,改翰林院庶吉士,授编修,后奉命督学云南,未赴而卒。著有《遄喜斋集》,订有《增订四书大全》,本书简称《汪订》。

贯"意"之始终;"独"字止指"意"之初发处。故《松阳讲义》[1]讥云峰胡氏[2]"独"字,即是"自"字之非。《浅说》[3]就两"自"字看出"独"字之解,亦欠分晓。

"欺慊[4]"有分途处,"独"是也。盖"欺慊"原属己事,故起于"独知"之地。如此看,两"自"字与"独"字虽两意说,自己原包得"独"字在内。上下自相关应,故本文用"故"字直接。但须有分晓,如云"欺"曰"自欺","慊"曰"自慊",则实与不实,盖必有人所不知,而自己"独知"之者,此尤不可不谨也,庶两面俱到。

谓"独"字即是"自"字固不可,谓"独"字与"自"字无涉亦不可。"独"即"自"之初动者;"慎独"即"戒自欺,求自慊"头一条工夫。"慎独"原从"毋自欺""必自慊"中剔出,故本文直用"故"字顺接。《注》用"然"字,特与分判明白耳。

汪撝九[5]谓:"'意'指'向善去恶之念'说。"《困勉录》谓:"'独'是'意'之初发处。"

按:此则"慎独",即当如用晦[6]"只辨欺慊,不辨善恶"之说。而《语类》《大全》仍以"善恶"言者,又当如俗云"一念不实,即便是恶"之说矣。如此看自顺。但"诚意"在"格致"后,为自修之首事。此时虽善恶已见得分明,恐气质用事,或有一念乍动,未及审察,偶入于恶者。如前说,则遗却此项了,如何?

愚按:此"止",是不能诚之意之少粗者。"意"以"诚"言,只是认真向善去恶。一发念便有恶者,亦不过不能认真向善去恶耳,故只须辨其"实不实"也。《松阳讲义》曰:"用晦谓'独'中只辨'实不实',不辨善恶。辨善恶,乃'致知'事。"沧柱谓:"一念初萌,只有善恶两端,未至欺慊并起。"二说似俱偏"独"中一念。有善有恶,

---

〔1〕《松阳讲义》:作者陆陇其。该书是陆氏官灵寿知县时,与诸生讲论《四书》之作。灵寿境内有松河、阳河,作者择两河之名作书名。

〔2〕云峰胡氏:胡氏,指胡炳文(1250—1333),字仲虎,号云峰,江西婺源人。元代教育家、文学家。一生致力于研究和弘扬朱熹理学,著有《云峰集》《四书通》等。

〔3〕《浅说》:指《四书浅说》。作者陈琛(1477—1545),字思献,别号紫峰,福建晋江人。明正德十二年(1517)进士,历官刑部山西司主事、南京户部云南司主事等。陈琛发展了朱熹学说,著有《四书浅说》《正学编》等。

〔4〕慊:傅士逵底本写作"谦"。

〔5〕汪撝九:清代理学家,汪琬之兄,陆陇其《困勉录》曾引其说。

〔6〕用晦:指明末清初学者吕留良(1629—1683),字庄生,又号东庄,后易名光轮,字用晦,号晚村,浙江崇德人。顺治十年(1653)应试为诸生,后隐居不出,康熙间拒鸿博之征,后剪发为僧。雍正十年(1732),受曾静案牵连,遭剖棺戮尸。崇德县,清时改称石门县,后文又以"吕石门"指称吕留良。

有欺有慊，传只举"欺慊"，便包"善恶"。

按：此说亦未安。愚谓"善恶"只统于"欺慊"中，不是截然两开事。一念实，自是善机；一念不实，便是恶机。但不实之恶，又自有二种：有起念是善，却不免有夹杂迁就者；有起念不及审察，骤入于恶者。此二种微有粗细之分，要皆不是大故无状者，故总可以"欺慊"统之。

按：《格致传》《或问》有"察之念虑之微"一语，可见"念虑"初发，分别善恶，自是格物事。则用晦所云"慎独只是辨'实不实'，不辨善恶"说，自不可易。但上是穷理事，且重在辨别上，此方实用诚意工夫。当此时起念，亦不保尽是善，全无恶，亦须有检点处。然检点善恶，既是辨别诚伪也。盖此书直言"诚其意"，正与《中庸》"诚者，天之道也；诚之者，人之道也"意相符。"心统性分"，本是有善无恶，真实无妄底，但惟"至诚"能浑全其天下。此则不能无妄其有妄者，便是入于恶，便虚旷了。"本然"之意，就"本然"之意说来，自当主辨"实不实"也，只归到本文"诚其意"看自明。

玩《章句》"审其几"，原贴上"实不实"说，须将"善恶"装入"实不实"中，方与上文相应。言"独"中，须审其"实不实"之"几"。盖发念善则实，发念不善则不实；纯于善则实，不纯于善则不实。"几"之"实不实"，乃"欺慊"之根源，正所宜审也。

《精言》："'独'不是'几'，'几'在'独'处明。"

按："独"以"隐微之际"言，"几"则此际之萌芽也。

"慎"字兼省察、克治二意。察得少有不实，便要治而去之。

"如恶恶臭"二句中，便有"事为"在。《辑语》云"务决去，求必得"，便明说向"行"一边矣。但本文是释"诚意"，故只说"好恶"。贴向"意"字全未明，说到"事为"上，却于下节"小人"一边映出。《辑语》又云"诚意"之全体，直贯"事为"之始终，甚明。

《注》上言"为善去恶"，下云"好善恶恶"，似属两歧，然中间是照本文言之耳。但"好恶"之实者，非空有其情意，原自有"事为"在。故补出"决去""必得"，着落在"行事"上，遂与上"为善去恶"相应。

《注》"苟且徇外为人"，分之为三项，合之则一串，《总注》总以"苟且"作主。《汇参》说已明。此句正"毋自欺""必自慊"贴身反面，玩总注[1]"苟焉以自欺"可见。

---

[1]《总注》：此指尾注和文末注。

细玩《章句》，"慎独"似即在"戒欺求慊"底工夫上见，不必作前一层看。盖意可以告之于人，将以见之于事，原是人可共知底，然"好善恶恶"显著之际，自有隐伏于心者。果是自欺，果是自慊，果是实与不实，惟自己见得分明。盖其情甚隐，其几甚微，此固人之所不及知者，故曰"独"也。惟有此人不及知，己所独知之处，此正"诚其意"者。合下要紧关键，一或少疏，则意必不能诚，此所以必要审慎。存其果实者，去其果不实者，是乃于"戒欺求慊"中另作一番谨凛也。此说与前不同，姑存之，以俟再定。

二节

《注》"独处""处"字，上声，作"居"字解。可见"独"字，与"慎独""独"字微有辨。

《注》"知善当为，恶当去"，从"厌然掩著"看出。"不能实用其力"，与前注"当实用其力"相应，兼"诚意"全体工夫，而"慎独"在其中。看本文末句意，正重"不能慎独"上。"至此""此"字，指"掩著"之劳说。《精言》"肺肝如见"，不重君子知人之明，只是"诚中形外，自然暴露而不可掩"。说甚允，存疑不必。

君子非有鉴于小人，而后慎独。然观之小人，盖当以之为戒，而不可不慎其独。

看末句，则上文自是说"小人不能慎独"处，但未见"不慎独"字面，盖即寓于"闲居为不善"中。故《章句》特解曰："闲居，独处也。""独"字虽不同，正自相映。《辑语》云："闲居即独，为不善即不慎独。"确极。

"闲居"字本不须批注，《章句》特注曰"独处"，与上节"慎独""独"字作一例看。虽上为"在心之独"，此为"在身之独"，然亦莫非是"独"。因此节本言"小人不慎独"，却以"闲居为不善"言之，故重看"闲居"字，遂以"身处之独"应上"心知之独"，而联上下为一片。

按：《中庸章句》解"隐微慎独"之说，以"暗处细事"言，可见"独"字未尝不兼"身处之独"说。但此章上节从"诚意"说到"慎独"，"独"字自专主"情意"言。至此节则照《中庸》之解解之，作"独居事为"说，毕竟与上文"独"字不同。要知"事为之独不慎"，必有"情意之独先不慎"一层含在里许。如此看，又未尝不与上文相应也。

"如见肺肝",因上文未尝明说"小人不慎独",故从"君子"一边抉出。《精言》《汇参》俱以"为不善,无所不至"为"诚于中","视己如见肺肝"为"形于外"。据此,则此节乃言"独"之见于"事为"者不可掩,尚未正说"独"之不可掩。到下节,《注》用一"虽"字,方从首节"独"字下一转语,以正说"独"之不可掩也。说自可从。《松阳讲义》《成均课讲》俱以二节、三节作一意看,同是不能慎独者之"诚中形外"处,盖以大意言之耳。

三节

引曾子平日之言承上"独"字来看似突然,却自一片。然必提"曾子曰"者,乃更端提唱,大声疾呼,深为学者致警醒也。此《汇参》本明季之说,妙甚。愚意此章二、三节俱是为学者致警,此节不宜从《蒙存》。

《松阳讲义》曰:"'形外'不是'能窥见我'之意,只是我有一分念头,便有一分形迹,都是我自做出在外。酒人醉容,饥人菜色,皆是自现出来。"此说"形外"之理,移解此节最明确。《翼注》曰:"有意即分善恶,有善恶即可指视。我有可视,即属共视;我有可指,即属共指。"《精言》曰:"指视不及之地,即指视共加之地。"二"所"字甚有着落。《注》中"虽"字,从"人所不知脉络"生来。合观三条,节义了然。

此及上下节俱发"诚中形外"道理。上节恶之"诚中形外",下节善之"诚中形外",此则兼善恶言之,但意重"恶"边。故《课讲》与上节作一层看。然上节"独"中自有"所为"在,此方直指"幽独"言之,毕竟作两层为是。

末节

"心宽体胖",《困勉录》俱作"润身"之实。但玩《注》"体又根心来",自分两层。今按"心广"作"润身"上一层看,与"有益于身心"两意较分明。

"故"字承上处,《时讲》谓"以效验欣动学者",用晦驳之甚是。今看来本节见"诚意"有益于身心,虽不是正说"诚意"与"正心修身"上下交关之义,而此亦足以见其例矣,故接曰"君子必诚其意"。如此说较稳。且下释"正心",不再与"诚意"

相关合,固以此说已有其例耳,再详。后三节虽俱说"诚中形外"之理,然不可太泥,宜串说,不宜对说。

正心修身传

首节

《或问》先说"人心本然"之体用,"鉴空衡平"[1]原无不正,立本文之案最为透彻。盖心所以正,缘心为载理之心。所谓"良心",固有之心也,此安有不正者乎?惟用情一偏,则失其本然之心。故本文不曰"不正",而曰"不得其正","其"字固有着落也。

"正心"原兼"动静",此只就"动"说。《或问》"体用"之说已详。

既意诚矣,遇可怒则诚于怒,遇可喜则诚于喜。然一于怒,虽有可喜事亦不喜;一于喜,虽有可怒事亦不怒。便是蹉过事理,心便不得其正。愚旧见也殊未底,须知只"一于喜""一于怒",便是心不得其正。若因怒而可喜不喜,因喜而可怒不怒,乃进一层之心不正,非正说也。《语类》诸说不同,须辨此两层,方见分明。

"喜怒忧惧"随感而应,我无与于其间,虽有若无也。若不能察,则分外显得有了。

"有所"云者,谓有他那样喜怒也。"所"字亦宜着眼,虽衬贴之词,要自有口角在,不可以杨丰[2]之说遂略之。

"忿懥"[3]四项,逆境三,顺境一。以处逆,人情尤易偏也。俱就"过"一边说。人情偏于"过"者多,偏于"不及"者少,时就"易犯"者言耳。四条似未足尽人情,然亦可以例其余矣。

二节

"心不在焉"总括上四"不得其正",以说向"身不修"去。然《课讲》以"或问"应

---

[1] 鉴空衡平:明察持平。鉴空,言胸无成见。衡平,指衡量公平。
[2] 杨丰:生平事迹不详,待考。
[3] 忿懥(zhì):忿恨、愤怒的样子。

之，既不能无失，又不能不与俱往。二句分贴"不得其正"与"心不在焉"。看得极细，要自是相承说。

此节传者意思，原主"身不修"。就义理上说，特就粗者明之耳。知此，则说粗处，原无待于干补也。故《语类》云云，而双峰说亦明白可据。

"直之"，《语类》云："直上直下，无一毫委曲也。""敬以直之"，是察乎此，而用"敬"以守之。由动及静，无时不敬也。是说"存养"工夫，而静时"正心"工夫一并包举。

《精言》："检点、令就、规矩便是修。"《蒙引》谓："'检'字当不得'修'字。"《翼注》云："视听饮食尽不得修身之事。此'修身'如五官百骸，应事接物，皆得其理方是。"

按：后二说固有理，但此节须活看。借粗明精，未尝尽不得"修身"事。敬以直之，有以检之，"修"字便在言下。故《章句》直曰："此心常存，而身无不修也。"《精言》自可从。但"便是修""便"字，微伤于快耳。末节《翼注》说虽未合，亦有可采。

修身齐家传

首节

"忿懥"四者贴"心"说，只是情；"亲爱"五者贴"身"说，是情见于事，须说出实迹始分明。"亲爱"如同"好恶施恩惠"之类，皆是实有其事也。《语类》"心上理会，事上理会，及各就地头上理会"，二条甚明。《蒙引》"思虑事为"之说亦明。

《精言》上章病在"有"字，此章病在"之"字，所谓"惟其所向，而不加察也"。"而辟焉"，与"不得其正"一例，以"辟"字对"有所"看，非也，《注》意自明。此说甚允。《章句》以"于"字释"之"字，正"向往"意。可见"惟其所向"，正贴之"其所亲爱"各上半句，而以"不加察"发明之。"陷于一偏方"，正贴"五辟"。据《注》，确实如此。常说"惟其所向，而不加察"意，亦含在"而辟焉"内，反似添出矣。且上章

"有"字,原非"不好"字面,特语意较难说,自须重看此字。据上章例,此章重看"之"字,义自可通。《说统》"辟"字从"之"字来,亦是《精言》意。《蒙引》"之"字"不着力"之说,与此相反,不可从。

《课讲》"身不修",上章以"身之所具"言,此章以"身之所接"言,亦互文也。

按:此承上章"忿懥"四者一串说来,故单就"所接"言,《课讲》第二条已明。

"修身"事甚多,《讲义》于"所具所接"外,又推出"威仪容貌"当整肃,"饮食衣服"当节制,皆是"修身"事。只言"接物",不言"处事"者,已具于"所接"中。其处事根源,已见《诚意章》内。

书不可泥看,凡言行有不当理者,大概多好恶偏僻之属,皆"身不修"也,皆不足以服家人也。抚此,为之一叹。

"故好"三句承上论断之词,与上五句不作两层看。"天下"字,即上"人"字。

二节

此二句分贴"好恶"自可,不必泥看,驳之者殊多事。

此节朱子作进一层说,尝云"知子莫若父,知苗莫若农",用情一偏,必至于易知者亦不知了,是即"偏"之为害处。此与上"好不知恶,恶不知美"泛说者较不同。

此是以深一层之"偏",证上文言"人情之偏"如此,故谚有之曰云云。"偏之为害,一至此哉",大旨亦只是说"人情之偏",故用以证上文也。

末节

好恶偏则己身不能尽道,自无以感化乎一家,且无以处置乎一家。而家之受其好者,将淫纵而不加勉;被其恶者,亦怨怼而甘自弃之。何以使伦理正,恩谊笃乎?订旧说如右。

好恶一偏,其不可以齐家者有三:一不足以服其心,二适足以长其恶,三且足以效其尤。

反结、正结毕竟一般,断以《困勉录》为正。但此节虽就现成语意说,而"不可以"三字仍宜重看。言"身不修"如此,尚可以"齐其家"乎?经文所谓"齐家在修其身",身不修,必不可以"齐其家"也。置"不可以"于"谓"字之下,是以传意纳入经文,就经文醒出传意也。

玩通节语意,原一气说下。"谓"字照上章例,自须贴经文说。则此节当依《存》《浅》[1],先补出"家不齐"意,而以现成语还他正位。盖上文虽只说"身不修而家不齐"意,要即在言下,故自当就现成说也。若汤霍林[2]说,虽难醒出"不可以"字,而中间顿断,殊非语意。

齐家治国传

首节

惟能教家,则标准既立,自能感化得人;教训既成,自可推行到国。此所以家可教便能教人,不出家而成教于国也。上下俱有此二义,下三节亦含此意在。《或问》云:"己推人化,括尽通章。"

"推"与"化",《蒙引》作一意说,看来当作二义。《新民传》已见此义,参观"道之以德,齐之以礼"盖可见。

"不出家而成教于国",《时讲》以"理"言。

按:即以"事"言,仍就"君子"悬空说,故不曰"教成",而曰"成教"。《翼注》可从。

"孝者所以事君"三句,向从《蒙存》仇、陆之说,颇觉未安,今改从《浅说》。《精言》与《章句》《语类》合,前说概从删例。三十年疑义,今乃拨云见日,快甚。

《语类》"孝者"三句,便是说所以教者如此,便是教之目。此说与《章句》正合,必当从此。

"君子不出家而成教于国"者,何也?盖以教家之孝者,不但教国之所以事父,亦即教国之所以事君之道也。教家之悌者,不但教国之所以事兄,亦即教国之所

---

〔1〕《存》《浅》:指《四书蒙存》《四书浅说》二书。《四书蒙存》作者是明末清初学者周斌(1623—1666),字武伊,廪贡生,候选训导。工诗文,有大历、元和之誉。著有《酬在堂诗集》《四书蒙存》《浅达纂要》《孝经集解》等书。《四书浅说》作者陈琛,生平事迹见第32页第三个注释。

〔2〕汤霍林:指明代理学家汤宾尹,字嘉宾,号睡庵,别号霍林,安徽宣州人。汤氏万历二十三年(1595)榜眼及第,授翰林院编修。后历任右春坊右中允、左春坊左谕德、南京国子监祭酒。著有《睡庵文集》《宣城右集》等。

以事长之道也。教家之慈者，不但教国之所以抚幼，亦即教国之所以使众之道也。家国原无二理，所以教于国者，已在教家时做成，不过举而一推施之耳。此所以"家齐"于上，而"教成"于下也。

孝以事父，悌以事长，慈以抚幼，此是教家人事，亦即是教国人事。传文却说"孝以事君，悌以事长，慈以使众"，何也？盖言成教于国，则国自有国底分际，原不同于家。即以"孝悌慈"教国人，亦只是使人人各完得家中事业，不曾教他完得国中事也。论通国之势，又自有国中之尊卑上下。其最尊当事者莫如君，其次莫如长，其最众当抚者莫如民。此亦犹家之有父、有兄、有幼也。未有不于此各教以道，而可云成教于国者。此所以不曰"孝以事父"，而曰"孝以事君"云云也。然教国人"孝以事父"意，亦自可于言外想见。况于《平天下章》，有复补醒此意乎？讲"孝者所以事君"三句，须将教国人"事父兄，抚卑幼"意于陪衬中补出。下"一家仁"四句，俱照此例兼两层说，道理方见完备。

不曰"孝所以作忠"，亦不曰"事父者所以事君"，而曰"孝者所以事君"，则"孝悌慈"是以"理"言；"事君、事长、使众"便是以"事"言。上下错出，彼此互参。可见言家国一理，即有家国之事通融推暨意在。故《语类》云："此三者便是教之目，是道中自包有实事。讲家但只悬空说家国一理，而不知即有事在，殊于各下截疏略矣。"然玩《章句》"事君、事长、使众"之道，"道"字毕竟以"理"为主。

二节

《康诰》曰"如保赤子"，紧承"使众"说下，故不须添入"保民"。"如"字重看，方见"保赤"便及"保民"意，节旨正系此字。《蒙引》不重者误，《存疑》《困勉录》与《或问》《语类》不合，亦不可从。

"不假强为"意，于"诚"字内已见，更于"未有"缴足。《章句》"又"字可玩，《困勉录》甚明。

上文三句已言"教国"之道，不外"教家"之道，但"孝悌慈"施之家之父兄幼，则顺而易；施之国之君长众，则勉而难。故传者发明上文三"所以"字，遂以"不假强为"者，直推到道理根源处。盖事不出于天性，矫拂强为，恒难推暨。若根于天性，自然流出，必以类而相及。知"保赤"之出于天性，则"保民"亦本吾性之所有，可以流而及者,故无难由"保赤"而推及于"保民"也。可见此节正申解上三句"所以然"之意。

必推到自然之天性者,盖此乃万理之大原,万事之根本也。此所以"保民"如保赤子,此所以事君、事长、使众,亦本于"孝悌慈"也。试思仁民爱物皆"仁"之所发,又何疑乎?便可知"事君"亦为"孝"之所发,"事长"亦为"悌"之所发,皆一理之所推矣。但此处不无亲疏之异,斯所接不无安勉之分。然理之本然,原无不可流及者,故须识其端而推广之。此即是亲亲而推之仁民,推之爱物之理也。

说完本节,回找"如"字,便有"察识推行"意在。故《章句》特为补出,而下文遂及其效也。只将道理说透,便自有"推行"意,似未有怕人不推意思。《条辨》着重"推广"说,未免矜张太过。按之本文,殊觉自生枝节,用晦、罕皆[1]说切当可从。

三节

"仁让",《课讲》分得切实可据。"仁"谓笃恩谊,是纶,盖言一家相接以恩,而皆有亲爱之心也。"让"谓正伦理,是经,盖言一家各尽其道,而皆有礼让之实也。盖常情自己不能真实尽道者,偏要争人之不尽道。惟各求自尽,自不争人,而且有歉然不足之心,此所以为"让"也。

"一国仁让"正面意思,谓以"孝悌慈"去"事君、事长、使众"也。须将"事父兄,抚幼弱"意补在前,如"孝者"三句之说。

"兴仁让",《时讲》皆以"化"言,依《困勉录》,当兼推说。

"其机如此",乃畅发"不出而成"之义。必以"机"言者,是"毫不差忒,毫不停留"意,言其效必然而无疑也。"其"字指家国之间说,"如此"指上六句说。玩一"机"字,是归本于"上"意,盖"机"乃发动所由也。

"机"本在此,在此者一动,即便应于彼,所以为"机"言。此上下之间有机焉。其机之动乎上,而即应乎下。有如此仁则俱仁,让则俱让,乱则俱乱者,盖谓上之转移乎下,极灵动而不爽也。可见下全因乎上,故曰"一人定国"。

《注》释曰"发动",即本文"兴"字、"作"字所由。即一家一人教成于国,便是效

---

〔1〕 罕皆:指王步青,号罕皆。生平事迹见第18页第二个注释。

说《章句》最清。

《章句》以"效"言,而《蒙引》谓"犹实迹"者,乃不出家而成教于国之实迹也。成教于国,便是说"效"。则"实迹"即"效"之"实迹",非有二也。

此言"不出家而成教于国"之实,通节止一意。首四句正言"教家即以教国",下二句反言以醒之"其机如此",断其毫末不爽。末二句证明此意。

四节

"帅天下以仁、暴",就"所好"说,不就"所令"说。其"所令"二句,《蒙存》单承桀、纣,两"其"字较有着落。然《体注》[1]作泛说,似尤浑融。

"令行于人"者,"好出于己"者,民从"好",而不从"令",便见"必因乎己"。尚就反面泛论理势,下方承此。贴定"治国"者,实言"治己而后治人",乃正见"一人定国"之义。

《课讲》:"令,即教也。'求'与'非'是教之目。"

按:"有诸、无诸"二"诸"字,内含"善恶",其"善恶"全照"孝悌慈"反正看出,是"为教"之实事。

"恕"是"推己及人"之道,正"不出家而成教于国"意思。

"尧舜"四句,仍"一家仁"六句意思,证上实以起下。下提一"令"字,即便归到"所好"上,言"令不出于好",则"民不从"。故君子必使"所令出所好",而有"藏身之恕"也。末三句,一说是就反面以见正面,言"不恕而民不从"者,盖谓"恕则民自无不从"也,要醒出"民从"意思来,不然,便与"其所令"二句反复。

一说此乃切定君子"决言不恕,则民不从"之意,以见"恕"之为要也。仍重在"恕"上,不重在"从"上,特其中有"民从"意耳。后说胜。

首四句便见是"民从所好",下二句承此反言之。必就反面说"于君子反求诸己"意,乃逼得醒耳。"有诸己"二句,承上"所令反所好"而正言之,即所谓"藏身之恕",乃通篇归重处。末三句又就上二句意反言之,仍见"求"与"非"必本"有无"也,总是一意贯串说下。

---

[1]《体注》:全称《四书体注》。作者清代范翔,字紫登,名翔,浙江苕溪人。范氏还著有《易经体注大全》。

《要达》[1]曰"尧舜"四句不甚重,引起"其所令"二句;"其所令"二句亦不甚重,引起"君子之恕"。末三句又反言,以决"治国必本于身"。"之"推说,一节之节次甚明。

此节承"一人定国"来,重一"恕"字。而"恕"以"推己及人"言之,又不重在"推"上,自重在"己"上。

按:节旨盖言"必本之己而推之"也。

《章句》:"此承'一人定国'而言。"可见上下只一意相贯。但上言"己可及于人",下言"人必推乎己",语意有宽紧之分,无彼此之略。总言"一人定国",以见"不出家而成教于国"之意。不必限定上说"化",下说"推"也。看来"一家仁,一国兴仁",若无"推施"意,竟说成"过化存神"光景,语意太快,论家国道理恐不如此。盖上节说"化",亦有"推"意;下节说"推",亦有"化"意。原自相通,特上下分见耳。《困勉录》谓:"不可直以'化''推'作两分说。此可证《时讲》拘泥之误。"

《精言》上三节总言"齐""治"相因道理,《注》中补出"修身",为"其家"寻根。其实本文止言"家国",未尝及"身"也。至"尧舜"节,因上"一人定国",而归本于"藏身之恕",才是说"身",因举《语类》作证。

按:此颇合本文,似胜《蒙引》等说,自可从。然须知言"身",要亦有"家"在,正当与《蒙引》"因之"说参看。

上以"家""国"对看,此以"身""国"对看,上下节要自无害为一意。盖"身"不离乎"家","家"必本乎"身"也。

用晦上言"感应之机在于一人",下言"一人所以致感应"者,必本于"藏身之恕"。

按:此下节较上节更紧一步,又提"机"字、"恕"字作两节眼目。从"机"上推出"恕"来,总不离"归本于上"意,最得要领。归本"藏身之恕",直与经文"皆以修身为本"相应。此大主脑处。《平天下章》"先慎乎德""君子有大道"俱是此意。

五节

"故"字直与章首"所谓者"字相呼应,直缴到经文方是。

---

〔1〕《要达》:全称《三要达道篇》,道家典籍,撰人不详。

"孝者所以事君"三句,是申解"不出家而成教于国"。之所以然,以教家、教国只是一道也。次节又申解教家、教国同是一道。之所以然,以其道出于自然之天性也。三节言"由家及国"之效而有其"机",四节言"推己及人"之实而本于"恕"。据用晦,两节亦承说"家国相关"之定理。下二节言"家国相关"之实迹。其先效后事者,须知不重言"推行"之事,以上文已俱含"推行"意在,此特重"本之己而推"也。

六、七、八节

下"宜其家人",据金仁山,就"君子使之子宜家人"说,《困勉录》用之。

按:此与《或问》甚合,《蒙存》指"君子"说,不可用。

三节上节俱指"君子"说,与"上一人"相应;指"君子之家"说,与"上一家"相应。玩其"为父子足法"语气,似指"君子"说为合。玩末节结语,又似指"君子之家"为是。大率两层意,俱不可少。然玩《或问》"刑于寡妻"之说,自指"君子之家"为正。"其为父子兄弟足法",据用晦,亦指"家中众人"说。

上二诗只说了"齐家"事,故补出"教国"来。下一诗却有"教国"意思,但上截说得虚,故补出"父子兄弟足法"以实之。"法"字自从"仪"字生出,则"仪"字当作"仪型"之"仪",不拘本诗之义。

反复咏叹,当兼诗与释诗说。三"而后"字最重,宜玩。

《或问》"刑于寡妻,至于兄弟,以御于家邦",此一段道理于人最切要,断不可磨灭。但说来不宜过于张惶,仍须以咏叹为主方是。

据《或问》意断,当指"君子教之子宜家人,教兄弟各相宜,教一家之父子兄弟各'不忒'"为说。"其仪不忒",虽主君子论道理,亦当有"君子之家"在,故下句补足。

末节

此是从反复咏叹,酣畅饱足中结之。

《要达》载黄康谣[1]一条云:"章内五个'而后'字,应章首'必先'字,见'齐

---

〔1〕 黄康谣:指婺江黄昌衢。所编有《康谣选》。黄昌衢,字尧皆,四川资中人。性聪颖,好学通经史。

治'之功有先后。至两结语乃变文言在者，又见家国之理实合。一章内详家略国，一之，正欲先之也。"此说详人所略，甚细。

治国平天下传

《课讲》："此传专言'养'。"《总注》所谓"此章推广'絜矩'[1]之义，务在与民'同好恶'，而不专其利"是也。"不专利"，正"好恶同民"之实。不但言"财用是养"，即言"用人亦是养"。如好"容贤"者，以其利国也；恶"妨贤"者，以其病国也。总为"养民"起见，与"不蓄聚敛之臣"同意。专言"养"者，正所以使之得遂其"兴孝兴悌"不悖[2]之心也，实则所以"明明德"于天下也。大旨了然，群言可废。

"絜矩"以"同好恶"者，正为"散财养民"而设。既"同好恶"，又必得贤臣以"广财用"之施。"絜矩"本"恕"之事，"忠恕"熟，则进于"仁"，故必"仁人之自然平恕"者，乃可"用贤以广财用之施"也。承上段看来，则大能散财者，乃用贤之仁人；大不能散财者，乃弃贤之不仁。但本段却未明说"散财"意，故下文因"财用"而言之，补说"仁者以财发身，不仁者以身发财"。正承醒仁人用贤，以大财用之施，所谓散财以得民也；不仁者弃贤，而博聚财之祸，所谓亡身以殖货也。前后打通看，方见贯穿。

首节

"老老"三句，俱就"孝悌慈"说，不兼"事君、事长、使众"，与上章三项不同，玩《语类》可见。

《章句》解"絜矩"，"因其所同，推以度物"云云，《精言》谓"当看'所字所同'者何，'孝悌慈'之心也"。

按：此推以度物，非谓推己有"孝悌慈"之心度人。而知其亦有是心，乃推己必欲尽"孝悌慈"之心度人，而知其亦有必欲尽之心，因使之各遂其心也。若只谓度其亦有此心，则上已云因其所同矣，又奚度耶？玩《或问》《语类》，重在度其心，

---

[1] 絜矩：指絜(xié)矩之道，儒家伦理思想之一。指一言一行要有示范表率作用，吻合中庸思想。
[2] 悖：傅士遂底本写作"倍"。

而即有"处之"之事在。

玩"因其所同""因"字，则有同心。乃"絜矩来龙，推以度物"三句，方正说"絜矩之道"。

《辑语》"上老老"三句，指"念之所同"处，所谓"矩"也。"絜矩之道"有遂其欲政事。在三节"所好所恶"是"矩"，"好之恶之"是"絜"。"絜矩之道"正相照应。

按：此则"矩"字，是"人心所同"处，不单指"君心"说，似与《章句》合。然看来终未是。"人心所同"是上一层意，只用以立案，"矩"字毕竟指"君心"说。玩"推以度物""推"字，及下节六个"所恶"字可见。盖"絜矩"即是"恕"，所恶于上，毋以使下，即"己所不欲，勿施于人"也。但合三节看，又不可过耳。

"因其所同"，谓彼我同有此欲尽"孝悌慈"之心，因即"推我所欲尽之心"，是如何有以循其分而满其愿；又以"度物所欲尽之心"，又如何有以循其分而满其愿，务使彼我之间各得分愿。所谓"絜矩"也，中便有"实事"在，方是真能"絜矩"者。不然，即推度出欲尽"孝悌慈"之循分满愿处，而不使之彼此各得，仍不得为"絜矩"。此《或问》直以"处之"为解也。"絜矩"是絜其欲尽"孝悌慈"，而各得"遂之"之心。《或问》云："贵贱殊势，贤愚异禀。"玩此，则各欲遂之心正不一等。自公卿以及庶人，凡士农工贾各有其分，即缘分而各抱一欲尽"孝悌慈"之愿。苟非设身处地，逐一絜度，便不能得其各种分愿。则度其心，即便有度其事在，一一察之，即一一处之，此所谓"絜矩之道"也。各遂其"孝悌慈"之心，即所谓"上下四旁均齐方正，而天下平"也。

如尽孝，自天子以至士庶，其分不同，愿亦不一。惟有以察之，为之立法度，施政事，贵而贤者，则厚其禄，丰其养，隆其礼；贱而愚者，亦使之饱暖安闲，有余力以事其父母，斯则有以遂其兴起之善心矣。

"孝悌慈"之事，各随其风土人情而有，已不能相同。至所资以尽其事者，又各有丰约、常变之异，所贵随在精察而处之。

须合下文"好恶同民，不专其利"看，方见着实。《或问》所以直以"处之"二字解"絜矩之道"，"道"字不空说，有许多处置事在。

"王政不外教养"，上章言"教"，此承上章，只言"养"，上下分见，亦互见也。

《或问》："上章言'推'，此言'处'。""推"易而"处"难，以国狭而天下广也。

二节

此节非上四句已说完"絜矩"义，下文又反复之，盖必合上下前后左右，方尽得"絜矩"之说。故《章句》两言"上下四旁"云云，此正照出"无一夫不获，而天下俱平"意。《精言》说好。

"所恶是矩，毋以是絜，毋以使下事上"云云，可知"絜矩"便有"政事"在。

解"絜矩"字，原照工匠为方，作"六面"说，而摹画"六面"，却仍以"人之所接"说为切。平天下也，天下之人有尊卑，有长幼，有侪朋，以类相絜，各尽其"所以处之"之道，则天下平矣。

惟其为上下，故曰使事；惟其为先后，故曰先从；惟其为左右，故曰交。《条辨》谓："此便是事理当然处，不可有一针之差乃得此。于心之同处，又有各异之分。"辨析精细，详人所略。

三节

《翼注》"乐只"〔1〕以下，言"絜矩之道"在公好恶，看来自是。盖二节只说得"恶"一边，还是释"絜矩"之义，尚未说到"平天下"上，此节方是正说。而《困勉录》谓："'公好恶'意次节已有了，'乐只'三节乃是言'能絜矩不能絜矩'之得失。"

按："慎德"三段，《章句》所云，则此说似又不可易。须知言"能絜矩之得，不能絜矩之失"，亦只是务要"公好恶"意，则《翼注》自可用。

"民之所好"二句，似非正说"絜矩"，然"以己度民"意即包在内。《或问》补一层在上，语意自明。

玩"民"字，须见人不一等。二"所"字，见事不一类。逐一度之，各同其好恶，方是"絜矩"。故《精言》谓："须照'上下四旁均齐方正'意看。"

按：此要意不可忽。

"同好恶"，《大全》以"饱暖饥寒"入讲，仍是虚冒。盖下"有德散财"，乃得"饱暖去饥寒"本原事也。

---

〔1〕乐只：和美，快乐。只，语助词。语出《诗经·小雅·南山有台》："乐只君子，邦家之基。乐只君子，万寿无期。"

四节

引诗只就具瞻〔1〕，说起"不可不慎"意，下方补足实义。"好恶徇于一己之偏"，正与"好恶同民"反对；"为天下戮"，与"民之父母"反对。

五节〔2〕

"殷之未丧师"，是"好恶同民"底。其"既丧师"，是偏僻底意思，原与上二节相贯，故只释诗，便寓结上之意。

甲戌旧见云："得国失国，正应上'配上帝'，言天命系于人心也。"上下即两用"得失"字，自当依《困勉录》兼"人心天命"说。《时讲》单主人心，何也？又云："得众得国，俱照'民之父母'说；失众失国，俱照'为天下戮'说。"两"得失"字，对《康诰》一"得失"字。丁丑所见云："得众失众，与后'善不善''忠信骄泰'对；得国失国，与后两'得之''失之'对。"盖能"絜矩"，则于人而得其心，于己而见其善，故得不易之命，靡常之命也。不然者反是。观后"大道"节，《语类》及《蒙引》可见。

按：此说可据，前说犹误。

"未丧师得众"，应"好恶同民"。"配上帝得国"，应"民之父母"。《浅说》《精言》俱如此。但"好恶同民"是君子得其好恶在民之心；"得众"是得其爱戴乎上之心，实按原自不同。故《时讲》直将"得众"与"民之父母"对看，似亦通。然与下二段两言"得失"者较看，殊不相符。须知"得众"虽在"好恶同民"后一层，既"好恶同民"矣，岂犹不"得众"者乎？即作一层看自可。民之父母，当与"配上帝得国"作一层，此《蒙引》所谓"古人文字，只取大意相应也"。

重言"得失"者，正见"絜矩同民"之为要也。《章句》"能存此心不失"二句，正醒出此意。

---

〔1〕　具瞻：众人所瞻望之意。
〔2〕　傅士逵对本章节的划分与通行本略有不同，表现出更加细致的特点。

慎　德　节

六节

上言"能絜矩"则"得众得国"，此言"君子慎德以絜矩"则"得众得国"，而并得"财用"，故以"是故"接之。《章句》顾上节处可玩。"慎德"是"絜矩"之本，而"絜矩"自在"有德"内见。盖"絜矩"之审度施为，无非德之流行运用。"絜矩"之有，即德之有也，故感被而有人。

据《或问》，"格致诚正修"皆"慎德"工夫。然工夫前此已尽，此处不言"明德"，而言"慎德"，则五事可以省察。括之，要在"戒嗜欲，严非几，不为利欲污染"上说，与上下文方皆有关会。此《课讲》说也甚好。

七节

"德本财末"，《翼注》说似有理，而用晦不用，盖语各有当。据上节说来，即"财""德"对看，要自于理无碍。

《困勉录》说可从。《精言》云："若谓财由德出，反似教人修德以致财了。"

愚按：语意各有所注，不必以此为疑。且十传以来，皆正谊明道之论，则教人"慎德有财"，此等议论，亦何从拦入也？但作文须防此弊。

直以财德分本末，以世主重"财"，直欲掩出"德"上，故此提醒之。此章始终以财用为主，盖财为民生急务，而上所易贪者也。古来无道之君虽不一辙，要其祸胥归于财用。彼好货爱财者不具论，即不注意于财货，而骄奢淫逸，纵欲败度，亦无非腺脂膏，祸百姓而已。汉唐之君，强暴者滥兴土木，侈尚军功；懦弱者亦有声色狗马之好，嬖幸赏赉之繁。推之好方士，求福利，尚淫巧，爱珍异，一切作无益以害有益者不可枚举。必至于横征暴敛，财竭民穷，而天下之祸不可胜言矣。传者早见及此，故反复敷陈，淋漓唱叹，不能遽置也。"者也"字最有神味。

八节

"争民施夺"，《语类》"民便效尤"是正说，《蒙引》"民穷无出"亦可参用。盖下节“民散”原承此说。

“争民施夺”归咎于上，乃内末始事为“民散悖出”缘起。

九节

《困勉录》“财散”，许氏以“不过取”言，吴氏以“散财发粟”言，二说宜兼用。许是正意，吴是打通章末说。“民散”，《浅说》以“离心”言，言“财散民聚”，益见“财聚民散”意。然反说即带正意，劝诫并至，最为警动。

十节

首二句已见报施不爽之理，立下二句之案。故《注》云：“以言之出入，明货之出入。”陈氏言货俱泛说，《或问》则以“郑氏直指人君”为得旨。

十一节

再言“得失本主天命”说，而“人心”亦在内，盖未有得“天命”而不得“人心”者。《翼注》论此节以承上言，似合《章句》，《时讲》作结上，似亦可。盖“絜矩”之要，全注在此段“财货”也。但须知是申言“文王诗”之意，以结上五节耳。

十二、十三节

《课讲》引《楚书》“舅犯”，当与《治国章》三引诗对看。

两“无以为宝”，上以“白珩”[1]言，下以“得国”言，俱与“财货”相照。

秦　誓　段

十四节

“絜矩”在公好恶，而“絜矩”公好恶之实在不“内末”。上已举其得失矣，此又以用人言，何也？盖天下至大平，天下事至繁，主之者固在君，然非一人所能遍理，

---

〔1〕　白珩：古代佩玉上部的横玉，形似磬，或似半环。代表国之重器或国宝。

必得能"絜矩"之相臣以辅治,引出许多能"絜矩"之贤才以分治,然后体君之"絜矩"以公财货,方能旁敷于天下而无遗。故特引《秦誓》,而有取于休休有容之大臣也。《或问》于"一个臣"〔1〕亦必以"絜矩能否"言之,意正如此。至于不能"絜矩"之相臣,多是以声色货利中人主之。欲惑人主之心,因而揽权自恣,排斥正人,天下事遂至不可为,岂非絜矩以平天下者之蠹蠹乎?此所以有取于"休休",因并致戒于媢嫉也。

此段言用人全为散财养民计,故不必标用人名目。得贤益以广其施,有不善即以害其治。此其进退,实关于用心之公私。本文言仁人能好恶,不仁者好恶拂人之性,都在"好恶之心"上说,《章句》所以以"好恶公私之极"言之也。

秦　誓　节

《汇参》玩"若有"字,与下文一路。"想象之神"直贯注"以能"二句自合,专就"休休有容"一面说,说自允。但下截亦自承"一个臣"说去,以俱指"相臣"言也。

"断断",诚一之貌。"诚"谓真诚无妄,"一"谓纯一不离,故《课讲》以为"休休有容"之本,《精言》以为"休休有容"从此出也。固不止在外面说,却自于外面见。《翼注》以"貌"言,《精言》驳之。

愚按:自不妨作"貌"说,《课讲》所谓"貌如此,则心可知也。"但外貌尤须在言动上见,不可止作仪容看。《翼注》无炫饰,无枝叶,亦不泥在容貌上。若《精言》"始终有常"之说,似未切合。

《课讲》以"断断",对下"忠信"看,为"休休有容"之本,甚善。惟"诚",故淡然无欲;惟"一",故粹然至善。卢氏此说正从"诚一"想象出来,《精言》解此亦好。"断断"以"德"言,谓之"貌"者,从"无他技"看出。其实,即外便以见心,且此是心之全德。下"其心休休",则止是此为接待贤人之心。

"如有容",宜从《蒙引》"如物之有容",不必如《翼注》说。

---

〔1〕 一个臣:《尚书·秦誓》原文为"一介臣"。

吴季子[1]曰："娼嫉者,疾其所长而已。恶则并其人而憎之。"此说可从。又曰："违者不行其言而已。俾不通,则并沮其事而败之。"此说似不必疑,只是违拂他,使不通于朝廷较直捷。

须着眼"黎民利殆"字,见用人全为养民起见,本上"财用"一段意说来。

一作"黎民,尚亦有利哉";"黎民,亦曰殆哉"为句。

按:此二"亦"字最有着落,可备一说。

先举"贤不贤"立案,下三节方正言用人者"能絜矩""不能絜矩"之得失。

十五节

"放流"三句承上节,后段一气顺口说下,故未及前段耳。此谓上但补"好贤"一语,下直以"两平说"为是。看下二节"俱好恶"对说,则此处似不宜用串,以致文义扭捏,《大全》诸说何多愦愦也。《时讲》从卢玉溪,作"恶以成爱"看,自是一段名理,但于文势不合,再详。

"放流"三句亦分两层,与下节对看,即仁人能恶人也。能恶如此,而能好可知,故下引夫子之言两证之。

《课讲》谓"仁人"承"慎德"来,"慎德"是"求仁"工夫,"仁"则无私欲,而有其"德"矣。又《辑语》,"絜矩"即是"恕恕以求仁",故推出"仁人"来,以立其"极合"二说,则"仁人"不是无端插入。

据《蒙引》《章句》,"至公无私"二句即在上截,非解此谓"唯仁人"以下。

按:下是引证上文,上已全有下文意了,故云然。但不妨就下三句说,《章句》正如此。

《困勉录》注是总发大意,非以"至公无私"贴"仁人",以"正"字贴"好恶"也。然《浅说》以"公"贴"仁人",以"正"贴"能好恶",自可用。

十六节

"贤"即"有容"一流,"不善"即"娼嫉"之类。

---

[1] 吴季子:字节卿,号裕轩,福建邵武人。南宋宝祐四年(1256)进士,官国子监丞。著有《〈大学〉讲义》二卷。

此与上节作反对，非介在"仁不仁"之间者，玩《注》可见。世主如下节所云者固有之，而如此节所云正复不少。历代衰季之君不痛不痒，不觉暗中已伏祸乱之机，传者所以必举以示警也。

《条辨》着眼"未仁"句，谓恐用君子以防己欲，退小人以难遂己私，不徒作优柔寡断说。此又"未仁"之深一层者，可兼用。

十七节

"灾必逮身"，言不能絜矩之失。而"仁人"节，却未言能絜矩之得。然用容贤之臣，而保子孙黎民，已自可见。如此，则与上"为民父母，为天下僇，有土有财，民散悖出"俱相对看。但下节"得失"字，却不承此说，须知。

"好恶公私之极"有二义：仁人至公无私，而所好所恶之情事各尽其天理之极；不仁者反是。且得贤愈以广其施，而"絜矩"以平天下；不善反以害其治，而"内末"以乱天下。含此二义，故曰极也。然却一串，下义即统于上义中，故止曰"好恶公私之极也"。

"絜矩"在"公好恶"，则说"好恶"处，便是其说"絜矩"；而说"絜矩"处，亦即有"好恶"在。《章句》于"言悖"节单说"絜矩"，而"好恶"自在其中。盖本文未尝明言"好恶"，毕竟当以"絜矩"为主，故承前注"能絜矩、不能絜矩"一例言之。于"拂人"节单言"好恶"，而"絜矩"自在其中。盖本文明就"好恶"说，直接"南山"两节来，故以为申言"好恶"，以明上文所引之意也。然须知不是隔过"慎德"一段，单明"南山"两节，正是紧承"慎德"段，就财货上言"用人"，以明上文也。须看得一线穿成，不打成两橛方是。

"与民同好恶"，紧要全在"不专其利"。故"财货"一段，未尝不是申言"好恶"之意。但只就中包得此意，却未明言"好恶之公私"处，故《章句》只以"絜矩"言，而于"财者人之所同欲"句略见此意。"秦誓"一段，则直接上文"好恶"字说来，故以为申言"好恶公私之极也"。

俗讲[1]以上段为"理财"，下段为"用人"，作两说，遂使章内血脉不贯，觉《章

---

〔1〕 俗讲：唐时僧人取佛经故事编成诗文合体的通俗作品。此处借指一般儒者通行的讲解。

句》亦含糊有缺欠矣。细玩本文《章句》，上段并无"理"字意，下段亦无"用人"字样，何得标此为不易名目？须细玩《或问》《语类》及《名讲》[1]，血脉自见贯通。

首言"絜矩在同好恶"；次言"絜矩同好恶之实，在散财得民"；又次言"散财得民，尤须好贤以广其施"，以申"絜矩好恶"之意。此上三段大旨。

十八节

上两言"人心天命"之得失，系乎"絜矩"之能否，此更追进一层，言"絜矩"之得失，系乎"忠信骄泰"，故《注》谓"语更加切"云云。

"天命"在"絜矩"下一层，"忠信骄泰"在"絜矩"上一层。

"大道"自以"絜矩"为主，却须贯"慎德"在内方合。《章句》盖言"慎德以絜矩之道，总本于忠信"也。《蒙引》此个"道"，乃天下之所以平者也，故谓之"大道"，说甚允。新安直指大学之道，罕皆以为"于章脉少廓"，极是。玩"是故"字，紧承上文来可见。

"实心"曰"忠"，发之己心，无不尽也。本"实心"，以及物曰"信"，循乎物理而无违也。"忠"则真能推己以度物，"信"则实使之，各得分愿。"忠"则有以立"慎德絜矩"之本，"信"则有以尽"慎德絜矩"之道。此所以能得"大道"也。

"慎德"在"絜矩"前一层，"忠信"似在"慎德"中前一步。双峰作"诚意"看，《课讲》从之，当为定说，《说统》《存疑》皆不可从。

据《章句》，"大道"兼修己治人，亦可见"忠信"当属"诚意"。《课讲》引《中庸》，"达道""九经"[2]皆本于"诚"，作一例看，极有见。

本"忠信"以"慎德"，则有德而为仁者，斯以义为利，而"絜矩之道"无不得矣。

"忠信"即"忠"，"絜矩"即"恕"。无"忠"做，"恕"不出，故曰"必忠信以得之"。"忠信"得"大道"，正指示"平天下"。君子尽"忠恕"以求"仁"，乃可以法至公，无私之仁人得好恶之正，而用贤以养民也。就"至公无私"之"仁"，与"忠信"打通，"通"

---

〔1〕《名讲》：指当时儒学大家的讲解，如《大学名讲》《四书名讲》等，作者或编者不详。

〔2〕九经：指儒家九部经典。不同时代"九经"名目略有不同，明代郝敬《九经解》，以《易》《书》《诗》《春秋》《礼记》《仪礼》《周礼》《论语》《孟子》为"九经"。清代纳兰性德《通志堂经解》，以《易》《书》《诗》《春秋》《三礼》《孝经》《论语》《孟子》《四书》为"九经"。

在"心"上说。《精言》《课讲》同有此论,而《课讲》分判"安勉"犹清晰。

后两言"得失",据《翼注》不作结上看,以各就一事言,与"好恶同民"统说者不同故也。看来"絜矩同好恶",总以"养民散财"为主,"慎德"段正揭出"絜矩同好恶"实际。此何不可以结上言"秦誓"段,虽就"用人"说,亦为"散财养民"计,原非另为一意。且言好恶公私之极,而为絜矩之大者,亦自可以结上言,结本段意,自与《文王》《康诰》两段相贯注,是即所以并结通章。向从《翼注》,今特改之。但此节语意,又有与《文王》《康诰》不同者,前两条只是结上,则又推本言之,以结上也。

引《文王》,是即民心之得失,以决天命之得失;引《康诰》,是即君心之善否,以决天命之得失,二条总见当"絜矩与民同好恶"。此节则推本君心之诚伪,以决大道之得失,见"慎德以絜矩"又总归根于"诚意"也。缘此顺推说,本"忠信"以得大道。由是"慎德以絜矩",而"好恶同民"者,自可进于仁人之极,斯则各遂其"孝悌慈"之愿。人心无不得,天命无不得,而"平天下"之能事,全尽无遗矣。故此节结本段,即并结通章也。

生 财 节

十九节

此"大道",乃上"大道"中之一节,虽相承,勿缠绕。

《或问》:"此所谓有土而有财者也。"

按:生财之大道,即"有财实政"。任土作贡,固可有财,然非务本节用,财犹未能实有也。故引《孟子》"无政事,则财用不足",及告齐梁君"制民之产"也。但与《孟子》"制产就实政"言者较不同,此虽言"有财实政",语意却紧对"外本内末"说。故《章句》"明足国之道,在乎务本而节用",下即紧接"非必外本内末,而后财可聚"也。又谓:"自此以至终篇,皆一意神气,全为以利为利者示戒,非呆说'生财实政'"。故上文不曰"申言'有土有财'之义,而但曰'因有土有财'"而言也。《精言》说甚细,旧从《课讲》,犹滞。

《或问》引"百姓足,君孰与不足",可见"恒足"内原有"民足"意。但《章句》以

"足国"为主,盖为专利者"患不足"而言也。故"务本"指百姓说,而"节用"则引吕注〔1〕"专主朝廷"说,亦自可见。《课讲》谓"此养民之实政,所以使民得遂其兴起之心者",其说犹呆。"使民得遂其心",在"不外本内末"以聚财。虽"不外本"之实政自在乎此,但玩《或问》,不过不废有国之常政,自能"养民"而"足国"。本节语意所注,固不滞于此也。玩"不仁者以财发身",承接甚明。

吕注以"不夺农时",释"为疾",特举其重者言之耳。每见时文专主"农事"说,死于句下矣。

"恒足"不必遽对"悖出"看,第三节方对"悖出"。只依《摘训》〔2〕,兼常变丰凶,皆足为是。

二十节

上段言"用人全为'絜矩'","广其施"却只言"仁人能好恶,及好恶之拂性",语意不曾说明,故于此段承醒此意,使上下联成一片。"仁者以财发身"上下三节,即仁人能好恶,遂用贤以举常政,而"人、土、财"用之皆有也。"不仁者以身发财"及"长国家"〔3〕节,即不仁之人好恶拂人之性,遂用聚敛小人不举常政,而"民散悖出"之并见也。

上节悬论"生财之大道",此则归到仁者上。此"仁者",即前"能爱能恶"之人。上言"好恶人,以仁人立其极",此言"散财得民,仍以仁者立其极",语意原一串。

《章句》以本文"散财得民,亡身殖货"解。本文紧与前"财聚"节对看,可知下节方与"悖出"对看。虽曰得民心,便含得下节意,然毕竟未说出。

二十一节

《存疑》作"未尝无财"说。《困勉录》谓:"'未尝无财'意,在'发身'内已有,此

---

〔1〕 吕注:吕,指吕惠卿(1032—1111),字吉甫,福建泉州人,北宋政治家、改革家,王安石变法的支持者。历任知谏院、知制诰、翰林学士,后升任为参知政事(副宰相)。著有《三经新义》等,对《书》《诗》《周礼》等典籍作出新解释。

〔2〕 《摘训》:指《四书摘训》。作者邱橓实(1516—1585),名橓,字懋实,号月林,山东五莲人。明嘉靖时进士,曾任吏部给事中、刑部侍郎,官至吏部尚书。著有《四书摘训》《礼记追训》等。

〔3〕 "长国家":原文为"长国家而务财用者,必自小人矣",见于《大学》。

只是决言其效。"《精言》亦云"终事守财,即以财发身",似与《或问》合。

愚按:上节说得浑沦,此则抽出"有财"意,决言"其效有如此"耳。《存疑》说未为尽非。

终事宽说为是,然直作"贡献输将"说,于本章为密致。

上三节似在"散财"一边说,下二节则在"聚敛"一边说。然据《章句》"自此至终"篇,皆一意之说,不必太滞。《困勉录》以"不专利"统之,甚是。

《困勉录》以上三节为"不必专利",下二节为"不当专利",而又各就是非利害两意分看,自不可易。但谓上三节俱是就"利害"上见其"不必专",而"是非"意当见于言外。

愚按:截"生财有大道"句看,便是就"是非"上见"不必专利"意。合"财恒足发身,府库财无悖出"看,便是就"是非"上见"不必专利"意。合"财恒足发身,府库财无悖出"看,便是就"利害"上见"不必专利"意。

二十二节

三段俱见"不必专利"意,重在"不蓄聚敛"之臣,看下节可见。盖"媢嫉"之人为"专利"者心腹,即"务财用"之"干办"也。但不似俗讲"用人理财"相关之说。本文从"利"字生出一"义"字,与之作对。"义"即是"理","利"即是"欲"。"义"则能公,"利"则必私。在"事为"上说,尤"好恶、公私、絜矩、能不能"之显然分界处,故用作通章结穴。

《或问小注》《条辨》,俱以"义利"与"忠信骄泰",同作源头说。

按:"忠信骄泰"以"人心真妄"言,"义利"以"为国理欲"言,较出一步前。《章句》:"义"即"天理"之存,"利"即"天理"之亡。而"忠信骄泰"则"天理"存亡之机,照看益明。但"忠信骄泰"包得"理欲"意,"义利"亦带得"真妄"意,原属一片。《课讲》谓"前后暗相关会"说自允,然上下不可倒置。"忠信"映上"仁人能好恶","骄泰"映上"好恶拂人性",乃切指"君心"情状,属"大道"得失本原。"义"贴上节"仁"一边,便是"德";"利"照"不仁"一边,便是"财",乃拈出"为国主术",属国家治乱要害。上是逐层引伸,穷究到底字面;下则总结通章,反正絜纲字面。虽关会,实不同。

末节

"小人之使为国家","为"字着实,与上下"为"字不同。

末二句与上节语气不同:上以"理"言,说得平和;此以"利害"言,说得激烈。

此段仍是"慎德"段意,但或补其意,或畅其说,论益详明,戒益深切。前三节照"有土有财"来,"生财"节补其意,"发身"二节畅其说;后二节照"财聚悖出"来,"聚敛小人之使为国家"补其意。"灾害[1]并至,虽有善者,亦无如之何矣。此谓国不以利为利,以义为利也。"

---

[1] 此段"灾害"以下文字傅士逵底本原缺,据《大学》原文补。

【读《中庸》随笔*（上册）】

* 此抄本分上下册，第二册封面题《中庸讲义》，内文又名《中庸随笔》。上下册内容连贯一致，故视为一种。

据子思接尧舜道统，

之傳只在危微精一允執厥中而已首三章闡明中之為道具人心而原於天備君子而解於民曰解能曰不行不明即反激起執字意下三達德正示人以立執中之根基費隱以下發明中之理總以五達道為主正示人以盡執中之實事問政章通篇關鍵合言三達德以行五達道而歸本於明善誠身擇善固執正所謂惟精以察之惟一以守之而尤執其中也

《中庸》序说[1]

据子朱子《章句》序,《中庸》一篇乃述孔子接尧舜道统之传,只在"危微精一,允执厥中"而已。首三章阐明"中"之为道,具人心而源于天,备君子而鲜于民。曰"鲜能",曰"不行不明",即反激起"执"字意。下"三达德"正示人,以立"执中"之根基。"费隐"以下发明"中"之理,总以"五达道"为主正示人,以尽"执中"之实事。

《问政章》通篇关键,合言"三达德"[2],以行"五达道"[3],而归本于"明善诚身,择善固执"。正所谓"惟精以察之,惟一以守之",而"允执其中"也。遂拖起末一支,自"诚明"以下,总发明"允"字之义。"允"者,诚也。故教人致曲[4]求"诚",以"诚"自成,修德凝道,而求进于至圣至诚焉。仍暗承"达德""达道"为说,却重在"尽人道"以"法天道",而"执中"务归于"诚允"也。尽尧舜之道者,即有尧舜之业。期有尧舜之德,终之以笃恭。即尧之钦明,舜之恭己,而为"允执其中"之本领也。

通篇先提"中"字,次发"执中",末取以"允执",故曰"只在乎'允执厥中'而已"。

首　　章

首节三句,已统得通章道理,下则推衍言之耳。"天命之性"即未发之"中",天下之"大本"也;"率性之道"即中节之"和",天下之"达道"也。"修道之教"中涵"戒惧慎独"之功,乃"致中、致和"之事。"天命之性,率性之道",即"位育"[5]之根苗;"修道之教"即"位育"之实功也。"道"惟出于天,而备于己,故"不可须臾离"。不离道之功,实由修道之教而入。"教"有戒惧之功,所以存养天命之性,由是而"致中",则"大本"立,而尽此性矣。"教"有慎独之功,所以审察率性之道,由是而"致

---

〔1〕标题原无,由整理者添加。

〔2〕"三达德":指知、仁、勇三者。

〔3〕"五达道":指五典。语出《礼记·中庸》:"天下之达道五……曰君臣也,父子也,夫妇也,昆弟也,朋友之交也。"朱熹《集注》:"达道者,天下古今所共由之路,即《书》所谓五典。"

〔4〕致曲:达到隐幽曲折之处,比喻深入研究或修炼,以达到很高的境界。

〔5〕位育:指修养达到的极致境界。

和"，则"达道"行，而尽此道矣。尽性而"大本"立，则有"天地位"之验；尽道而"达道"行，则有"万物育"之验。惟有"位育"之验，始完全得"修道之教"之实功；亦惟有"位育"之验，始完全得"天命之性，率性之道"之实理也。"性道存省，中和位育"两线顺穿下去，"修道之教"则横插中间到底。此子朱子所谓《中庸》，文字甚整齐也。

通章大旨一语可了，只是人不可负天也。

首节

《论》《孟》〔1〕诸经皆言道之书，大概多就"事物之理"说。或有推其本源者，却又遗了下截，每苦不能贯通。此开手两句由源及流，相递而下，则大意了然矣。

"命"，即赋予也。不曰"赋"，而曰"命"者，即"耳提面命"之意。见恳切为人处，推上天好生之心本如是也。《注》以"犹令也"释之，如命官分职，谆谆告诫，有要人遵守奉行意。

"命"本"活"字，《或问》又作"死"字解者，原可通融看也。

天如何命人以性？是天之职分如此，亦天之意念如此。总一理之，不能自已耳。

《章句》以"刚健柔顺"言"五常"。《大全》有分属者，有合并说者，当兼二义。

"性"本是寂静底，然寂静之中统群动；"性"本是浑全底，然浑全之中具条理。故随感随应，自然流出。人心莫不以为然，而推为当行之道也。

"率性之仁"以见于父子间则为孝慈，是孝慈乃人所当行之路也。余可类推。

道既率乎性矣，又何用修？只缘人为气禀所累，遂将本有底道理坏了，故须为人修明其道，品之节之，制为礼乐法度，以教人遵循效法，乃可复全其所固有也。

"制礼作乐"正是修道处，乃立教之法也。"施政明刑"所以成就此修道处，引之入教之事也。礼乐所以化人于"中和"，政刑则启诱之，惩创之，以防人之偏僻，使共入于"中和"。

以"品节"释"修"字，自专在"礼乐"上说，以为入道之法度。然"道"为人之偏

---

〔1〕 《论》《孟》：指《论语》《孟子》。

僻,而"修"有入道之法,言下自必有"引之入道"之事在。《章句》云:"圣人因人物之所当行者而品节之,以为法于天下。"上二句正诠"修道",下句一连说来,便是以政刑引之入道意。下乃以"故谓之教"总承之。盖本文"修道"内便含"教人"意,不是说"道之谓教"方见此意也。

"制礼作乐"便是"修道",以此礼乐颁发于下,施诸政令之间,弼以刑罚之用,正是以所修之道教人处。"礼乐"乃承上"因人物之所当行者而品节之"实说;"政刑"乃承上"以为法于天下"实说。然再详之。

本节三句固是平说,然须以"道"为主。首句是向上推一层,原道所自出;末句是向下推一层,言道所由成,皆不外一个"道"也。故下只接说"道",便是天之所命,圣之所修者。

《或问》"不外于我",本文三句俱含此意,故为揭明,以伏下"道不可离性情之德"之案。然本节指明"性道教"之名义,且不重此;次节注"具于心"句亦同。至四节,方特提此意,以警切示人。

"道"本于"性",天下无性外之道也;"教"本于"道",天下无道外之教也。所以皆为出于天而不可易者,章旨、节旨总归重在"道原于天"意,故引董子语标明之。

首节便含"中庸"之义,《蒙引》说甚明。

次节

"道也者"三句,《时讲》俱谓"冒下二节",看来自是。《小注》[1]只作"起下戒惧者",以上节原统得下节,下特就上意抽出说耳。如此,则下节"故"字,自承"莫见、莫显"说,而未尝不跟"不可离"意来,玩《章句》可见。

上节包得下节,故"道不可离"自兼"绾存养省察"在内。因下节又抽出言之,故另以"莫见、莫显"引起。

"道不可须臾离",道理精,故工夫细。"可离"非"道",只是决言"道不可离",仍在题面上说。至"不可离"之所以然,就道向上推说,则曰"事物当然之理",皆性之德而具于心,无物不有,无时不然。就人之于道向下推说,则曰"循之则治,失之

---

[1]《小注》:指《朱子四书或问小注》一书,又称《或问小注》。下同。

则乱"，持守工夫一有不至，则当此之时，失此之道，自有者已与之判然为二物。此时已失其所以为人之理，而离禽兽不远矣。合《章句》《或问》《语类》参看，"所以不可离"处方说得详尽，乃见君子体道之功自不容已。

可离，非道也。陈新安谓"原注作'则为外物而非道'矣"，《存疑》以为最切，而訾《或问》之非。

按：《语类》"可离不可离，道与非道"，各相对待而言。"离了仁，便不仁；离了义，便不义"云云，正合《或问》"人力私智所为"之说。以"外物"对"道"看，似于"须臾"字较切。但外物自在"道"之中，如《存疑》所举车马桌椅切于日用，此岂非"道"之所寓？此虽可离于"须臾"，然不得拘定一物看，此外必有别物同为道之所寓而不离者在。人生在世，寝食行立，何尝一刻离"外物"来？此皆是道之"不可须臾离"处。既云"非道"，必是"不仁不义人力私智之所为"者。此说确不可易，《困勉录》两存之，亦觉未细。

目善驰纵，不轻于所往，故曰"戒慎"耳。善领受，不忽其所来，故曰"恐惧"。

"戒慎""不睹"二句照正面，专主"静"说，似与"不可须臾离"连合不来。据《存疑》，兼"动静"，平说又与下"致中和"《章句》不类。看来固该得"动"一边，而语意却侧注到"静"上去。如此，方与上下白文《章句》俱联成一片。《汇参》[1]说与《语类》甚合，可从也。

二句意全，语侧"戒慎恐惧"。原是全绾得，故《注》云"常存敬畏"。二"乎"字，便推极到"静"一边去。惟意是"全"底，故自是"不离须臾"之功，而语却侧在一边说。正面看，自是存"天命之性"底工夫，遂为"致中"发端。下节则是审察"率性之道"底工夫，为下"致和"发端。如此看，方两面俱到。

阅《成均课讲》说，此自重养性之功，却提"道也者"说入。盖"性命"乃"上达"之奥旨，而"道义"则"下学"之常功。《中庸》言道之书，全为学者开示，故从"道不可离"说来，而推极于"养性"也。将"养性"之功入在"体道"之功甲里，为"体道"之尽头处，正是为学者指示全功。虽意侧重"养性"，却于学者易于入手耳。知此，则此节意旨了然矣。

---

〔1〕《汇参》：指《朱子四书本义汇参》。作者王步青，生平事迹见第18页第二个注释。

《章句》"天理之本然",旧疑当兼"性道"说。据《课讲》,单指"性"说。如是,则是"天理底本然",即道体也。与《或问》"本然之体"正相合。盖紧承"虽不见闻,亦不敢忽"来。"存"字虽兼"动静",却侧重在"养性"上。"性"为道体,即"中"为"大本"意也。此说尤长。

三节

《蒙引》注"暗处",指心曲中细事,指念初动。《时讲》皆从之,《语类》兼指"没紧要"处,及些小事说。

按:此似与"处"字、"事"字相合,却与"事为"显著处似不贯串。据《或问》,自是以"发念"为主。《文集》[1]又云:"慎独是一念起处,万事根源,又更紧切。"可见当重"一念初起"意。但按之道理,及末章"相在尔室"节,《语类》此条说理自周备。然自是推说余意,毕竟以《或问》为正说。《条辨》《精言》以旁意作正意,似不可从。

若将"隐微"作"人所不知之小事"说,由此推之,则是人所知之大事矣。作"念头初发"说推之,则是"事为"之显著矣。前说是由此及彼,后说是即始贯终,兼说自可,然必以后说为主。

曰"隐微",则是常情所忽,最易走作处。曰"莫见莫显",其实自己见之甚明,断不容欺,乃是用功最切要处。玩《或问》,最切要处尤在此二句。固是说易于用功,尤见此断不可不用功也。所以下直以"故"字接之,盖初时最明白处不知用功,则后此将入含糊,难致力矣。

此节虽只言"慎独",却自统后此"事为"在内。

四节

此节重提掇"天命之性,率性之道"。盖首节主"发明性道"名义,此则特从人心中说出"性道"来。指点亲切,尤为吃紧。

《或问》三提"心"字,正见"道不外于心",亲切如此。"所以不可须臾离",讲家每为异说,何也? 不即言"性",而先言"情",诸家皆谓是"即情见性"之说,与孟子

---

[1]《文集》:指朱熹《晦庵先生朱文公文集》。

同意。是固然矣，然不以恻隐辞让言"情"，而以喜怒哀乐言者，"恻隐辞让"在常情不过偶然发露，若"喜怒哀乐"乃不问圣愚，人人皆有，不拘时日触目即是，就此推其未发，则喜怒哀乐之理即便是"性"。而为道之本体，是讨求至理，却就人之所有、眼前呈露、无处不是底说来。真看得道理流行，如鸢飞鱼跃，活泼泼底，故不觉高唱而入兴会淋漓。会得此意，真使人起舞也。

　　牿亡[1]之甚者，似喜怒哀乐之未发，不得谓"中"矣。然"中"即是"性"，原是厥赋维均[2]底。《语类》云："未发之中，众人亦有此，与圣人都一般。不然，是无大本，道理绝了。"玩此可见。

　　程子[3]"在中"之义，不但是"理"在心中，盖谓其"理"在"中"绝无偏倚，浑全恰好也。玩《语类》可见。

　　如偏于喜，则"怒之理"便欠了；偏于哀，则"乐之理"便欠了。单以一端言其理，亦兼多少轻重分数之不等。如喜偏于少，则欠了应多底分数；偏于重，则欠了应轻底分数，便是"理"不恰好也。谓之"中"者，四面都照管得到，绝不欠缺，有"浑全"意。"浑全"而无偏无倚，绝无遗憾，是"恰好"意。惟内有此"浑全恰好"处，所以发皆中节，而为"无过不及"之"时中"[4]也。

　　《语类》"天下何事不系在'喜怒哀乐'上？"可见"情"与"事为"原是合并底。"情"不中节，则"举动"乖舛[5]可知；"情"皆中节，则"事为"确当可知。故曰："和者，天下之达道也。"

　　"喜怒哀乐"宜活看。凡念之所动，事之所为，随在皆是，不必显然之"喜怒哀乐"也。如一步履间进即喜乐，退即怒哀；行即喜乐，止即怒哀。又如引而来者即

---

〔1〕　牿亡：受遏制而消亡。牿，关牛马的圈。

〔2〕　厥赋维均：唐代柳宗元《送薛存义序》中言："讼者平，赋者均。"意思是说，对待讼者应立场公平，对待赋税者应人人平均。后人以之作为对地方官公平执政的要求。

〔3〕　程子：指宋代理学家程颐（1033—1107），字正叔，北宋洛阳伊川人，世称"伊川先生"。为程颢之胞弟。历官汝州团练推官、西京国子监教授、秘书省校书郎等。与其胞兄程颢共创"洛学"，为理学奠定了基础。后人将二人合称"二程"。著有《周易程氏传》《经说》等。《经说》八卷，是程颐以义理疏解儒家经典的著作，包括《易》《诗》《书》《春秋》《论语》《孟子》《大学》《中庸》八种。

〔4〕　时中：时，指与时势一致。中，指孔子讲的中庸之道。指天地自然之道的正中运行，既不太过，又无不及。"时中"一词最早出现于《周易》蒙卦的《彖传》："蒙，亨。以亨行，时中也。"

〔5〕　乖舛：不顺利、差错。

喜,却而去者即怒;以为可者即喜,以为否者即怒,所以无事不系在"喜怒哀乐"上。

"中"则浑全,万事莫能外;"中"则恰好,万事无不宜。故曰:"天下之大本,和则顺通,为人心所同然;和则稳当,为人事所莫易。"故曰:"天下之达道。"

"未发"谓"中","中节"谓"和",此便是性情之德。"中"为天下之"大本","和"为天下之"达道",更见性情之"德"。"中"为"大本",便是言道之"体";"和"为"达道",便是言道之"用"。道之"体用",不外吾心性情之德。故言性情之德,便是明道"不可离"之意。

末节

"致"字不外上二段工夫,然必上面工夫做到尽头处方是"致"。上以"用工时"言,此则用工而抵于成也。

《注》"约"字,是收束严密意,直贯"无少偏倚,其守不失"两层,俱是"约"得工夫。下段"精"字例看。

"中"即天命之性,"和"即率性之道。此"理"即我与万物同受于天地者,是有生以来便与天地万物打通底。"中"为天下"大本","和"为天下"达道"。则凡燮理阴阳参赞天地之理,仁育万物义正万民之理,皆从"大本"而出,从"达道"而行。故《文集》谓:"只此个'中和',便统摄了天地万物。此'致中和',所以有'位育'之效也。"

"天地万物本吾一体",讲家谓"从天命之性,率性之道说出"。

愚按:当兼理、气,惟一气感通,一理贯注,故为一体。下文"心正气顺","心气"总属"气"一边。而"心之正,气之顺",特以全得此理,方与天地万物一体相联耳。

"致中"便是心正了,"致和"便是气顺了。天地只是一理,似无心者,然其主宰处,必有灵通知觉。则以正感正,而天地之心犹有不正者乎? 心正则"天地位"矣。"位"则气化流行,无有不正,是即气顺矣。况又以顺感顺乎? 时行物生,日暄雨润,俱天地之气化。气顺,则禀气而生者,先育于有生之始;资气以养者,复育于有生之后。"物育"有此二义。

如今人一念向正,而鬼魅不能为厉;心积诚敬,而神明为之来格,是亦"致中"

而"天地位"之验。

吾之心正，则天地之心亦正，故"天地位"。此是一层递说下。吾之气顺，则天地之气亦顺，故"万物育"。此当分两层说来。吾之气顺，则府修事和，教养备举，禽兽草木皆被恩荣，已能使"万物育"。天地之气顺，则和气熏蒸寒燠时，若大生广生滋息栽培，更能使"万物育"。此两层要皆"致和"有以使之也。

"学问之极功"句最重，盖此节却不甚重效验以见工夫也。

"修道之教亦在其中"有二意：由教而入者必到"位育"地位，方完得修道之教之全功；到"位育"地位，则"修道之教"又自我而立。兼此二意，理方完足。

"是其一体一用"云云，因上节分言"中和"，此节乃以一"致"字统之，见得体、用只是一串事，有"归本天命之性"意。在此意最重，不可忽。

万物之理气皆受命于天，本自一体相连，但我不尽其性，已自立界限，不与天地万物相通矣。惟能致"中和"，则己之心通乎天地之心。而"天地位"己之气通乎天地之气，并通乎万物之气。而"万物育"是不但有以全乎天之赋予，而且燮阴理阳，财成辅相，直为功于天地万物矣。然只是完全个天之所命，初非于性分之外别有加也。首尾两"天"字恰好相照应，为学者指示天人相与之际，亦深切矣哉。

二　章

首节

《困勉录》"君子中庸"，紧接上章末节来，可见便是圣人地位。

《蒙引》"中庸"字属"君子"，讲家亦以"德"言之。玩语意自是，但不可泥看。《注》"惟君子为能体之"，是上一层工夫，而专以本文为成德也。

按：本节犹言"君子是中庸底，小人是反中庸底"。《章句》与本文只是一层，本文正就"能体"上言其"中庸"，《章句》即就"中庸"字言其"能体"，不过少有虚实、明暗之分耳。"能体"之者，谓一一体贴，得到"中庸"之理，自有本然之全体所存所发，即照他本体体贴来，无纤毫差讹处，浑然是一"中庸"也。可见只是一层。即下文"时中"及《注》"随时处中"，亦俱是一层意。但"君子中庸"说得虚而浑，为"能体"之，则明解出所以为"中庸"之实。然不言如何体法，仍说得虚浑。下"随时以处中",说能"中庸"之实际,方见明了。故曰:"一层而有虚实、明暗之分也。"

凡言"体贴、体认、体谅",俱是照其"本体"之谓,《蒙引》亦有"依其本然"之说。

《论语》言君子、小人,每分善恶、理欲两途。此只以"中庸"一理而反正言之,见此理乃命于天,率于性,为人道之当然。天地间只有这一个道理,此外更不容有第二途。顺之则是,逆之则非,此"君子、小人"所以分也。

此书言"道理",开手便说"中庸",较他书尤为精细。故后面说"工夫",亦分外精细一层,"功"与"理"原相符也。

《章句》"天理之当然",见不可不体精微之极致,见体之不容少差,本《绍闻编》。

此节大旨是分判君子、小人,以立学者之法戒。《章句》先发明"中庸"之理,后接"惟君子为能体"之句方正。

按:本文"中庸"为君子之德,只于发正面处、醒处便足,不可太张惶,以失立言之旨。又,"中庸"字为通篇初见,道理须照《注》洗发清楚方是。文评:本文"中庸"虽以"德"言,正须于"德"上见"道"乃合旨。

次节

《精言》:"君子者,正也。时中者,中也。'中'重于'正'。"此条本之《语类》,《汇参》异说不可从。

《辑略》[1]:"程、张之说,多是'中无定体'意。"陆清献公文自注云:"《章句》中无定体,随时而在。不重中无定体,要说出'中'之随时而在来。不是说'中'之随处而易,观下文'无时不中'可见。时文竟作'达权通变'解,误矣。"《辑语》[2]亦云:"若作因时为变,不讨得戒惧源流,即是后世讲作用学术,未有不流于无忌惮者。"

按:此二说甚是。此义最易错认,今时为揭出,醒甚。

此时之"中",同于彼时也,则以因袭者处之;此时之"中",不同于彼时也,则以

---

〔1〕《辑略》:指《朱子语类辑略》。编者张伯行(1651—1725),字孝先,晚号敬庵,河南仪封(今兰考)人。康熙二十四年(1685)进士,累官礼部尚书。学宗程、朱,著有《道统录》《二程注录》《性理正宗》等。

〔2〕《辑语》:指《四书辑语》。编者陈应龙,字景云,福建侯官人。南宋嘉定十六年(1223)进士。官南雄州学教授、太学博士。

变通者处之。盖中无定体，随时而在。君子非以权变用其术，又非以谬固一其守，惟戒慎恐惧，以求各适其可而已。

本文上言"时中"，《注》揭出"戒惧"，以与"无忌惮"作对。下言"无忌惮"，《注》贴出"妄行"，以与"时中"作对。本文自是互见，《章句》各补完全。知此，则诸说皆废矣。

白文《章句》俱兼"已发""未发"说，正与首节《注》"不偏不倚"，"无过不及"相应。

三　　章

按：《松阳讲义》："民，即人也。兼上下说。《注》'世教'，即修道之教，亦兼上下。"此说甚精，宜从之。

又按：此"民"字，即"下智愚贤不肖"，是以"学者"言。承上章来，即法君子，戒小人之人也。《精言》[1]谓"民是小人"，则不合前后相承之旨，且绝人太甚矣，断不可从。

"世教衰"，是"民鲜能"上一层缘故。"禀之异"，更是"世教衰，民便鲜能"切身缘故。

《论语》有"为德"字，此无之。《柏庐讲义》谓："《中庸》主发明'率性之道'，故不入'德'字。"然《章句》却以"德"言之。按常说，在天下者为"道"，备吾身者为"德"，此以"已得之德"言，自与"道"异。若中庸之为"德"，与知德者"鲜德"[2]字同。仍是悬空说，却与"道"无大异。以"理"之泛陈，而为人所当行者言曰"道"；以"理"之切身，而为人所务得者言曰"德"。其实同此一理，不过亲疏之辨耳。

《汇参》道无过不及，《章句》以"过不及"言者，乃就"人之行道"说，故接说中庸之德。《精言》亦同。

---

[1]　《精言》：指《四书朱子大全精言》。编者周大璋，字聘侯，号笔峰，安徽安庆人。清雍正进士，授湖南龙阳县令，向当地诸生亲自讲授自编的《龙阳讲义》，后任紫阳书院山长。精研先儒之学，穷究经史百家，著有《四书精言》《四书正义》《朱子古文读本》等。

[2]　鲜德：谓缺德、少德。

按：下章言"执两用中"，岂非道有"过不及"乎？论天命之精本无"过不及"，但此可以言道，亦可以言德，如"故有之德"是也。若谓人之行道者即属德，则常人未行之先，必有先见为道者而后行之，是道亦有"过不及"矣。盖人之所行者为德，所见者即为道，似不可单以至精者为道，而以有"过不及"者偏属之德也。然再定。

又按：道虽是人所当行底，自以泛设者言，自可主本然之理。说"德"，则必合人言之。《汇参》说亦可用，再详。

四　　章

首节

"道之不行、不明"，饶双峰以"不流行于天下，不著明于天下"为说。玩语意自可从，《条辨》驳之，泥甚。《困勉录》得其平。玩二"也"字，"我知之矣"，是推其原本而故。下文互换言之，即所谓"道理精微，则功夫细密"也。

此二段旧说是知、行互根意，然语意不见明了。盖"不行"不原于"不能行"，早在"不能知"上安胎，真能知者，未有"不行"者也。"不明"不原于"不能明"，自在"不能行"上安胎，实能行者，未有不明者也。故下文以舜之大知〔1〕、渊之服膺〔2〕言之。《蒙引》则说后了一步，且其说亦生硬，不可从。

必用知、行相因意者，盖中庸之理，乃精微之极致。故说工夫，亦必极其精细，方可与之相副而得其理。若言道之"不行"，即在"不能行"；道之"不明"，即在"不能明"。则必道之行，亦惟勉行而已；道之明，亦惟求明而已。将或粗疏浅尝，不能得乎中道也。惟道之"不行"，因乎"不明"，是必真能知得。若"谈虎色变"之说，则道自无不行。此行道之功，原从真知出，自然行得极其精实，而足副乎中庸矣。惟道之"不明"，因乎"不行"，是必实能行得。若如"好好色"之说，则道自无不明。此明道之功，原从"笃行"出，自然明得极其精切，而足副乎中庸矣。书旨或在于此，俟再详之。

"行"由于"知"，"知"由于"行"，此中原有互为先后意，但此意却不甚看重。

---

〔1〕　大知：指有大智慧。此处是说大舜是有大智慧的人。

〔2〕　渊之服膺：服膺，指记在心里，衷心信服。渊，指孔子弟子颜回，字子渊。

"道其不行"二章,即以"知"包"行",故《章句》云："此知之所以无过不及,而道之所以行也。""予知"二章,即"以行为知",故《章句》云："此行之所以无过不及,而道之所以明也。"玩此,可见黄勉斋总括语俱用"而后可以"字,是为学者指示次第,不必太泥。

　　"知者过之",高者如佛老,其次如庄列[1],如象山、阳明[2]之属,即今人之聪颖胜人者,亦多恃其才智,或测度诡异,或揣摹事变,皆其类也。原不指一种人。《或问》二句便分两种,亦可见贤者过之。陈氏[3]指晨门、荷蒉[4]言,《翼注》以仲子之廉[5]、尾生之信[6]言,可见亦不一种。若"愚者",只是昏愦之人。"不肖",《或问》以"卑污、苟贱"言之,又不但材质懦弱而已也。

　　"知"者惟"知"是务,故不屑"行";"贤"者惟"行"是务,故不屑"知"。此只从《或问》为是。愚者不知"所以行","所以行"处全在"知"。愚者"知不到",自然便不知"所以行"。不肖者不求"所以知","所以知"处全在"行"。不肖者"行不到",自然便不求"所以知"。二"所以"字,各有知、行相因意。不知"所以行",即在"不及知"上见;不求"所以知",即在"不及行"上见。二"又"字,是与上二"既"字相应,不是与"不及知""不及行"打成两极,切莫误认。

---

〔1〕　庄、列:指庄子、列子。

〔2〕　象山、阳明:前者指南宋理学家陆象山(1139—1193),名九渊,字子静,号象山,抚州金溪(今江西金溪县)人。南宋哲学家,陆王心学的代表人物。因讲学于象山书院(位于江西贵溪县),被称为"象山先生",学者常称其为"陆象山"。后者指明代心学家王守仁(1472—1529),字伯安,别号阳明,浙江余姚人。因姚江是浙江境内河流,故后人又以姚江指称王守仁。又因他筑室于会稽山阳明洞,自号阳明子,学者称之为阳明先生,亦称王阳明。王守仁是明代著名思想家、哲学家,陆王心学集大成者,创"致良知"学说。王阳明于弘治十二年(1499)中进士,历任刑部主事、贵州龙场驿丞、庐陵知县、右佥都御史、南赣巡抚、两广总督等职,晚年官至南京兵部尚书、都察院左都御史。著有《王文成公全书》。

〔3〕　陈氏:指元代理学家陈栎(1252—1334),生平事迹见第17页第三个注释。

〔4〕　晨门、荷蒉:晨门,指掌管城门开闭的人。郦道元《水经注·淯水》："侯嬴贱役晨门,卑下之位,古人所不耻,何痛之有?"荷蒉,语出《论语·宪问》："子击磬于卫,有荷蒉而过孔氏之门者,曰:'有心哉,击磬乎!'既而曰:'鄙哉,硜硜乎!莫己知也,斯己而已矣。深则厉,浅则揭。'"朱熹《集注》曰:"此荷蒉者亦隐士也。"荷蒉,后用为隐士之典。蒉,草编用以盛土的筐子。晨门、荷蒉,均指位卑却具有士之风骨者。

〔5〕　仲子之廉:仲子,名陈仲子,亦称陈仲、田仲、于陵中子等。本名陈定,字子终,战国时期齐国著名思想家、隐士。陈仲子学识渊博,品德高尚,反对骄奢淫逸,提倡廉洁自律。齐王请他到稷下学宫讲学,他的学说自成一家之言,被称为"于陵学派"。

〔6〕　尾生之信:出于《庄子·盗跖》。青年尾生与女子期于梁下,女子不来,水至尾生不去,抱梁柱而死。后人以之作为信守承诺的典型。

"不及知""知"字深;"不知所以行""知"字浅。"知"之深者既无,即"知"之浅者亦无矣。盖"知不到",便"行不到"也。

下节

道之所在大,而纲常伦理小,而日用饮食随在皆是,特人自不察耳。

饮食而不察正味,是以有随境而偏,缘嗜而异之失。日用而不察中道,是以有过与不及之弊。此"察"字,与首章"省察"字亦相照。饮食中自有正味,是道不可离。鲜能知是,人自不察。旧说犹未清晰。

"不知味",《存疑》就"境遇"上见,《翼注》就"嗜好"上见,当兼用。"鲜能知味",其病只是粗疏自便,不去体贴耳,此所以为庸人。《注》"察"字,虽从"知"字出,却少在前一层。惟不察,故不知,然自包在"知"字内。此固是叹人"鲜知",言下便有启发其知意。遂隐隐逗起,取法"知仁勇"[1]来。

气质有"智、愚、贤","不肖"是病源。知行有"过","不及"是病症。病源是邪气,人能察识,知所取法,只此扶起正气,则邪气自能辟除。一切有余、不足之病症,亦都归消灭,而气顺神全矣,所以下文直接以"知仁勇"。

五　章

此下二章承"道之不行"一段来,总以"行道"为主脑,而归本于"知"。上章因人不能明道,所以道遂不行。故下章必如舜之知,而无过无不及,是则道之所以行也。

按:《或问小注》《精言》俱云"其"字矣,"夫"字便含"不行有由"意。据此,则《注》"由[2]不明"意,自在夫子语句中说自可从。

又按:上下诸章语意血脉秩然有序,想俱是夫子本意,子思[3]特略有补凑

---

〔1〕"知仁勇":知,智慧;仁,仁义;勇,勇气。语出《论语·子罕》:"子曰:知者不惑,仁者不忧,勇者不惧。"知,同"智"。

〔2〕由:指孔子弟子子路,姓仲,名由,又名季路。

〔3〕子思:名孔伋,字子思,孔子嫡孙。

耳。讲家过分夫子与子思语意不同处，可以不必。《条辨》亦有此说，当参看。

六　　章

《翼注》谓"'隐扬'于'大知'不甚紧要"，不知此正能多取诸人，以成其"大知"处。《章句》"人孰不乐告以善"句可玩。

或疑"用中于民"[1]，已说到"行不在大知"内。不知取人之善，必见之于"行"，乃真成其为"知"。不能"行"得，毕竟是有疑似之见，而未可为"大知"也。

两"好"字是"执两用中"之根柢；"隐扬"是"执两用中"之作用；"执两用中"是"大知"之归宿，合来总成一个"大知"。

此章"道之行"，即在"知"上见。《为人章》"道之明"，即在"行"上见。非知了然后能行，能行了然后能明也。《章句》"道之所以行也"，看"所以"字自分明，《时讲》多误。

前言"道不行"，以所知有过、有不及，然则所知无过、无不及，而道自无不行矣。舜知"大知"，正所知无过、无不及者，此道之所以行于天下也。《为人章》仿此。

《困勉录》《体注》俱谓此章重"大知"上，轻看"用中"；后章重"能守"上，轻看"择中"。然《语类》云："《大知章》是'行'底意多，《择中章》是'知'底意多。"《辑语》亦于前章重"行"，后章重"知"。二说不同，看来前章正面是说"知"，而意则归到"行"上去；后章正面是说"行"，而意则归到"知"上去。二说各主一边，故言轻重不同，其实非抵牾也。

此章正面本重"大知"。玩"执两用中"二句一连说下，已将"行"入在"大知"中了。便见"知"之所以无"过不及"处，即是道之所以行处。两"所以"字俱是指其实言之，不是推其故言之也。《服膺章》注同此。

《或问》以取诸人，为非知者之过。盖"知"之过者，自不取人之知也。以"执两用中"为非，愚者之不及。盖愚者不及"知"，必不能"执两"；不知所以"行"，必不能

---

[1]　用中于民：语出《礼记·中庸》："执其两端，用其中于民，其斯以为舜乎？"指用中庸之道治理百姓。

用"中"也。然仍须活看乃圆。

见道分明处曰"知",体道亲切处曰"仁",进道精强处曰"勇"。

"知仁勇"是"德",与"智愚贤不肖"之质反对看。"过不及"则与"中庸"反对看,不可误以"知仁勇"对"过不及"也。质之偏者,则有"过不及";德之正者,自无"过不及"。如此看,则层次分明矣。

七　章

此下二章承"道之不明"一段来总,以"明道"为主脑,而归本于"行"。上章直以"不能行道"处为"不能明道"处,故下章言"必如渊之仁,而无过无不及,是则道之所以明也。"

"知"必以"能守"言者,盖必"能守",方是"知"之实验。能择不能守,固不得为真知也。《汇参》引贞固〔1〕属,知理更了彻。《中庸》言及此,可见说"工夫",都以"至极者"言之也。

八　章

"回之为人"句含有"仁"意,与前章"大知",后章"强勇"对看。

渊之"择中",自异于上章之"择中",似可以为智矣,然必到"能守"上,方是真知。以上章已有其例也,故此反不重"择中",而重"服膺明道"。即于"能守"上见,正与《大知章》紧对。

"得一善",以"一"言者,是"随得随守"意,便见归重"能守"意。

"拳拳服膺"是能守弗失,是能常常守,对上章"期月"看。

《章句》添出"真知"一层,自是对上章"人皆曰予知"生出。能择而不能守,仍不得为真知者。颜子则是真知矣,故能择能守如此,自是从"择守"上看出"真知"来。但颜子之"真知",原是颜子本来有底,盖以明睿之资,而有博文之学,原有真

---

〔1〕　贞固:持守正道,坚定不移。

知本领,故能"择乎中庸"。真知而能择,故能守乎中庸。然本文却不重真知在先为"择守本领"意,只是言"能择能守,实有真知",以归到"道之所以明"耳。

添出"真知",固是对上"予知"。须知正是为"道明"伏案,不是为"择守"寻源。

徼弦、岱云[1]说未免烦扰。盖本文只是即"道之行"处,以见"道之明",不必又从"行"上再添出一层也。再详。

《大知章》于"知"中见"行",重"大知",更重"用中",盖"用中"即在"大知"中也。

此章于"行"中见"知",重"服膺",不重"择中"。盖"择中"犹在"能守"外也,不可以"择中"对"用中"看了。

《或问》以"择中"为"非贤者之过",盖贤者过之,故不能择中而行,以"弗失"为"非不肖者之不及"。盖不肖者不及行,故难言"弗失",然亦可活看。

九 章

前既言"知以知之,仁以守之"矣,然中庸终是难能底。故知不如舜,仁不如渊,必须有"勇"以辅其"知、仁",乃可以真能知,真能守也。

《大全》[2]小注"三者恰好便是中庸",据此,则做得恰好,便在中庸之内矣。今将三者与"中庸"对说,则是剔在"中庸"之外,故皆为倚于一偏之事。《困勉录》谓"为直捷甚是",何虚斋[3]、武曹[4]犹訾《章句》今本不如旧本耶?

"天下国家可均也",以"天下"为主,"家国"统在"天下"内。

《章句》"资之近,力能勉"是两意,玩《或问》"气质之偏,事势之迫"二句可见。《精言》辨之甚明。

《合订》以"义精"为"知","仁熟"为"仁","无一毫人欲之私"为"勇"。《存疑》

---

〔1〕 徼弦、岱云:徼弦,指清人周徼弦,周氏曾重订《六壬神课金口诀》一书。岱云,指李岱云,生平事迹见第25页第三个注释。

〔2〕 《大全》:是前人关于四书的整理著作,又称《四书大全》。《四书大全》明清时期有很多整理本,明代以胡广编纂的《四书大全》最权威,清代仍有刊刻。下文中凡出现《大全》一词,不再另注。

〔3〕 虚斋:指蔡清,虚斋是其号。生平事迹见第16页第三个注释。

〔4〕 武曹:指汪份,武曹是其字。生平事迹见第31页第一个注释。

则以三项一串说，总是"勇"。盖"勇"原寓在"知、仁"中。义言精，仁言熟，正有"勇"在，自以《存疑》为直捷。向从《大全》《困勉录》主此，今看来即分说似亦无害。盖言无一毫人欲之私，便是择之极精，略不淆以人欲；守之极熟，略不参以人欲。此句原不离上二项意，故下章单以"自胜其人欲之私"言。

十 章

首二节

"子路问强"，胸中自有一番见解，即南方、北方之强之类也。若不提破，则己见横于胸中，而正言不入矣。

"强"虽列为三项，其实只有两项，其实又只有一项。以风气之强，衬出义理之强。玩两"之"字，分出头脑来，便见非"强"之正名。玩一"抑"字，随说随转，不过直追出"而强"一项而已。

三"与"字不是婉商，自是直捷语意。

中二节

"以教"不主立教说。玩《解》[1]作"诲人不及"，可见"祗"是以"死"字作"活"字用，犹言"习处"也。"不厌"，《精言》不作"不悔"解，谓是"乐此不疲，孳孳无已"意。根苗从"祗"字出，此解甚真切。

既说出南北方之"强"，又云"君子居之"，"强者居之"者，见非汝学者之所当居也，语意起下"故"字。

《章句》"风气"，谓风土气习也。再详。

末节

据《语类》"不偏东西"之说，则"中立"是"中间"之"中"。然"中间"之"中"，即"中正"之"中"。盖贤知之"过"，愚不肖之"不及"，皆倚于一偏者，君子则独立于

---

〔1〕《解》：指《中庸解》一书。作者是宋代理学家程颢。

"中"耳。"中立"非有力者不能久，君子则始终不倚也。

按《条辨》[1]，乃知"中立不倚"，紧对"和而不流"说来。"中立"，疑即是"不流"意，故讲家多对"众人"看。两项合来，遂成个"随时处中"。如此，则"中立"意自见分寸。此与"温而厉，威而不猛"二句略相似。

旧说上二段以"人""己"相对说，下二段以"穷""达"相对说。《困勉录》谓："接人亦有中立处，持己亦有和处，不必如此分。"《精言》遂从《蒙引》改作"刚柔穷达"，以分属四段。看来后说可从，然再详定。

致主匡时，君子之素心未能得志，抱道不行。所以为困塞，不是贫苦之说。"塞"字认得真，则"不辨"意自明。

李衷一[2]谓："至死，犹言终身。"

按：此与《注》合，固是，然下此狠字，正见其强矫处。

此四条便是中庸之道，便是"中庸之不可能"者，能此"中庸之不可能"者，方是真强。盖说"强勇"，必就事上见。中庸之道中，原自有"强"在，故就此说出"强"来。既是中庸之"强"，岂复有"中庸之不可能"者乎？"强勇"即在"能中庸"上讨出。若说泛常体道之强，则犹未必能中庸也。此与集义以养气，气养成，即配道义而行大概相似。圣贤言道，多是一个圈子回环说出类如此。

据《大全》"君子是成德人"四条，即"君子成德"事。据《精言》注"自胜其人欲之私"，是说学者用功事，本文《章句》似乎不类。

愚按：此虽说"君子成德"事，却正是为子路言"而强"处。故《章句》此四者"汝之所当强也"，及此则所谓"中庸之不可能者"云云，总就本文语意对照子路说来，并使上下章一齐打通。玩两"此"字，两"是"字，俱是本文应有意思。又，"此则""此"字，与"于是""是"字一气贯注，紧相照应，盖言此君子事，即所谓"中庸之不可能"者。学者法此，非有以自胜其人欲之私，断不能择此而守此。然则君子之强，孰大于是乎？此则"中庸不可能者"句，便含"本然之强"在。但未说出学者择守此中庸，非有自胜之强，断然不可能，正以此为君子之强之最大也。此二句方找

---

〔1〕《条辨》：指《四书朱子异同条辨》，清人李沛霖、李桢纂辑。

〔2〕李衷一：指李光缙(1549—1623)，字宗谦，号衷一，人称"衷一先生"，福建泉州人。万历乙酉乡荐第一，日研经史及朝章民隐，以备经济，后潜心著述而未出仕。著有《景璧集》等。

明"真强",并对南北方之"强"说。《章句》语意精细如此。

本文正是论德义之勇如此,不过就君子说出耳。自重在论"强勇"道理,不可呆看作"君子成德"事。所以《章句》不言"义精""仁熟",而言"非有以自胜其人欲之私,不能择而守也"。"君子之强"二句,乃特言"强"之大,非特言君子之"强"之"大"。如此看,本文章句都归一串,通体皆活矣。

此处文义,与后面"君子之道本诸身"节,及"君子之道,黯然而日彰"节,俱作一例看。中庸文法固是如此,讲家类多泥看,不亦诬乎? 然再详之。

"知仁勇"皆造道之德,似在道之外。今言舜之知,渊之仁,子路之勇,俱是就"道"说出"德"。盖必有此"德",方能造此"道",殊非泛泛言"知仁勇"也,须识此意。

十 一 章

上六章因第四章所言"道不明行"之故,遂紧从知愚贤不肖"不能明行之",对面揭出"能明行之"知仁勇来,乃所以示人入道之资也。此章则紧从"过不及",指其实事言之,所以警其畔道之失,而归之于中庸也。前是开示意,此是儆戒意,虽曰结上,却不复上。然前俱含"过不及"意,此亦含"知行"意,合来自是一线相承。盖再为警醒见,必当矫其偏失,以法"知仁勇"之人,而上进于君子中庸也。重提"过不及"意,恰好与"中庸"对照作收束。

首节
贤知之"过",不尽是"素隐行怪",为对照"庸"字,故特举其甚者言之耳。

"素隐行怪",后世亦有祖述之者。《注》只以"传述"解者,缘书旨只是略扬之,以反激下句耳。"吾弗为"之句甚重,是"即身示教"意,不重自叙。

次节
本文只言"行",而"知之不及"自寓,语意从"择乎中庸,不能期月守"来。

道,自是中庸之道。然"道行"字,与"半途"字,自一串相映。

半途而废,根源自在上句。

按："遵"字虽知已及之，但未得其趣，不过一时勉强遵循耳。"吾弗能已""能"字可玩，正是于道得其趣味者。《困勉录》驳张彦陵说，似未是。

末节

"依乎中庸""依"字，如人之着衣，是无暂时相离意。下句又是所依者终身不变耳。

遁，藏也，与隐遁不同。遁世，无位也，不见知，无名也。《精言》分明。

末句不是抬高品地，绝人之攀跻也，正有无限歆动意在。见此惟圣者能之，能法君子而一依乎中庸。则鲜能者，亦且有此能，而直入乎圣域矣。盖尽道非中庸不为。至善求中，非迪圣域，则未得所归宿也。故必以此歆动而鼓励之。

《时讲》皆谓首节是知行之"过"；次节是知行之"不及"；末节是中庸之"成德"。只如此看，似三节各是一事，殊失夫子语意。上二节只言"过不及"太无味，且闲了各末句。

按：《辑语》上二节重"吾弗为之，吾弗能已"二句甚是。盖虽是结上"过不及"，却有矫其失意在。明揭"素隐行怪，半途而废"其失已见，又言自己用功，断不蹈此。分明是即身示教，更加警醒惕励。正要学者痛惩其"过不及"，以必法乎君子之依中庸，而有圣者之能也。如此看，则上二节矫知行"过不及"之失，早打通"依乎中庸，遁世不见知"二句。本文《章句》俱联成一片矣。《语类》正如此。

自第二章言"君子中庸以示法"，言"小人反中庸以示戒"，所以正人之倾向也。三章"民"字，指天下学者，介居君子、小人之间者说。叹其"鲜能"，正欲其效法君子，监戒小人也。然必究所以"鲜能"之故，乃可去其病而反之正。盖体道惟在知行，而众人有知愚贤不肖气质之偏，因而所知所行，有过不及之失。加之又不知察，此其所以鲜能中庸之道也。气质之"知愚贤不肖"，是所以"鲜能"之根源。知行之"过不及"，是所以"鲜能"之正身。"知愚"若能察，则当法舜之"大知"，而所知自无"过不及"，即中道于此乎行矣；"贤不肖"若能察，则当法渊[1]之"仁"，而所行自无"过不及"，即中道于此乎明矣。知愚"知"不如舜；贤不肖"仁"不如渊，则当法

---

[1] 渊：指颜回，字子渊。

告子路之强勇，而所知所行亦必无"过不及"，而中道于此乎明行矣。盖舜、渊及强矫之君子，即体中庸之君子。其"知仁勇"，即君子之中庸也。既分法君子中庸之德，则"知愚贤不肖"皆可以革其"过不及"之偏，而一依乎中庸，亦将为君子而入圣域。"鲜能"者，亦且能圣人之能矣。末章只是将此意又提起说，乃重加警醒，以惩其"过不及"之失，而欲其必法君子之中庸也。遂通结了上文，直应二章之首矣。一气贯注，章法谨密如此。

揭出"中庸"，以解首章"道"字之指。以"知仁勇"之德，变其气质"过不及"之偏；以体中庸之道，是发明"道不可离"之义。首章"体道"工夫，就"存养省察、致中和"言之，只是举其大端与切要处说。此则以"明行择守"言之，更为存省中着实工夫。且举君子中庸，以立学道之则。举"知愚贤不肖"，以尽"学道"之人。终之以圣者，以指"学道"之归，要皆发"不离道"之义也。首言"君子中庸"，中言"服膺弗失"，末言"依乎中庸"。"遁世不见知而不悔"，亦与"不离于须臾"相应。

此支终首章之义，自须说出"道不可离"意。但且重在入道之资，正申明"道所以不可离"处，自属第二支，《总注》自明。

《课讲》云："明行强者入道之功。"明行强从'知仁勇'之性而出。惟尽性者，为能尽率性之道。

按：性既率之而为道矣，又以为造道之德，何也？盖性得于天，只此一理耳。性分之发存于己身，而为情意识力之良者曰德；性分之发著于人世，而为事理物则之恒者曰道。凡理流露于事物而为道者，自必借理之存。主于己身而为德者造进之。德源而道流，德总而道分也。

如仁为性中恻怛之理，其见于事物，则为亲亲仁民爱物之道，此固是恻怛之所注。至于义理知信之道，允宜各当，亦莫不本此恻怛之意以行之。故曰："仁统四端，包万善也。"

知为性中明察之理。其见之事物，则为是非邪正各有分别之道，此固是明察之所及。至于仁义礼信之道表里精粗，又莫不本此。明察之，识以辨之，故尧舜之大德曰"文明"，曰"睿哲"。后面言"至圣"，亦以聪明睿智冠四德之上也。

"勇"即性中诚信之理。其为道，则壮往之得宜；其为德，则又仁义礼智之事，无不贯也。

由此言之，则止此性分之理，而德为性之本体，道为性之支流。"德性"之施发其总，而性道之著见其分也。如胸有学问者，发露许多雅俗共赏之文章。而凡此文章之成，又无不以学问中之识精力厚者为资本。此所以性之道，仍以性之德尽之也。至于道得于己，又复为德，圣贤道理类皆回环往复有如此者。

《总注》指明知仁勇"三达德"，则道之大指，即"五达道"也。与第二十章前后联为一片，此所谓老眼无花。

圣贤不空言道，故此一支承首章"道不可离"来。先以"三达德"为入道之门，既有此德，则造道有基，而中庸之道可得矣。下文言道，推及广大精微，庸人不可思议处，要皆不离"性命"之旨，而为君子渐次体会之理，又何尝一语托诸空言哉？

十　二　章

首节

此下言道，正申明所以"不可离"之意。总为学者说法，故道不空言，而必系之君子也。讲家谓此君子从"君子中庸，依乎中庸"来固是，然即承首章"君子"似亦可。唯一先生[1]云："此只就君子说出道理，勿太泥。"

按：活看最好，只要得提"君子在上"底意思则是矣。

"费"是就理之形于事物者言之，如有父子，则有孝慈之理；有手足，则有恭重之理；有山川，则有流峙之理；有鸢鱼，则有飞跃之理。此本是昭然可见底，故下文言"上下察""察天地"，此所以为道之发用处。然手足何以当"恭重"？鸢鱼何以当"飞跃"？飞跃、恭重何以便为理？以此出乎天命之性，为道之本体，必如是而乃共见为宜也。其所以然之本体，却不见不闻，故曰"隐"也。事事物物理皆根于本体，故曰"费而隐"也。

道之本体固是道，道之发用亦是道。道有不可见者，亦有可见者，故曰"修身则道立"。《存疑》似不可以用为道，《时讲》每谓"道不可见"，似是泥看《章句》，须玩。《章句》自指其所以然者不可见，若化育流行，则故云"上下昭著"矣。

---

〔1〕　唯一先生：指马惟抑，名曾鲁，字惟抑，又被写作"唯一"。生平事迹见第17页第二个注释。

首章"性道中和",以在人心者言道之体用,此则以在天下者言道之体用,其实一也。《存疑》驳《大全》《蒙引》之说,似不必。

"费"以发用言,自是率性之道;"隐"以本体言,自是天命之性。但首章从"根苗"说到率循分疏[1],性道似有先后之辨。此即就"发用"处说出本体来,"体"在"用"中见,自是合并为一底。故《存疑》不用云峰之说。然活看,理自相通也。再详。

二节

《语类》谓用"夫妇"字当有深意。盖夫妇乃人伦之始,王道之源,居室之间至近至切,未有于此不能尽道,而遂可及于远大者。此所以不泛以"人"言,而言"夫妇"也。

"圣人所不知能",乃有所限量、不必过求二意。"天地有憾",是形气所限、气化乖舛二意。要知无害为尽道,所以道仍属之君子。

一说即人伦亦有圣人所不能遍尽者。

按:此系乎所遇之不同。要知易地[2]皆然,故不得以此断为圣人所不知能。说"道之费"处,故在"实"字,然细玩"可以",虽亦犹有数虚字,精神分外透露。

"其大无外",就外面规模上说,盖无不包涵也。"其小无内",就里面实际处说,盖无不充塞也。如此,方说尽"道之费"。

"隐"言其体,"费"言其用。以"费隐"之规模言之,则大而无外;以"费隐"之充实言之,则小而无内。"言道以此"四字尽之,不但为本章眼目,并为下八章纲领。

道包乎物外,物不能出乎道外,故曰"大无外"。道寓乎物中,物不能入乎道中,故曰"小无内"。惟其"小无内",所以细微曲折无所不入,而夫妇居室之不遗也。

使有能破之者,则是道在外,物在内。物之内有道所不及者矣,而道岂其然?

本文末二句紧承上面说,玩"故"字可见。《章句》"大无外""小无内",亦是承"夫妇居室"数句说。"无内"固是切定"莫能破",然不可泥看。盖以"道之在人"

---

〔1〕 率循分疏:指依次序一层层讲清楚。

〔2〕 易地:交换位置,互换所处的地位。

者，言夫妇知能小之至矣。闺门幽隐，更无内过于此者。

愚不肖之"知能"，向从《存疑》，今玩《或问》《文集》，当以《辑语》《精言》为是。

按：《易》"一阳一阴之谓道，有夫妇而后有父子，有父子而后有君臣"等语，则夫妇居室乃人道之始，五伦之先，德教之本，风化之源，推之，即天地絪缊化醇之理也。愚不肖之"知能"，亦必有尽其道者，但未能全尽之耳，故末结以"造端乎夫妇"。

上古男女杂处，虽是天机自然流露处，然不得其正，便不可谓能尽其道。自圣人制为嫁娶，而夫妇之伦立，则道乃于是显焉。既使之归于正，则始可以为天地广生育，为祖父绵宗嗣，可知此乃夫妇之第一义。由是而男谋资生，女主中馈，皆缘此而起之事。《存疑》"井臼"之说，是以旁意做正意，故不可为定论。此本人生一大事，自人情卑污，纵欲贪淫，败名堕节，或染瘵殒命，遂成世间一大恶事。所以讲家屏不复道，然不免为因噎废食耳。玩"造端夫妇"，正要人致谨于闺帏衽席之地，力戒乎欲动情胜之愆，使夫妇有别，调和琴瑟，自内而外，自近而远，由正家以及国与天下，何在非因此而推之者？及之生养万物，参赞天地，即造端夫妇之所递及。故曰："及其至也，察乎天地。"

只形交气感，一归于正，是之谓道。然必曲尽乎礼义，方成其为道。不然，则天命有所不行矣。《语类》云："接而知有礼，交而知有道，惟敬者能守而不失。"

按：此即夫妇有别之义。然则愚不肖所知能者，亦只得其粗略，而不能全体乎道，此所以责成乎学者也。

夫妇之愚不肖，当作两层看。"愚不肖"是对圣人说，"夫妇"则由圣人而通乎天地矣。此二段与下二句自打成一片，便伏得末节语意。

圣人天地所不能尽，自是宇宙中底道理。下曰"大莫能载"，则远出宇宙外矣。夫妇所知能，是事物近小底道理。下曰"小莫能破"，则细入事物中矣。各是承上文，而推极言之也。"大极域外"，言局量之包括无遗；"细入针芒"，言实际之充周无间。

上条是细推说，然亦不必太拘，毕竟主意在责成人之体道上。故末节只以夫妇天地作收结，玩此自可见。

三节

子思见得盈天地间无处非道之呈露，故随意就成语举出二物，以见道之全体。

言其"上下察"也,是承鸢鱼说,是不泥鸢鱼说。盖上二句先已不泥看也。

"戾天于渊",即上下也。"鸢飞鱼跃",即察也。气之昭著处,便是理之昭著,理与气原截不开。理著于形,气自可见。理之所以然处,则不可见。故《章句》于上下节俱用"所以然"字。

旧云"活泼泼地"不是说飞跃,只是说无处非道,是固然矣。然"鸢飞鱼跃"原是"活泼泼地",会得"鸢飞鱼跃"之旨,便见无处不是"鸢飞鱼跃",无处不是"活泼泼地"。

鸢鱼之活泼,即是道理之活泼。但以目视之,只见鸢鱼之活泼;惟以心视之,则见道理之活泼。故《或问》因程子说,而发出"存心"一段也。

末节

上文言"道无不言",结"道无不在"意。又就大小分首尾、起讫言之。

夫妇一小天地,天地一大夫妇。一小一大,遂分了始终两头。而中间因生出万物,万事万理一并包括,可知此是宇宙间统体道理。故通章收结于此,而君子用功之序,亦于此可见矣。

十 三 章

首节

不远之道,仍是"费隐"[1]之道。但就中分其"费之小者"言之耳。《章句》以"率性"解之,已见不远于人。然"费之大者",亦是率性底。故又足以众人能知能行,则义了然矣。

按:下文治人之道,爱人之道,子臣弟友之道,俱是率于性者,亦俱是众所能知能行者,注"一字不苟",下如此。

人之为道而远人,不可以为道。本是就远人为道者以见"道不远人"意,然言下便有指示人"不可远人以为道"意在。不可分本节为两意,又不可泥。本节只是

---

〔1〕 费隐:广大精微意。费,广大。隐,精微。朱熹《章句》注:"费,用之广也;隐,体之微也。"君子之道费而隐,是说君子为人处世的道理广大而精微。

单说"道"，须知言"道不远人"，即是要人不得远人以为道也。

讲家皆以此章重在首句。

按：章脉从"论道高远"处收回来说，重首句自是。但言"道不远人"是何意？只恐学者驰骛于远，故欲其即人以求道也。但本文语势一正一反，下二句正是申说上句。只说"道不远人"，则教人"不可远人为道"意。即此，而在末节不另找此意为是。

此章立论在明道，却即就"不远人"以为道者言之。两层合为一层，而本意不须再补，此亦见立言之妙。

次节言"在上治人之尽道处"，下二节言"接人责己之尽道处"，而示人为道之事，已备见于此矣。

二节

《启蒙》云："睨，邪视，视所执之柯也。视，正视，视所伐之柯也。"二字分看。观"而"字、"之"字，可见是邪视乎彼？而正视乎此也？此较常说独为真切，宜从之。

"改而止"，是"足以人治人"意，正醒出"不欲远人以为道"也。

"改而止"，《条辨》亦觉琐碎未安。

愚按：本文不曰"教人"，而曰"治人"，当是统就治理人民说。故曰："以众人望人，则易从也。"盖治人之颛蒙[1]者，使改其不善以从善，即此可止矣。治人之俊秀者，合下从善，亦便可止。先其切近者，后其高远者，原非一蹴间便责以人道之全也。玩《或问》《语类》，当兼此二义，然再详之。

首节上句悬空说，下二句反就为道者说，以明"道不远人"之意。故下三节发明上意，只历举"不远人以为道之事"言之，而"道不远人"之意，便含在里许。所以，《章句》于各节每推出上一层，已先应了"道不远人"。下只照本文"为道之事"还之，更不须再补。

三节

本文"道"字，即"不远人之道"。见之于接人者，正意固是发明"道不远人"，须

---

[1] 颛蒙：愚昧无知。

知亦即是示学者"不远人以为道之事"也。盖人、己相接之际，苟只知有己，不知有人，此便是"私己"之"己"，非"同人"之"己"。缘此以求道，则违道甚远矣。惟本发己自尽之忠，流为推己及人之恕，此虽生涩勉强，未便及乎道，然是趋向于道之事，其违道何远乎？盖将心比心，同是好有礼，恶无礼，即此见道之不远于人，由此遂得乎接人之道。推爱己之心以爱人，则自将有以尽乎仁矣。然不说"忠恕是为道之事"，而曰"违道不远"者，盖大旨自是申明"不远人"之道，却以"忠恕"言之。自当与之分判明白。且见忠恕不便是道，亦不远乎道，学者正不可不由生以进于熟也。本文下此四字煞有分寸，然大意自是将"忠恕"与"道"看成一路事，故直就"忠恕"说出"道远人"，及"不远人"以为道之事来，而生熟之义自不泯没耳。

"不远人"之道是总统说，"违道之道"是就一事上说。欲发明"道不远人"，必须以事言方见分明。故上节是就总统者，指其治人一事言之。此节是指其接人之事言之。其一事之道，即是总统之道之分见者，原无二道。故《注》云："道，即其不远人者是也。"正以见即一事，以明总统之意也。盖道乃率乎天性，而具于人心者，不分偏全，皆根于一本。总统处是此道，分见处亦是此道。故忠恕上一截从"人心之公"来，而推施则本"己心之公"去也。

"道连忠恕"说，便是侧注一边了。然侧注底，即是总统之分见底。故言侧注底，即所以明总统底。《注》云："以己之心，度人之心，未尝不同"。此是推本以忠行恕之所以然处，却即是性分中好善恶恶之本心，故下接"则道之不远人于人者"。可见是以"忠恕"上一层意，明总统之"道之不远人"也。下云"故己之所不欲，则勿以施之于人"，此正言"忠恕"之事，即是"推爱己之心以爱人"意。故下接"亦不远人以为道之事"，是即"忠恕"正面以明侧注之道，非远人以为道也。

两节注各在当人之身，道之不远于人者，可见二处是就本文推出上一层所以然底意思，以应"道不远人"，非欲其远人以为道。亦不远人以为道之事，是正贴本文以应人之为道，而远人不可以为道。

末节

子臣弟友之道，必以所求乎子臣言之者，盖责己则轻以恕，责人则重以周。如此说来，方尽乎体道之实，而无欠缺也。所以下文言"君子能此道者，而以笃实称叹之"。

求乎子以事父，求乎臣以事君，乃君子之道本来如此，非出夫子意也，要知。

《注》"求"，犹"责"也。此"责"字不是严加督责意，盖父子不责善，兄弟不贼恩，四项一例说来，则君、友虽有责善之义，亦不得说得太狠。

按：此责求或见之议论之间，或征之形迹之际。如对子言子道，对臣言臣道，即此便是责求。

上只言庸行，下便添入庸言者，责求子臣必有言论，其言恒易，至有余而无不尽其说。故下文云"庸言之谨，有余不敢尽"。愚见如此，得《浅说》益信。

此节以首二句为主。"所求乎子"四段，是说"未能一焉"；"庸德之行"至末，是说"君子之道，所求乎子"云云。夫子以为未能，而求能者如此，君子所已能者亦如此，合来总是"不远人以为道"之事。《章句》所云不是单指上节，遗却下截也。

末句不是空赞，君子正有爱慕效法意。

此章下三节发明首节之意，虽似平分三段，却自有虚实次第。二节以在上者言治人处，是统说为人之道，语尚虚。三节言爱人之仁。仁者万善之长，生人之心最要最切底，故欲学者以忠恕求之。此已得修道之本，故末节遂及"子臣弟友之道"，于"五达道"只少夫妇一伦。然《费隐章》已云"造端乎夫妇"，《行远章》又补足其义，则"不远人之道"于是乎全。而以仁修道，正是"不远人"之事。不但暗伏下文之脉，其指示学者之意已深切矣。

十 四 章

首节

此章"君子"，《大全》陈氏[1]以"学者"言，《课讲》以"诚德"言。马先生[2]曰："诸家俱不取陈说，居易俟命彻上彻下，都可说得，原不必泥看。"

按：此极是。盖此章原是为学者指点出"随在尽道"意，特就君子言之耳。《中庸》前后言君子，多是藉君子以发其意。"则此"二字，固不必过泥也。

"素"，如俗谈"平素、素常"之"素"。今人言"素"，常多是指现在说。"素其位

---

〔1〕 陈氏：指元代理学家陈栎，生平事迹见第17页第三个注释。

〔2〕 马先生：待考。

而行",盖言照他素常底本位行去。《大全》以"素来"解之,"来"字较不合其位。"其"字指君子,即下文己也、身也。"位"字,《课讲》以"穷通顺逆之遇"言。照下节看,大概是如此,但亦不必太泥。

黄氏[1]谓"'素位而行'即曾点之意",看得甚妙。此是要学者各随其现在者以尽道,便是从那圣道大意思来。又《条辨》着眼"其"字,及注"但"字,甚得解,便是"不须臾离道"意。王若林[2]说尤妙。

"不"字有二义,尽道于位内,自不暇分心于位外,如此看"不"字不着力;然能不分心于位外,方能实尽道于位内,如此看则"不"字着力。二义当兼用。大概先于义利、公私之间见得分明,略不动心于位外,方能真实尽道。既实尽其道,亦自不暇分心于位外矣。须回环看,方尽其义。照"居易"节看,"不"字自无力。但首三节为学者指示,故分端各见,正欲学者两边着力。四节则以"君子成德"言,便自然不愿外矣,故曰"以俟命"。

据《蒙存》,本文即董江都[3]"正其谊,不谋其利;明其道,不计其功"意。上下一正一反说,不重分事与心。

旧说"愿外"有二义。《蒙存》"位内"以"道"言,"位外"以"利害得丧"言。

按:此与下陵、援、俟命[4]都为一路事。吴因之则以"位内"者为现在之道,"位外"者为非现在之道。

按:此于承上二章意却甚切合。盖前从"费隐之道",收到"不远人之道";又从"不远人之道",收到"为其所现在"。越说越亲切,颇见次第。且按之书理,穷通得丧一切功利事固是外,即同在道理中,不是现在当为底亦是外,须一概不愿始得。可见吴说自不可废。但既为其所当为,则"位外"之道自不至凌躐而行。而最易动心者,则在利害得丧间。此尤足乱其所当为。故下特言"俟命",且以"行险徼

---

〔1〕 黄氏:待考。

〔2〕 王若林:原名王澍(1688—1743),字若林、笃林,号虚舟,别号竹云,亦自署二泉寓客,晚号恭寿老人,江苏金坛人。康熙五十一年(1712)进士,官吏部员外郎、五经篆文馆总裁官。

〔3〕 董江都:指汉代经学家董仲舒,因曾任江都相,后人以"董江都"指称。

〔4〕 陵、援、俟命:《中庸》原文有"在上位,不陵下;在下位,不援上","故君子居易以俟命"的语句。此处以陵、援、俟命代指这几句话。

幸"反映之。可见章意尤重在此。《存》《浅》[1]发挥甚得旨。

"素位[2]"既对"利害得丧"说，便不对"已往未来"说矣。然"利害得丧"即是"已往未来"底，故追忆之，逆计之，而愿生焉。意自相通。《困勉录》宜兼用。

二节

《精言》不曰"行富贵"，而曰"行乎富贵"，有所以行之者也。于"乎"字见尽道意，甚精。然照上节之例看来，富贵与富贵亦不一种。"乎"字内，又有"但各随其现在者以尽道"意。如此看，四"乎"字便活，便见是"随处尽道"了。原不烦下"无入"字干补，如《蒙引》说也。

本文言顺境一，逆境三者，逆境尽道尤难，却莫不各随其道而尽之，便见"不须臾离"意。且言夷狄则中国可知，言患难则处顺可知，故下以"无入"字总承之。

"无入不自得"，紧承四"行乎"来，是随在皆尽乎中庸之道，见畅满于心，而无复遗憾意。乃找足上文，语非另赞君子之舒泰也。知此，则"无入"字不烦推开说。

据《课讲》及黄辑五说，此节所谓尽道者，不单是尽富贵贫贱之道，便是尽富贵贫贱中伦纪之道，夷狄患难亦然。若下节言"上位"、"下位"，则单指伦纪中君臣之道矣。两节少异，要总归在伦纪上。此说人多不及，然合书之前后看来，自不可易。

《或问》以吕氏[3]说"平实"，以就此四境实能按得尽道意也。然照此四境尽底，即无非伦纪之道，细推便见。

三节

"上位""下位"，又点"位"字，与富贵四项分说互见。"凌上"是嫉其不利于己，无功于己意。"援上"，是欲求显达，保全富贵意。

"正己"即是"素位而行"。《辑语》谓"重此二字者，此节虽发明不愿乎外，仍须

---

〔1〕《存》《浅》：指《四书蒙存》《四书浅说》二书，见第39页第一个注释。

〔2〕素位：指安于现有的地位。

〔3〕吕氏：指吕大临（1040—1092），字与叔，号芸阁，陕西蓝田人。北宋理学家。著有《四书注》《诚德集》等。

以'素位而行'为主。故特揭此二字,已为下节串说末节反身张本矣"。"不求人"总上"不凌""不援",是不愿之实际。

上"自得"见所行之饱足处,此"无怨"见不愿之骨力处。皆是足上语,非推开语。又及"不怨天,不尤人"者,乃并举俗情所常有者以明之。

四节

从上文看来,见得君子处己,直如此妥适淡忘也。

君子惟素位而行,随在自得,故其所居为甚平易。即本居易者,以俟乎命之自至。常人亦有安命者,但不尽道亦徒然耳。君子则与无所本者不同。然"居易以俟命",细玩书旨,"以"字不是从"俟命"倒追出"居易"来,自是就"居易"顺带出"俟命"来。

"居易"从"素位自得"看出;"俟命"从"不愿""无怨"看出。上二节两尾是叹想之词,此又出一步,是论断之词。更玩一"以"字,是将"不愿乎外",归本于"素位而行",正醒出"不离道"意来。下反求其身,即照此意结之。

此承上二节节尾,仝见咏叹,不尽神理。

末节

语意自可并结两面,却单言反求诸身,总要收归"不离道"本旨。

十 五 章

首节

君子之道,断指"不可离者"言。

"两譬",一言远大难到之境,须自近处求进;一言高妙难及之域,须自平处上升。

远迩、高卑各分两境,而以"行登、必自"言之,却是一线相连。"高远"原不在"卑迩"外,但一线中却明分了"远"与"迩","高"与"卑"。则"卑迩"自是前一截事,"高远"自是后一截事。一线相连中而有前后,此所以"高远"必自"卑迩"进也。

《辑语》"高卑、远迩"无定位、无尽头之说似可喜，却终不可凭。但自"卑迩"求"高远"，中间原有许多阶级未易穷尽。即有变相，未可执滞。然此是中间层折处，未可执此为主，而反略"远迩、高卑"之正位也。盖"卑迩"之正位，即照"道不远人"三章说；"高远"之正位，即照"舜其大孝"三章说。以此照看，则《辑语》之不可从审矣。

《辑语》即明季之说，《松阳讲义》已驳之。其所以有病者，无定位、无尽头，只是中间用功时见得如此耳。本文言"自迩自卑"，则立脚开步处自有"卑迩"之定位。言行远登高，则睹止知归处，自有高远之定位。有定位便有尽头，今统谓之无，却抹煞始终两头，恐本旨未必果如其说也。又，"远迩、高卑"各有其事，如后面缵绪[1]制礼，都是用力做底。"高远"明言"行登"，不是只在"卑迩"处举步。不走向高远，自会到高远处。《辑语》似说成"下学人事之近，便上达天理之微"了。须知此与《论语》少异，当再详之。

次节

《精言》："上四句是处妻子、兄弟尽道处。"

按：上四句虽有"尽道"意，且据现成说去，当于下二句再醒出"尽道"来。玩"宜尔""乐尔"，是"尔"有所以宜之、乐之者也。得此二句唱叹，不尽直逼出下文赞词矣。

"好"与"和乐"，大概在意致上说。"合"与"翕"，则彼此情意融澈，一无间隔，尤是真心至性呈露处。此二字似尤重，惟其同心同德，然后可以言"和好爱乐"也。上二句先好后合，由浅及深也。如鼓瑟琴，则好合之至矣。下二句先"既翕"，次"且耽"，由重及轻也。"和乐且耽"，则"既翕"显著矣。《注》"耽"，亦乐也。不解作"久"者，是照"既""且"字。分层次，不以本句再分层次也。上二条俱再详。

下二句是咏叹上四句意，见得尽道之至，一片太和景象，洋溢于门庭之内，真有使人赞叹不置者。此夫子所以诵诗而有感也。

《课讲》摘"合、翕、顺"三字作一路看，与愚见同。且于"好合"补出"有别"，"既

---

〔1〕 缵绪：继承世业，特指君主继位。

翕"补出"有序"。谓此是"好合""既翕"之始事,推出实在尽道工夫来,甚精。

末节

按:《课讲》"顺"字,与"合、翕"相连看。盖君子能尽道于"卑迩",能和能宜。既与妻子兄弟同心合意,无所隔阂,如此,则父母尤是以一家之心为心底。见得此种景象,自不觉满怀顺适,略无违逆打入局中。老幼合并,而通为一心矣,有不安乐之至者乎?

须知顺亲自有其事,不便在"和妻子""宜兄弟"上。然能和、能宜,即便能顺了。正见只在"卑迩"处做去,自然便做到"高远"处。故借此一事,以见其大意。此可见《章句》用"意"字之旨,非只以此尽"行远自迩""登高自卑"之实义;亦非只以此当顺亲之实事也。

是即此一义,以明上文所指之本义;不是即此一事,以别上文所统之别事。《或问》不可误看。细玩"意"字,自见分明。

十 六 章

《课讲》云:"此以鬼神之德,明道之体用者,承十二章'鸢飞鱼跃'一节之意而言也。"

首节

"鬼神",阴阳之气之自然灵动者也。阳气之灵为"神",阴气之灵为"鬼"。阴阳灵气,伸者为"神",屈者为"鬼"。合程、张、朱子[1]三说,其义乃备。《语类》"神之神,神之鬼,鬼之鬼,鬼之神",是就屈伸意又各细分前后说,于此可悟鬼神之义。

鬼神不是天地外别有一物事,即天地之功用也。天地之功用,只是二气之屈伸往来而已。伸则造,屈则化,上下流行,各有其迹。即此便是功用,即此便是鬼

---

〔1〕 程、张、朱子:指宋代理学家程颐、张载、朱熹。

神。盖鬼神乃二气屈伸之极，其灵动者是也。首用程注[1]，发出鬼神之实义，已伏了"体物不遗"之根。

《大全》朱子解程注，有三条皆以可见者言，不是以鬼神为可见，恐学者求鬼神于杳冥，故指以示人，使默会鬼神之所在也。《蒙引》说是，饶氏、《困勉录》俱少误。

"造化之迹"自指屈伸者言，但以此释鬼神，便含得能屈能伸者在。饶氏前二句就造化、鬼神对，分说自见清明；后二句则看煞程注，便不可用。《困勉录》遂云："'造化之迹'，指'能屈能伸'者言，非谓'有迹可见'者。"似又得其本意，而略其正面矣，亦觉未合。

程、张分别处，以《蒙引》为正说，《大全》吴氏亦可参看。然程注已包"有理"在，但未明言耳。

程注是鬼神之正解，张注[2]是鬼神之字解，朱注[3]是鬼神之全解。

孟子批注"良能"，为本然之善。可见此"良能"字，以"理"言，亦以"自然"言。故《语类》云："自然之理。"

《蒙引》："二气亦言其屈伸，各有所属耳。"

按：此是即流行者分对待，以太极动而生阳，静而生阴言也。若乾道生男，坤道生女，则阴阳浑合中又自有男女之分。此当是"对待"正意。

以二气"对待"言，是鬼神以彼此分；以一气"流行"言，是鬼神以前后分。以对待者言流行，则彼此中自各有彼此在；以流行者言对待，则前后中又各有彼此在。《语类》"神之神，神之鬼"虽说细一层，却仍是以"流行"言。直以前后分彼此，而未及流行中之对待，就彼此分彼此也。下节《注》"莫非阴阳合散之所为"，此"阴阳"字，据《蒙引》，则是"流行"中之"对待"矣。然朱子不及"流行"中之"对待"者，玩《章句》意，自重在"流行"上。先言"二气"，次言"一气"，是将"对待"意纳归于"流

---

[1] 程注：指理学家程颐所注《中庸》。程颐著有《经说》八卷，以义理疏解儒家经典，包括《易》《诗》《书》《春秋》《论语》《孟子》《大学》《中庸》八种。

[2] 张注：指理学家张载的批注。张载（1020—1077），字子厚，大梁（今河南开封）人，徙家凤翔郿县（今陕西眉县）横渠镇，学者称"横渠先生"。张载于宋仁宗嘉祐二年（1057）中进士，历任祁州司法参军、云岩令、著作佐郎、崇文院校书等。卒谥明公。张氏是北宋大儒，哲学家，理学创始人之一，理学支脉"关学"创始人。著有《正蒙》（又名《张子正蒙》）、《横渠易说》、《张子语录》等。

[3] 朱注：指朱熹《四书章句集注》。

行"中。故《或问》云："二气之分,实一气之运。"意原注在"天地之气屈伸往来,生生不息"上,此正鬼神之德所以盛之实也。

鬼神之气施布出来,遂分彼此,遂有前后,其实只是这点灵气,故曰"一物而已"。

性情功效,如目能视,是性情视之,而见是功效。《语类》："此与'情状'字一般。则性情即情也,功效即状也。"

《语类》："鬼神之为德者,诚也。德只是就鬼神言其情状,皆是实理而已。"据此,则"为德"兼"理气",该"体用"而言,故《注》以"性情功效"解之。"性情"即照下"弗见弗闻","功效"即照下"体物不遗"。《课讲》云："'鬼神之为德'承十二章来,即体微而用显也。'不见不闻'谓之微,乃显之所以立;'体物不遗'即是显,乃微之所以达。用微,即诚也。'显'即诚之不可掩也。"如此看本文章句,一线相承,自不可易。

以"性情功效"解"为德",是紧贴"鬼神"说。虽"性情"含得"理"在,却不便是"理",直到末方透出"诚"字,乃以"理"言。

前四节通以鬼神言,又须知言鬼神便是言道理。言"德盛不遗",便是言"不可须臾离"。须会得此意,方为得旨。

二节

"弗见弗闻"即体之微,乃德之所以盛;"体物不遗"即用之广,正言德之盛。

惟其不见不闻,故能体物不遗。若可见闻,则拘于形声,必不能体物不遗矣。故此二句便是德之所以盛,非到末句始说德之盛也。《困勉录》单重末句,谓"隐"一边乃带言。

按:开口便言鬼神,全从"隐"上说出"费"来。体、用具备,似难以带言目之。

《大全》朱子"视不见,听不闻是性情,须善看。不是'性情'主于不闻见。""性情"即是屈伸实然之理,此自是不闻见底,故云。

"体"字坐实形体,却用活说乃得其意。

鬼神是物之主宰。然言主宰,犹未尽"体"字之意。盖如盐寓水中,即水即盐,无一处欠缺,无一刻离间也。至"气先乎物",《或问》已明。

"体物不遗"，《章句》以"流行"言，是举义之重者耳。要知中有"对待"在。用"阴阳"字分绾"鬼神"，便是以"对待"言。"始终合散"，便是以"流行"言。

"体物不遗"原兼横、竖二义，谓"物物不遗，始终不遗也"。《注》"主流行说"者，盖屈伸往来，循环不已，便是"体物不遗"之义。故举竖以包横。

《辑语》："'物'字兼'事'言。"按之道理，最为圆湛，可从。后面"不诚无物""物"字，《注》以"所为"贴"之正"，可互参。《汇参》因分名物、事物二义；且谓"以名物言鬼神，是造化之精英；以事物言鬼神，是人心之精英"。

愚按：凡事之兴废、成败皆有天地自然之气机，此仍是造物之精英。至人心之精英，未尝不与之相凑合。然在言外另作一层，似未可混为一意。再详。

天地与吾身同此一个理气，知天地之气无一处之不体，则知吾身之气无一刻之可纵矣。此即"道不可须臾离"之意。

三节

"天下之人"至节末，言人尽诚敬以奉祭，便见鬼神之流动充满也。搭上"使"字，见人心所见之洋洋如在，乃鬼神之实在流动充满也。则"体物不遗"，乃验之最真矣。

"使"字贯通节，言鬼神能使人畏敬奉承，共见得他无所不在。正因他本无不在，故能使人如此耳。

"在上""在左右"，便是"体物不遗"。以诚敬之心见得如此，便是验其"体物不遗"。其所以见得如此者，以鬼神之威灵，默有以感触，而驱使之也。其所以能使之者，以鬼神体物而无所不在也。如此推来，"使"字原从"体物不遗"出，正是鬼神实在流动充满处。故追考验之根源，必用此字以领起通节也。但不宜专重此字，反略了"洋洋如在"。

许白云[1]曰："言在上，又在左右，拍塞都是。鬼神不是或在上，或在左右，恍惚无定之说。"

按：此则当祭时，"上"与"左右"便是物其皆在处，是"体物不遗"。如此看，与

---

〔1〕 许白云：指许谦（1199—1266），字益之，号白云山人，学者称"白云先生"，浙江金华人。因金华古为东阳郡，故许谦又被后人称为许东阳。许谦幼从母陶氏受《孝经》《论语》，长而受业于理学家金履祥。著有《四书丛说》等。

下"不可度思"一例,似甚允。《时讲》总不从此说,何也?

"体物不遗",鬼神即在物中,在上、在左右,则是鬼神停伫于此较不同。然不必太泥,此只是就易见者以为验耳。

按:《翼注》"人心自有鬼神",似只是借一步说。《时讲》踵而甚之,似不可用。

鬼神体物,本是不见不闻底。此非有顾諟天命之心,故不能见得分明。故特教人就祭祀时诚敬之心去体验,而鬼神之流动充满于上与左右间者,乃见得真确耳。《条辨》云:"鬼神使人,见洋洋如在者,是体物;人心自如此,是物自不可遗。"据此,是以人心为物,鬼神能体之,遂以为人心自有鬼神也。

按:人心本自有气机,即是鬼神。但与祭祀者各为一种,安得以人心之鬼神,混同于赫赫昭昭之鬼神乎?

又,《汇参》云:"此二节俱将鬼神引入人心,见'诚'字兼实理实心,为下半部言'诚'张本。"

按:即如此说,则验鬼神之心,已足见是实心矣,何必定云"人心有鬼神",乃是"体物不可遗"乎?此是明季余唾,前人已经驳过。今《精言》及《时讲》同用其说,殊不可解。简《语类》《大全》《蒙存》《困勉录》俱无此意,吾从先进可也。

天地事物同此一理,同此一气。以吾心之气感召所祭鬼神之气,而神无不格。犹以吾心之理,应接天下事物之理,而事无不宜,于此见内外同是一般底理气。但此是由内及外,而见其一般。

看此节,首下一"使"字,明以外面鬼神为主,却是以鬼神之气,驱使人心之气,遂见他气之充满于"上"与"左右",故以为"体物不遗"之验。此自是就外面,考验其无物之不体。若就人心说,何以见其"无物不体"乎?此如前章言"远近、大小、道无不在",而证之以"鸢鱼",察于上下,并见"道之费"处。此则言鬼神"物无不体",而验之以祭祀"洋洋如在",并见鬼神实理之费处。如谓鬼神体人心,此何所取义?与本文《章句》俱不合矣。

又按:人心自有鬼神,即此诚敬之心。其方至者为神,其既至者为鬼。承祭之时,始以人心之鬼神,感格祭祀之鬼神。遂觉祭祀之鬼神,震动吾心之鬼神。因就吾心底鬼神,触撞那祭祀底鬼神,遂见上与左右无不流动充满矣。吾心底鬼神,只是诚敬之气；祭祀底鬼神，则儵然[1]若见其形，忾然若闻其声。明有两种，不得泥同。且本文"洋洋"字，自着落在"上"与"左右"上。故《注》以"流动充满"释之，直照应"不可遗"意。若做人心中有"洋洋如在左右"之象，便是于人心中见得"体物不遗"。则所考验者岂不属于虚幻，而非实在"体物不遗"乎？种种难通，细按自见。

按：《语类》每参说"人尽诚敬，以格鬼神"意，此原非本文正旨。但论承祭道理，未有己不诚敬，而能见役于鬼神者。缘本文方论鬼神之灵，故不及此耳，不是遂抹却了此意。

程、朱辨"归根反原"之说实有至理，但人惑于二氏[2]轮回之论，于吾道反信不及矣。

按：人死或有气盛不散者。及强壮而猝死，其气未归大造者，偶然感触，又复为人。此亦如虫鸟化生之类，于理亦自可信，然不过偶一有之，必非人尽如此也。若死者尽复为人，则其气既别有所往矣，子孙之祭祖宗，此复何谓？古人燎以求诸阳，灌以求诸阴者，亦复何谓？谢氏[3]谓："祖考精神，便是自己精神。"朱子承之，云："须极其诚敬，自然相感。"

按：此仍是以己之精神，感祖考之精神。精神又别为人，则求阴求阳，岂非古圣人弄虚头乎？其必不然可知矣。

四节

"格思"是体物。"不可度"是"不遗"。此说自不易《赛合注》[4]。又云："'矧可射思'亦作鬼神。"能使人不射，以见其"不遗"。"此似不必"，盖极言其当敬，证以神之无不在也。此即是证"体物不遗"意了，何须又作曲折？

---

〔1〕 儵然：仿佛、隐约。

〔2〕 二氏：指佛、道二家。

〔3〕 谢氏：指谢良佐（1050—1103）。北宋官员、学者。字显道，蔡州上蔡（今河南上蔡）人，人称"上蔡先生"，或"谢上蔡"。从程颢、程颐学，与游酢、吕大临、杨时号称"程门四先生"。创立了上蔡学派。此句中的引文，谢氏原话是："祖考精神，即是自家精神。"

〔4〕 《赛合注》：作者张云鸾，字羽臣，号泰岩，江苏无锡人。张氏为崇祯四年（1631）优贡，任淮安府学教授，从顾宪成、高攀龙游，深谙经术，著有《经书讲义》等。《赛合注》是一部解释经义的书。

"不可度思",兼"无处不有""无时不有"二意。

末节

以"体物不遗"为"显",究竟是不可见闻底。则此"显",乃是"微底显"耳。"之"字意当如此领取。但本文却重在"显",看下"申之以不可掩",亦可见。

显无不可掩者,毕竟是物,不是鬼神。但无鬼神则无物,惟随举一物皆有鬼神在,故曰"不可掩"耳。以耳目为视听,则不见不闻;以心为视听,则触耳目皆是。《时讲》云"'微之显'乃不见之见,不闻之闻",最说得好。

自是鬼神不可掩,今日诚之不可掩。玩一"之"字,则鬼神底不可掩,便都是诚底不可掩。故曰:"诚体鬼神,是二是一也。"

以诚为理者,妄非理,诚则理也。

玩首尾两"夫"字,此节语气有推原意,有赞叹意,然此章乃即鬼神以言道也。开口言鬼神,便是言道,不是至此才推出诚,以言道也。重赞叹为是。

此处"诚"字,自专主"实理"言。但"诚"不可掩,触处是实理,人自当触处以实心体之。此意含在外。王罕皆直谓"诚兼实理实心",殊觉扭捏不顺。再详。

十 七 章

《课讲》云:"此下三章承'上顺父母'之意,发明父子之道。盖必立爱始于亲,而后推及于家国天下也。"

首节

据《尧典》"缘舜","惟大孝圣人之德,乃得升闻;天子之贵,乃得受终[1]",则"孝以成其德福"说非无据。然生安之圣,毕竟德在孝先。玩本文语意,自是以德福成其孝而为大孝,不是以孝成其德福而为大孝。多添一层,失之迂曲,似非本文语意。

---

〔1〕 受终:指承受帝位。

次节"大德不须添入孝"，在内言"德以致福"，道理本自如此，正见福亦是尽道事，非偶然邀天之幸。合"德福"以成其大孝，是尽道之至也。"福"亦从道出，此可见"道之费"。合如是之"德福"，以成其孝，此方是"道费"〔1〕之大者。

二节

上言"德福兼隆，以成大孝"。或疑德可自致，福缘天命。似舜之孝，有不尽出于人力之所为者。故此申解之言，有圣人之大德者，必能致福，则福亦是尽道处。此舜之孝，能使德福兼隆，所以独成其为大也。但福不可说成是有心要如此。

四"必"字最重，有德必有福，自是天命之定理。中天之世，气方醇厚，故能不失其常，若后世则不尽然矣。

玩此节"禄、位、名、寿"，自是紧切舜说来者。舜以大德至有天子之位、四海之禄、圣人之名，且百有十岁之寿，此岂是寻常以德致福者所能尽得道理？此正是尽道之至，所以为孝之大，即所以为费之大也。须知立言之意，是就庸行而推其极，以发明道之广大处。即舜亦是借来说，原不重赞叹舜也。但非舜无足以当此者，故如此云云。自是就舜事以著名道理，固不必坐煞在舜上。所以此节言"故大德"只浑浑说来，读者可以不必摇惑于诸家之有泛说、有切舜说者矣。《达孝章》次节亦当例看。

三节

德可致福，所以天之生物，必因乎物之自致者而厚之。故大德者则天福之；无德者则天亡之，皆物之自致也。"物"字虽泛泛说，意自注在"大德"，上下原是一串。

上言"德能致福"，此则就"天之因物"上，见得"德能致福"意思。不重在"天之因物"，只重在"物有可因"。特缘祸福命之于天，故就天说来耳。《时讲》重看"天"字，非是。

福出于天，而天却无心，只是因材而笃，惟物所召，不是福善祸淫之说。

---

〔1〕 "道费"：是《中庸》原文"君子之道费而隐"的缩写。

"因材而笃",上下用字若不贯者。玩"故"字语脉,是紧照"必然得福"意推开说,故出语虽兼两面,而落脚仍侧注在好一边,语势则放宽,而还紧抱也。《蒙引》将"笃厚"字改训,似未谙本文语意。

"因材而笃",是"德能致福"之所以然处;"栽者培之",便是"大德致福"正面语。

《注》"物之气至,自然滋长生息,是为天之培也。""滋息"紧承"气至",用"而"字直下,是仍就物说,而"天之气与之凑泊"便含在内,故下以"为培"接之。气反自然,游荡消散,是则天之覆也。"游散"亦就物说,而"天之气不与之接适使之摧"亦含在内,故下以"则覆"接之。《蒙引》云:"物自带得培覆之理来。"说甚允,然再详之。

"栽"是扶植意,"倾"是颠扑意,二字正相对。

四节

"宪宪令德"二句,《条辨》云:"宜民人,是令德之实。"此是将下句缩归上句,见得有此宜民人之德,自当受禄于天。又《诗说约》[1]云:"有德如此,以之抚御臣民,各有以相宜,则人归天与,而受禄于天。"据此,则下句是从上说出一步,因人心以得天命也。据《语类》,以董仲舒为政宜民,故"受天禄"之语为有意思。则《说约》正与之合,说理最为详确,可从。但《条辨》较直捷,亦存之。

《翼注》:"保佑命,正是受禄处。申,即保佑命之不已。"《困勉录》则谓:"三句当做三层,是已然、方然、未然之分。"

按:此说与《诗传》[2]合,且于本章言福铺张详备者亦甚相符。但亦须参用《翼注》方得。盖"禄"字不可泥看,即统言福禄,不是先只受禄,今方受"保佑命"之福也。上句承"宜民人"来作一头,是统言"受福处"。"保佑命"则是极言"天眷爱"之意。上下正当互看。"申"字只承"保佑命"说,而"受禄"自在其中。

---

〔1〕《诗说约》:明清之际学者顾梦麟有《诗经说约》一书,对朱熹《诗集传》进行了补充和纠正。顾梦麟(1585—1653),字麟士,号中庵,江南太仓(今江苏太仓)人,明清之际学者。顾氏于崇祯六年(1633)乡试中副榜,贡入国子监。入清后隐居太仓,教授汲古阁毛氏。著有《四书说约》《诗经说约》《四书十一经通考》等。

〔2〕《诗传》:指朱熹《诗集传》。

末节

二节以下，总是反复发明"德可获福"意，可见"德"尤大孝之得力处。

末节承诗词，缴回第二节意思，即便直结了首节矣。盖反复看来，舜以大德而受命，实有必然而无可易者。此所以必兼德福而成其为大孝也。则舜之尽道何如？其至而"费之大"〔1〕不已见乎？

通章重六"必"字，一"因"字，及四"故"字，见得伦常之极致。斯道之高远，只在"自修其德"以尽之耳。其为学者指示切矣。

章内四"故"字不同，上二"故"字，乃照上文，而进推其"故"，其"故"在下。下二"故"字，是因上文，而遂得其"故"，其"故"在上。第一"故"字，就"孝兼德福"，而进推其所以然也；第二"故"字，就"德以致福"，而进推其所以然也。三"故"字，则因天之"因材而笃"，得"栽者培之"之故也；四"故"字，则因诗词，兼承"因材而笃"，而得大德，必受命之故也。

十 八 章

首节

"道无不在"，本兼全而一无欠缺底。圣人惟欲道理遂处流行，不惟自己尽道，更要一家人人尽道，世世尽道，同归于善，方是圣心。但时运不济，则亦无如之何。文王惟丁气运之隆，父作子述，一家世德，正合圣人心事。此其所以无忧，而为尽道之大者也。如此看，理极正大，自属不易。但谓文王尽道只在空际说，一无实际，恐亦未然。《赛合注》虽太拘，而大意自合本文。《精言》讥其伤巧，殊不然也。

玩本文语势，两"以"字，紧承文王说来缩归，文王自不可易。《精言》主王季〔2〕、武王说，非是。两"之"字，暗指文王之道说。盖本文下"作述"字煞有意味，原从文王身上来，故不说"文王尽道"，而"文王尽道"即此已见。语意如此，非伤巧也。"文王尽道"见于诗书者已不可胜纪，何须屡陈？故此就大处言之，而寓实迹

---

〔1〕 "费之大"：广大之意。费，广大。

〔2〕 王季：指周文王之父，姬姓，名历，季是排行。

于其中。

王季对文王为父,武王对文王为子,故下遂系之以"作述",安得谓是王季、武王相对,而反不对文王言乎?对文王言,则"尽道"在其中矣。"文王尽道"固不单主于能继能开,而"开、继"即此而在。正见世德相承,无不尽道,此所以无忧也。若《合注》〔1〕,只以能承开为无忧,则意思说底小了,与《语类》"适当天运"之说不合矣。《蒙引》"无所作为"云云,更不可用。

《精言》载田说〔2〕"不忧"。"前无承,后无继",是言王季、武王之尽道。《合注》所言"无忧","所以承,所以开",是言文王之尽道,意迥不同。田说可用,《合注》不可用。

"勤王家",见《武成》〔3〕。孔〔4〕疏言:"能缵太王之业,勤及王家也。"

按:此王家,即指周家说。

每玩《学庸》,其言道之精妙固不具论,即其用意之深隐,细密措词之浅深,错综侧出之互见,真所谓巧不可阶。但巧妙悉归于正大,非如文家之尖颖也。虽巧,又何伤?因《精言》附论之。

次节

"缵绪",即是积功累仁,继前人之尽道也。"戎衣有天下",正伐暴救民处。乃尽道中第一件大事,故下文侈陈之。

按:《章句》于"太王"下引书并引诗,且用"武成王"三字,可见"戎衣有天下"即是"缵绪"处。《辑语》可从。马先生则从《或问小注》之说,是从"一戎衣""一"字看出,故以为上下融洽也。玩此文义,当回环看。惟"缵绪",故以"戎衣而有天下"。其实"伐暴救民"正是"缵绪"事,不是打在"缵绪"外也。《注》意尤在"伐"

---

〔1〕《合注》:指《中庸合注》,未著撰人。前有元代吴澄之序,及饶双峰、陈栎等理学家序言。据考,该书为明代书贾摘录永乐年间所修《四书大全》而成。另外,清代泰兴人张大鲸编有《四书合注》一书,未知此《合注》所指为何。

〔2〕田说:待考。

〔3〕《武成》:指《尚书·周书》的《武成篇》。

〔4〕孔:指孔颖达,字冲远,冀州衡水(今属河北)人,唐代经学家。孔氏曾任唐代国子监祭酒,所疏或正义的经书有《周易》《尚书》《诗经》《礼记》《左传》等。

一层。

《精言》一节，紧要在首句，若作唤起下文，"缵绪"反轻矣。圣人语气原是直下。

按：此说自是本文正意。《小注》特从"一"字，看出承"缵绪"意来，却非正意也。

"尊为天子"四句，承"有天下"来，极言其事业之盛，总以其从"缵绪"尽道来也，与前章"以福尽孝"者较不同。

末节

文王可以有此德而不能成，武王可以有此德而不暇成，故周公成之。

"追王上祀"，《注》言"推文武之意，推太王、王季之意"。此是"孝先"之意，义及乎王迹所起，及于无穷，又有因其功德之义。盖尽己之孝思，又贻先人以可安，则世数分远近，功德辨浅深，正是中庸之道也。

《章句》"制为礼法以及天下"，大概是承上"追王上祀"二段，总说通节意。故"葬祭、丧礼"一气串下，而归于"推己以及人"也。末句亦是统说。"达乎诸侯"以下，非止带父母之丧说，与本文末句不同。

"文王尽道"在"世德无忧"上说；武王则以"缵绪有天下"说；周公则以"成德垂及天下后世"说，皆由庸行而言其大者也。《详说》载《翼注》《条辨》两条，发本章大旨，极合。

十 九 章

首节

"达孝"，据《大全》双峰，与上章"达"字连看，做"孝达于天下"说。与《章句》"祀礼"通，于上下正相合，且引《孝经》作证。

按：此自是一段名理，然下文却紧归到"继志述事"上去。三、四节又不见醒露通于上下意。五节则直抱"继志述事"，挽到"孝"字。可见此意原不重，只重"不忘其亲之庸行"也。"孝达天下"意，于事理固见广大而紧切。"体念先人志事"说，则是尽乎人性之同。然天命之极至尤为探本穷源,见道理之精深处。至末节方就"精深"推出"广大"来,此可见立言之旨矣。

玩次节,《章句》就上章"缵绪以有天下,成德以崇先祖"为言,可知是"恪守先型,不少忘忽"意。通于上下之说,不过就上章看来有此意,殊非本章正旨。《成均课讲》云:"'春秋'两节承'上祀先公',以天子之礼而详言其事。"观此说,则本文章句,俱可悟其语意矣。

次节

能承接先人之道为"继述"。"继述"得尽伦尽制,无纤毫违理处,故曰善。《时讲》多从《翼注》,主通变说。用晦辨之,甚是。

"善继善述",《大全》以《张子正蒙》〔1〕"穷神知化"解之。《课讲》又畅其说,道理甚精。只从此说为是,并省却多少葛藤〔2〕。

文王之"志事",岂是易言"继述"底?故须用两"善"字。"继述"而云"善"者,正是父子间一脉流通,精神相接,至理融洽处,正与上"达"字相应。

"继志述事"已可云"孝","善继善述"则"达孝"矣。只就道理极至处说来,正是中庸之"费"。不须缠绕,常变事迹自无不在其中。

文王"志事",只是个中庸;武周善"继述",只是能合乎中庸。

"志事"以"内外"言,不分两截为是。

善"继述",自是武周事,原安放不到他人身上。但此节重在推原"达孝"之实,故不加"武周"字,一如《达孝章》例。

三节

据《课讲》,此二节是"祀先公以天子礼之",实照上章例,自当通上下言。按之本文,亦俱是上下通行之礼。然紧蒙上节来,正是申说武周"继志述事"之实事。故五节承"以践其位"三句,而又云"敬其所尊,爱其所亲",以归之于至孝。合上下

---

〔1〕《张子正蒙》:张子,指北宋理学家张载,著有《正蒙》一书,又名《张子正蒙》。其生平事迹见第93页第二个注释。

〔2〕葛藤:本意为藤蔓类植物,人们将之引申指麻烦、纠葛。

文看，正面语意自专指武周说，但"中"自带有"通于上下"意，早与下"治国"相关映。故仇沧柱两节分言"通上下"之说不必用。

《章句》于首二节俱承上章说来，可见本章与上章原成一片。"达孝之实"，上章已全说了，此特承"上祀先公"句，而单言其祭礼耳。《课讲》云："言'乡祀之礼'特详者，是承上'斋明盛服，以承祭祀'而言。"

首言"春秋"，似指"时祭"说。然其实浑举祭祀，大祫禘祭〔1〕俱包在内矣。《困勉录》《汇参》得其意。

"修其祖庙"，当兼葺理完好、扫除洁净〔2〕二意。"陈宗器"，有"珍之而不敢遗弃，重之而不敢轻忽"二意。"设裳衣"，则是先人如在其上，使敬心有所依凭意。"荐时食"，则是事生之意。

"修庙"是祭前事；"陈设"是将祭事；"荐食"是正祭事。

祭祀之礼自以仪文详备，俎豆丰洁为主。乃不此之言，而多举旁意说者，盖此等处无不精详，则礼文礼器之精详，更不言可知矣。

四节

宗庙之礼自以序立言，但冠"宗庙"字于通节上，自是领起一节之意。《精言》必驳其非，不固执乎？

"序昭穆"上加"所以"字，可知此不只是说礼，便是说礼意也。盖昭穆不分，则上凌下替，惰慢易生，嫌疑易起，即宗族之所以不亲处。惟昭穆序，则上下秩然，名分自立，自然下敬其上，上爱其下，而"亲亲"矣。

"辨贵贱"不只是尊其爵之最尊者，盖一入庙中，则贱者亦尊矣。自一命至七命，有一级之尊，自彰一级之尊。盖分别上下前后，丝毫不容僭越也。

"辨贤"，有辨其德行者，有辨其威仪者，有辨其言词者，有辨其敏于事、能于事者。

据《蒙引》，天子不与宾相献酬。许氏所谓"主人"，即长兄弟也。众兄弟及兄

---

〔1〕 大祫禘祭：又称"禘祫之祭"，是古代对天神和祖先的大型祭祀活动。大祫，指无絮的双层夹衣，是为天气凉爽时的衣着。禘，古代帝王或诸侯在始祖庙里对祖先的盛大祭祀。

〔2〕 净：原写作"静"。

弟之子，皆主人之党。长宾一人，众宾及宾之子弟皆宾之党。当天子饮福受胙时，推恩于通庙与祭之人，故宾主及其党长幼皆得受恩也。据《通义》许氏[1]，旅酬[2]之前，先有主献宾，宾酢主，主复酬宾之礼。

按：此即《楚茨》[3]《诗传》所谓既献尸，而宾主相献酬，是导尸饮意，尚未是旅酬事。酬宾之爵，宾奠而未饮，兄弟之子举觯[4]于长兄弟，亦奠而未饮。至行旅酬时，宾举所受主人之奠觯于阼阶[5]，还酌长兄弟。长兄弟亦取前所奠觯，又于西阶以酬宾。此仍是宾、主二人事。然后众兄弟及众宾互为酬酢，交错以遍。凡执事者亦无不遍。此旅酬正身事。嗣后长宾又取觯，酬兄弟之党（宾子弟在内）；长兄弟又取觯，酬宾之党（宾子弟在内），亦交错以遍，谓之无筭爵[6]。此旅酬后一层。事酬谢、事旅酬有此两层。兄弟之子举觯于其长，于前一层已见；宾弟子举觯于其长，至第二层方见。凡宾弟子、兄弟之子举觯于长时，各先自饮，然后举于长自饮，是劝酒。举觯是供事意，重下层，正是本文下为上正解。许氏以"无筭爵"为逮贱[7]，此非正意。庙中以有事为荣，即此供事处，便是恩荣之逮贱者，殊不甚关乎饮酒也。《章句》自明。

辨毛发之色，乃昭与昭辨，穆与穆辨。一、二世之昭穆各自分辨，三、四世之昭穆又各自分辨。有此二意。

五节

"践其位""位"字可兼主祭、助祭者说，然自以主祭者为主。盖上以奉祖考，下以联子孙臣庶，皆统率于此，故特为提出。凡祭事无非是礼，乐亦合祭祀之始终。

---

〔1〕《通义》许氏：许氏，指许慎，字叔重，东汉汝南召陵（今河南漯河）人。许慎是汉代经学家、文字学家，除著有《说文解字》外，还著有《孝经孔氏古文说》《五经通义》《五经异义》等。《通义》即指其《五经通义》。

〔2〕旅酬：古代在酒宴上主人向客人敬酒为酬，客人回敬主人称酢，客人之间相互敬酒称旅酬。

〔3〕《楚茨》：这是一首诗歌，来自《诗经·小雅》，是周王祭祀祖先的乐歌。诗中写统治者从农业生产中获得大量粮食，因而做酒食，供祭祀，向鬼神祈求无赝的幸福。原诗中的"楚楚"，指植物丛生的样子。茨，指蒺藜。

〔4〕觯：读作"志"，是古代礼器之一，用以盛酒，流行于商朝晚期和西周早期。商朝时，觯为小瓶形状，大多有盖子，圆腹、侈口、圈足。西周时出现方柱形的觯，春秋时演变成长身，形状像觚。

〔5〕阼阶：指大堂前面的东阶。古代礼制规定，房前各有阶，右为宾阶，左为阼阶。

〔6〕无筭爵：亦作"无算爵"。指古代典礼中不限定饮酒爵数的饮酒礼，至醉而止。

〔7〕逮贱：晚辈给长辈敬酒，长辈接受，谓之逮贱，意谓把恩荣延及年轻人。

而皆有者，都是即上文之总会处言之。"敬其所尊"二句，尤是体贴先王之至情，正"继志述事"贴身意思。此五句总是就上二节，实按到"继、述"上去。"事死"二句，则深叹其不忘亲，故以"孝之至也"结之。

五"其"字甚重，正是醒出"继志述事"，以归到"达孝"上。

末节

文王之道，一天地之道也。武周尽孝"继志述事"，而全体乎文王之道，则全体乎天地之道，其精神意气，已早与天地相感通矣。因孝体文王，遂并孝乎祖宗，而制为宗庙之礼，而敬事之。因孝体文王，遂并孝及天地，而制为郊社之礼，而敬事之。其与天地相通处，原从"达孝"来，故郊社之礼，不是孝以外事。

以为报答天地生成之德，故有郊社之礼，则万物皆出于天，如何王者以下皆不得祭？正为王者为天之子，奉行天道以统理万物，原与天地一气相属，故祭之。而"神灵来格"，若精神不相接，则虽祭不享。所以代万物以报生成者，惟圣王乃可行也。玩本文一"事"字，颇有亲密意在。然则主报答言，是制此礼之由；主感通言，是独为王者制此礼之由。玩《辑略》取游氏[1]说，意尤重后一层，知此意，便早与治国打通矣。《汇参》末二条正是此意，看得上下前后融洽之至，宜玩之。

末三句，讲家用游氏"仁孝"之说，与《论语》不同，极是。

按：上节醒出"继志述事"意，"善"字尚浑含未露。此言仁能享帝，孝能享亲，并及治国，如视诸掌，极言礼义之精深阔大，乃正醒出"继述"之所以为善者也。以此为发明"善"字之义，则较《蒙引》空抱武周，《辑语》"引起下章"之说似有着落。再详。

此即礼义说得广大精微，分明点出中庸之道"为费之大"来。

此章《时讲》于"善继善述""通于上下""时祭祫祭"纷纷聚讼，其实推及来脉，细玩本文，能得其真意所在，则自见分明矣。

---

〔1〕 游氏：指游酢(1053—1123)，字定夫，号广平，又号鹰山，福建建阳长坪人。游酢是北宋著名理学家，程颐弟子。著有《中庸义》《论语·孟子杂解》等。

二　十　章

首二节

"文武之政"二句，冲口便是，正答"问政"了。下即说向"为政之本"上去，是探本穷源之论。可见圣人告君诚意恳至处。且下说"人存"，详于"政举"，正要教君多在本原上做工夫。后来程子对君每以"正心诚意"〔1〕为说，正祖此意。

"方版策简"〔2〕，《大全》叶氏〔3〕谓"策大方小"，黄氏〔4〕谓"版大简小"，二说不同。然叶氏下又云："策以联众，方一而已。"可知版本大，简本小，但合众简相联，则多于版耳。玩四"其"字，二"则"字，固是归重"人存"，便见政即在人。"道德"、"政事"原属一贯，故下九经俱从"道德"推出。

三节

此节只是发明"其人存，则其政举"一"则"字。

《蒙存》"上重人，下重政"之说，固于承上"人存则政举"，起下"故为政在人"，语意不合。然玩特提"夫政也者"语气，恐亦不得全然抹却。

按：下二句是垫起一意，言人本敏政，而文武之政合，人情宜土俗，最为精详。又宜于人举者，一遇其人则举之，直如蒲卢之易耳。就"政"上垫起一层，仍归重在"人"。如此，则于本文语气，及承接上下文，方两不碍。

---

〔1〕　正心诚意：儒家提倡的修养方法，指心地端正诚恳。语出《礼记·大学》："欲正其心者，先诚其意。"

〔2〕　方版策简：方，版也；策，简也。叶梦得云："木曰方，竹曰策。"黄洵饶曰："版大简小，大事书于木版，小事书于竹简。"版、简都是古代书写工具。

〔3〕　《大全》叶氏：叶氏，指南宋文学家叶梦得（1077—1148），字少蕴，苏州吴县人。绍圣四年（1097）进士，历任翰林学士、户部尚书等职，晚年隐居湖州弁山石林，号石林居士。叶梦得于《春秋》《礼记》《论语》《孟子》诸书均有辨释著述。此《大全》一书，指叶氏编辑的《四书大全》。

〔4〕　黄氏：指南宋理学家黄榦（1152—1221），字直卿，号勉斋，宋代福建闽县人。少时师从朱熹，后成为其女婿，被朱熹视为道统继承人。黄榦以大理丞转承议郎终仕，尝讲学于白鹿洞书院，著有《四书纪闻》等书。

四节

王遂升〔1〕云："'故'字从上来，直贯到节末。"盖首句是要有文武之臣，下三句是要有文武之君，总以承上"人道敏政"之意。

按：此说节次分明。

"取人以身"，虽从"取人"说入"修身"，其实"修身"是为政之本，不单为"取人"说，只是如此相承说耳。

据《批注》"仁"字，似是说"仁"为人之生理，然承天地生物之心，而人得以生者来，原从"仁心"说到"生理"，非单言"生理"，遗却"仁心"也。下节注更见分明，盖修道正是用此。恻怛慈爱之心不以"心"言，此句义便不明。

"仁"乃天地生物之心，而人得以生者，即恻怛慈爱之生理也。惟有此相亲相爱恳切笃挚底意思，即此是万物一体，至公而无私者也，故亦可以"无私"言"仁"。盖有私欲者，必不能慈爱恻怛。此二义因浑合而不相离，故"好学"节，吕注又以"忘私"言。

以下七节言"人存"之事。"人存"重自修其身，遂言以"仁"修道之事，立下五节之纲。"仁者"二节，修身之要；"务天下"三节，修身之全功。"修身"二字，尤是通章之主。前半言"仁身"，后半言"诚身"，皆"修身"事也。

五节

"修身"二句，《提纲》递串到"仁"上，下接"仁者，人也"。"亲亲为大"，便是以"仁"修道处。单说"亲亲"，乃先其最切要者也。"义"即"仁"之施，"礼"即在"仁义"之内。《存疑》曰："'仁者'节，只是修道以'仁'事。"

言"尊贤"，乃以"仁"修道之先资处；言"等杀"〔2〕，乃以"仁"修道之精细处。便如此，方是中庸之道。此系本文正旨，不可因旧说，遂谓下三句单是起下"知天也"。

---

〔1〕 王遂升：名文烜，江南上元人。清康、雍间人，秀才出身，以教书为生，著有《五经讲义》，曾手录《殖学斋编订四书大全》。

〔2〕 "等杀"：此指"亲亲"的等级，以关系亲疏远近为标准。杀，减少、降低级别之意。

人从"天地仁爱"中生出,故有生来,即全得"天地仁爱"之理。有此"理",便有此意。人心全是仁爱充满于其中,故直指"人为仁也"。程子"满腔子都是恻隐之心",正是此句确解。

"仁"属"理","人"属"气",本不混同。但"气"全载得此"理","理"正于"气"上发出,故以"形气"言"理",而用之"修道"。

"身"是人之形骸,"仁"是人之骨子。生理以"性"言,恻怛慈爱之意以"情"言,都是一套事。然上节《注》以"仁之理"言,此《注》以"仁之意"言者,情意运于人之身,于解"人"字为切也。惟"仁"即是"人",自当以人之亲爱心修道,而首及于"亲亲",所以用之以起下也。

"仁"者爱之理,但"理"是"仁"之体。心意是"仁"之用,言"用"而"体"即在上面。此以"修道"言"仁",故自是主"仁"之用处说耳。

"亲亲"自以父母为主,而凡亲戚即统在内。《蒙引》《精言》以下"杀"字,必谆言一本九族如平列者,亦太执矣,与下"事亲"似说不去。

仁者爱之理,则应事接物间,凡用"爱",自莫不各有所宜,是即行"仁"之属于义者。故从"仁"推说到"义",而其宜则以"尊贤"为大。《辑语》"当从仁义交关处看",其谓此乎?

"亲亲为大",盖父子乃天性之亲,用爱莫切于此。虽君臣为人伦之首,却亦在疏远之地。唯先爱其亲,然后推之君友,而民物遂无所不爱矣。"尊贤"亦言为大者,以讲明道理,培养"德性"乃最先事。由是以"亲亲",即由是以"事君",而"达道"乃无不遍举。上"为大",以"切要而无不及者"言;下"为大",以"先资而无不遍者"言。

"尊贤"自主有益"亲亲"说,熏陶善良以和其气,开导义理以启其方,当兼用《辑略》《蒙引》二义。

"义本从仁出,宜折转说却"四句,板板作对者,起下"等杀"两项,同归于礼,从文势之便也。且"尊贤"固有资于"亲亲",然其益又不止此,则"尊贤"自是一大事。况"亲亲"即"达道"中之父子,"尊贤"即"达道"中之朋友。同是伦理中事,故对举之,以重哀公之听。

"礼所生也",向从《蒙存》"等杀即是礼"之说,今改从《精言》。

"礼"以"性之德"言，此便是天理，故下节《注》直以"天理"言之。玩礼则"节文斯二者"[1]句，亦可见此"节文"[2]是着力字，犹言"等杀"皆本性中之礼，以节之文之者也。至于行得来有节有文[3]，此亦是"礼"，但在后一层，即所谓人事之仪则也。

"礼"具体用，天理之节文，乃本体也；人事之仪则，乃发用也。"本体"是性分中"体"；"发用"是由性而显于事为之"礼"。寻常言"礼"，多就"人事"言，而天性之"礼"，即隐其中。直认人事为天理，则亦《告子》义外之例矣。此处"等杀"自是人事，"礼"自是天理，乃由"用"溯"体"之说，谓"等杀"生"礼"，及"等杀"即是"礼"。两家都是认人事为天理，混却"体""用"矣。

《朱子小注》"其中自有个隆杀等差[4]"，"自有个"云者，正推说本体。"自有个"至当不易[5]，非私意所参底"隆杀等差"，这便是《礼》《蒙引》未及细认，故直以"等杀"为"礼"也。

据旧说，"义礼知不可"与"仁"平对说，亦不可说"行仁"有藉于"义礼"。知此，皆是"行仁"中所自有底。

按：此即是"仁统四端"之义。

又按："五达道"亦具是"行仁"事，故前注以"仁其身"总括之，此即包万善之义也。朱子谓"仁是筑底处"，亦可证。

此段当以"修身"为纲领，以"仁"字为主本。

六节

此节总结上二节，重四"不可以""不"字，示以工夫之第第[6]，以策励之也。

事亲有资于"人之知"，而事亲知人又有资于"己之知"。归重"己之知"，便是

〔1〕 "节文斯二者"：孟子之语。孟子曰："仁之实，事亲是也；义之实，从兄是也；智之实，知斯二者弗去是也；礼之实，节文斯二者是也；乐之实，乐斯二者，乐则生矣；生则恶可已也，恶可已，则不知足之蹈之手之舞之。"

〔2〕 "节文"：制定礼仪，行之有度。《礼记·檀弓下》："辟踊，哀之至也。有筭（同算），为之节文也。"

〔3〕 有节有文：比喻有气节，又讲究礼节。

〔4〕 隆杀等差：尊卑、厚薄、高下的等级。杀，减少，降低级别。

〔5〕 至当不易：极为恰当，不能改变。

〔6〕 第第：等次。

"三达德"之"知"。

"知天"虽承"知人事亲"来,道理却占得扩。《语类》"此便是知至物格",可见是于天下之理无一不穷究底,到不只是明知人事亲之理也。此便是后面明善修身,便是后面诚身。

又,《课讲》以"仁身"照后"诚身"。

按:下文"知仁勇"同归于"诚",似"诚"又在"仁"字上一层。盖恐人不能实在仁其身,所以又言"诚身"。其实"仁"之理甚大,既统"义礼",并包"知勇",而"诚"亦"仁"中所自有者。盖仁则慈爱,慈爱则恳切,恳切则真诚矣。"仁"本包得"诚"。下文又以"诚"统乎"仁",乃加倍指示警醒耳,其实自相照应。

《注》"天理"字,是照上"礼"字说,不是照"等杀"说,《时讲》多误看。

一面说理,一面即勖勉哀公,故用两束以见此意。下"知斯三者"句不可不玩。

七节

此举"达道达德"之全而行之,必本于"诚"也。不曰"天下之达德三",而曰"所以行之者三",盖不欲另说"达德"也。"修身"实事自属"达道","达德"则在"达道"中。而"为之主本"者,紧承"修道以仁"来。此处自不当作分对说,总合并为一套事,则下面"生而知之"节,固是道、德紧相粘连,即"好学"节说"达德"处,亦俱不离"达道",盖"德"总在"行道"上说也。《章句》会其意,故解"知仁勇",俱联在"达道"上,引程子,直谓"诚者,只是诚实",此三者,正以其合并为一耳。

此段主脑,在"行达道",而着重处,则在"有达德",故程注有"只是诚实三者"之说。而下节本文"知之一""成功一",即是归重"有达德"意。下又言"入德"之事,亦正谓"行达道,必有达德也"。

"知仁勇"皆性分事。"知"即是非之心,"仁"即恻隐之心,"勇"属于信,即以实之心。

"仁知"即道也,何此谓之"德",而以为行道之具耶?盖以"仁"言之,则理在吾心者为"德",昭于外者为"道",故朱子释之曰:"心之德,爱之理也。"以"知仁勇"对《五典》言之,则"知仁勇"皆我所本有,故谓之"德"。《五典》皆我所当行,故谓之"道"。究竟"道"之昭著者,即"德"之发见者也。故"道"须以"德"行之,而非"达德",固无以行"达道"也。

《章句》"人欲间之，在不诚下"，盖才有不诚，便是私妄，其森严固如此。

"所以行之者，一也"，语势从首二句一直下来，紧对"三""五"字。故如此说，不是圣人弄巧。

修身事似尚多，只以"五达道"言者，以此乃人道之大端，修身之切务。前数章言费之小、大，总不外伦常之道，自可见矣。且内外人己原相贯属，于"达道"实能尽得，则意诚心正，无不包举矣。下"九经"申言修身，事兼内外动静说，尤为全备，须知与此非判然两截事。

八节

上节只是列出"达德达道"之全目，此节方是说"以达德行达道"之事。先知后行，而同归于有成也。玩六"或"字，就现成人说出"以达德行达道"者，有此三种之不同，而同归于"知之成功之一举"。其始终而言之，正见得道德之所以为"达"处。则虽资质庸劣者，亦无不可如此知行乎道，而成其功也。"七"之字是说"达道"知之行之；"成功"是说"行达道"三知三行；"知之一，成功一"，是说"达德"，遂将气质之异，并纳于性分之同中，正所以励哀公也。

此节不只就知行始终说，必并举人之气禀不一者，乃合两层为一层，甚重勖勉意。故下遂以进道入德之功，谆为君指示也。

此节发明以"达德行达道"，殊途而同归意，言人之气质不同，要皆有"达德以行达道"。此"德"之所以为"达"，"道"之所以为"达"也，并是申解两"达"字意。正面只是说人皆能知行此"达道"，成全此"达道"，其所以能知行成全处，便见是"知仁勇"之德，为人所皆有，所以"达道"不难行也。

此节"达道""达德"总相粘说，味其语意，尤重"达德"上。惟其有"达德"，自然便能行"达道"，所以下节遂言"入德"之事。"达德"即于行"达道"上见，可知是一时并有底，不是先有了"达德"，然后能行"达道"。

《注》以"等"而言，是从"生、安、学、利、困、勉"[1]看出。以"分"而言，是从"三知之""三行之""知之一""成功一"看出。以"分"而言，是直上直下得"知仁

---

[1] 生、安、学、利、困、勉：《中庸》原文中有"或生而知之，或学而知之，或困则知之"，是为"三知"。又有"或安而行之，或利而行之，或勉强而行之"，是为"三行"。"生、安、学、利、困、勉"，是对原文的简称。

勇",为众人所同有者即"达德"也。以"等"而言,乃横插得"知仁勇",为各人所分有者非"达德"也。《体注》以后一层作余意,亦误。此正就气质不同处,说出性分之同来,见鼓励哀公意,岂余意乎?

提破[1]等级,乃不使人自阻意;总归性分,正使人复初意。

"生、安、学、利、困、勉",以气禀言,是其异处。三知、三行以性分言,是其同处。两段各上三句同异并见。然上半句紧抱下半句,毕竟以"异"为主。其求进于道,自有早暮、难易之分,故吕氏谓"所入之途异也"。至各末句,玩"及其"字,将三知、三行同归于"勇",方是正言其"同",故吕氏谓"所至之域同也"。此注正是本节正旨。但"知"之成功,所以能一处,正以其各有能知能行。"知仁"之性分,乃有此"勇"之性分也。则上面异中有同,已早立下面之骨子矣。

"气质不同"是各上三句正意,但明揭出"三知之、三行之",则性分之同意即于此见。但意尚混含,至各末句方于后一层"成功"处醒出此意。盖"成功"则一,正见各能知,各能行,故克迪于各能成功也。

玩"及其"字,则下"两知之、两行之",自是说他"用功"处。"知之一、成功一",方是说他"成功"处。《蒙存》从上面评断之说自不可从,但此是就已成德者推他前半截事,语意自浑成。至下节,则是摘出此意着力说,方是为学者指示"知行乎道"之工夫也。

"生、知、安、行"则清明纯粹,两居"其至、其知行",俱是不着力底。然语其次序,"知"在"行"先,已能绾得"行"了。盖惟知得彻,便自然行得到,此所以独属之"知"也。"学、知、利、行",则知行俱有不到处,"知"绾不得"行",须是并要用力。然"知"虚而"行"实,"知"易而"行"难,自当以"行"为主。须是主于有恻怛笃挚之意,有此意,则不惟能知得,兼能行得,此所以偏属之"仁"也。此说与《大全》朱子不同,然自不相妨。所云"须是力行,方始到仁处","力行"中便含得"仁"字意思。下云"方始到仁",以其"成功"言也。须知当"学、知、利、行"时,便是他纯笃之意胜了,然再详。

此节以"达德达道"滚成一片说,正照上"所以行之者三"说来。下节言"入德

---

〔1〕 提破:点破,意指揭示出来。

之事"，而以"好学力行"言之，亦是滚成一片。

上云"达德达道"，言其同也。此又就不同处推出"无不同"来，所以破公之惑而进之也。

九节

上以"行道"装"达德"，则"有德"自在"行道"上见。其未及乎德者，即是其德未能行。道德之及否，只在"行道"上说，故"入德"事仍不过着力以知行乎道而已。故此节虽言"入德"，却仍是以"行道"言"入德"也。

此示学者以下手工夫，当兼"学、利、困、勉"说，盖此言"好学"，即后面"学问思辨"事；"力行"，即后面"笃行"事。"学、利"入手时，亦未尝不如此，但玩章末二节，归重"困、勉"耳。

此承上节意，单说用工事。首句即求"知此达道"意，次句即求"行此达道"意，末句即求"知求行欲"，至于"知之一""成功一"意。但上节是成德者"知行乎道"，各造其极之事，此是为初学未及乎德者，指示出"知行乎道"之要诀，以求进于德也。最重各句首"一"字，"学"而言"好"，则笃志不纷，而"理"无坚城，无论"学、困"，道皆可知，而"知"之德入矣。"行"而曰"力"，则励精不息，而往无畏途，无论"利、勉"，道皆可行，而"仁"之德入矣。"耻"而曰"知"，则真见可羞，而必求所归，"知行"自皆可以有成，而"勇"之德入矣。成德原不在"行达道"外面见，则求进于"德"，亦不是于"行达道"外别有其事，只是滚成一片说来，此却不必作回环语意看。

"好学力行"总在"行达道"上说，始以勉强求道而入德，终以德成自然而行道。

"三知三行"同归于"知之一""成功一"，便是"三勇"。若未到成功地位，则虽"知"足以知之，"仁"足以行之，而"勇"实未足以终之，是未及乎"勇"之德也。"勇"不到头，即"知、仁"亦不到头，故统曰"未及乎达德"。其实关系在"勇不到头"，故独云"勇之次"，而不必曰"知仁之次"也。

不曰"知之次""仁之次"，而独曰"勇之次"者，特以"用力"言也。"知仁之次"俱统"勇之次"中。

"知、仁"各造其极，为"勇"之正方事。"知、行"未造其极，故为"勇之次"。"知、仁"不必不足以供其"知、行"，但"知、行"不造其极，是亦未成其为"知、仁"也。

当此时,惟勇往以求知求行,俱以"勇"作主,果能使"知、行"各造其极,则"勇之次"者,进而为"勇之正"。而"知、行"至,即"知、仁"成矣。"达德"成就时,即是"行达道"圆满时,非二时也。故下文云:"知斯三者,则知所以修身。"

此节旧说俱作下手工夫看,其实后来接续工夫,不已俱在其内?打通"博学之"二节看自见。

自四节提纲,五节遂言"以仁修道之要",七节遂言"以仁修道之备",八节概言"以德行道之事"。此节方正为君言"进道入德之功",发明"修身以道,修道以仁"意。至此乃按得扎实,故下承以"知斯三者,则知所以修身"。

十节

"知斯三者"二句,自当照《存疑》,不作空说。盖此浑包上文实意在内,所以为结上也。治人治天下国家,即应转四节"为政"字,而遂以起下。

玩两则"知所以",可见治人治天下国家之"九经",皆本修身而推之者也。

因"身"字,遂承言"人"字,故《注》特解曰"对己之称"。因"人"字似未尽,又言"天下国家",故《注》特解曰"尽乎人"。

"九经"第十一节

为哀公言政,不直言国,而必举天下者,以此即文武之政,布在方策者也。文武治天下之政,原统家国在内,故曰"为天下国家九经",正是由身而家、而国、而天下之事。吕注"递推出",正与首句相照。

"九经"不但文武当日行之,原可为法于万世者,故曰"凡为天下国家",下一"凡"字。

大臣位尊德盛,故曰"敬群臣";位卑势隔,故曰"体庶民"。皆依赖于我,故须子之百工皆见用于我,故须来之远人;离故土,故须安柔之。诸侯散处天下,故须怀保以统御之。怀,即怀抱也。有怙冒〔1〕保全意,与"少者怀之""怀"字同。《时讲》以"服"字贴之,则是"感怀"意,疑未是,俟再详之。

---

〔1〕 怙冒:广受庇护,与后面的"保全"意同。怙,依靠、仗恃。

《注》"设以身，处其地"，"身"字照"体"字看出，盖言设以君之身，下处于臣之分位，而体察其心也。此"体"字，与"体物""体"字不同，彼以物言，此以己言，与彼此合为一体亦不同。

"来百工"不是显然招来，只是待之有道。

《或问》下六条，皆上三条所推，而统归于"修身"。知此，则上节之义了然矣。此即"新民"归本于"明明德"意。

十二节

此节《时讲》重各下截，《条辨》则重各上截，以逼起下实事来。

按：发本节正意，自在下截，然须重顿上截，方合"则"字意思，亦即是逼起下文之意也。

"道立""道"字，固即是"达道"，然亦不可太拘。下"齐明盛服"，亦何非道乎？"道立"，朱柏庐[1]谓"立其共知共能之道，而以我为天下先"。说好不惑，不单在讲明与贤人处则志气清明，故自不惑。此《汇参》说。

"亲亲"未有不自父母而推者，在"九经"中，则主推"施于诸父昆弟间"，所以有不怨之效。

《条辨》"士"，作上、中、下士说。"报礼重"，谓臣尽职以报君之礼，较君为尤重也。"礼"字不指"臣"说。

"百姓劝"，《翼注》兼"有力趋事、有财乐输"二意。"来百工，则财用足"，以双峰"货财""器用"分说为切。《蒙引》串说少强，再详。

《注》"德之施博"二句，当从武曹说，分贴"怀诸侯，天下畏"为是。《蒙引》"原未尝谓"二句，俱贴"天下畏也"。再详。

十三节

"齐"是思虑。"齐一"，不纷杂也。"明"是心体澄清，不昏昧也。云峰[2]以

---

〔1〕 朱柏庐：明代诸生，江苏昆山人，生平事迹见第 23 页第一个注释。

〔2〕 云峰：指胡炳文，字仲虎，号云峰，生平事迹见第 32 页第二个注释。

"敬"字统此二句，且分照首章"戒惧慎独"，甚精。《精言》引程门[1]语分释之，亦甚确。

"敬"字为内圣外王，彻上彻下工夫。此章夫子告君"仁、义、礼、知、勇、诚"，凡道德之要，已无不具，似少得一"敬"字。《大全》胡氏于此二句拈出，确不可易，补《章句》所未备。

上以"达德行达道"为修身之实，此复云云，似属两截。然上是举其要，此是尽其详，乃承上文而推广之也。"非礼不动"，内自包得"达德行达道"意，合来原是一片。

尊贤不徒在礼貌师承，惟去其妨贤者，而一其心以贵德，方是探本穷原之说。

玩六"劝"字，则九"所以"字，当从陈氏[2]作"着力"字看。"以"者，用也，凭恃之意。

"同其好恶"，当看"其"字。"好恶"自在"亲"，而我同之也。

"劝亲亲"，依《摘训》。下"亲"字，自彼亲我而言，方与上"亲亲"二字一例。只如时说，则上是实字，下是虚字，与上殊不类。若《蒙引》说，较上文言"效"处更进一步，俱不可从。

按：《或问》"敬大臣"二句，乃由"尊贤"而推，则此二事，总是"尊重"意。"子庶民"四句，乃自"亲亲"而推，则"时使"以下四事，总是"亲爱"意。

既用为大臣，自是专任底，然必优崇乃得，故"官盛任使"，正是敬之实事。"时使薄敛"，是子之实事。须玩他各项，俱紧切"九目"上一字。

"养教"为王政大目，却只以"时使薄敛"言者，总切"亲爱"意说来。此句正见"亲爱"之至，既"时使薄敛"矣，岂犹有不教养者乎？

"省其勤惰，试其工拙"，分贴"自切此"二句，即是"来之"实事。

"省试""称事"乃如"分相施恩"意，"均平"意。

"送往迎来"兼指商贾宾旅，及四方来仕者。"嘉善矜不能"，则指游士之托处者。

"矜不能"者虽不能，而矜恤之别有处置，不便弃而不录也。

---

[1] 程门：指程颢、程颐理学宗派。

[2] 陈氏：指元代理学家陈栎，生平事迹见第17页第三个注释。

"继绝世"三句，是弥其变故，有保全意；下二句是定其常法，有体恤意，皆紧切"怀"字之实事。

十四节

两"一也"，俱指"诚"而言。"诚"有实心、实理二义。据《语类》及《自成章》《或问》，此自以"实心"言。但所谓"实心"，不是空有一个朴实心，必真心体贴道理，使天理浑全，而无一毫人欲之间，方是此处所谓"实心"。观下文"诚身""诚"者，"从容中道"可见。参之《或问》，而益明矣。

此云"实心"，不只是发己自尽之忠，并统"循物无违"之"信"在。

"凡事"第十五节

"豫者"〔1〕，道德、九经皆当"预立于诚"，不是"诚"又有所预下。"择执"即"预诚"之实功。

此二节皆言"当预于诚"。上节正说，却浑含下节，藉说"方明"，揭出"诚"字。

"凡事"，专指道德、九经。《蒙引》不可从，言事行道当从《赛合注》，总贴在"道德、九经"上为是。

行"达道"，凡人己之相接；行"九经"，凡上下之相临，莫不有言，如宣之于口，布之于令者皆是。措之天下者为事，不单属"九经"，如以道德为教化皆是也。行之己身为行，不单属"道德"，如"敬、体、子、柔"〔2〕皆行之。

言欲其通达，而信悦于人，不前定于诚，则出口便说不通，而人不信矣。事欲其顺利，而服从乎众，不前定于诚，则临时自做不彻，而人不从矣。行欲其有常，而为法于人，不前定于诚，则临时易得屈折枉道，狥人〔3〕而人不法矣。道欲其有本，而随往之咸宜，不前定于诚，则优于此，绌于彼，不能千变万化，而胥见妙用矣。推出此四条，细发"豫则立"之意。徐岩泉〔4〕前定即是豫四"不"字即是"立"，分贴

---

〔1〕 豫者：提前预备之意。

〔2〕 "敬、体、子、柔"：《中庸》原文为："敬大臣也，体群臣也，子庶民也，柔远人也。"此处是择每句前的一个字代称。

〔3〕 狥人：曲从和迎合他人。

〔4〕 徐岩泉：名徐爌。明代嘉靖进士，曾任巡盐御史。著有《孟子初问》《四书初问》等。

最清。

此四条俱就"凡事"中搜摘出,举道德,行九经,自必有宣播而为言者,有措施而为事者,有昭彰而为行者,有主乎言事,行而为道者,俱要前定。使见之极真,而不涉于疑似游移;由之极熟,而不至生涩勉强。如是,则言事行道自能各得,而凡事立矣。此中原有"明善诚身"在。

十六节

此又借说,以推"素定"之意。必就下位言,是应上"为政在人""人"字。盖臣与君同为举政之本,特藉臣道,以明君道,正见明善诚身,君臣一德,而政乃可举也。

此节虽有五层,其实上三层俱是从"人"一边空说,未尝按及实事,直到"诚身明善",方才实按到己身。看来只是两层耳。能明善以诚其身,自然无一事之不得矣。必又如此推说者,意在揭出"明善诚身",用以起下"择执"也,不是至此方重"诚身"。讲家有单重"明善"者,亦未妥。

《困勉录》谓此二节俱言诚之当豫,重"豫"字,不重"诚"字。

按:两节之旨自是如此,然明得后半章大意之所在,则重"豫"字,仍未尝不是重"诚"也。

十七节

首二句言"身所以当诚"之故,下则言"诚身"之事。

诚者,天之道也。

按:《或问》似重在天之天道,然以首句直指"在天"言,下文承接颇迂曲费解,故《蒙引》说不可易。玩《章句》提出承上文"诚身"而言,固是为"诚之"寻脉,亦可见此句紧承上文,原就人身上说"诚"为天所赋予之理也。"诚"与"善"原是一理。上解"善"字曰:"人心,天命之本然",此解"诚"字曰:"天理之本然"。同用"本然"字,可见上下原相照。以上《注》有"人心"字,故此注不再说到"人"上。细玩本文《章句》,自见其义。

"诚"为天道,则此"诚"字,自以理言理。而谓之"诚"者,原以其至一至纯,毫无夹杂也。以无偏倚言谓之中,以无夹杂言谓之诚,皆性分之别名。此则于学者用功尤为恳切耳。

诚者,纯一不杂之谓。才有一毫人欲以杂之,于道理上便虚假了一毫;才一念一行纯乎天理,便有此一事了然。则"诚"指"实理"说,即包"实心"在内,不作"实理、实心"两对说,玩《或问》自得。

"人之道也""道"字,其实是指"事"说。不曰"事",而曰"道"者,以其事为"人所当率由"者也。

"诚者不勉而中"一段,是从"生知""安行"[1]来,补此一层,正以起下"择执"[2],而单属之"学、利、困、勉"[3]也。且为"择执"者树底,并以伏后半部"举至诚"之脉,其针线细密如此。

既曰"不勉而中,不思而得",必重之"从容中道"者,分照"知仁勇"也。

本文"天道",乃圣凡共有之"天道",在有生之初者。《章句》"天道",乃圣人独有之"天道",见于有生之后者。故下"则亦"二字,便伏后诸章所言之"天道"。

"诚"原不在道德、九经外,在"学、利、困、勉"者之"以达德行达道"。其工夫不外求知、求行,而立诚工夫正即此而在。故《批注》"择执"通上文而言,合成一片。"学、利、困、勉"者,始初"求知"工夫在"好学","好学"即此处"择善其详",即"学问思辨"是也。始初"求行"工夫在"力行","力行"即此处"固执其实",即"笃行"是也。原是一套事,不过前略后详。其"行道""入德"工夫一一着实,即是"立诚"工夫。前后虽分说,工夫非两用。

十八节

此二节详言"择执"之功。须知,上节又是申言"学、知、利、行"者"好学、力行、知耻"之事,下节又是申言"困、知、勉、行"者"好学、力行、知耻"之事。《注》虽未明,可以意会。

《柏庐讲义》:"审,如刑官之审狱,三翻四驳,不穷极隐微,俾无遁情不止。"

---

〔1〕 "生知""安行":据《中庸》原文,指"生而知之""安而行之"。

〔2〕 "择执":指"择善而固执之者也"句。

〔3〕 "学、利、困、勉":据《中庸》本章原文,指"学而知之""利而行之""困则知之""勉强而行之"句。

按：此即"直穷到底"之说，甚为醒快字书。"审"，熟究也，又能包覆而深别之也。

按：人之问者，每有疑而不细加审量。尚不能自言其所疑，又何以得人之解全？无如饥如渴之情，虽有善教者，已先与之扞格而不相入[1]矣。惟再三审度，有发愤求通，而苦其未得之意，则一问之下，必怡然理顺，涣然冰释也。且详审之下，则得其要旨，而问不浮泛；究其精实，而问不肤浅；求其详备，而问无遗漏；详其情理，而问无沾滞，则审乃善其所问，而为之主本者也。不然，虽问如不问矣。

《或问》精而不杂，及思，或太多而不专，则泛滥而无益；或太深而不止，则过苦而有伤。玩此，则切近而不过，自是"慎"字正意。盖"慎"者，乃谨慎不放纵也。然思之不及，思之太拘，亦是不慎。以一能谨慎，则必详密而不粗疏耳。

《语类》："思之粗浅、不及，固是不谨，到思之过时，亦是不谨。所以圣人不说深思，却说个谨思。"

按：此语意折重下一层，可见"不可不及"是"慎思"前一层，"不可过"是"慎思"正面意。盖人苟好思，便易入于过，不知徒费精神而无当于理，所以要"慎"也。但用"思"时，亦须四面都照管得到，才觉踰格[2]，即便收回，则得之矣。

按：《汇参》"笃"字，含"固"字、"诚"字之义，甚是，《大全》双峰正发此义。

"博学之"先为择善之地，次句"择善于人"，三句"择善于己"，四句"择善之精"，至此则明善矣，故可见诸行。

玩《注》"所以择善而为知，固执而为仁"，可见此是"立诚"之功，即是"入德"之功。

学问思辨则有实知，而真能知夫道与经矣；笃行则有实仁，而真能行夫道与经矣。前后只是一事。

以其等而言，"博学"节是"仁"之事，"有弗学"节是"勇"之事。而"生、安"无工夫，故不言"知"之事。以其分而言，"博学"节是"学、知、勉、行"之"知仁"，而"勇"在其中。"有弗学"节是"困、知、勉、行"之"知仁"，则全出于"勇"者也。两节注"知

---

〔1〕 扞格而不相入：过于坚硬而难深入，形容彼此意见完全不合。扞，绝。格，坚硬。扞格，相互抵触，格格不入。

〔2〕 踰格：破格。

仁"以"分"言，"勇"以"等"言，不是一意，然自可互见耳。

十九节

"博"字换"能"，"审"字换"知"，"慎"字换"得"。彼是以"用功"言，此是以"成功"言，故《章句》云："必要其成也。"下二条虽同上节，而"明"字在"辨"之下，"笃"字在"行"之下，亦是照上三项。以"成功"言，与上节之义自少，盖立意要迪于成。此百倍之功，所必用也。

上五段是有百倍之功底主意，末四句是必要其成底实事，分说两层，却归一串。《章句》"必要其成"下，用"故尝"二字承接分明。《语类》正与《注》合，诸家以旧说为非，必合两层为一层，似不可从。

"弗能弗措"就"心"说亦可，就"功"说亦可。但既实说用功矣，又何必添设"有弗学"乎？看来自是悬空虚拟之词。须知"有"是工夫，"必有"是主意。"有"是主意，"即有"是工夫，原不得分为两截。但上是以"事功之主意"言，下是以"主意之事功"言，其立言文法固自可。

按：且前三者〔1〕原统"学、利、困、勉"说，此处正承彼意而细发之。"博学"四句，即申说"好学"意。"笃行"句，即申说"力行"意。"弗能弗措"，即申说"知耻"意。盖耻知行不若人，而必要其成也。百倍之功，则为"知耻"之实事。如此看，则此节分两层更属不易。

末节

"明"则进于"知"，"强"则进于"仁"，全是"勇"做成，而"勇"之德更可知矣。

自"凡事"至章末，总完得"凡事豫则立"一句，须要结到此，方合章法。然末一段语意，一一与前文相照，亦未尝不是总结通章也。《成均课讲》云："诚身由于明善，即前仁身由于知天之意，而申言之'诚者，天之道也'。"三节即前"生、安、学、利、困、勉、好学、力行、知耻"之意，而申言之"必明必强"，即前"知之一""成功一"之意而申言之。可见此段并应前半章意思，而因以取结之也。

---

〔1〕 前三者：指"知仁勇"三者。

又按："愚必明"，则由择善以明乎善，与"不思而得"者同归。"柔必强"，则由固执以诚其身，与"不勉而中"者同归。"明"即"知"，"强"即"仁"，"勇"已进于"知之一""成功一"之域，是则能豫于"诚"，而以达德行达道。举"九经"，凡修身治天下国家之事，自无一之不立。此所谓人存而政举，文武不难再见矣。

此章语意回环说，先后次第不得太拘，要知未尝不有次第。如以达德行达道，自是先有"德"，然后可以行"道"。然未及乎"德"，而求以"入德"之事，却从"行道"做起，则是先行"达道"，而后有"达德"也。道德、九经皆豫于"诚"，自是先有"诚"，然后可立道德、九经之事。然求诚之功，却在择善。固执、学问、笃行，亦是先求达德，行达道，而后立诚也。盖"道、德、诚"总是一串事，原不相离。"德"即在"行道"中，"诚"即在"道德、九经"中。看来始终着实处，只在知行此"达道"而已。始以知行此道而入德，有德，则知行得力，而"达道"益行矣。始以知行此道而求诚，既诚，则"道、德、经"有本，而事益无不立矣。虽"德"成而"道"即无不尽，"诚"至而"事"已无不举。而道德、九经自是终身不了事，毕竟以达德、诚身为藉手，本立而后道乃自然行之而不息也。其次第是如此。

《条辨》："人存政举，总关系在修身。此一语已得通章主脑。"修身之要，前半章从《章句》，只是个"仁其身"，后半章只是个"诚其身"，二意前后相照，又自合并归一。"仁"是"性"之真意，"诚"是"性"之实体，总是要性分用事，则身自无不修矣。至修身之实事，又只在"知行乎达道"而已。"五达道"所统最为宽阔。据《或问》"九经之事无非达道"所推，则"子民柔远"，亦皆行"达道"所兼。"及中"一段，正是联成一片，总见治人统于修己，总发得"人存则政举"一"则"字意也。又"九经"事本于"诚身"，亦未尝不本于"仁身"。看"体子柔怀"，岂非皆"仁"之所发乎？故"仁身、诚身"虽前后分说，其实前后互见。岱云又谓"实得此仁即是诚"，可见原非两事。故"诚身"工夫，即是"仁身"工夫，而"人存政举"，总不外修身也。

行"九经"，即行"达道"所兼及。则"五达道"，必以"知仁勇"行之。而行"九经"之有资于"知仁勇"可知矣。

十二章总提"费隐""大小"所以发明"道不可须臾离"之意，以为下八章纲领。前三章就"费之小"者列其实理而言之，后三章就"费之大"者条列其实事而言之，大概总以五伦为主。《鬼神章》提掇"费隐"意，包"大小"在内，而归本于"诚"，为中间关键，以绾上而箝下。"不远人"之道，素位而行之道，卑迩之道，皆不外一"诚"，此绾上意也。舜文武周之事亦不外一"诚"，此箝下意也。但浑含未尝说破，直至《问政章》，"大小"毕举，"费隐"并包，以夫子所论道德、九经，继舜文武周之统，而俱本于一"诚"，此方将"修己治人"之理合并归一，遂为一支之结穴，即以伏下支之案。

按：通文章法，前一总冒，后六章细分说；中间又浑说、总说，作一扭末；又总说、详说作一结合来，总是阐发"道之费"，以见"不可须臾离"之意也。

此支正旨，自主发明"道之费"。但首章末节已见入道次序，下"不可远人"为道。素位而行，必自卑迩，俱见教人入道意。即舜文武周之事，无非为学者指示。"极则"至末章"达道达德""择善固执"，更见教学者用功处。然圣贤言"道"，原无一处不是为学者示训。本支乃是即此意，以见"道之费"，还是"道不空说"意思，尚不是正为学者勖勉之词。至下一支，方是谆为学者说法。《大全》史氏[1]谓："此支是'下学'工夫。《诚明章》以下，多是说'上达'事。"

愚按：致曲自成，修德凝道，都是"下学"工夫。特由"下学"，渐说到"不骄不倍，川流敦化"，遂及于"上达"，以尽中庸之极功耳。若全重"上达"，恐非《中庸》本旨，当再详之。

---

〔1〕 史氏：指史伯璇，又名史伯璿，字文玑，号牖岩，浙江温州平阳人。元代儒学学者。一生致力于讲学和著述，对朱熹的《四书章句集注》颇多研究。著有《四书管窥》《管窥外篇》等。他的学术思想对后世有较大影响，黄宗羲在《宋元学案》中，把他和他的部分学生列入《木钟学案》中。

【读《中庸》随笔（下册）】

▶接堯舜道統

據子之傳只在危微精一允執厥中而已首三章闡明中之為道具人心而原於天備君子而解能於民曰解能曰不行不明即反激起執字意下三達德正示人以立執中之根基費隱以下發明中之理總以五達道為主正示人以盡執中之實事問政章通篇關鍵合言三達德以行五達道而歸本於明善誠身擇善固執正所謂惟精以察之惟一以守之而尤執其中也

二十一章

《成均课讲》下十二章,发明尧舜"允"字之义。"允"者,诚也。即五常之信之发用,谓信乎其能精能一也。"允"在"精一"上见,"诚"亦只是"达德",无不实而已。其言"功用"特详者,即首章"位育"之意,皆"允执其中"之实效也。

子思承夫子之意而立言。此章"诚"字,即上"诚身""诚者""诚之者"之"诚"。"明"字,即上"明善虽愚必明"之"明"。

"自诚明",是照上章"诚者"说来。"诚"即"不勉而中"意;"明"即"不思而得"意。"自明诚"照上章"诚之者"说来。"明"即"择善而有以明乎善";"诚"即"固执而有以诚乎是"。

"谓之性",即照应"天命之性"。但转一步说,所谓"性之也谓之教",即照应"修道之教"。亦转一步说,由教而学之者也。云峰说分明。

"性",犹言"生"。"性"带来"教",犹言"从教得来"。此"性"字兼"气质"而言。"性分"之理,是圣凡所同。"性分"中便带得一段"自然浑全此理"底意思,此圣人所独。须知此段意思,原不在"性分"外,故不得用别字形容。如河海皆水,独海水味咸。此自是水中带得此味,不得谓咸者不以水名之也。《注》"圣人之德,所性而有",似是此意。

"自诚明""自明诚",据《章句》,已含有天人之分。但语意甚浑,正于言"性教"上透出,以下句明上句。"谓之"字不必矜张,只宜拖长读。玩《注》"圣人之德是所性而有底,贤人之学是由教而入底",一气说下可见。

末二句两"则"字,须顾盼有情,见合一意方得正旨,不可因《注》语过作抑扬也。

承前章"诚者诚之者"来,故"诚、明"各并说,其实起下文,归重"诚"字。以下文俱说"诚",不过其中包得"明"字意耳。

"天道人道"原从"诚者诚之者"来,不是泛言"自然合道,勉强求道"之说,乃是"自然能诚,勉强求诚"之谓。下凡言"天道人道",俱贯"诚"字在内看方是。

二 十 二 章

《或问》"理一"是宿归来说,"分殊"是放开去说。宿归说,"参赞"即在尽人物之性中。尽人物之性,即在"尽其性"中。"尽其性",即在"至诚"中。放开说,"唯至诚",故便能"尽其性"。惟"尽其性",故便能尽"人物之性"。惟能"尽人物之性",故即可以"赞化育,参天地"。本章正面意,自重"放开"说,见一"诚"之连用无穷处。但说到地头,仍须挽归"至诚",盖层次有五,却总是发明一"诚"也。

一层层放开,是"分殊"意;连锁说下,是"理一"意。细玩本文,全是就"理一"排列出"分殊"来。玩数虚字意,于"能"字、"可"字见"分殊";于"则"字见"理一"。据《语类》论"尽性",早已连合"尽人物之性"在内。此正是"理一"处,但仍须分出界限来。凡纲常伦理,持身待物处,是"尽其性"事。至兴养兴教,制礼作乐,是"尽人性"事。因材质以致其用,务爱养以遂其生,是"尽物性"事。或谓"尽人物之性只是尧舜事业",然亦不必太泥。如夫子在下位而删定六经,倡明道学,即是"尽人性"事。钓而不网,弋不射宿,亦"尽物性"之一端。

"赞化育",旧从《蒙引》《困勉录》,只在"尽人物之性"上说出,看来未全,须兼"尽其性"说方是。《辑略》吕氏正合上三层,以言"赞化育"也。如《洪范》"五事修,则休征",各以类应,岂非"尽其性以赞化育"之事乎?

合上三层以言"赞化育",似可以无余事矣,所以将"可以"字换了"能"字。然须知"分殊"之义,"赞化育"亦当分出界限,盖圣人原有旋乾转坤,补天浴日之能事,况燮阴理阳,直从天地上着手,安得不为"赞化育"之事乎?但其事细推之,大概总不出上三项中。既有上三项,自可以"赞化育",而为旋乾转坤之事矣,所以换用此二字。

天地只是以生物为心,有以生之,必欲其成之。此天地之心,亦天地之职也。故必遂其生,复其性,乃为成始成终之道。以"化育"言之,则风雨露雷之泽以滋息之,寒暑燥湿之气以熏染之,其所以养万物之生者,亦仅得半而止。至于使复其性,则礼乐刑政裁成,辅相天地所不及者多矣。天地之化育,自必以成全人物为主。故《蒙引》《困勉录》直以"尽人物之性"当之,此故大有见解。如"尽人物之性"，则凡兴利除害，礼陶乐淑，及因才以致用，制节以遂生，此何一非"赞之"之事乎？但"尽其性"仍不可遗却，盖致中和，吾之心正，则天地之心亦正；吾之气顺，则天地之气亦顺，此尤为"赞化育"根本上事。至于燮阴理阳，平地成天，直在"化育"上着手处。如顺气化之，流行而辅助之，有藏冰出冰等事；因气化之，乖舛而补救之，有救荒逐疫等事。此亦何一非尽己性与人物之性之事？直将己与人物事移来，便是"赞天地"事，正以根本节目之大，原不出上三项也。

二十三章

尽性求诚之功，前章"择善固执"云云已说尽了，此言"致曲"者，仍是就此特示以起手工夫。盖天理透漏，有此本然之明，则入手独为亲切耳，朱子解"明明德"正本此。

玩《语类》"致曲"之说，意有两层：随发随致总不虚所发，此是一层；随致随尽要满其量，此又是一层。后一层又兼横致、直致二意。如凡一类事由此及彼，一一推致到边际，无一处遗漏，此"横致"之满其量也。每一件事由浅及深，亦一一推致到根柢，无一毫欠缺，此"直致"之满其量也。

如致吾仁爱，须处处仁爱。无仁于此而忍于彼者，其仁爱又须各到十分处。略参一毫疏散意，便是未造其极。

玩《语类》"致曲"之说，只是致仁及仁，致义及义，不是致仁及义，致义及仁。《存疑》不必用。

"其次致曲"句绝"曲能有诚"，承上起下之词，亦当停顿为句。看本文下又迭一"诚"字，《章句》"曲无不致，则德无不实"，下一"则"字，可见是略顿开说。《语类》云"若曲处能尽其诚，则诚则形"云云，此是玩"能"字语气似是如此，然恐于本文毕竟少异。且"致曲"只言"用功能有诚"，则说到"成功"上，自宜小顿，不宜泥"能"字，致使第二"诚"字入赘也。再详。

"形著"以下，《蒙引》于"效验"中含"工夫"，极为有理。《合注》《精言》力驳之，不知是何主见？恐终不可。从《汇参》，亦从《蒙引》。

《章句》"形著动变之功自不能已，绩而至于能化"，下"功、绩"字，分明说"功用所绩"，《精言》说皆强词耳。但只是由生到熟工夫，所谓大而进于化也，不是犹有未诚，而求至于诚。

"惟天下至诚"，此不是说名号，只是言"德之至极"也。盖就"化"字上推论道理，见得民不易言化，惟德为天下至诚，乃能使民化耳。则此五字不属"圣人"，不属"其次"，是悬空说理。而"其次"之同于"圣人"自在言下，诸家俱不免沾滞在。

"曲能有成"是大底境界；"惟天下至诚为能化"是化底境界。"有诚"便是"尽性"，但未是"尽性之至"耳。《困勉录》"有诚"是"全体之诚"，但未是"至诚"，可参看。

"致曲有诚"便是"其次"之尽性；"形著明"是尽其性之验；"动变化"是尽人物之性之验。到得"能化"，则"赞化育，参天地"在其中矣。

"尽人物之性"，即统于"尽其性"中。《时讲》"形著明"，俱兼"形体事"为说，虽与《语类》不同，却自可用。盖就"事业"说，已伏下"动变化"之根矣。

二 十 四 章

《说统》提出"道"字，见其异于术数。

愚按：此当是推说"尽道即是诚"。本文正旨，自是发"由诚而明"之理。

《蒙引》"不可以前知"，为"明无不照"说甚是。"前知"乃事理"无不烛照"之一条耳，下却云在"明无不照"正意之外，此句则未合。玩《注》"理之先见及察其机"之说，安得谓此非烛事物之理？且须知此尤是理之微渺难知者。"至诚"能有以知之，则于事物之理更何所不知耶？是举此一节，已含"明无不照"全副在其中，故此外不更言"明无不照"意。

据《或问》"事理朕兆已萌"之说，则"前知"乃确有所据，不是暗中摸索之谓。缘一无私伪，常悬虚明之鉴在此，故略有形影，即无不照见。盖以我之实理，烛彼之实理，无少差异，则有不知之早见之真者乎？

"至诚前知"[1]不以"善淫"言，而以"妖祥"，何耶？盖福善祸淫自是公正道

---

〔1〕 "至诚前知"：《中庸》原文为："至诚之道，可以前知。"

理,人人皆知;且天地之气化,亦多参差不齐。其应亦有迟速不同者,亦有应有不应者。气机未动,犹未见得底确。若"妖祥"等项,是气机已动了,故"至诚"必验之于此,乃有以见其确然也。许氏"至诚",亦须于"动"处见正此意。

至以"妖祥",而"前知"亦须看得细。有"祯祥"而不为"祥"者,有"妖孽"而不为"妖"者,是哪一种祯祥,便知是如何样兴盛;是哪一种妖孽,便知是如何样危亡。时之早晚,势之轻重,无不精详蓍龟四体,亦见得锱铢不爽,此方是"至诚"之"前知"。

"妖祥"俱以"必有"为言者,此气机之动,即是福善祸淫之实,理固一定而不容爽者也。但天下事必有渐次气机之流行常兆于微,而发于显,始于细,而终于巨。常人于显著时,然后见之至诚,则早有以烛于微也。

"见乎"二句,在"妖祥"之外,却总承"将兴将亡"来。《辑语》体贴两"乎"字,谓有"见之动之者在",妙甚。

"善不善",从《辑语》以"气机"言为是。新说就"人心善恶"说,与上"妖祥"不应。旧说仍指"祸福"说,又与上句犯复[1]。

按:《章句》"有以察其机",分明正贴"善必先知"二句。说"察",便是先知"机",即贴"善不善"。玩此,知诸说之异。

"祸福将至",承上"将兴将亡"。而"覆举之善",承上"祯祥及蓍龟之吉"。"四体之得,而覆举之不善",承上"妖孽及蓍龟之凶"。"四体之失,而覆举之",同归到"必先"上去。文法自是如此。但"妖祥"等有形迹可见,而"善不善"则特就其"气机"言,即《注》所谓"机"也。

"祸福将至"句未完,乃覆举上文以起下语,《辑语》截作句似误。

"至诚如神",《浅说》做"鬼神能知来",似生枝节了。只是说鬼神为此"机","至诚"烛此"机",同是不测底,不必说鬼神亦知来。鬼神乃二气之灵,即天之所为,非别有神明以主持之也。

鬼神以实理为此机,原是灵妙不可测底;至诚以实理烛此机,亦是灵妙不测底,故曰"至诚如神"。须知本句正旨,自重在"至诚前知"之灵妙处。

---

〔1〕 犯复:一种修辞方式。诗或文章,出于表情达意需要,故意在句中连用相同的字,造成循环往复的艺术效果,这种修辞方式称为"犯复"。

二 十 五 章

首节

"甲午六月"，定从《或问》。"自成"不作"自然"看，中便含有"工夫"在。似是就诚宽论道理如此，其实便是责成学者意思。下"君子诚之为贵"，正与此句相应。

只此一个"诚"字，其属人属物，正须就道理讲说得周到，分明自见，或侧重在"理"，或侧重在"心"矣。必拘泥某字主"理"，某字主"心"，则上下文理将执滞不通，何以说"尽"乎？如首一"诚"字，《注》明以"心"言。若泥住，则天地万物如何说得去？讲家因谓兼实理实心，不知下节三"诚"字未尝不俱兼实理实心，何必划定？

"诚"，故与俗言"着实"不同，然亦只是"着实"之谓。"成"即"成立""成全""成就"之"成"。人莫不欲其成全，不甘于颓败，惟这个"着实"底，是即物之所以自己成就处。天地万物惟有此实理流行，故成其为天地万物。如牛之性负重，即实能全此负重之理，乃成其为牛。马之性行远，即实能全此行远之理，乃成其为马。人之性本自真实无妄，惟真心能全此无妄之理，乃自成其为人。天地无心，只自然尽道而已。万物不可以"心"言，亦只自率其性而已。惟人尽此"实理"，全在于"实心"。苟无"实心"，即便无"实理"，故曰诚以"心"言，本也。有此"实心"，便是有此"实理"。其"实理"之有，即是伦常日用间能尽其道者也。故曰："'道'即'实理'之条件分呈处；'自道'即'自成'之实在用功处。"下句原包在上句中，故用"而"字连下。

首句自是就理论断之词，言"诚"乃性真，为物所固有底。"自成之具"，欲自成而求所凭恃，舍此故无余法。惟"以诚自成"，乃可立于天下；不"以诚自成"，则为天下之废物矣。人为万物之灵，可听其气拘物蔽而不诚乎？故必"自进于诚"，乃成其为人。既"以诚自成"，而诚中之道，自必为人所当行矣。是上句说得明，下句自出。"不止"，是吴因之上句"说得重"之谓。

"诚"之一言，道理本宽，须是放宽说，然说来自注在人身上，玩两"自"字可见。天、地、物俱不必言"自"，惟人必是凭实心以"自进于成"，故特下一"自"字，遂顺接以"而道自道也。"两"自"字，是一气相生，本意原总为学者警醒，此节尽自有无待而然之说。久已尘封,朱子初说亦为所惑,后《或问》中方为改正,至《条辨》《精言》,已不蹈其误矣。但本节精神终未醒出,所以讲家论通章,总归重"诚之为贵"句,不知此"道以理言用也"句,只是打转章首意。首句乃是当头棒喝,开口不放松处。玩两"自"字,何等鞭策!两"也"字,何等指点!玩"成"字,见得由是则成,不由是则败,有悚惕意。不明说"工夫",而以"成就"为言,有"歆动"意。"道",由也。言"道自道"是当前指示,不容推诿意,警醒学者字字精神。到"诚之为贵",不过再应上节。"教君子必当如是用功",已是第二句了。

《精言》"自成"即作"成己"看,其意盖谓有工夫在也。但"自成""与成"已有辨曰:"'成己'是重'成',止见得是有工夫。曰'自成',则重'自'字,是要自己主张起来,不可颓废之意。""自"字可带了"己"字,故此处省一"己"字。"己"字代不了"自"字,故末节"成己"上仍用"自"字。《精言》看"自"字,又有"不诿其责于他人"之说。此却不合本文语意,不必用。

本文不曰"自修自尽",而必曰"自成者自修自尽",语意俱还轻松。"自成"则打开后壁,是直以"成全无欠缺"底说来,则期望学者之意深矣。"成全无欠缺"意,早与"诚者,物之终始,不成无物"打通,上下固紧相对照也。

凡行子臣弟友之道妥帖精详,那一件不是以"心"为主?惟行道俱以"心"为主,故曰"本至以实心行出道理"来,便是见之运用底。故曰:"用如此看,方合上下句为一局。"如《大全》诸说"有是心,然后可以行道",则说成两橛了。"实心"即在"行道"上说,于道无不尽,毫无伪妄,此所以为"实心",不是空空先有一个朴实心也。玩前章《或问》"纯则诚,杂则妄"可见。

朱子又云"诚以心言",是就"管摄众理"处说"心",玩此可知。说"实心"便有"实理"在内,不是有了"实心",然后有"实理"也。看下节,《注》说"实心"处,不再说"实理",更可见。"不成",下节只申"自成"句,全脱却"自道"句乎?

诚以心言,此便是"义理"之心。"静"而为涵众理之实心,"动"而为体众理之实心,须知二意都统在本文上句中。"道自道",特醒出"以诚自成"之实事来,不可谓上句是静时之实心,下句是动时之实心。

《章句》"本也"之"本",犹干也,便统"发用"在内。

次节

上句就"本然"底推说，次句就"伪妄"处反说，总申明"诚以自成"之故。末句就工夫，仍收归章首。

《章句》首段切定"终始"字，是说"诚"所以为物之终始底缘故。若正讲首句，须握定两头，不遗中间方是。程子"彻始彻终"四字尽之。

"诚"者，物之终始。固是指"本然"者言，然即此便见得"诚"无一息可离意思，故下紧接"不诚无物"。《浅说》谓"从上句抽出说"，正是此意。

物以"诚"为主宰，才"不诚"，合下便只是虚壳子，安得谓之"物"？《注》用"一"字，说理最精。终身有诚，便终身有物；只一刻不诚，此一刻便无物，理固如此。

《章句》"故人之心一有不实"，是正贴"不诚"。下"虽有所为"，此"所为"便是不行道底，正"不诚"之实迹。亦如"无有"即正贴"无物"，此已反将"不以道自道"收入"不以诚自成"中。下"盖人之心"一段，又从正面找明。上下反正说，意自一串道之。"在我者亦无不行"，原是说本节意思，并回应上节。次句"不是"，本节无此意，《注》另补出也。

"物之终始"，此"物"字，似以"人"言。"不诚无物"，此"物"字，据《章句》，似又以"事"言，向颇疑不副。因思虽有所为，亦如无有，是说无物之实际事，如无有，便是无了自己。然终觉费解，后阅"体物不可遗"，《辑语》"物"字，当兼"事物"说，甚觉有理，因悟此节两"物"字，俱兼"事物"，自通。如解"有物有则"，君臣父子之人是物，人之耳目手足亦是物。此节照上"自"字说"物"，固以"人"为主，而人之"事为"，亦自是"人中之物"也，要亦归在"人"上。《语类》："不诚，则心不在焉。视不见，听不闻，是谓之无耳目可也。"又云："不说实话，虽有两人相对说话，如无物也。"参观此两条，意自可见。

言为贵者以其有物，而能"自成"也。《注》"盖人之心"一段缴足。

"能无不实"，"无不"二字连说，与上"一"字正相针对。

"诚者，物之终始。"《章句》自是本文正解。《或问》则以"天地圣人，始终尽诚"言之者，正见得句中本意。原是要人始终尽诚，故举之以为则也。此即是发明"道不可须臾离"意思。

章首二句唤醒之词,直是一喝三日聋。中二句推断之词,切至透底,直是一刀两断,使人更无躲闪处。到"诚之为贵",词便和平,只是承上二句,按到"学者用功"上,以响应章首耳。讲家偏重此句,似未得其语意。

末节

首二字,《时讲》皆以"人"言,是承"君子诚之为贵"来。理虽可通,但于下"所以"字语气不顺。细玩通章文理,三用"诚者"字提唱之,此自是承章首"诚者,自成也"转进一意说,与上两节首二字同,俱以实理言。如此,则章法相贯,承转分明,而落"所以"字,方觉稳顺。《注》"自明晓下,即得于己"句,照节首"诚以成己"说,非承"诚者"二字也,诸家多混混。

"仁"即是"诚",故为"诚之体",乃存于身,而为所以成己者。"知"则是"诚之明",故为"诚之用",乃发于外,而为所以成物者。《注》"体用存发",照"成"及"成己成物"说来。

"仁"者,真挚精纯之谓,即"诚"之替身,故属"成己"。"知"乃"诚"之明。"知明"处当故属"成物"。自切本章说,故与孟子不同。

"仁知"乃"成己成物"之具,当是"已成"之德,非但故有之德也。故云"性之德",下一"之"字。《辑语》《精言》所见极是。但本文正意,却主原于"性分"说。

诸家皆就己、物分内外,似未尽,当就"成己成物"说。"成己成物"虽有内外,而"以仁以知"则无内外。是"仁"以"成己","知"以"成物",乃合外内,总归于一之理也。"道"字,仇沧柱作"理"字看,指"诚"言,当从之。

"知"非在外,则"成物"亦非性外事。合外内之道,不单指"仁知","成己成物"俱在其中,无非一"诚"之连用也。如此看,方与首二句合。

"时措之宜""时"字,常讲只就己、物不同处说。

按:《语类》又有平康时、仓猝时之说,当兼用之。时而以"仁"措之己,则各随其时之常变,而无不得其宜;时而以"知"措之物,则亦各随其时之常变,而无不得其宜。如此说,则"时"字方有味,而"宜"字亦见精神,说理乃为圆到。

时措之宜,言己、物、事无不恰好,已说到效验上了。然必如此,方是"成己成物",故与首二句只是一层。

此章是两扇文字，截对整齐。上二节为一扇，首二句以"当然者"言；中二句就"所以然"处说；末句又缴归"当然"上。末节为一扇，亦是首二句以"当然者"言；中四句就"所以然"处说；结句仍缴归"当然"上。所异者，上段中间是从"成"说到"当自成"上；下段中间则就"成己成物"说到"知仁性"上。结句则上段收到"诚之工夫"，缘上二节是本章正意，故谆复提示之。下段收到"能成底效验"上，缘末节是本章后一层意。故以"立诚之妙"作归宿，因以"歆动"鼓励之。

《松阳讲义》："此章以'诚之者之知'发明人道，章内却兼知行言。盖能行方是真知，知行工夫原不相离也。"

按：此说以能行为真知，甚是。任翼圣[1]单归重"成物知也"，则不可从。以此句醒出"知"字，则可究所重自在上二节也。

此段只重一"诚"字，承前二支来，以"知仁勇"之"达德"，尽费隐大小之"达道"。其所知所行，总要以"诚"为主本。盖"诚"者，天理之本然，为万物之终始者也。才不诚，便无物，此正与《大学》"诚意"相合，是善恶关，亦人鬼关。其于人切至为何如，故以"达德"尽"达道"，不徒知之行之而已。须所知所行皆有以诚之，务使彻始彻终，而无一息之间断，此乃是教学者用功到尽头归宿处。《致曲章》只示人以求"诚"之要法，此章方是教人以尽"诚"之全功。开示学者，警动切至，遂为此篇之吃紧要旨。

此对上章，自属以"知"言"人道"。本文却就"行道"说来，自是以"仁"见"知"也。且所言者不同，平常行道，直就"诚"之彻始彻终说来，更是以"勇"见"知"也。言"知"，而乃以"仁勇"言之，则是合"三达德"，以发明"诚"之全功。其为学者指示，已透底无余。故下章只举"至诚无息"以作标准，遂不烦再赘"人道之勇"矣。

---

〔1〕 任翼圣：指任启运（1670—1744），字翼圣，世称"钓台先生"，江苏宜兴人。清代学者。雍正时进士，授翰林院检讨。乾隆时历任侍读学士、侍讲学士、都察院左金都御史、《三礼》编纂馆副总裁、宗人府府丞。著有《礼记章句》《四书约指》《清芬楼文集》等。任启运以擅经术闻名于时。

二 十 六 章

首二节

"辛丑腊月","故"字承上,定从《说约》。《课讲》据《大全》史氏,此以诚者之勇,发明天道,言"无息""悠远"不已,即圣人之大勇也。此意已胎于"诚者,物之终始"内。

按:上章《或问》以"天地圣人"阐发此句,可见已为此章伏脉矣。盖圣人原是浑全天理,绝无间断底。惟"诚"为彻始彻终道理。才不诚,便无物。故"诚"之至者,即一无虚假,自略无间断也。语意确不可易,诸说俱不免牵强。

"至诚无息",承"诚者,物之终始"来。"征则悠远"四节,即承"诚者,所以成物"来。"故"字当直贯六节。

"不息"即是"无息",但对"息者"看,则此是"不息"。得"不息",故能久远。递到"久"字上去说,圣人故全为学者指示也。

言"无息",必又言"久"者,为"征"与"悠远"伏脉也。下"悠远"虽紧承"征"字,而所以"悠远"之故,则根"久"字来。《章句》自明。

三节

据《课讲》,圣人之功业,外之所著,一如证其中之所存。此体用一原之理,看"征"字妙。

"固"是"久",便"悠远"。而外之"悠远",即是中之"久"者。有以持之,则此"悠远"中便有"久"字,故下易"悠远"为"悠久"。

"悠远",以政教所施发者言;"博厚",以政教所推及者言;"高明",以政教所成就者言。"高"者,规模俊大;"明"者,气象辉煌。"高",言事功不可及;"明",言事功之灿设,声名之显著。

"博厚",旧说总承"悠远"。愚意:"博"承"远","厚"承"悠",似亦可,但不如总承为妥。"高明",《语类》则作分承"博厚",颇有理。然作总承,理尤完足。如为台观,固要根基大,也要根基深方可。上面高大,凡物精气蓄于下者,固要深厚。

然广博亦是气盛，则光明之发，又未尝不藉乎此。故《章句》用浑说。

《说统》："悠远""博厚"只在功业上说，不可说到"及物"上，下节方是功用之"及物"。《精言》则谓："至诚之德著于四方，便已'及物'了，下则想象其'及物'之盛耳。"

按：《说约》似太拘，《精言》直就"及物"看，亦似无界限。愚意：上节原有"及物"意，但"物"字自在下节，意只重就"功业"言其盛；下节则是就"及物"言其盛。

四节

功用所施者博，则收纳溥遍[1]而一无遗弃。厚则蕴蓄深固，而绝无脱漏；高则物皆得所护庇，而不至暴露；明则物皆快所瞻仰，而不至昏乱。高厚而复悠焉，则培养舒徐，物无不习于范围。高厚而复久焉，则善气涵濡，物无不归于浑化。

"载物"者以遂生复性，使皆得所依托而言；"覆物"者以遂生复性，使皆得所帱冒而言。其实总是泽被万物意。"成物"，则以被泽之有终者言。三句实意，却只分两层。

三"所以"、三"也"字，乃申说上文，赞叹其盛口气。言此博厚功业，岂是寻常底？即是那用以遍载万物底。"那、此、以"字，不是推原语气，乃凭恃意，与"所以事上帝也""以"字同。虚字明，则语气得矣。

《章句》解"悠久"，上下两层，原是一串。"悠久"即悠远，总指"功业"说，是此处正旨，兼内外而言之。虽分绾德、业，自是以外为主，而在内者自随之也。《蒙引》得之。

此节自以功用及物甚大为正旨，注"与天地同，用且勿用"。

五节

此紧承"载物、覆物、成物"来。"配天地"，却就"博厚、高明、悠久"上见。就"用"处，言其体之"配天地"。《浅说》得其意。

---

[1] 溥遍：指普遍。

六节

功业之博厚配地,则广大渊深中有文有理。灿然并列是"章"也,而"章"却不出于"见"。功业之高明配天,则冠冕辉煌中日新月盛。洒然改观是"变"也,而"变"却不出于"动"。功业之悠久无疆,则涵濡渐渍中有始有终。治化大备是"成"也,而"成"却不出于"为"。"见、章、动、变、无为",上下字意俱相应。"章"与"变""成"字例看,当是活字,乃"文采彰著"意,不是"成章"之"章",《时讲》多误。

首节言至诚天德之盛;二节由盛德征为大业;三节遂言其事业之盛;四节就事业言其及物之盛;五节就及物之盛,遂言其业可配天地;六节就业配天地者,遂言其功用亦出于自然,俱是一气相承说下。

就"德"言"无息"与"久",就"业"言"悠远、悠久",总见至诚之大勇,最宜着眼。

七节

"天地之道""道"字,有以"主宰"言者,有以"功用"言者。

按:本文言"天地之道",可一言而尽,上必有"累言难尽"一层在。谓天地之盛大"累言难尽",而"道"可一言而尽。如此,则是将道之散见者收到主宰处说,"道"字便含两层意。据《论语·一贯章》集注,分"一本万殊"为"道"之"体用",可以例"天地之道",自兼"体用"在内。但就"万殊"说,难兼"一本",须归到"一本";就"一本"说,则自可统了"万殊"。此言"天地之道",正是就"万殊"处收到"一本",故曰"可一言而尽"。又就"一本"统了"万殊",故曰"其为物不贰,则其生物不测"。下节"天地之道",承"不贰""不测"来,则是就"一本"处,推到"万殊",故下接"博也厚也"云云。则"博厚、高明、悠久、气化"原统在实理中,亦未尝不是天地之道也。《条辨》因注"天地之道,诚一不贰"二句相连,遂为此节"道"字指定"不贰"言,不兼下文在内。

按:此则本文上下不相因矣。且"博厚"六事自是"天地之道"。玩前注"至诚之德,著于四方",是"悠远、博厚"俱属"至诚"之德,则此"博厚、高明"并为"天地之道",又何疑焉。

"不贰",《浅说》兼"实理实气"说;《绍文编》不兼"实气"说。

按："至诚"兼"实理实心"，则"天地"亦兼"理气"为是。编意或为"实气"当入"生物不测"内。然"天地之道"本有"实气"，而生物不可测，则是"实气"之流行者又较出一步耳。

"生物不测""物"字，《批注》作"物之多"，以"不测"原指"生物之多"说。言"物从不贰"生出，则不知其所以多矣。此不是说物之多不可测，亦不是说物之生不可测，乃是说生物之多不可测意。盖说生物之盛大也。本《注》〔1〕自明，张羽臣《赛合注》〔2〕俱似就生物说"不测"，殊觉玄渺无当，且于"今夫"节不相符矣。

须知用"不测"字不是惊讶其奇，乃是赞叹其盛。《章句》以"莫知"替"不测"自明。

八节

此条《翼注》《条辨》，谓在"不贰不测"中间一层。《困勉录》则谓此即是"生物不测"，但未显言耳。

按：此指"化于功用"言，便有"生物不测"意在内。玩前"悠远"节，便含了"载物"意，一例看自明。

上文"生物不测"，大旨即是说天地之功，但直说到"功用"之"用"处。此条则是"功用"之体，可知是承"生物不测"大旨来，未是正说"生物不测"也。玩《注》"各极其盛"，正贴本节"有"，下文"生物之功"，则预透下节也。然玩下节，注以"致盛大而能生物"之意。"盛大""生物"两层合为一片，则二节又是紧相粘连。

无处不见地之功用是"博"；愈出愈无穷，入物极深是"厚"；天之功用，不可及是"高"；气化昭彰是"明"；四序递迁，化工长在是"悠久"。

《浅说》《翼注》谓："'博厚'六条以'功用'言，不以'形体'言，甚是。"须知亦离"形体"不得，正是就"形体"以言其"气化"。离却"形体"，"气化"何所依着？地之体惟博，而气化乃随处皆有。惟"厚"，而"气化"乃愈出不穷。天之体惟"高"，而"气"亦充塞峻大。惟"明"，而"气化"乃布列昭彰。天地之形惟"悠久"，而"气化"亦随之"悠久"。但不重"形体"节意，自属之"功用"耳。

---

〔1〕　本《注》：指朱熹《四书章句集注》。
〔2〕　张羽臣：指张云鸾，生平事迹见第 97 页第四个注释。

九节

此正言生物之盛,须体贴出"不测"意思,方得"生"字。原兼"养育、成全"意在。曰繁,曰覆,曰载,以及居之兴焉,皆是"生物"意。

"昭昭无穷",自以《蒙引》作"立言抑扬之势"为是。盖此节是言"天地之生物",不重言"天地之道"。《困勉录》"语小莫破"意,似未切。《松阳讲义》亦从《蒙引》。

四"今夫",是当前指点之词。"昭昭""撮土""卷石""一勺"四句,含有"未足生物"意。四"及其",转入天地山水之大,便是"不测"神理。日月星辰、华岳河海,各举天地所属之物,以见生之之概。下接入"万物"以总括之,重二"万"字,"覆、载"正应前"载物""覆物"。此二段语意,简括"草木生之"三句,便连迭言之,却仍是举其大凡,未能详述之意,鼋鼍、蛟龙则一一细述矣。乃是举其异者言之。下又以鱼鳖总统鳞介之属,货财总统财用之属。统举细说,俱见"生物"之盛,难以形容之意。其"不测"为何如?

十节

按:《诗传》"天命"解作"天道",合上"天地之道一言而尽"看,则是"命"字中有"诚一"意,与"纯"字对说。"穆"字只承此说向"不已"去,与"显"字对。《摘训》以"穆"为"诚",似未合,再详之。

"纯亦不已""亦"字,毕竟对"天"说,自是"同天"语意。然从上文一路想来,意思却不重"同天"上,只重在"同天底那不已"上,以缴回"至诚无息"之旨。《困勉录》两分之说不免少疏。汪武曹以"同天"作余意,与"配天"应,似亦可。但"余意"字犹未是。此是说"同天之不已",不是说"不已之同天",语义是非,只在一颠倒间。

"纯亦不已"是单找本段,不是双结两段。但"不已"上文原属之天,此曰"亦不已",语气分明有"同天"意,自当再补一句云。可见圣人与天地止同是个"至诚无息"而已,方合本节并举语义,方结住上文"以至诚配天地,以天地况至诚"等意。但宾主不混,要归重圣人一边则得矣。

若作圣人与天地合一看,则与参天地同。便说开去,不合此章归结到"本体"

意思，故不可用。

按：此节因上文说"至诚"，并说"天地"，故仍借"天地"形出圣人来，见天地是如此，圣人亦是如此，以打转章首意。章首从"本体"推出"功用"，后必从"功用"缩归"本体"者，见如许"功用"，不过只是一个"至诚无息"而已。此并通上面"天地之道可一言而尽"意思。天之所以为天，正与之相应，遂一例推出"文之所以为文"来。又找一句，则通章总归首句矣。

所以必缩归"至诚无息"者，此原为诚之之君子示。则其言圣人之功用配天，正是十分鼓动学者处。末收到圣人之"纯亦不已"，正以"诚"为物之终始，"不诚"则无物。故君子"诚"之功，须是纯一而略无间断，以取法至诚之不已无息耳。章首从上章来，末仍归章首语意，直暗缴到"诚之为贵"上。此所以不再赘人道也。讲家不明"故"字相承之意，到章末虽缴首句意思，终不踏实地耳。

前四章一言天道，一言人道，独此章只言天道，不及人道，非略也，以意思已俱自成章了。"尽性"二章，以"仁"言"天人之道"，上下紧相对照。"前知"二章，以"知"言"天人之道"，上下却不相照得。《松阳讲义》"能行方是真知"之说，乃见未尝不相照也。但《致曲章》示人用功处，说来甚简，自《致成章》方是吃紧为人处。言"诚"者物之终始，不诚无物，正见"诚之"之功，无一不实。乃为"自成"，分明已就"成始、成终"之"勇"说了。故此章只言"天道"，以示标底，而不复言"人道"之"勇"也。

二 十 七 章

据《大全》史氏，"尽性"五章照第一支，是申言"三达德"，以发明"天道、人道"之意。"大哉"六章照第二支，是申言"费隐大小之道"，以发明"天道、人道"之意。大意自是如此。但"尽性、致曲、前知、诚之"，未尝不是尽"道"处；"修德、凝道、大德、小德"，未尝不是说"德"处。

按：道德本相连事。前五章就"行道"处，见其成"知仁勇"之德；后六章就"有德"者，见其尽大小之道。承一、二支来，知、行相成，道以德行，德以道入，总是拉成一片说，而意自各有所主。《中庸》说理，每是如此。

"大哉"五节,总冒下五章。末节及下二章,详发"至道"意。下三章,则详发"至德"意。然有"至德",正所以行"至道",故总冒在首五节内。

首节

"圣人之道",与《费隐章》"君子之道"一例。但此又为下"待其人"伏脉。"其人""其"字,即指"圣人"说。此"圣人",自是悬空统论,不必如《或问小注》指"开天明道"之圣人,与下"其人"分前后圣也。

非是说"圣人"不能尽"发育万物"之道,但玩此语脉,只重"道"字,不重"道属圣人"。至"待其人而后行",方是说"道归圣人"意。《精言》所论,呆滞牵强,似不可从。

二节

天地化育之道,圣人原全尽此理。如尧舜财成辅相,参赞位育之功,固未尝少歉于天地之化。所以《语类》云:"春生夏长,秋收冬藏,便是圣人之道。"

发育万物,乃天地之气化,即道之发用处。"气化之高大,直上极于天",二句本一串说。本文自是以"发用"见道之体段。饶氏虽以"体用"分属上下句,却不宜直作两截看。再详。

推道之大,莫过于天地之化育,故以"发育万物"言之,然"人事"未尝不在其中。论道之小随在皆是,独以先王之礼制为言,以于学者之进道较切耳,故"气化"亦未尝不在其中。此特各就一边以形容其大小,正应"大莫能载,小莫能破",但较彼处更为着实矣。

本文只说得"百物生",须知"四时行"亦在其内。《汇参》引程、张二说,乃见全副道理。

此节亦是"鸢飞鱼跃""上下察"底意思。

三节

此"大哉",须紧切"悠悠"说。

言"礼",而曰"威仪"者,以见于动作威仪之间,是"礼"之细微曲折者也。

"礼仪、威仪"是"道"之灿著者，作"道"看可，不即作"道"看亦可。本文是以当然之事，言其当然之理。"则道也"，武曹是九我[1]而非清献[2]，尚偏。

上节以"化"言，是"道"所寄者；下节以"礼"言，是"道"所形者。气化礼制与道有辨。本文却是即彼以言此。因道不欲空言，故俱按实说来。

四、五节

《或问小注》："其人，谓与道同大之人。"此似添出一层。只须说有如圣人之人，乃能行圣人之道。

道待人而行，不止于其人一身见之，并于天下见之。盖"赞化育、立礼制"，不是一人身上事也，然皆自一人出。故"行"字，只当贴"圣人"说，与下节"凝道"方合。

两"至"字，正醒出"人副乎道"意。曰"至德"，实上"其人""其"字。

《汇参》解《注》"成"字，作"两相融洽，合而为一"看，甚是。此又兼二义：一是全备意，一是浑化意。

行道而有德于心谓之德，本先道后德。但此处修德是一人事，行道、凝道则施之于天下者。上下回环看，自不乱。

《体注》："德"，指"心体"言，与下"德性"看作一般犹未细。"德性"是固有底，"至德"是用功成就底，上下相应，而有辨。

照上文"致曲""自成"说来，以"达德行达道"，而务尽其诚，斯则道德不同于寻常矣。盖"道"本"至道"，要必有"至德"以凝之。故君子又有"修至德""凝至道"之功焉。"至德、至道"是承"达德、达道"进一层说，而下面工夫亦进一层，通体眉目分明之甚。

六节

"德性"具于心，即所谓良心。于此敬以持之，即所谓"存"。故《章句》以"存

---

〔1〕 九我：指李廷机（1542—1616），字尔张，号九我，福建晋江人。明代中期大臣。万历十一年（1583）进士，累官至礼部尚书，兼东阁大学士。著有《四书臆说》《春秋讲章》《通鉴节要》《性理删》《燕居录》《李文节文集》等。
〔2〕 清献：指清代理学家陆陇其，谥号"清献"。

心"贴"尊德性"。

"尊德性"是本体工夫;"道学问"是外面事物上工夫。然于事物穷其理,正以全其内之所本有,亦只完全其"尊德性"之功而已。故《语类》云:"两事只是一事。"盖人之"德性",即"天地之理"。所分出者,即是发育万物之理。只须于我之"德性"扶植得起,搜剔得出,全其所固有,而发育峻极三百三千之理已。——凝成于我,而略无所遗矣。故此节首揭出"尊德性"三字,见天地间偌大底道理,只不外反求诸心而已。

曰"尊德性",则胸中不是无物。而"广大""高明",《注》只以"存心"释之,若虚无所有者。盖心属气,"德性"只是一腔善气而已。然其中万物具备,则广大、高明固至虚而至实者也。

不是广大、高明了,方能盛载许多道理。正以心体中一私不染,万理森列,所以为广大、高明。若只是空养一个心,则是佛老之清静寂灭,岂吾儒所谓广大、高明乎?"广大",则道自可运行而不穷;"高明",则道自可运行而不爽。

天地万物之理充塞于吾心,而略无间隔,本是"广大"底,只苦蔽于私意耳,不以一毫自蔽,则致"广大"矣。天地万物之理融彻于吾心,而略无掩覆,本是高明底,只苦累于私欲耳,不以一毫自累,则极"高明"矣。天地万物之理,其为吾所已知者,是心自有其故物也,涵泳之而不失,则谓之"温故"。天地万物之理,其为吾所已能者,是心自有其厚实也,敦笃之而益增,则谓之"敦厚"。

"广大""高明",《浅说》与《存疑》少异。然惟万理咸备,故此心自然与天地万物相通;惟一物不杂,故此心与天地造化同游;惟胸襟与天地万物相流通,故能凝至大无外之道也。《浅说》"万理一物",分贴"广大""高明",似与《注》不同,然自可互见。

按:旧说私意轻,私欲重,不待累于私欲,方不广大,只一有私意,便与天地万物相隔绝了。总之,一时有私意,便隔绝一时。故自始至终,不以一毫私意自蔽,方是"致广大"。

《存疑》:"私意",以"自私自利"言,似太重。《语类》云:"今说人有意智。"看此意象,便见得是小可。知此"私意",不必全不在道理,只是好逞意见,流于一偏,便于"广大底"间隔矣。然或不至为"高明"之累。若私欲如好酒悦色、博弈蹋踘,便是一片俗情。则义理之心，已为所掩了，乃为有累于"高明"。此所以分属之也。再详之。

"精微"乃"广大"之理，见于事物之条分缕析处，皆精细而不粗疏，深微而不浅陋，须——竭尽之。

"故厚"，《蒙引》作"良知良能"看，似于"德性"为切。然《章句》解作"已知已能"，自当有辨。"德性"中原具全幅道理，曰温，曰敦，自必确有所指。学者拘于气禀，未能全体莹彻，则所温、所敦，似不得悬空统说。或以"爱亲敬长"当之，亦恐不得硬坐此二事，遂以为"温故""敦厚"也。

按：《注》"已知已能"，自不是执定某事某事说，但或由天资自露，或由学力而得，随人之识见所到，力量所及，要必有可想而知，确乎有据一派处，非若"良知良能"之茫无岸畔也。《语类》旧来已见得大体，此自谓君子于本体处已大概有得了。

如童子私欲未起，当四、五岁时，便有一切知识才能，八、九岁又有一切知识才能。此皆是"德性"所呈，君子之"故厚"正类此也。

"厚"，朱子以"朴实头"言之。性中道理本是厚实底，但不止是行事。如资质朴实，俱是道理所本有。则"厚"字以人言，自是"德性"所呈，不必因"已能"字，拘执在行事上说。

"已知"，谓"德性"中之识见。"已能"，谓"德性"中之气度。"已知"是于"德性"已见得大体，不仅是知得三两件道理。"已能"是于"德性"已有其淳厚气度，不入于浮薄。此亦是"德性"大体处，不单在行事淳厚上。

"崇礼"，应前"礼仪""威仪"。

以"德性"之量无不包举言，曰"广大"。以"德性"之象极其通彻言，曰"高明"。以"德性"之己知已能言，曰"故"曰"厚"。以学问之入于深细者言，曰"精微"。以学问之就于平实者言，曰"中庸"。以学问之日进于博者言，曰"新"。以学问之日就于约者言，曰"礼"。

不"存心"，则中无主本，固不能致知。然致而不尽，则徒大而不精，将与陈同甫[1]相类，粗疏而混淆矣。"极"而不道，则过高而不着实，将与佛氏相似，偏僻而

---

[1] 陈同甫：指陈亮。南宋思想家、文学家。字同甫，人称"龙川先生"，浙江婺州永康人。宋光宗绍熙四年(1193)进士，授建康军节度判官厅公事，未到任而卒。著有《龙川文集》等。

怪诞矣。"温"而不知,则闻见不广,将有不学无术之讥。"敦"而不崇,则品节不详,将有质胜则野之诮。

添入"力行",诸说不同,看来属"致知"边为是。《语类》"尊德性"是浑沦工夫,"道学问"是零碎做工夫。

按:"力行"亦是细碎工夫,随知随行,自不相离。《困勉录》则谓:"'存心'中亦包得'力行'。"盖以存养之功,原兼动、静故耳。然《注》明谓"存心"极道体之大,"致知"尽道体之细,据此,则"力行"安得夹入"尊德性"边乎?

按:"知行"俱不外"存心",自是相连事。但本文章句即以"存心""致知"分属,遂与道体巨细分应,则"致知、力行"工夫自为一类。以零荃分,"力行"属"致知"边无疑矣。

"致知"中有"力行",不但道中庸崇礼即尽精微,"知"亦有"行"在。既真知之,自必行之。中庸之理固自如是,故《大全》云峰说自不可易。

此节将前半部"知行、存省"许多工夫一总收摄在此。故曰:"入德之方,莫详于此。"有此一结,下遂只言神圣之事。

末节

此节应上"道""行",大旨在数虚字及语言之外。但泥字句,则失之远矣。

上节是"修德凝道"之功,此节是"德至道行"之妙。但言"行道",不必定为天子以"赞化育,布经曲"也。正以道理大小兼备,自随其所处,无不各得其宜。此正见圣人尽道之妙处。《语类》"大小、精粗"二条义已明。董日铸[1]说更形容得出。

引《诗》紧承"默足以容"来,则"保身"自以"免害"言,但"免害"是"得宜"底替身。言既能明哲,虽处逆境,亦自无害,又何在而不得其宜乎?只活看"保身",便通绾了上四项,不必定改"无害"作"无缺"意看。古人立言,多就寻常言语影出精深意思来。《赛合注》《汇参》就"保身"捏合正意,未免牵强。

---

[1] 董日铸:指董懋策,字揆仲,号日铸,明代上虞人。得家学,精于《易》理,人称"日铸先生"。曾在绍兴蕺山开办学馆,时人比之白鹿洞书院。

二十八章

首节

此章发"为下不悖"之义，却兼德、位、时并说者，圣贤立言，只取道理分明，不妨同类并列，不似做时文拘守题句也。平列德、位、时三项，而"不悖"之义自明，且道理愈见通彻。讲家泥定本旨，说末二节颇与本文不副，只从《语类》为是。

"以下悖上"，于名分为僭，于事为为妄，于体统为乱。总之，大有悖于道义也。负制作之德，而循分守礼，此正见修凝君子，之所以"得宜"处。章内虽未见"君子"字，须于言外见得此意，方合承上章之旨。

首三句平看，"生今返古"，只指"在下"言，不兼承愚贱为直捷。观末节只举夫子之言亦可见。许氏说不必从。

此章"无时无古"之"时"，下章"非时非今"之"时"不同。

自用、自专，返古不循理、不安分，恣意妄为，故灾必及身。或有天诛，或干国法，或不容于众，皆灾也。俗讲单指王法说，绾不住"愚自用"一边。

必兼"愚自用"言者，见此事所关重大。所以新天下之耳目，一天下之心志，非德位兼尊者不可。愚者且不可，况贱者乎？

次节

此承夫子之言申说，以明不得自用、自专、返古者在此三事也。此正言"为下不悖"之实义。

此"天子"，《蒙引》以"受天命而为天子者"言。

按：只如此说，则"时"与"德"俱在内，最浑雅。若平添"时、位"，则失语气矣。

"自用、自专、返古道"，便是"仪礼、制度、考文"者。故此节须兼"不自作、不袭古"二意。

首节似以"利害"言，次节似以"道理"言，然自是一片相承说下。上灾及其身，只是儆人意，自以道理为主。言"自用、自专、返古"，只是矜一己偏私之见耳。却直谓"灾及其身"者，盖自有凛凛大义在。一提出"天子"字样，便见名分森然。提出"仪礼、制度、考文",此真是受命而王者。旋乾转坤,洗天浴日事业,岂是他人所容易专擅者?"非"字一拨转,则三"不"字直有无可躲闪意矣。

此三条自是受命而王者经营天下之事,岂下之所当悖、所能悖者乎?然修凝君子颇具此本领,优者绌之,此正君子行道于"为下"之实义。本文以泛论出之,要在人之具眼耳。

三节

"文书名",《蒙引》作"书得名号"。"书""文"皆字也,皆以形体言,而声音在其中。《章句》《或问》各举一边说耳。许氏以"书"为"形",以"名"为"声",与《语类》合,但止说得一边。再详。

"考文",兼形体声音。皆有以正其误,辨其讹,使天下同归于中正之定式也。

此言天下一统于所尊,无有敢妄为制作者。盖本朝之良法犹存,人心之公理自在,如何可以"自用自专"乎?

四节

灾及"自用"者,以无德也。灾及"自专"者,以无位也。灾及"返古"者,以无时也。惟其然,故不敢轻作,非徒畏灾,实不可越理。

"上不敢",是本领不济,自不敢妄作。"下不敢",是分位所限,自不敢僭作。就道理上看,自当有此谨凛之心。

末节

"杞不足征",便见难从意。"有宋存焉",便见不可从意。《章句》自明。

《章句》"既不得位",不是证"无位不敢作"意。盖有位者,生今或可返古;无位者,则生今必不可返古。所以加此四字,上下不得牵合。

二节从首节生出,是本章正文。三节证明二节,四、五节仍是二节意,特又逐项仔细分说。看来通章只一意,反正分合串下也。《困勉录》可从。

通章总发"为下不悖"道理,虽不说向"君子",却便见君子之"得宜"处。

二十九章

首节

经理世道者，将以范围天下。曲成万物，断非此三事不可。故曰"三重""重"字，与"至道""至"字相照。

《精要》云："王者当兢兢业业，慎以行此三事。故谓之'三重'，即寓'不骄'意在内。"

按：此说甚妙。须知本是重事，故王者当之。当合此两层看，而下一层尤切要。

此发明"居上不骄"，原重在"有三重"，见君子"不骄"以尽道处。必又言"寡过"者，乃是逼挆出上句之意。不说到"寡过"，犹未见"有三重"之精神力量也。"有三重"，正是尽"居上"之道。所以"有三重"，正本于"不骄之心"。"有"字中，原藏得"不骄"在，即于下句醒出。玩"寡过"二实字，"其矣乎"三虚字，是子思从君子一段"兢业退逊"之念中指点出来。大概论之，是"寡过"由"有三重"而得。细按之，惟真"有三重"，方可信其"寡过"，有"不敢遽信"意。"止可信其寡过"，又有"不敢全信"意，岂非纯是"不骄"意思？

"寡过"由"有三重"而得，是"有三重"以尽道之力量，"有三重"方可信。其"寡过"亦止可信，其"寡过"是"有三重"本于"不骄"之精神。兼此两层，方尽其义。《时讲》止说得上一层，则"寡过"字殊不踏实地。

按："自用、自专、生今、返古"，则"灾及其身"，此分明蹈于罪恶了。然自君子观之，不能真"有三重"，无以使民信从，则是陷民于"悖上"。不是民有心为恶，只可谓无心之过耳。上即真"有三重"，亦不敢遽谓尽除民过，庶几可以寡民之过耳。按实字义看，则全从君子"不骄之心"出可知矣。

次节

"上焉者""下焉者"，照"王天下"说来。"虽善无征，无征不信；虽善不尊，不尊不信"四句，便见不能"有三重"。两"不信民弗从"，便见不能"寡民过"。将申言

"有三重"可以"寡过"之实义,故先从两旁面反激起。各上截是激起三、四节,各末句是激起第五节。吴因之谓:"善"与下"本诸身"应,"不信、不从"与下"征诸庶民"应。

按:此意亦有。但谓此节只是起下"本诸身"二句,与"寡过"意无与,恐误。再详。

此节是欲正先反,以总起下三节。但下文是本德以"有三重",所以"寡民过"。此却是说无时无位不能"有三重",自不足以"寡民过"。乃借旁面说,故《困勉录》有"补出德方完"之说。

三节

按次节意,盖言"无时无位"者虽善于礼,尚不能致民之信从。况无德而制作不善,又安能使民信从乎?此节首用"故"字,即承言有德征民。而"制作之尽善",正以应次节上下"虽善无征、不尊"意。五节是"故"字承上两节说,下却正言"民之信从",自兼应次节"民不信,弗从"意。若《章句》验其所信从,似乎应了上文,然此是说君子制作时,体验摹拟之事,原非正应"民弗信从"也。

"君子之道",应前"至道""道"字。

此节正发"有三重"之实际。当是悬空论理,见君子本"不骄之心"经营制作,必须是如此如此,方为"有三重"耳。《蒙引》就"已然者"说,《精言》就"方然者"说,并觉看得拘执。

上章分"德、位、时"三项说,此章以"上焉""下焉"应"时、位",以"本诸身"应"德"。故《章句》一一标明。两章"德"字,俱从"修凝"来。此向来通解,《精言》异说,不可从。

"本诸身",有其德也。据《章句》,即用上章"虽有其德"语,可知此即是上章"德"字。不应上章,在"仪礼、制度、考文"之上,此独在"仪礼、制度、考文"之中。《精言》驳《蒙引》说,谬甚。且君子有"修德凝道"工夫,则德已为圣人之至德,道已凝圣人之至道,故制礼作乐,全从圣人至德中发出。著为"三重",以一天下之心志,此即所谓"行至道"也。如《精言》作"三重之德"说,既与前一章不相应。而本文并无说制礼之实义处,则下"征、考、建、质"俱无根矣。看来"三重"之礼,自是君民一体同行底，故下文有"动、言、行"之说。但君子既负了"修凝"之德，此只是自率其常，随时顺理而已，原无烦另标"三重"之德名目。即有"三重"之德，亦是因"修凝"之德而自及之，断不宜埋没了本身以制礼底正意，而直以身有"三重"之德之余意当之也。《汇参》亦附其说，俱不可从。《课讲》则平分此德为两意而兼用之，亦失主张。

"本诸身"，《条辨》不作"自然"看，极是。但只是本此"修凝"之德，以斟酌裁定此"礼、度、文"[1]耳，不是本身去行此"礼、度、文"。

"本诸身"者，谓本"修凝"之德，去制作"礼、度、文"。出其学问之识以审度之，务使三事无一毫粗疏；尽其德性之理以裁处之，务使三事无一毫偏弊。此是内而尽乎己事，"三重"已大段能有了。"征诸庶民"，谓又详审民情，遍考土俗，务使三事敷布之，下不拂其情，而与民相宜，不戾乎俗，而随处胥协。此是外而验乎人事，合人己以为制作，则三事已全有而无憾矣。然君子犹不敢自信，又以此三事考之已然之迹，而必不谬于三王。参之自然之道，而必使不悖于天地；证之鬼神之屈伸往来，必使微妙相契而无可疑；断诸后圣之财成辅相，必使致极相同而无可惑。如此，则尽善尽美，而真"有三重"矣。

"本德"，以"制礼"释义。所谓明礼乐之情，循事物之则，知之明处之当是也。只此一句，已可了毕得"三重"事。然道理虽尽，而施及于民，其情势互异，又有宜有不宜，故须验其所信从，而务得其必信必从者以施之。然推君子"不骄之心"，必合上下幽明一一参考过，务使略无遗憾，方为了毕此重大事也。玩"征、考、建、质"，侯固属之君子。即"不谬、不悖、无疑、不惑"，亦从"不骄之心"体贴出来，绝不是张大君子之制作尽善也。俗讲多误。

此发明"居上不骄"之义。通章原以"不骄"为骨子，此节正是"有三重"之实际，尤句句见"不骄"意思。本身之德以制礼独为主本切要处，诸家总不曾剖析分明。"征诸庶民"五句，通是君子"不骄之心"，一一实在考验处。《时讲》多以"赞叹制作之尽善"混过，总缘略了承上之来龙也。今俱改正，未知是否？当再详之。

---

〔1〕 礼、度、文：是前面仪礼、制度、考文的简写。

四节

推出"知天知人",是"知明处当"意。须知不甚重推原,只是解说上文,仍归到"本诸身"去,以见本"至德",以行"至道"也。

五节

"世为天下道","天下"字不必张惶,只作"人民"看,方不侵末二句。

末节

"无恶无射",《条辨》作"名誉"看,不如《存疑》为妥。再详。

"庶几",难必之词。即章首"其寡过""其"字语意。首尾相应,总从"不骄之心"说来。言"无恶无射"如此,庶几夙夜之间兢兢自持,有以永终其誉乎?"夙夜不必"是言"工夫",然连"庶几"字,自是"时时矜慎,不敢自信"意。将前后打合一片看去,方合书旨。

结语下"未有者也"字,作决断之词,总含有"不骄"意思在。

三 十 章

首言夫子之道法具备,至圆而至方也。其方圆之道法,自是全体不息底,故以天地、时日譬之。其全体不息之道法,在外而为事为之末者,如天地之化;在内而为道理之本者,如天地之德。大德以敦其化,小德以流其化,即圣人之本一理,以贯乎万事;具众理,以应乎万物也。此圣人之大也。

此章以天地喻圣人,其言天地有德有化。"德"即圣心之实理,"化"即理之发为事物者也。"德"有大小,"化"有分合。"大德"即圣心之浑然一理,"小德"即一理中所具之众理也。"并育并行"之化,即圣人之泛应曲当;"不害不悖"之化,即圣人之因物付物也。统言之,总圣人之德也。

首节

陈北溪〔1〕曰:"前言尧舜文武周公能体中庸之道,此言孔子法尧舜文武以体中庸之道。"

按:此能说得立言之由来处,甚善。又按:中庸之道是"时"中底,故此言"律天时";是"素位"底,故此言"袭水土"。又见孔子于中庸无所不体也。

尧舜以"道"言是浑沦底;文武以"法"言是详密底;天时以"自然之运"言是至圆底;水土以"一定之理"言是至方底。此言道理之条款有此四项,合之为一贯,分之实各别。学之所及,既贯乎古今,又通乎上下,故德之所具,自然并包不息。盖四项各统万事万物之理。四项合来,更四通八达,无物不有,无时不然。此所以有"覆、载、错、代"之喻也。

据《章句》,四句俱兼内外、本末说。《或问》但举圣人之事迹言者,乃即外末以见内本也。其主本在内者,《课讲》首句以"未发之中"言;次句以"睢麟之精意"言;三句以"动静相生,命之不已"言;四句以"动静有常,分之一定不移"言。此正照"大小德"看。

"祖",即"宗法"意,奉以为祖而宗之也。"述",循也,正"祖之"之实。"宪",即"遵守"意,奉为成宪而守之也。"章",明也,乃"宪之"之著。

《注》"自然之运""自然",对"矫强"看,似无变通意。讲家皆以"变通"言之者,是"运"字有此意。盖寒暑相推,昼夜相代,其运行原是变动不拘底。但皆本乎自然之理,故以"自然"言。以"运"字对下"一定","自然"对下"理"字看自明。

"内",统理之心也;"外",备行之身也。"本"者在心,本然之理;"末"者在身,支流之事也。"内外",指贮理之所在;"本末",言此理之体用。兼"内外",则无一处之非理;该"本末",则无一理之或间。兼举"内外、本末",则圣人之并包万理而不息也。言"内本",则圣人之德也;言"外末",则圣人之德流而为化也。《章句》此一语兼照下文两节,讲家各指一边说,犹未是。然再详之。

"内外、本末"俱不作截分说,自是由"内"以及"外",由"本"以及"末"看。下节

〔1〕 陈北溪:指陈淳(1154—1218),字安卿,号北溪,南宋福建龙溪人。因世居龙江北溪之滨,学者称"北溪先生"。师从朱熹,一生著述讲学,未入仕途。著有《北溪大全集》《语孟大学中庸口义字义详讲》等。

即"化"以言"德",末节"大小德",必粘"川流、敦化"说,可见都是一串道理。此句看得明,则与下文一并打通矣。

"执中",则得"道"之主脑;"从周",则尽"道"之详细;"法天",则随时尽"道"而一无矫误;"因地",则随处尽"道"而一无游移。合此四条,见圣人于"中庸之道"毫无遗憾,真集大成之事也。

次节

看两"譬如",本文言"天地之化",正是藉以言"圣人之德"。故《章句》注明"上二句言圣德之广大无不包,下二句言圣德之悠久无所间"。

《注》"德"字,固即是下节"德"字,然微有辨。下节"德"字,对"化"言,是"德之体";此"德"字,照"覆、载、错、行"言,是"德之用"。如"仕止、久速"各因所遇,"衣服、寝食"各随乎时,何非圣人之德?但此是在外之"德"。下文则即在外者,推出在内之"德"。须知"外德"即"内德"之影像,"内德"即"外德"之本身,原摘离不开。此节虽属"外德",而"内德"即此而在,故《注》直云"此言圣人之德"。因之[1]亦云:"此便含下节在内,上下只一意。"

上节,《大全》以"学"言,此《注》以"德"言。盖以"法天地帝王之理"言,则为"学";以"得天地帝王之理"言,则为"德"。其实"学"即是"德",非因"学"乃有"德"也。

《翼注》"会天地帝王之道于一心",是以"德之体"言;下"兼体不遗,迭运不息",是以"德之用"言。

按:此当兼"备道于身、会道于心"二意。"备于身",是按本文主"化"说,正是圣德之"用"。"会于心",是照下文主"大小德"说,正是圣德之"体"。《翼注》串用二意,甚善。

末节

"万物"二句分合言之。要之,并育不相害,总是"广大并包"意;并行不相悖,

---

〔1〕 因之:指吴默,字因之,生平事迹见第 22 页第四个注释。

总是"循环无穷"意。此虽申明上节之意，而语气却重在起下，故分作两层，以引小德、大德。

《注》"所以并育并行"者，大德之敦化，不是大德也流出化来，故并育并行。因俱就总会处说，故分属之耳。其实天地有大德，到化时则分散为许多小德，方流出来。就流出底分说，为"不害不悖"；就流出底总说，为"并育并行"。故就"并育并行"观之，是有大德以敦化也，中间包有"小德川流"在。故《辑语》云："'敦化'不可见，只在'川流'处见之。"

玩《或问》，"大小德"不单以"理"言，乃天地之纯全乎理，即"至诚无息"是也。

"德"是体，"化"是用。"大德"纯是"体"，"小德"是"用中之体"。参下章"聪明睿知"等项，"小德"自是在运用中而为主宰者。故《课讲》先以"化"对"德"，分"内本""外末"，后以"小德""大德"又分"内本""外末"。说自明晰。

用一"川"字，是"不息"意。此句不言"化"，而"化"自见。

"天地之德"，如豪家有百万之富；"小德川流"，如三千、五千常常使出来。故置房买地，略无停滞。"大德敦化"，如有那百万之富，以充裕那花费，故房、地遍置了。

必分大、小德者，应前"道"有大小也。有"大德"，故能尽"道"之"大"者；有"小德"，故能尽"道"之"小"者。得《课讲》之说，益信。

本文上二句已以"化"言下，不直归之"大小德"，而必粘"川流、敦化"言者，正发出"体用一原"道理。"外"必本于"内"，"体"必兼乎"用"。苟无用，则亦无体矣。在人有体而无用，所以为庸人；用必原于体，所以为圣贤。推之天地，不过如此。此是本章要紧意思。故上节即"用"以言"体"，而此节遂发明"体用一原"意。所以首节《章句》，即用"内外、本末"字，以与下文打通也。

"体用一原"正是一贯道理，即首章"性道中和"之理也。夫子备中庸之道，只是未发之"中"，流为已发之"中"，此即夫子之所以"大"也。

此即"一贯之道"中，又多得"小德"一层，搜摘更见分明。

《注》"脉络分明，根本盛大"四句，固是解"川流敦化"而"脉络分明"，自照"不害不悖"；"根本盛大"自照"并育并行"，亦与二节"并包"意相关。"往不息，出无穷"，亦与二节"不息"意相关。盖"德"有大小，因之"化"有分合。"德"惟全体不息,故"化"亦全体不息。总是"体用一原"之理。天地如此,圣人亦如此。

次节原以"天地之化"言。就喻意看,正意亦宜以"圣人之功用"言之。乃《注》直云:"此圣人之德。"可见此段自以"德"为主。盖体、用本出一原,"大小德"为德之本体,则"化育"便为德之发用。"用"亦是"德",故次节以"化"言。虽止是"德之用",而"德之体"自在此。《章句》直言"圣人之德"也。至末节,由"德之用",推出"德之体"来。遂结之曰:"此天地之所以为大也。""此"字,自承"小德"二句说下。以"小德"之"川流不息","大德"之"敦厚其化",由"体"及"用"一串说出,是乃所以为"大"之实也。"德"之体、用,俱见天地之大。而"体"自发为"用","用"必本于"体"。"体用一原"道理,原以"德"为主。故天地之大,自当结在"德"上。所以下二章只承"小德川流,大德敦化"言也。

末句承"小德"二句,言天之所以为"大",乃在乎此。语意与"天之所以为天"略相似。但彼直原其"体",此则由"体"以及"用",而仍以"德"为重。《蒙引》《说约》总承上四句,其论虽通,不知"川流敦化"已将上二句统在内了。则二说犹欠主张也。再详。

旧说将"并育并行"作"天地之大","小德"二句作"天地之所以"[1]。大致分为两截,固觉未是。《蒙引》因之不重"所以"字,似亦未合上二句已发出"由体及用"意。末句承此,不是空赞天地之大,正是赞天地所以为"大"之实,全在此由"体"以及"用"也。言外便有要人修德意,正是《中庸》本旨。

首节《大全》以"学"言,二节《注》以"德"言,三节又以"道"言,似乎杂出,然圣人之"学",即是圣人之"德";圣人之"德",即是"天地之道"。盖圣人自当以"所得者"言,天地自当以"所行者"言也。再详。

三 十 一 章

首节

其仁义礼知之坐照无遗,不假强为处,为"生知"之"知";其辨别事理处,为"礼

---

[1] 此处似缺字。

知"之"知"。"礼知"人所同；"生知"圣所独。要知至圣"礼知"之"知"，即其"生知"之"知"。但一以"贯乎全体"而言，一以"分辨事物"而言，故两列之。

"生知"是气之知；"礼知"是理之知。众人只有"理之知"，却多为气禀所昏蔽。惟圣有"气之知"，全体清明，那"理之知"自然一无昏蔽。

以"生知"之质冠"四德"[1]之上者，惟"生知"方能浑全。其性有先植"四德"之根基意，必"生知"方能曲尽。其性有总为"四德"之资藉意，但意虽有分合先后，而语气自以五平看，为合书旨。《说统》："'仁义礼知'皆聪明睿智中所涵容。'执、敬、别'[2]皆君临中事。"如此看自可。《汇参》直作一纲四目，则不合。

冠"生知"于"四德"上者，即《问政章》。《注》以"生知安行"，总归于"知"之意。凡人心明达，则百事可做；心昏愚，则百事难成。故《虞书》称尧，首之以"钦明文思"；称舜，首之以"浚哲文明"。此正《中庸》所祖之旨。孟子"圣由于知"，亦此意。可见心地明白，为人生第一义；未能明白，则以细心为求明之要法。

五条各上句俱是"在内之德"，故下用"足以"字。《条辨》谓是"就下一截"说，殊混。《课讲》是以"发用"字面状其本体，语便分明。

按："聪明睿知""发强刚毅"等，原系"外见"之条项。外之所见，无非本于内之所蕴，此正是上章"体用一原"之理。讲家各执一边看，则不合耳。

首节自重说"小德"，但"小德"自是"川流"底。如有宽裕之德，便有宽裕之事。故发明"小德"，须照"流于外者"言之。

据《蒙引》"浅深"之说，如度量宽宏矣，或意态躁急，亦使人难以承当，是裕深于宽也。宽大优裕矣，或少有惨刻处，未能和厚亲人，人亦未必乐于亲就，故温又深于裕宽裕温矣。使少有径直处未能委屈随人，亦不克使人畅然满志，是柔又深于温也。宽裕是不苛责人，不逼迫人。温柔则坐人于春风中，置人于心腹中。此可识"浅深"之义。

"发"在事之初起；"强刚"在事中而有浅深；"毅"在事之末梢。

"齐"，谓心之齐一。"庄"，更整饬得端严，且不徒端严而已。又，中而不少偏，

---

〔1〕 四德：指妇德、妇言、妇容、妇功。

〔2〕 执、敬、别：指"义以执其所必执之宜，礼以敬其所用敬之事物，知以别其所当别之是非"。三字分别代表了二句话。

正而不少曲，此亦有"深浅"之义。

"齐庄"是"礼"得正身。"中正"是"礼"得骨子。故下二字尤深。《存疑》自明。

"齐庄中正"，《蒙存》俱以"心"言。《条辨》则谓："'心齐貌庄'自连在表说，'中正'亦是表。"

按：此驳甚是。自当与宽裕、温柔等项例看。

"文章"，谓"万里灿然，明备于吾心也"。

二节

就"五德"析求之，无一欠缺是周遍。就"五德"统观之，无不充满是广阔。分为"五德"，又分为二十义，中自兼有"应万事，接万物"之理。在即"宽"之一字言，或见于容色，或见于言行；或应事，或接物，其间各有轻重浅深种种之不同。余字皆当如此看。《蒙存》所谓"统万事万物之理如此"，是何其广阔也。

上句承上节"五德充足"，合并说；下句照"足以有临"五句，按实说。《困勉录》不照上节，恐未是。

"溥博渊泉"[1]，众"小德"合并在心便是"大德"，但不必缠绕。

此处必如此说，而下又以"如天如渊"状之者，盖蓄之不深厚，则发之必不广大。下文说"功用广大如彼"，则此处自不可不以此植其基耳。

"随时出之""时时出之"二意，《精言》分照"溥博渊泉"及前注"脉络分明，而往不息"，俱看得通彻。

玩《注》"以时""以"字，自以"随时而出"为正意。玩下节《注》"当其可自见然"，自是"时时出之"。各因时而"当可"，下一意亦不可少，故须兼用两意。

上句是将前"五德"总合来赞叹之，以逼出下句。

许茹其[2]曰："溥博，备万物之理而不可限量；渊泉，涵万物之理而不可测度。"二语分得精。上是横说，下是竖说。

---

[1] 溥博渊泉：溥博，遍及而广阔。渊泉，静深而有本。言五者之德，指温、良、恭、俭、让五种品德充积于中，时而发见于外。

[2] 许茹其：指许泰交，字茹其，清代江宁（今江苏南京）人，著有《四书大全学知录》，现存雍正刻本。

三节

"如天如渊"，是模拟指点之词。则"如天"当从《翼注》，以"形气"言为是。若直以"德"言，便与"如渊"不类。至下节"配天"，方与上章"同天之小德"相应。此处无此意，不必如《大全》朱氏说。

"见"，《浅说》以"威仪"言，与"敬"字正相应。看"言下"用"信"字，"行下"用"说"字，上下各相针对。故《存疑》"总承"之说不必从。

"敬、信、悦、声名、尊亲"只是一路事。心既"敬、信、悦"，自然扬播而为"声名"。"敬"即是"尊、悦、信"，即是"亲"。三"莫不"，固是形容"当可"意，言中便有下节在。

末节

此节仍是"当其可"意。盖言当可之配天也。亦不是上节还不能配天，至此方能配天，特至此说出耳。

"舟车"六句，即蒙"声名洋溢"二句来；又紧带"凡有血气者，莫不尊亲"读。言声名无远不到，如霜露所坠之地。凡有人类者闻其声名，即莫不尊亲，而同有其"敬、信、悦"也。《合注》谓"声名、尊亲"，即"敬、信、悦"之实，自可从。

《注》"德之所及，广大如天"，此是以"德之用"言，然体、用一原，言"体"即有"用"，玩首节即可见。言"用"而"体"即在此，故此言"德之所及"。《困勉录》谓"配天，配天之小德川流也"，语最完备。

天之"小德川流"无所不到，至圣之"小德川流"亦无所不到，故曰"配天"。此"配天"原从高明配天来，所以下"故曰"字。

《注》"广大"，固指"德之所及"说，然其实"体用"兼该，亦即是天之所以为大也。"大"字前后自相照。

尧舜时，越裳氏[1]于几万里外来朝，谓海晏河清，久无烈风雷雨，知中国者圣人也。于此见"莫不尊亲"自是实事，非止理也。

---

[1] 越裳氏：又作越常氏。越裳，古代南方小国，位于今越南、老挝交界一带。据《尚书大传》载："交趾之南，有越裳国。"

"尊亲",即"声名"也。"声名",即"敬、信、悦"也。分三层说,总是要发挥出"当其可"意。

此章反复推及"德之所施"者,缘前章"达孝"之制礼问政之九经,尽人物之性,动变化之功,及"博厚载物、高明覆物、悠久成物",王天下有三重,说了许多实在功用,故此以"功用之感动民情"者收结之。既言"敬、信、悦",又言"声名洋溢,莫不尊亲",盖非此不足以见功用之广大也。此章推及于外,下章推及于内,中庸之能事毕矣。

三十二章

《会要录》〔1〕上章以"至圣"属"小德"者,"至圣"以"行"言。故"自体"达乎"用",而以"用"为主。此章以"至诚"属"大德"者,"至诚"以"心"言。故"自用"归之"体",而以"体"为主。

只此一个"德",安有大小之分？特以其零星发出,故有"小德"之名;以其总统于中,故有"大德"之名。所以《语类》于此二章既以表、里分之,又以存主、发见分之。然上章从"溥博渊泉"说到"时出",是有"存主"而及"发见"也。下章从"经纶大经"说到"立本知化",是由"发见"而及"存主"也。颇疑《语类》不与本文相副,须知大、小德各有体、用。故前《章句》云:"所以不害不悖者,小德之川流;所以并育并行者,大德之敦化。盖"小德"是"体",流出"化"来是"用";"大德"是"体",所敦之"化"是"用"。所以此二章各兼"存""发"言也。然上章"宽裕、温柔"等项,俱以"发""用"字面状其本体,是言"体"处,已贴向"发""用"说了。而"足以有临"五句,便直注到"发""用"上。二节以下,遂就"发""用"逐层说出,可见此章专以"发""用"为主。下章除"经纶"句外,句句是说"本体"。即"经纶"句,紧带"为能"字,则能"经纶"处,即是说"本体"。"经纶天下之大经",便是说"大用",即"用"见"体"。可见此章专以"中存"为主,固不必以上下章各有"体""用"为疑也。

---

〔1〕《会要录》:指《四书会要录》。此书现存两个版本:一是清康熙五十九年(1720)述善堂藏本;一是康熙五十九年(1720)古吴三乐斋本。二者均署上元黄辑五、江宁谈文征订。黄瑞,字辑五,江南上元人,康熙丙子进士,曾任震泽县训导,敕授修职郎,诰赠奉正大夫,福建厦门同知。谈文征,江宁人,生平事迹不详。

首节

"经纶天下之大经",即"化"也。能"经纶天下之大经",即"敦化"也。惟"至诚"为能"经纶天下之大经",即"大德敦化"也。"能经纶"句,是就"敦化"处见"大德"。下二句,则直言"大德"矣,然"敦化"意亦含在内。

"天下之大本",即仁义礼知之性。须知"大本"不便是"大德"。能立此"大本",方是"大德"。盖实在全此性,使事事物物皆藉资于此,是之谓"大德"。《章句》千变万化皆出于此,便见"敦化"意。

《精言》"知天地之化育,直是自知其理",甚精。在己与在天地者只此一理,原无一毫欠缺,实能自知其理,便知天地之化育了。不待推测,无烦扩充也。

不曰"知天地之道",而曰"知化育"者,亦是即"用"以见"体"。"体用一原",知天地之化育,即知天地之道德矣。特以"功用之广大者"言之,正见所知之全,所谓全有其理也。

看来"知"字不甚重,只是即所知之"化育",以见"至诚"与"天地"同一大德,而并可有其"化育"者也。故点出"化"字在此。

"经纶天下之大经",《蒙引》谓:"不是天下人之大经,圣人经之以为天下法。"《困勉录》遂谓空说。

按:"天下之大经",与"天下之大本"一例。下"天下"字,《注》以"理"贴之。此"天下"字,亦不宜空说。《蒙引》之意,盖谓"经纶"是一身事,不是为天下人"经其大经"耳。今按"天下"字,终当以"人"字贴之。谓天下人共有之大经,惟至诚为能经纶之。

《注》必言"皆可以为天下后世法"者,如此,乃见"至诚之经纶",且见"大经"之为人所共有之事也。

亦有"教"意在,但仍重在"圣人"身上。许东阳[1]所云作余意则可耳。

天地之化育,一诚也。至诚者以诚触诚,而有不相知乎?天地之化育,一诚之至也,至诚者以至遇至,而有不相知之深乎?

---

[1] 许东阳:指许谦,又称许白云。元代理学家。生平事迹见第95页第一个注释。

《或问》"穷理以至于命","命"字即篇首"天命"之"命",直与首节"命、性、道"三字相应。但彼是顺说下,此是逆推出,云峰说甚明。

《或问》"致中、致和",须活看。自然和无不致,而有以行天下之"达道";自然中无不致,而有以立天下之大本;自然穷理以至命,而浑然一天。首尾相应,《中庸》结构严密如此。

三句总根"至诚"来,俱是说"大德"处。"经纶"句是"德之大用","立本"句是"德之本体"。"知化"句亦归在"体"上,但以"知"言,则又在由"体"达"用"之间。

"至诚为能经纶","大经"是言"大德之敦化"。下二句是"大德"之所以"敦化"处。

"至诚"便是"大德"了。下三句承"至诚"而言,其"体用"之全,即《章句》所谓"功用"也。总主于发明"大德"。可知此"功用"字,不是出一步说。

《中庸》言"道"曰"费隐",曰"大小",已搜剔无不到矣。而申明"费隐""大小"处,类皆以"五伦"言之,可见君子之道归宿在此。此举"至诚"之极则,亦不过曰"经纶天下之大经"。可见希法圣人者,不得外是而他求也。遂收结了通篇"达道"意。

次节

上节"能"字贯三句。"能经纶"之"能",是就"功用"上见"心体"。"能立本、能知化"之"能",是就"心体"上言"功用"。其所能皆出于"至诚",则"功用"即"心体"也。故此节承言"心体"。再详。

"经纶"既本于"至诚"矣,又以"仁"言,何也?须知"仁"与"诚"是二是一,此即《问政章》"仁身""诚身"意。"仁"之真切处即是"诚",但"诚"只是真实,"仁"则有"亲爱恻怛"之意。"至诚"见之于尽伦,自有"亲切"意思在,所以又以"仁"言也。

即天地生物之心,是"大德"底本旨。"渊"是"大德"底影身;"天"是"大德"底本量。此句恰好挽到"同天之大德"上,与上章"配天"对看。

"仁"者,万善之长也。"渊"者,万派之原也。"天"者,万化之总也。总是形容一"大德"在中,不是又深一层。

承上节来,"天"字仍以"化育"言,而天命之"本体"自在其中。

此节重"仁、渊、天"上。"仁、渊、天"中便有"肫肫、渊渊、浩浩"意，特各着两字以形容之耳。但既有此两字，即须就这里发出"仁、渊、天"来。

末节

"苟不固至者"十一字为句，"固"字贯"达天德"在内，即上章"生知之质"，兼统"四德"意。《精言》与"达"字对看，似误。"聪明圣知"及"达"字，总说向"能知"一路去。"实有天德"意，即包在"达"字中。"达"字不必作"上达"看。

"达天德"，是达"己之天德"。《存疑》作"达人之天德"，似未是。

《总注》明言"至诚之道，非至圣不能知"，则此节上句便是上章"至圣"。但不必拘。惟"小德"能知"大德"，盖"至圣"亦可以"大德"言也。

"立本知化"，即"五德"蕴于中也。"经纶大经"，即"五德"发于外也。二章要看得相通。

上章言"德至莫不尊亲"，此章言"道至不能知是"，为圣人天道之极至也。史氏说恐不可凭。

又按：《困勉录》二章分别有三项俱作互看之说，然"小德"自在"发见"上说，"发见"则施之为"德"。凡见其"德"者，皆可赞之为"至圣"。"大德"自在"存主"上说，"存主"则蕴之为"道"。必知其"道"者，乃知其为"至诚"。以"大德、小德"为主，自有确不可易处。

"诚明"十二章，《大全》史氏以"成功"言，是圣人事；《课讲》谓是"允执"之义。

按：此义从来无人拈出，尤为确切可据。此支虽说圣人事居多，原以"允执厥中"属之圣人，故须就圣人事发出"允执"来。正要学者致曲自成，修德凝道，以师法圣人之"允执"也。前两支一言"达德"，一言"达道"，此支则承前二意来，正教人真实以"达德尽达道"，正是"允执厥中"之义。再详之。

按：前面"知仁勇"之德，即在"知行乎道"上见。中间"知行乎道"，即是"求以入德"之事。则此篇言"德"、言"道"，皆打成一片，总是教学者"修为用力"事。故末一支"尽性"五章，承"知仁勇"来，以发明"天道""人道"之意。"大哉"六章，承"费隐、大小"来，以发明"天道""人道"之意。"尽性"四章，首"天道"，次"人道"者，先立极则，后勉以用力也。终之以"天道"者，欲其用力，务归于"极则"也。"大哉"

六章,先言"人道",后言"天道"者,特揭"修至德""凝至道"之功德,成道行之验,并申以"尽臣道""尽君道"之极,已是进于圣人事矣。而"抱至德""行至道",尤必以仲尼为极则,而务迪于"至圣""至诚"也。合来,总是教学者"允执尧舜之中"也。

此支首章天、人并提,归重"诚之"者,总冒下十一章。二章"诚者,仁以尽性之事";三章"诚之者,仁以尽性之事";四章"诚者,知以明理之事";五章当言"诚之者,知以明理之事"。却以"仁"为"知",并有"勇"以始终之。遂尽己、物兼成之功,乃言"求诚之最切要"处。六章言"诚者之勇",因及"功用"之大,以为"诚之者"之指归。此五章作一截,虽以"德"言,要知即是"尽道"事。下章则言"修至德,凝至道"。"大哉"五节总冒下五章,故"君子"二节,遂指出"修至德,凝至道"之全功,并及其"行道"之实效。下二章则申言"行道"于君臣之实。此三章正"诚之"者"修至德、行至道"之全副事功,重发"行道"意。《祖述章》遂言圣人之"大小德",为尽"大小道"之本原。下二章申言"小德"之"发见","大德"之"存主",是诚者以"德行"道之,无以复加者。此重发"至德"意。然有"至德",即所以行"至道"。当缴回"大哉"五节,并遥应"道不可须臾离"意。故本支遂止于此,末章则结全篇之意也。

三 十 三 章

"立心为己",即"求进于诚"之意。知三者,便是尽己性以尽人物之性,及成己以成物等意。都与前面相照,以收结《中庸》全篇也。

"尚䌹暗然"是教人为学之初,便要有此为己不为人之心立一根基。本此以用力,自然向里务实,有切要精密之功,如二、三节"慎独""存养"是矣。本此以成德,自然沉潜深厚,由成全而浑化,如"不赏不怒""不显笃恭""无声无臭"是矣。故是工夫深沉,有此"原远不可测识"之德。然其根源,正本于初时立心为己,故驯而致之,以至于此也。须看他通章说来,都归一路事,则得力于始基者大矣。

下面"内省不见""尔室屋漏",及"无言""不赏不怒""不显笃恭""无声无臭",皆是"尚䌹暗然"意。一机相引处,"不疚""无恶""不可及""敬信""劝威""百辟刑""天下平",皆是承"衣锦日彰",一线穿成处。又"省察存养",是承"近自微"边。"用工夫,民劝威,天下平",是承"远风显"边说。"效验",照"可与入德"看,原不重

"效验"，直是即此以见"德"之成，"德"之化也。

首章溯"道"所自来，则我本于天也。此章推"德"之至极，则天备于我也。

首节

引诗词，不必泥"衣服"。

"恶文之著"，释诗词正见"为己之心"处。若"暗然日彰""淡而不厌"，则俱以"事"言。《章句》却以"为己之心"总括者，本文是即"事"以见"心"，《章句》是举"心"以该"事"，要以"心"为主。

不是只不"外饰"便是"为己"，须不"外饰"，而务全"内美"，方是"为己"。

内美彰著，自是学者本分应有事，正如尊显者原有锦衣一般，所难者"尚䌹暗然"耳。"日彰"从"暗然"出，则"彰"自有常，亦是浑浑穆穆，绝无显灼炫人处。此所以为君子之道，而不同于小人也。"衣锦日彰"未尝不重，但玩通章语脉，尤重"尚䌹暗然"上。《说统》单重上截，《时讲》上下平重，俱未清晰。

此节众论互异。《蒙存》有"为己之心"，作"生来美质"说。

按：人有美锦者，不尽是"生质"[1]，须有学力在。仇沧柱以君子之道为成德，人事两提出，俱为学者示准。

按：此解似将"君子之道"八句，与首二句分为两截了，尤觉不安。本文"故"字，及《章句》两"故"字，俱紧承首二句一串说下。首句《注》既就"学者"看，下两段亦当指"学者"说为是。《精言》重"道"字甚允，"君子"却宜放轻看。下二段乃承上诗词，遂说出君子为己底道理自是如此如此，初学自当惟此是从。如此看甚活，省却多少葛藤。再详。

学者固是先要有为己之心，然正在"用功"上说。凡日用言行，修己治人，只是反躬自尽，不求人知。至美在其中，自有不能掩藏处。故"尚䌹暗然""淡简温"，及"衣锦日彰""不厌文理"，各上下虽是两层意，却自是一串事。总一个"为己"之心，发出"为己"之事而已。此是初学所当服习底道理，并非指"美质"及"成德"事说。但此意连下，知机于内外远近处，所用存省之功都不外此。亦非在入德前，独为

---

〔1〕 生质：指天生禀赋。

"下学"之功也。盖"为己"底道理只此一副,不过初学时工夫粗浅,到后来则渐进于精密耳。

又按:《精言》"不厌"三句,是包举一生在内。道理自是如此,但须知本节自专重"下学"说。看来此三句各有浅深阶级,却不必遂指为高妙也。周说似未圆。

"暗然而日彰,及淡而不厌",四"而"字,各有反正二意。"暗然则不彰,淡则易厌,乃却日彰不厌",此"而"字,反说意也。惟"暗然"自能"日彰",惟"淡"自能"不厌"。此"而"字,正说意也,当以下意为主。

"淡"是无奇特动人处;"简"是简略不周旋处;"温"是和平浑厚处;"不厌"是有味;"文"是有色;"理"是有条。详见《松阳讲义》。

此三句,《蒙引》于各下截,亦就外面说其所以然,则"锦在中也"说甚是。《辑语》则上属外,下属内,似不合,然自是活看。

必言"知几"者,以身心为家国天下之本,当先在自己根本上用功。三"知"字,即"知所先后"之意。

内外远近原有次序,自是道理如此,故须着眼三"知"字。

远者,必有近者以主之,是远之几在近也。须知远底那近处风必有所自,是风之几在所自也。微必征为显,是微者显之几也。"近"字与"微"字对,"远风"与"显"字对。三"之"字,与"夫微之显""之"字同。见一线穿成意,最不可忽。

"可与入德矣",《蒙引》文势只带上三句,以上三句为通章纲领,故云然耳。然必以"为己"为骨,方可入德。按之文理,还以总承"为己、知几"为是。《章句》自明。

"为己"是"入德"之本,"知几"是"入德"之序。

《注》"知所谨固",是照下"存省"说,自是承上文"为己、知几"来。

"为己、知几"两意,亦是一串相连,盖即从"为己"中"知几"耳。远近、内外,都是"为己"中事。

《蒙引》:"存省之功,是即于近自微者而谨之。'不赏怒、天下平'之效,是即此'远风显'者也。"说一章间架,最为分明。

按:此是就"直底"说。若"暗然"意,则俱横插于其中。

二节

"内省"二句,《说统》云:"君子必要不疚,直无恶于志。"

按:此一气说下,与本文甚顺。陈氏则云:"君子内省,此处须无一毫疚病,方无愧于心。"似多"方"字一折,然却层次分明。以《大全》发其意,以《说统》写其面,当两用之。

内省之必不疚,方觉无恶于志,则内省之功何敢弛也?下句是"必要不疚"意,故亦是工夫。

"不疚"是心无疵病。无病故无恶,总承"内省"说。

旧说"内"字、"志"字是两义,不必缠绕。

又按:《翼注》"质初心"之说,当云"本然之心",原无疚病。今"内省"其志,必使之无疚,乃于志无恶耳。无恶于志,毕竟与无愧于心不同,故《注》下"犹言"字。如此,则"志"字与"内"字相应,似亦可备一说。

末二句,《浅说》"不疚无恶",即人所不及处。此说固是,但须合下句说方见,不得遽贴"不可及"说。盖上句且宽说,下"惟"字方醒耳。

三节

"不动而敬"二句,用晦兼"动静"说自是。然本文正面是"不动、不言",自当侧重在"静",与首章"戒慎乎不睹"二句合看。"静"时亦"敬",则无时不"敬"矣。本节密于上节处,全在"无时不然"四字。知此,则用晦与云峰《存疑》自不相背。

"不动"二句,即"不愧屋漏"意。但诗词甚虚,只言"静之当慎",以引起下文,故言"不动而敬"二句以实之。

"敬""信"虽分贴"动""言"说来,然不必拘看。"主敬存诚"是圣贤大主脑处,都是彻始彻终底事。而"主敬"又为"存诚"之本,所以归在"笃恭"上。

"独"而言"慎",未尝不即是存养工夫。但《注》意在念虑初发,尚未能动静交养,一无间隙耳。惟"存养"功深,然后戒惧严密。虽"不动"而亦"敬",虽"不言"而亦"信",此即"为己"之功。持之又久,无以复加者,即当此际便不赏而民劝，不怒而民威，而"德"己成矣。然犹"守之"也，非"化之"也。仍此戒惧之功愈久愈熟，至于不烦持守自然中道。静而诚敬，内涵无一时之不中；动而诚敬，默运无一时之不和。虽有言动，而见之于礼乐政刑者，一皆不思不勉，行所无事，只见其恭己正南面而已。上无图治之迹，而下亦无向化之形。日用饮食浑忘于善，遍天下归于荡荡平平之象，是则"笃恭"之效。而"德"之浑化，为何如耶？此中庸之极功也。

四节

"靡争""争"字，《诗》解以"交侵职位"言，即不敬意也。

"不赏""不怒"，要自有"赏、怒"在。但不凭"寻赏"之"赏怒"，只凭"德"耳。须知"德"不是空空性天相感而已，"德"中自有刑赏，只"刑赏"处便是"德"。止见"德"，不见"刑赏"，故曰："不赏而民劝，不怒而民威于铁钺。"如此看，方与下节相类。下"笃恭"，据《蒙引》《困勉录》，兼"中和"说。"中"自有礼乐刑赏在也。

上节是"德"之成，下节是"德"之化，中自含有工夫在。

次节诗词只说得上截，下方正言"慎独"。三节诗词亦说得虚，下乃实说"戒惧"，故《章句》注明正文。四、五节诗词即是正意，特话头别异耳。故只细注诗词，不再疏正意。看本文独加二"是"字，盖诗言如是，故君子亦如是也。

五节

"不显惟德""无声无臭"，向只就"在内之德"说，故失之此，原兼"动静"。见之于言行，发之为号令，何尝"无声臭"来？特言君子之为此德，是"不显"，是"笃恭"耳。《松阳讲义》云："只是不思不勉，无一毫形迹，自然而恭，不自知其恭之谓。如舜之恭己正南面，夫子之恭而安，皆是自然而然行所无事，如孟子所谓不言而喻也。"程子论金之喻正如此。

如今言善作事者，不动声色而事己成正此意。

此言天子有"行所无事"之德，而天下自平。下节又形容其"行所无事"之德也。是说"感人之德无声臭"，不是说"德之感于人者无声臭"。若作"德之感于人者"说，便不是"不显"之德矣。其感人之妙处，在"天下平"内，自是后一层事。

《或问》却从"天下平"，说出"无声臭"者，盖言"天下之所以平"处。"无声臭"，非言"天下平，无声臭"也。

《语类》又云："圣人笃恭而天下平，都不可测了。"观此，则仍当带"感人"意说。盖使天下不识不知，自然感化。之所以然处，正见那"不显"之德，本是一串事，又不得全抛却也。

"天下平"是"不着迹象，自然平治"意。盖圣人"德"无痕迹，自然天下变化亦无痕迹。"过下"当云"笃恭"。而天下"自然平治"，则其"德"之微妙，为何如哉！从"天下平"，说出"不显""笃恭"之"无声臭"来，语意方无遗漏。《或问》正如此。

"笃恭"之"恭"，固即上文"敬"字。但"敬"主"事"，与"信"对说；"恭"主"容"，则合"敬、信"，而浑涵于中，只见其貌之端恭而已。

言"容貌之恭"，便包得"执事之敬"。敬以作事，而无"作为"之迹，此天下所以自然而平也。玩《或问》注"程子事无巨细一于敬"一段，亦可见"笃恭"中自有"事"在。

此两节不重"效"，只重"德"。但上节本文不曾说出"德"来，只就"效"上见，故《注》补出"极其诚敬"，以言"德"。下节则就"德"上推其"效"，其说"效"处，正见是"德之至"也。

必及于"效"者，正应首章"天地位，万物育"，并结后半篇许多言"效"处。

末节

"毛犹有伦"，《时讲》多从《说统》。以"毛"比"德"，犹"有伦类可拟"之说。

按：此已为《翼注》所驳，当从。"毛"犹"有伦类"可比，未能无形为是。

"至矣"，有作言德为至者；有作天载为不显之至者，俱未妥。不如直作"德为不显之至"为允。

"声色末务，毛犹有伦"，俱不是那"不显""笃恭"之至处，故未足以形容其妙。惟天载"无声臭"，这才是那盛德不显之至。故惟此可以形容。玩本文及《章句》"至矣"，是直就"德"说，不就"言德"说。若作"形容之至"，是就"言德"说了。"言德"意，自在本文语气之下，故《注》另补出，须细玩始得。

如此说"末也""有伦""至矣"，亦未尝不相对，古人文字不必太拘看。乃邱月林、周聘侯〔1〕俱谓"至矣",是就"天载"说,与上"末也""有伦"对,为三诗之尾。

按:此说与白文自顺。但依此,则《章句》"不显之至",独不贴"德"说,殊与上下"不显"字不合。且言外须补出"惟此可拟",及"德于是为至"两层,始完得本节,不如《翼注》较直捷。姑存之,以备一说可也。

"末也"止断"声色";"有伦"止断"毛便",各含得"未",是"不显"不足形容之意。至说到"上天之载连声臭,俱无便",直与"不显"相照。而惟此,"可形"意亦含于中。故直赞叹之曰:"德乃于是至矣。"遂结住了通章。

邱说以旁面作收结,而正意于言外见之。文法颇见含蓄,但未免伤巧。此为《中庸》通章结穴,还以郑重言之为是。

以"天载"形容盛德,总一实理蕴蓄,自然流行而已。此可见德至于此,乃归于率吾性之自然,合天道之本然也。"合天意"自在本文言内。薛方山〔2〕说正发其意。

天以是理命之人原有"自然流行之致",德至"无声无臭",只是合其"自然流行之致"而已。《大全》饶氏以"无声臭",作"未发之中天命之性"者,是只认作浑然一理,却缺那"自然流行"底意思了。所以清献公谓之偏。兼以"率性之道"言之,则无敝矣。

据此,便是人之生也直。"故"者,以"利"为"本"之义。

言"成德",而及于"不显""笃恭",正意已俱完,必又为形容。且三拟之,而始得当者,盖子思、子深有见于此。一段意景,味之不尽,形之实难,非极力研思,莫罄其妙。所以屡引屡驳,几有穷于拟议者,追末后乃得"天载"一义。必至于此,方觉畅然而满志也。一片神行,一似故作刁难者,解人当自领之。

全篇以"天作"起结大意,不过言在我之理始受乎天,终全乎天而已。今从"不显"之德说来,语意便更进一层。直谓与天之自然尽道同是一般,则人亦天矣。味

---

〔1〕 邱月林、周聘侯:邱月林,名邱橏(1516—1585),字懋实,号月林,山东诸城人。明嘉靖二十九年(1550)进士,历任兵科都给事中、礼科给事中、南京太常少卿、大理寺少卿、都察院左都御史、南京吏部尚书等职。著有《四书礼经摘训》。周聘侯,名周大璋,字聘侯,安徽安庆人,生平事迹见第69页第一个注释。

〔2〕 薛方山:指薛应旂(1500—1575),明朝学者、藏书家。字仲常,号方山,江苏常州人。嘉靖十四年(1535)进士.曾任浙江慈溪知县、南京考工郎中、福建建昌通判、浙江提学副使等职。著有《四书人物备考》等书。

此语意，较之"浩浩其天"更实更进，不但与之相应而已。玩通书所言道德，较他经独为精奥高超。不如是，固不足以相副，又何以收煞全篇耶？知此意，则自不容以径直出之。再再至三形容咏叹，直使后之学者悠然意远耶？

"为己"即"求诚"之根底；"知几"即"由成己以及成物"之次序。"省察存养"，直应首章"戒惧慎独"，即以达德行达道之切要精密工夫，而迪于无一之不诚。"民劝威，天下平"，回应"位育"，即民物尽性而动变化，及两言"配天"之功业，其实是言"德"之浑化，而为天下"至诚"也。末以"天载"形容"至德"，是以受之天者全乎天，而遂浑然一"天"矣，包括通篇，首尾相应，其章法严密如此。

程子"末复合为一理"者，"至诚立本"已自可见。"为己存省"而成"不显""无声臭"之"至德"，是归宿在"吾心所得乎天"之一"理"也。

读《论语》随笔（上册）

朱子

序說而疑者不入焉　聖諱如字讀作某者不敢名取史記要語為

也　大全孔子六世祖孔父嘉為宋督所殺統遂遷

於魯此語不知何據按家語本姓解云孔父生木金

父金父生睪夷睪夷生防叔避華氏之禍而奔魯僑

此則遷魯者為防叔而非純矣於家語註又云防叔

魯去華督殺孔父嘉三世矣於世不相次滑公十一

年宋鄉南宮萬弒湣公因殺華督國亂弒防叔避亂

《论语》序说

朱子[1]欲学者知夫子[2]生平始末,故节取《史记》要语为序说,而疑者不入焉。

圣讳如字,读作某者,不敢名也。《大全》"孔子六世祖孔父嘉[3],为宋督所杀,纥[4]遂迁于鲁",此语不知何据?

按:《家语·本姓解》云:"孔父生木金父,金父生睪夷,睪夷生防叔,避华氏之祸[5]而奔鲁。"依此,则迁鲁者为防叔,而非纥矣。《家语注》[6]又云:"防叔奔鲁,去华督杀孔父嘉三世矣,于世不相次[7]。愍公十一年,宋卿南宫万杀愍公,因杀华督,国乱。疑防叔避乱乃在愍公末年,非即宋殇公初年嘉父之祸也。"依此,则避华氏之祸,亦有未可信者。即避南宫之祸亦未审。然否再详考。

按:《古史》[8]:"孔父嘉为华督所杀,其子奔鲁始为陬人。"依此,则是木金父奔鲁矣。《家语》:"襄公熙生弗父何[9]及厉公方祀。何逊国于弟,而世为宋卿,生宋父周。周生世父胜,胜生正考父,考父生孔父嘉。五世亲尽,别为公族,故后以孔为氏。一云孔父者,生时所赐姓也。"

----

〔1〕 朱子:指南宋理学家朱熹。

〔2〕 夫子:指孔子。

〔3〕 孔父嘉:春秋时人,宋国大臣。名嘉,字孔父,孔子六世祖,官为大司马。

〔4〕 纥:指叔梁纥,孔子之父。

〔5〕 华氏之祸:华氏,指华督,战国时期宋国太宰。公元前710年,华督杀死大夫孔父嘉,夺其妻为己有;然后又杀死宋殇公,迎立公子冯为宋庄公,自任为相。此即为华氏之祸。

〔6〕 《家语注》:指《孔子家语注》。作者王肃,字子雍,三国魏东海郡郯(今山东郯城)人。官散骑侍郎。其父王朗是当时著名学者。王肃聪颖好学,对经学颇有研究,先后为《诗经》《论语》等作注。《孔子家语》又名《孔氏家语》,简称《家语》,是一部记录孔子及孔门弟子思想言行的著作。

〔7〕 相次:相继。

〔8〕 《古史》:作者为北宋苏辙。苏辙因司马迁《史记》多不得圣人意,在《史记》基础上,上自伏羲、神农,下讫秦始皇,撰《本纪》七、《世家》十六、《列传》三十七。自谓追录圣贤之遗意,以明示来世。

〔9〕 弗父何:宋缗公长子,让位于弟鲋祀(宋厉公)。厉公封弗父何为上卿。弗父何生宋父周,宋父周生世子胜,世子胜生正考父,正考父生孔父嘉。孔父嘉曾孙孔防叔避乱于鲁,防叔生伯夏,伯夏生叔梁纥,叔梁纥生孔子。这是孔子祖系世次。

　　按：《大全》金仁山[1]："尚少世父胜一世，襄公熙作哀公熙。"《孔氏家谱》及《祖庭广记》[2]所载，俱云"孔子生以襄公二十二年十月庚子，乃二十七日也。周正十月，乃今之八月。三十五始游齐，齐、鲁接壤，故先及之。为高昭子[3]家臣，意或门客也。未必实任其事，特藉此以通于景公耳。欲应不狃之召[4]，而卒不行"。朱子曰："圣人当时接他好意思，所以欲往。然他这个人终是不好底人，所以终是不可去。"此语最平实，最写得圣人出，非圣人无定见也。

　　定公九年，孔子年五十一，为中都宰。十四年，年五十六，摄行相事，三月大治。至是，出世盖六年矣。而经传每言人之感化，不多及于善政者，所谓为政以德，居其所而众星共也。不能堕成[5]，适当孔子将去之时，意此事当时必借之为口实[6]。甚矣，孔子之厄也。

　　按：《家语》"三都皆堕[7]矣"，《鲁世家》以此以上皆为十二年事。此语似亦有理。按：《史记》"则出仕六年"，恐未必如是之久也。又按：《纲鉴》"以避害而去"，何乡土之不能容人也？

　　主司城贞子[8]家，凡三岁，意或宾主相得，敬业所乐群，未必因有行道之机也。

---

　　[1]　金仁山：指元代学者金履祥，字吉父，号次农，浙江兰溪人。主讲钓台书院，晚年隐居金华仁山下，讲学于丽泽书院，学者尊称为"仁山先生"。著有《论语集注考证》等。

　　[2]　《祖庭广记》：指《孔氏祖庭广记》。元孔元措（1182—约1252）撰。元措，字梦得，孔子五十一代孙。宋明昌二年（1191）袭衍圣公爵，补文林郎，历官中议大夫、曲阜县令、光禄大夫、太常卿等。他在孔子第四十七代裔孙孔传《孔氏祖庭》一书基础上，编《祖庭广记》。该书记载了孔氏家族的世系、封爵沿革情况等。

　　[3]　高昭子：齐景公丞相，生卒年月不详。

　　[4]　不狃之召：不狃，指公山不狃，春秋时鲁国人。复姓公山，名不狃，字子泄。公山不狃和阳虎都是鲁国当政者季桓子的家臣，曾经与阳虎一起操办季平子丧事，深得季桓子信任。后公山不狃与季桓子产生矛盾，不狃联合阳虎一同反对季氏，季桓子逃脱，阳虎逃亡齐国。事见《史记·孔子世家》。不狃为了有所作为，曾派人请孔子前来辅助，但孔子未成行。

　　[5]　堕成：指废弃成法。

　　[6]　口实：话柄、话头。

　　[7]　三都皆堕：指孔子参与拆除贵族诸侯城墙的行动。当时规定诸侯城墙不能超过一定高度，但三位国相（季孙氏、孟孙氏、叔孙氏）却无视这一规定，孔子联合国君鲁定公开始了"隳三都"行动，但这一行动最终以失败告终。堕，毁。

　　[8]　司城贞子：春秋时陈国（今河南淮阳）大夫，贞子是谥号，名失传。公元前492年，六十岁的孔子带弟子来到陈国，在此居住四年。《史记·孔子世家》载："孔子遂至陈，住于司城贞子家。"

按："绝粮"自属在陈时。既厄，后遂如蔡，故曰"从我于陈、蔡者"。《史记》之误，亦以此语，而朱子辨之，是矣。时文犹有因袭《史记》之误者，其亦未察耳。

陈新安曰："楚以七百里书社之人封孔子。"然玩《史记》，"书""社""地"三字相粘，恐难作"人"说。《四书》释"地"，遂讥朱子删"七百"字为难通，亦过矣。俟再考定。

考《古史》，孔子去鲁凡十三年，至卫者五，至陈至蔡者再，至曹至宋至郑至叶各一，至齐至楚各一。意此时不乏大国，而多游小国者，或以大国富强，骄矜已惯，往往闻圣贤而厌之。而小国每不能自存，或多礼贤下士，以求自强，虽不见用，亦就之耳。至于卫有众庶之民，虽无贤君，尚知致礼，故其就之也，较他国为多焉。

陬〔1〕欲得孔子为政，即不有康子之召〔2〕，恐未必为政于卫。在陬，岂肯用人以易位？在孔子，岂肯佐无父之人耶？观"告子路"以正名可见。

四十三已退，修诗书礼乐矣。至六十八，想又大加修整耳。

弟子三千，举大数也。凡偶以言语受教者皆是，不必尽为亲身受业之人。如伯玉、林放〔3〕辈，皆列三千内矣。

鲁西狩获麟，孔子作《春秋》。

按：此似"获麟"之后始作《春秋》，诸说多如此。然考《春秋》胡传〔4〕，《鲁史》成经，麟出于野，则是作《春秋》后始获麟，故绝笔于"获麟"。二说未知孰是，前说较优，姑从之。

孔子作《春秋》于诸经之后，不得已之为也。《左传》杜〔5〕记孔子殁，谓四月十八日，即夏正二月也。

---

〔1〕 陬：战国时期鲁国下辖陬邑，孔子出生于此。

〔2〕 康子之召：康子，指季康子，春秋末战国初鲁国人，曾迎接孔丘返鲁。

〔3〕 伯玉、林放：伯玉，指蘧伯玉，名瑗，卫国大夫。伯玉是卫国有名的贤人，为人正派，深得卫灵公信赖。林放，字子邱，孔子弟子之一，以知礼著称，曾向孔子问礼之本。事载《论语·八佾》。

〔4〕 胡传：指胡安国之传。胡安国，南宋著名经学家，字康侯，号青山，学者称"武夷先生"，后世称"胡文定公"。原籍福建崇安，早年拜程颢、程颐弟子杨时为师，研究性命之学。著有《春秋传》等。

〔5〕 杜：指杜预（222—285），字符凯，京兆杜陵（今陕西西安）人。西晋时期著名政治家、军事家和学者。著有《春秋左氏经传集解》及《春秋释例》等。

《论　语》

学 而 第 一

首　　章

首节

此与他章论学少异。如"志道"等章，多从"为学"内一层说。此章除首句是说工夫，下两节皆从外一层说。殆为少知趋向圣贤之道，而不知其气味者言之。盖人多以学问者为苦难，而难不可以有成，故夫子云云，正破俗人之见也。三"不亦乎"，正是提醒人处。

要知外一层，亦不离内一层。

此章有三平、串递两说，宜兼用。言"工夫"，首节为主。下俱本此说来，自是一串，而局意却是"三平"；非首节包下，下二节又从上抽出说也。

下二节非另有一样工夫，亦非仍是首节工夫。盖首节是前截之"时习"，二节是中间之"时习"，末节是后截之"时习"。

林鹿沙夫子〔1〕云："以'效'字解'学'字，足证〔2〕姚江〔3〕'致良知'之误。《注》〔4〕说'学'字有三层：'人性皆善'二句，推'学'之根源；'后觉者'句，正言'工夫'；'乃可以'句，其'究竟'也。"玩"皆"字、"有"字、"必"字、"乃可以"字，见是人人能学当学，不容不学者。

"喜意""意"字，正与程注"悦在心"相照。所学者熟在"时习"中，在"时习"后。《注》拈出，正原能"悦"之故。"时习"本烦苦事，如何言"悦"？惟"熟"，故"悦"耳。

"进不能已"句可味，即欲罢不能光景。必"进不能已"，方见得"悦"。悦后自

---

〔1〕　林鹿沙夫子：生平事迹不详，后文作者称其"鹿沙师"，二者应是师生关系。

〔2〕　证：博士逯底本原写作"正"。

〔3〕　姚江：此指明代思想家王守仁，生平事迹见第71页第二个注释。

〔4〕　《注》：指《论语集注》，作者朱熹。

"不能已"。《浅说》即以此意说"悦"字，甚好。

此句透出"悦"字真精神，而下两节"工夫"亦包在内。故下节不补"工夫"。程注"浃洽在我"，即"熟"字实义。此二条，《或问》一以"知"言，一以"行"言，兼取之，为人指点"时习"光景。故又取上蔡说。

"如尸如齐"[1]只是敬意，乃坐立之道也。窃意"坐如尸，立如齐"，即韩文"处若忘，行若遗"[2]意，非即习此坐立之道，俟再详定。"学""习"字义，《注》已有明训。《语类》"未知""未能"二语，更分别言之。"心与理"四语，是《注》中"熟"字脚注。

二节

"乐"字，《语类》似兼人与己言，双峰亦然。然只重"己"边，彼此各有所得，各有所悦，则"己之乐"为何如？正须看发散字，"乐"非在外，其所乐者在外耳。"主"字可玩，然再详。悦众人之共悦为"乐"。

"悦"字深微，"乐"字发舒。然亦难在字面上分别，须于独得处见"为悦"，于共得处见"为乐"，二字方着实地。

"悦"者，悦其理得于己乐者，乐其理及于人，故有内外之分。

"以善及人"，就"己"说。从"朋来"看出信从者众，就"人"说。从"远来"看出世有善及人而信从不众者，此故可乐耳。"信"贴"知"，"从"贴"行"说，不可易。

"乐"主发散在外。一堂师济，相喻以微，而各适所愿，乐莫大焉。

末节

人者，外之也，对"朋"字看。或兼朋说，不必。

程注"以善及人，乐于及人"，朱注"及人而乐"，数"人"字，皆指"朋"。本文"人"字，尹注[3]"人"字指外人。

---

〔1〕 如尸如齐：语出《礼记·曲礼》。原句为："若夫坐如尸，立如齐。"意思是说：如果坐，要像祭祀中装扮的受祭人那样坐得端正；如果站，就要像祭祀前斋戒时那样站得恭敬。

〔2〕 韩文"处若忘，行若遗"：韩文，指唐代文学家韩愈之文。此句意思是：坐着时仿佛忘记了什么，行走时仿佛丢失了什么。语出韩愈《答李翊书》。

〔3〕 尹注：尹，指南宋理学家尹焞(1071—1142)，字彦明，河南洛阳人，是理学家程颐弟子。曾任太常少卿、礼部侍郎等职。著有《论语解》等书。

"人不知"三字看得着实，"而不愠"三字说得雪淡，自逼出下句矣。

"悦""乐"以"情"言，就"自喻"说。君子以"品"言，乃人目之耳。

尹注是泛论"不知所以不愠"之故。程注"方"正贴本文"方有"。《或问》"信之笃，养之厚，守之固"意，《语类》所谓"至此而后，真能不要人知也"。

玩尹注，将"人不知"看轻了，个中有"不必愠""不暇愠"二意。罗近溪〔1〕说有"不敢愠"一层，将"人不知"看重了，殊非此处说头。

程注"乐于及人"，即"及人而乐"也，不作"喜好及人"看。《总注》"不已"字，承上三项，正与首节"进不能已"句相应，是言二、三节之工夫也。《外注》〔2〕言"境界之次第"。

双峰谓："此章下三句俱是效验。"《语类》谓："不必说向效验去。"《困勉录》〔3〕则曰："从效验上见工夫。"能持其平。

体本三平，而意实一串，麟士〔4〕说未免太过。

与《大学》例看，当从《存疑》，《蒙引》非是。

据《或问》"君子未即是圣人地位，却有作圣人看"者，看来距圣人亦不甚远，故曰"学之终也"。再详。

各节上句宜缓读，要得想象神情。下句宜重读，不是疑似口气。

"学习""朋来"，较"志道据德"俱进一层。"不愠"与"依仁"相似。

二　　章

首节

勿谓上节全有下节意，亦勿谓全无下节意。盖一"孝悌"而犯乱俱无，便见"孝悌"有"仁"底意思，便见"为本而能生"了。然只是"无不仁"之事，为"不犯乱"之

---

〔1〕　罗近溪：名汝芳，字惟德，号近溪，江西南城人。明代思想家，泰州学派重要传人。嘉靖三十二年进士，曾任太湖知县、宁国府（今安徽宣城）知府等，辞官后在各地讲学。

〔2〕　《外注》：朱熹《四书章句集注》的注释方式之一。该书的内注属于训释本文，外注引程子及诸家议论，文字与《五经正义》相发明。

〔3〕　《困勉录》：全称《四书讲义困勉录》，作者陆陇其，生平事迹见第16页第一个注释。

〔4〕　麟士：指顾梦麟（1585—1653），字麟士，生平事迹见第100页第一个注释。

本,未便是"有仁"之事,为"行仁"之本。盖"不犯乱"与"为仁"是一类意思,却是两截事体。惟一类意,故因上节遂看出下节;惟两截事,故说上节未便是下节。

上节言"孝悌",则"无不仁"之事就"凡人"泛论;下节言"孝悌",更为"行仁"之本,又就"君子"推进一层。合两层看,见"孝悌"最重,而为人所当务者矣。

此有子[1]示人孝悌意,而求仁者亦不外是而得之。但圣贤言语说得平妥。若竟说孝悌为求仁之方,则轻看了孝悌。《或问》辨此已明,讲家犹执《或问》"驳去"之说,何耶?看来此正教人先立其本,而"仁民爱物"自可以次徐及"重孝悌"边殊觉亲切,自是本章正旨。

"犯上",兼"朝廷"说,但与"而犯之"不同。彼是合理之犯,此乃不合理之犯。如先轸"不顾而唾[2]"便是。又如乖忤于友,傲惰于下,皆小不顺。单言"不好犯上"者,于"孝悌"为切耳。

玩《语类》"上"字,似亦兼父兄说。

"鲜"字下得轻,言容或有之,亦终是少。大概言"自是不好犯上"者。

《注》"善事"中,有"尽乎其情,止乎其理"二意。

亦谓"力所能为,分所当为"者。

悖逆不一,事争斗。"其显然者"四字,少不平。

其心和顺,是所以不好犯乱之故。如此说"好"字方着实,且与下节意相通。"少好犯上",言少有"好犯上"之事,不是略好犯上。以"不好犯乱",是"孝悌"之溢出者,全从"孝悌"上见,无两层。

"而"字口气最紧。"为仁"之"仁",以水喻之。"孝悌"是第一坎,"仁民"二坎,"爱物"三坎。一坎有水,其气所浸润,便四面潮湿不干燥。"不好犯乱",即其潮湿处。自不得谓"潮湿处"便是二坎、三坎之水,然于此亦可见水之能发泄矣。《蒙引》诸说混两层为一层固非是,而云峰[3]、仁山[4]说上下节又不见勾连顾盼处,

---

〔1〕 有子:指孔子弟子有若(前518—前458),字有子,是孔子弟子中的七十二贤人之一。因气质形貌酷似孔子,孔子死后,深受孔门弟子敬重。

〔2〕 先轸不顾而唾:先轸,指原轸,春秋时晋国卿大夫。不顾而唾,指头也不回吐唾沫,比喻盛怒。《左传·僖公三十三年》载,先轸因晋襄公放了秦国三将,一怒之下不顾而唾。

〔3〕 云峰:指胡炳文(1250—1333),字仲虎,号云峰,生平事迹见第32页第二个注释。

〔4〕 仁山:指金仁山,生平事迹见第177页第一个注释。

似亦非也。熟玩《或问》，方得其真面目。

二节

"孝悌"最真切底，于真切者不求其爱，又何能爱人爱物？惟专力于此，则一爱而可以无所不爱矣。岂非"孝悌"为"为仁"之本乎？"孝悌"为仁之本，是"为仁"中最切要底。

"孝悌"最真切（一层"所以为本"意），有此则意念恺恻[1]，仁爱洋溢（又一层"所以为本"意），故为"行仁"之本。"行仁"之本以实事言之，谓"行仁"自"孝悌"始也。

上二句泛言，便注"孝悌为仁之本"意。下二句正言中便有"务"字、"立"字、"道生"字意，故《注》补"学者务此"二句。通章"务"字最重，而"务本"却就"现成底"泛说。此立言之妙，当即其言以得其意。

"德"，即理也。"理"者，"有条理"之谓，在逐事上见，故贴"爱"，说得隘。"德"者，故有之良，在全备处说，故贴"心"，说得广。

"心之德"，即理之具于心者。未发时，"理"不可见，如何见"理"之在心？惟"理"发为情，而"理"见。而此"理"之所以能发而为情者，心为之也。则"理"之在心，亦于是见矣，故曰"心之德"。

"爱之理"，乃心德分出之一支。虽是分出，而全副道理亦备于此。与"义、礼、智、信"都相关，故谓"爱之理"，又谓"心之德"也。朱子云："说着偏言底，专言底亦便在里面。"可见不单是为《论语》第一个"仁"字故如此释也，然再详定。

"爱之理"是"偏言之仁"；"心之德"是"专言之仁"。看来"偏言之仁"中，又分"专言""偏言"。以"亲亲""仁民爱物"全副言，是"偏言之仁"中"专言之仁"；以"孝悌一端"言，是"专言之仁"中"偏言之仁"。"孝悌"一端便可生"仁民爱物"，亦犹"爱之理"可兼"心之德"也。但一是从"孝悌"后推行去，方生出"仁民爱物"；一是"行仁"去，便兼"义、礼、智、信"，则又各不同耳。

《语类》："孝悌为行仁之本，不可以一端言。"看来"孝悌"为百行之原事，更无

---

〔1〕 恺恻：和乐恻隐。恺，快乐、和乐。恻，悲痛、恻隐。

大于此者。然即天下事泛观之,亦毕竟是一端,故《注》下"凡事"二字,盖凡事皆有根本。切要处,《浅说》发挥甚明。

此章只说"孝悌为仁之本",但"仁"字原包"义、礼、智、信"。而"孝悌"是"仁"中第一件事。推之,因见其亦为之本。《时讲》不知朱子是推论道理如此,遂把"孝悌"重看。白文"本"字,亦说是"天下之大本""本"字。欲从朱子此一说,不知遂背朱子分别"本"字之说矣。胡不取《大全》小注[1]观之?

圈外程注"顺德",即朱子"其心和顺"意。但上节就"德"上说,不如就"心"上说,于白文"好"字犹切。此"德"字指"孝悌",下"德"字泛说。"论性"句另一意翻转来,推到"大源"处说,补有子所不及,正以见"为仁之为行仁"也。

朱子恐人头上安头,故载程子[2]说最详。

解"本"字,不用"始"字,而以"根"字贴之,《蒙引》看得最细。然不可谓"始"字,不是朱子释"本"字,而以"道之能生者"言,故曰"根"。程子是照"为"字,以"用功之次第"言,故曰"始"。要知用"根"字说,亦不离"始"字。

心本仁之理,发而为爱之情,是爱亦本之心。而和顺即从"爱之情"上见,以发而在己者言,曰顺;以发而及人者言,曰爱。"和顺"说得虚浅,"爱"字说得着实。上节朱注[3]照"不好犯乱",故以"和顺"贴"孝悌";下节程注照"为仁",故以"爱"贴"孝悌",其实是一般。

首节从"孝悌"横推,是说那自然底;次节从"孝悌"直推,是说那着力底。

朱子曰:"仁是个生底意,故配春。"观此,可见"仁道"之生,生于"孝悌",实生于"仁"也。然"孝悌"是"仁"之根苗,非"孝悌",则"仁"不能生矣。故"道生"必归于"本立"。

"本立道生"句,似与下文不甚粘,然玩"而"字、"生"字,有"自然"之意。故《注》加一"自"字,见得"本"一立,而"道"自然能生。所以君子以"本"为重,而先务之也。此句虽泛说,而"孝悌"为仁之本之所以当务处,正于此见。此正是有子吃紧诲人处。要知自然能生,又非绝不着力也。下文"为"字,正与"生"字相照。

---

〔1〕《大全》小注:指对《四书大全》的批注。批注文字因字体小于正文,故称"小注"。

〔2〕程子:指北宋理学家和教育家程颐。

〔3〕朱注:指朱熹的《四书章句集注》,包括《论语集注》《孟子集注》。

石攻〔1〕云："'道生'二字，起下'为仁'字。"

此章之旨，重"仁"边，不如重"孝悌"边，尤觉亲切。《时讲》一意重"仁"字，遂将"孝悌"亦打入"仁"中，正犯朱子《或问》〔2〕之所驳矣。要知就"孝悌"推出"仁"字，亦未尝不重。《朱子小注》〔3〕"求仁以孝悌为先"，是记者意思，非有子语气也，须知。

《新说》〔4〕重讲"孝悌"，谓"仁、义、礼、智"总是"孝悌之体"，"仁民爱物"总是"孝悌之用"。

按：此是谓一"孝悌"便不好犯乱，便能仁民爱物，是将"为仁""为"字作自然底看，把"为仁"工夫尽都略去了。故《困勉录》曰："'仁'与'孝悌'滚作一团，与'本'字终说不去。"盖谓之"本"，自是以"孝悌"对"仁民爱物"说，不是以"孝悌"统"仁民爱物"说也。

又一说，不将"仁民爱物"工夫略去，但重看"不好犯乱"，谓能"孝悌"，则"仁道"自此而生。"不好犯乱"，即此意而反言之。

按：此即《蒙引》说，是将"不好犯乱"直作"为仁"看了。然将"不好犯乱"踏实看，只是待人平平，带有"仁爱"底意思耳，何得便唤作"为仁"？盖下节意自说得深，俱再详。

"因此识彼"，故上节会有下节意；"彼终非此"，故上节不即是下节意。

《或问》特论"孝悌所以为仁之本"，故"爱之先见而尤切"句，在"人苟能"之前，是于语气外，因论下节，回绕上节说来，非合两节为一意，似不得泥此为说也。上是浅一层，下是深一层，所以又有"岂特不好犯上作乱而已哉"一语。

新说是将"为仁之本"提起贯通章。上是就深一层中浅言之，下是就深一层中深言之。

按：旧说只是由浅入深。上节乃"孝悌"一格中所自有者，故用决词；下节则于"孝悌"一格外推出者，故用疑词，观"矣、也、其、与"数虚字亦可见。

---

〔1〕 石攻：待考。

〔2〕 朱子《或问》：朱熹著有《四书或问》一书。

〔3〕 《朱子小注》：指《朱子四书或问小注》一书，又称《或问小注》，或《小注》。下同。

〔4〕 《新说》：指《四书新说》。作者李序，字仲伦，东阳人，生卒年不详，约元仁宗延祐末前后在世。李序从理学家许谦游，著有《细缊集》等。

不就"推行仁道"上看"孝悌",更为"行仁"之本。一条是就自然底浅说,一条是就着力底说到深处,故不同耳。

此章总是教人"务孝悌"意。上节泛就现成底说"犯上"曰"鲜","作乱"曰"未之有"。此是立言轻重处。至"君子"二句,起下"本"字,使云"天下事皆有本",而"孝悌"为"仁之本",亦奚不可?看他说个"君子"字,是以美名嘉予之;"务"字是以实功劝勉之;"本立"是以成立期望之;"道生"是以进步歆动之。虽未说出"为仁之本",而意已独至如此。末二句以绝大道理安靠在"孝悌"上,着一"为"字,正寓以进步勉人意。然主意在欲人"务孝悌",却只说了个"为仁之本",便住以"当务"意,"务之而仁道生"意。上文已泛就君子说了,故此处只于"也、者、其、与"四字含蓄之。《檀弓》云:"有子之言似夫子",于此已见一斑矣。

三 章

巧令,小失也。仁,大德也。小失何遂丧大德?无论务外者不及,料即旁人亦不加察,一经夫子点破,顿使人失惊,其警学者可谓深切恳至。须知一"巧令",真便"鲜仁",非甚其词也。"鲜"字委婉,"矣"字决绝,须就"巧令"上看出"不仁"来。若修整容色正是"求仁"事,不可谓外面修整便是。"不仁",只在外面用心,便是人欲肆而心体全荒矣,故曰"鲜仁"。

理、欲不容并立,才巧令,心便不在,便是人欲肆而不仁矣,非说那大奸大恶也。《朱子小注》:"只心在时便是仁,此心不在,便不是仁。"

《注》二"其"字可味,犹是言"色"也,而其言、其色则巧令焉。"致"字外面工夫,"务"字心里念头。玩《注》"当戒"句,自是警醒学者。"巧令"不必说到取媚乞怜上。

"巧言令色",有一等危言危服底,有一等华藻便利底,玩《小注》可见。

新说"巧言令色"是假仁者模样,故夫子曰"鲜矣仁"。

按:如此说颇似无味。疑此与色取仁不同。再详。

本文是戒"巧令",载程注,是指示人"求仁"也,非正意。

四　　章

此三事曾子实觉有纤毫未到处，故日为省之。提出"忠、信、习"三字，便见得与身极关切。

"曾子守约"上二件似可少缓，容有照管不到处自有此省，亦纳于约之中矣。"曾子质鲁"下一事为最密，故或有未能浃洽处自有此省，乃臻于熟境矣。《语类》"为人谋岂不是紧要事？"然律之君父诸大端，犹后一着，缓一步。曾子不省彼而省此者，想于彼已无遗憾，故特及于此耳。

二"吾"字微不同，上较虚，有"不容自诿"意；下则紧贴"身"说，有"极亲切"意。

"仁、义、礼、智"皆理也；"仁、义、礼、智"皆实而无妄则信也。"忠"字贴"心"说，乃蕴之于内者，故不曰"仁、义、礼、智、忠"，而曰"仁、义、礼、智、信"。要知"忠"亦是理，即在"信"字一条中。只是"忠"字要贴"心"说，"信"则为应事接物之实理耳。

"信"字兼已发、未发之实理，言实理之未发，而在内者为"忠"；实理之已发，而在外者为"信"。

"仁"如冢宰之统六官；"信"如政事之遍及于朝臣者。

天下无一事出仁、义、礼、智之外，而"信"贯四者之中，即谓四者之外无信可也。然亦有时而单举"信"者，疑亦如"仁"之有专言、偏言也。

"忠信"分言，"忠"在内，"信"在外；合言之，言"忠"便有"信"，言"信"便有"忠"。

虽是为人谋，而谋全出自我，绝不与人相干。与朋友交，则是我与人相接得，故用"忠、信"内外分贴。

曾子岂复有传而不学之事？但其质鲁[1]或有未能浃洽[2]处，故不曰"不学"，而曰"不习"。《注》下"熟"字最妙，当与首章参看。

"有则"二句，似在本文后一层，然即含在二"不"字、"乎"字内。"无则加勉""加"字，非"加益"之"加"，言"仍加勉"耳。

---

〔1〕　质鲁：质朴鲁钝。
〔2〕　浃洽：融洽。

即吾身缺略者随事致省,故曰"自治诚切",非"诚"字单指"忠信"也。下"本"字,即于"诚切"上见。

"忠信"为传习之本。此"忠信"宜泛说,与本文较不同。

《内注》[1]是从本章看出曾子之诚切,尹注是从曾子之守约见得能如此,宜参看。

《大全》朱子一条云:"此是曾子晚年进德工夫。"又一条问"三省、忠信",是闻一贯之后,未闻之前曰"不见得"。然未闻一贯前也要"忠信",既闻一贯后也要"忠信"。

按:二条不同。据《松阳讲义》[2]所考,以后一条为定论。今看来"三省"未知确是何时,但在圣门年最少,此云"传习"似是受业。随事精察时事,又须知是于君亲诸大端审察已熟,而后及此者。再详。

"三省"当是未闻一贯前事,"忠信"则是彻头彻尾底。

观朱子云"纤毫未到"等语,见得有时"忠信习"[3],有时便不"忠信习",故曰"有则改之,无则加勉"。

五　　章

白文"敬"贴"事","节"贴"用","爱"贴"人","时"便贴"民",是皆明言其所指矣。惟"信"字,不曾明说贴在何处。玩"事"字,不离政令,而上节"信"字,朱子谓"凡事以实",则此处"信"字,似亦可贴"事"说。而《注》乃曰"敬其事,而信于民","民"字颇似添出。《语类》亦未明言所以如此解之意。意"道国之信"[4],必贴向"民",方有头项,盖必行之于民,而后见不欺于民,方是"道国之信"。

"敬"字似亦可贴"接民"说;"信"字似亦可贴"做事"说。此分言之,何也? 看来,"事"字自有政命及民者在,但课之于己,全是要"敬","敬"了方言"信",不

---

[1] 《内注》:内文中解释词语的文字,方便读者理解文意。

[2] 《松阳讲义》:作者陆陇其。见第16页第一个注释。

[3] "忠信习":是三句话的简称。《论语·学而》章中,曾子曰:"吾日三省吾身:为人谋而不忠乎? 与朋友交而不信乎? 传不习乎?"这三句话中,包含忠、信、习三字。

[4] 道国之信:《论语》原文为"道千乘之国,敬事而信"。"道国之信"是对这两句话的缩写。道,同"导",引导或领导之意。

"敬"，更说甚"信"？若施之于民，则全要"信"，以"敬"字犹说得虚也。

"接民"不是便离了"敬"，但"信"较急；"做事"不是便离了"信"，但"敬"较急，故如此分贴耳。

道，治也。是以实字作虚字解，甚明。《或问》乃谓"道者，治之理"，则直作实字看矣，恐于本文不顺。且曰："治者，政教法令之为治之事也。"夫子此言"心"也，非"事"也。看来政教法令似只是治之事，非"治"字字义也。本文"敬信节爱"亦自是"治之道"，似不必单以"治"字，安在政教法令上，而谓为在外也。且"道"与"治"不同，则《大注》〔1〕应加一"犹"字矣。故《蒙引》谓："此朱子未定之见。"然再详定。

"主一无适"〔2〕，朱子说兼动、静。但此章专以"动"言。

"要"字是此章骨字，须知非单谓"心为事之要"也。《或问小注》云"此皆是大纲所系"，故曰"治事之要，非只论心也"，甚是。

杨注提"心"说，亦是就"事"上言"心"。但"事"字说得浑，说得略；"政"字则又说得宽广详备。凡一切纪纲法度皆是。《小注》"治事"二字，却与"政"字一样看。

为圈外许多议论，故此下个"五者"字，自是五件平看。

言"千乘之国"，自是对针当时诸侯说。但此"五者"虽浅近，而实未尝不高远。程注看得好。

《或问》谓杨氏〔3〕说曲折详备，《蒙引》驳之，过矣。但以"身先"之句微觉未妥。玩"虽有政不行"句，见得虽是论心正，非略去事也。

胡氏拈出"尤重者"以示人，朱子复以"五者相因"足成之，见得虽以"敬"为主，而"五者"又一件少不得。

玩诸说，"敬"亦有"偏言""专言"之异。本文"敬"字贴"事"说，是"偏言"。胡注与本文同。"偏言之敬"一废，则无往不废，可见"敬"之为重矣。"专言之敬"如"修己以敬"方是。《小注》藉彼"敬"字，说此"敬"字，似少差。

---

〔1〕《大注》：指大字注本《四书章句集注》。古代书籍排版分大字和小字，经典正文多为大字，注解多为小字。某些版次的书籍也分大字注解与小字注解。大字注解句首低一格，小字注解为小字双行夹注。

〔2〕主一无适：专心于一件事，不向别处分心。

〔3〕杨氏：指杨时（1053—1135），字中立，号龟山，祖籍弘农华阴（今陕西华阴）人。生平事迹见第7页第二个注释。

看来只是此"敬事""敬"字,与"修己以敬"二字原无两样。但彼兼动静,此只以动言耳。《小注》未可议。

上截废,则下截废;下截废,则上截亦犹之废。所以有"相因"之说,言"相因",而"次第"在其中。

"五者"固反复"相因",而上二句说四事中以"而"字贯之,可见各句内两事相须尤切。

别项相因处皆易见,惟"信"与"节用"颇难说,即《语类》亦未见确切。

按:"节用"有"近实"之意,故信了方能节用。

陈潜室[1]说"五者相因"处与朱子异。朱子各项开说,言"敬"因乎"信"者,有"信"方可相济而行,不然则"敬"孤了,终无济于国。陈氏是总归上截,言"无信"则有妨于"敬"。推论之亦是如此,然终以各项开说为正。

敬信以理言;节用时使以事言;爱人以情言。总之,皆"心之德"也。

六　　章

"收其放心,养其德性"八字,说尽此章大旨。玩"弟子"二字,便有责成父兄意。但不可泥,正面自是言"弟子之职"。

二"而"字微不同,谨、信两平。"而"字承上起下,言既"谨",而又要"信"。"亲仁"是就"爱众"中抽出尤重者言之,"而"字有进一步意,言"既谨爱众",而尤要"亲仁爱众",是平情相待,和气相接。泛,广也。"广"字属"己","众"字贴"人"。

"仁"兼德行学业,尊长则师之,同辈则友之。

余力,力也。暇日以"时"言,故《注》加"犹言"字。

诗书非限定,二经六艺有明其理者,有身其事者。

程注、尹注以"行"为重,必有余力而后可以学文。洪注[2]、朱注见文不可阙,

---

〔1〕 陈潜室:字器之,浙江永嘉人。南宋学者,又称为"潜室先生"。官至通直郎。少时师从叶适,后从学于朱熹。讲学于明道书院,思想倾向于程颢。著有《木钟集》。

〔2〕 洪注:洪,盖指洪兴祖(1090—1155),字庆善,号练塘,丹阳人。南宋时期官太常寺博士。曾著有《论语说》一书。

既有余力，又不可不学文。学文所以启其知，不单为辅助上六事也，而"辅助六事"意亦在其中。

弟子无所知识，故先令服习其事，以植其基。即学文，亦不过粗通大凡。

《集注》只谓考成法识当然，而不言其所以然。追入大学后，讲明义理，剖析精微，见闻日以广，识见日以精，而所行又即此而推之，以究其蕴，尽其余，所以有先行后文，先文后行之异。

五伦首重"孝悌"，故先及之。"行"重于"言"，故先"行"。后言"持己急于接人"，故己先人后。此皆"行"也。又当济之"文"，以启其"知"，故以"学文"终焉。此立言次第。

六艺如何考究得成法？朱子曰："小学中一事具得这事之理，如礼乐须知所以为礼乐者。如此从此上推将去，如何不可考成法？"

按：此语不甚分明。看来"射、御、书、数"甚难，与考成法扭合。即"礼、乐"推将去，恐亦非弟子所能。缘今无此学，所以无考究处，为之闷闷。阅王济[1]"文诗书"，贴"考成法"，"六艺"贴"识当然"，似亦好，但不可泥。

七　章

此章自是论学。子夏因学者徒事空言，鲜有实行，虽云"穷理致知"，但皆口耳而已。惟于贤亲君友间各尽其诚，乃为穷理之学，非徒事空言者比。

上"贤"字，是"好"字意，尚虚，与下"事"字、"交"字一例。下方实说有"尊之""亲之"二意。

不曰"竭心"，而曰"竭力"，以"内外"言也。不曰"致力"，而曰"致身"，以"常变"言也。竭其力，兼理所当为，势所能为。言"致其身"，兼"常变"。言"常"，则食少事繁。不惜"变"，则荣辱死生不惧。言"有信"，兼内外如一、始终如一。言"精神"，全在"易"字、"能"字、"有"字上。此中便含有"学"意，与下一气贯注。

上"学"字，诸说属"知"；下"学"字，知行异议。玩《内注》，自属"知"边，与上

---

〔1〕　王济：字巨川，深州饶阳人。北宋官员。

"学"字一例。

"致极",尽也;"委弃",置也,故《注》加"犹"字。

"贤贤",亦取友中事,故曰"皆人伦"。分之,则"贤贤"以"师道"言,交友以"友道"言,故曰"四者,朋友为五伦之末"。曰"皆人伦之大"者,对"百行"言也。

"学求如是而已"句最精,欲将"学"与"行"打成一路,便见"行"从"学"出。"学"原绾着"行",无"行",则非"学"也。子夏意思,此句已豁然。

又,此句就"学"上说出"行"来,在"实行"前说。"必其务学之至",是就"行"上推出"学"来,在"实行"后说。两句正相应。

世有质美自能如此者,但甚少。能此者,多是得力于"学"。"苟非""必其"二句,语意圆到。

据《蒙引》"必其务学之至",是周旋语意处。盖以子夏意思,不作"致知之学"说,原以质美为学,故见其废学。愚意"苟非生质之美"句,是周旋语意处。盖子夏意思,正作"致知之学"说。为"质美"者少,务学者多,故略去"质美"一边,概作"得力于学"说。不知世原有"质美"人,今只说一边,遗却一边,则"学"字便说得不清了。昧其意者,将泥其言。谓质美无学者,亦可谓之学,则学可不务了,故见其废学。《内注》就其意,观其言,活看,曰"未学",自是无弊。《外注》就其言,观其言,坐实看,曰"未学",故有废学之弊。如此看,内外注意思只是一串。

旧说吴氏[1]意,"善"只就"即此是学"说。愚意将"未学"句活看,则见其意之善;坐煞看,则见其词之过,似与《内注》较合。就"行"中说出"学"来,则其意之善;就"行"中浑说是"学",则其词之过。

余旧说以"苟非"句为周旋语意,今看来两句俱是清醒他语意处。旧说犹不清。

看来毕竟以上句为周旋语意处,有上句,则下句自分明矣。

子夏以"质美者"少,故将"质美者"一层撇过,单以"得力于学者"言,故曰"必谓之学"。其说原无弊,但只浑说了个"学"字,未清醒出"得力于学,不兼质美"意思来,故觉含糊。《内注》"苟非"句,撇过"质美"一层;"必其"句,单指"务学"一层,

---

〔1〕 吴氏:结合后文,此处吴氏应指吴因之。

清醒出他语意来，自可无疑。若泥其言而误解之，将谓他指质美能此，即便是"学"说，故有废学之弊（语病在"必"字）。据《语类》外注，是直认作即此是"学"，故有"废学"之弊（毕竟此说是余旧说非也）。据《或问》外注，是恐人误看作即此是"学"，而有"废学"之弊，似当以《或问》为主。

谓"诚于尽伦，即此是学"，此《语类》说。吴注[1]意与《内注》不合，不可用。若只说"敦伦必出于学，非学必不能如此"，与"务学之至"句合矣。

但是重在"学"，不重在"实行"，不见"务本"意了。与"学求如是而已"句，亦少体会矣。惟从《或问》说方是。盖谓词章口耳之学非是"学"，讲求伦理、实欲、敦伦，此方是"学"。今有诚于尽伦之人，自必是出于学底，非学必不能如此。盖"学"原是讲求伦理、实欲、敦伦者也。

必谓之"学"，"不平"是断其"为学"，乃是深赞其"善学"，正指示人"学原在此"，非词章训诂之谓。莫把章句训诂认作"学"，而于讲求伦理、诚于尽伦之人，反不谓之"学"也。但说来不清，抑扬太过，似是即此是"学"，不必再"学"了，故其流有"废学"之弊。

"必"字神理，是极力断其为学，故《注》下"务学之至"。"至"字极力断其为学者意，盖谓"学原在此"也。极力断其为学，"非学必不能如此"是题面，"学原在此"是题意。惟见"学原在此"，故于此极力断其为学，而以为非平日讲求伦理，不能如此也。俟再详。

是"非学不能"意，不宜另作一意看。《或问》"且"字不必泥。

游注[2]前六句一串说"三代之学，皆所以明人伦。能是四者，则于人伦厚矣"。可见"行"中自有"学"，非"行"外之"学"所能加矣。重"务本"二字。

子夏以文学名，且设教西河，其不欲废学明矣。此言正务本之意。言有学者，不必有行；而有行者，自必有学也。

事父母而曰"竭其力"者，盖父子以恩胜，故只期"竭力"而止。若后世割股刳肝，欲疗亲而反伤亲意者，必圣贤所不取。大舜不死于井廪，正留其身为"竭力"地；且恐遗亲以杀子之名也。若变出非常，有时当捐躯以殉者，但此事甚少，故不

---

〔1〕 吴注：指吴因之的批注。
〔2〕 游注：游，指游酢，生平事迹见前注。游注，指游酢的批注。

曰"致身",而曰"竭力"也。事君而曰"致其身"者,盖君臣以"义"胜。常变安危,其所时有。且正色立朝,一言便可以忤君,一行便可以招祸,非不有其身,虽宣力效劳,未可以言事君矣。必若易之"蹇蹇匪躬〔1〕",武侯〔2〕之"鞠躬尽瘁,死而后已",方能无愧。故不曰"竭其力",而曰"致其身"也。

八　　章

此章虽如此序次,其实无甚先后,与"时习""志道"等章言"学"中之境界者不同。初学、积学俱当如此。故陆公〔3〕谓:"'四件'〔4〕是彻始彻终工夫。"

首节

"学"兼知、行。"不固"兼已得、未得。二"则"字甚紧。

不曰"则学不固",而曰"学则不固"者,盖"学不固"与"不威"较不同。"威"与"重"原是一套事,若"学"与"重"则只是相关,不是专靠定厚重者也。

孙贻仲〔5〕曰:"此章不当以'固学'贯以'固学'。'根厚重来'下三句,非'固学'之功也,以'学'字贯却不妨。"

愚按:此"学"字以知行言,与通章"学"字异。据通章看来,虽皆有知行意,然又不仅是知行。如此节不重,自是在"言貌"上说,若以此"学"字贯通章,则是只以知行言"学",首句便非"学"矣。

《注》"厚重",总是"沉静端庄,不轻浮"之意。然不曰"厚重",而曰"不重"者,照下"威"字尤切也。"威严",大概是言"人见得如此"。

"不重"则"不威"原是一套事,人所易知;"不重"则"不固"未便是一套事,人不易知。故特解曰:"轻乎外者,必不能坚乎内。故不'厚重',则无威严。""则"字是一气说下。"而所学亦不坚固","而"字、"亦"字是进一步语,此句较重。

〔1〕　蹇蹇匪躬:指为国忠直谏诤。蹇,通"謇"。语出《易·蹇》。
〔2〕　武侯:指诸葛亮。卒后被追谥为"忠武侯",后人多称其"武侯"。
〔3〕　陆公:指清代理学家陆陇其。生平事迹见第16页第一个注释。
〔4〕　四件:指贤贤易色(意思是重视妻子的品德,不重容貌)、事父母、事君、与朋友交四事。
〔5〕　孙贻仲:生平事迹待考。

按：《语类》此节以"敬"言。然朱子尝言"恭主容，敬主事"，今看来"敬"字亦可指"容"说。所以朱子又曰："在圣贤'敬'不如'恭'之安，在初学'恭'不如'敬'之切"。

二节

《注》"为恶则易，为善则难"，盖不忠信便是恶，为恶处处不离虚诈，为善则绝用不着。是从反面后一层透出"所以当主"之故。

程注："'忠信'为立人之道，不可不诚。且人心易于走作，更不可不以是为主也。""不诚无物"，似亦朱子意，然觉更深一层。

真西山〔1〕曰："'诚'指'全体'言，'忠信'指'人用力'言。尽得'忠信'，即是'诚'"。朱子曰："'忠信'有些是'诚'之用。"

按：此言"用"，亦只以"心"言，至"信"方发出，又是"忠"之用。

三节

"不如己"正面，有如己、胜己两层。"友"所以辅"仁"，当兼知、行。

四节

有过不改，病根只在一"惮"字。圣人明为拈出，而连下"则""勿"二字，真有剪草除根，斩钉截铁之意。

"惮"只是"畏"字意，惟"难"故"畏"。二字不平，要知言"畏"，便抱得"难"，不然惮个甚？

"治"，锄去也，即"改"字意。"不勇"，即"惮"字意。过而不改，则化为恶。恶即此一事之过，日长又由此推开说，别事之恶已伏于此矣。"速"字承"日长"来，正是白文"则"字。"不勇"以"力"言，"畏难"以"心"言，"苟安"以"所处"言。

程注"知"字，从"学""问"字来，此正为"知而不改者"言也。白文只一"过"字，

---

〔1〕 真西山：指真德秀(1178—1235)，字实夫、景元、希元，号西山，福建浦城(今浦城县)人。南宋后期著名理学家，与魏了翁齐名，学者称"西山先生"。南宋庆元五年(1199)进士，历任礼部侍郎、户部尚书、翰林学士、参知政事等。学宗朱熹。修《大学衍义》，创"西山真氏学派"。著有《真文忠公集》等。

生出“善、恶”二字，见得“过”尚在“善、恶”中间。“改”则“善”，“惮”则“恶”。要知“过”已入“恶”一边了，故宜速改以从善。

首节已明说所以当重之故，下三节《注》补出。

圈外程注，是通论一章大旨。

按：章旨有两样，有就本文而探其意所主者，有就本文而论其言所列者。此及游注只是论其言。

岱云谓：“游注以威重为质，‘质’字以‘质干〔1〕’言。‘学以成之’，不是威重前不曾学，是以他做个质干，却又学以成之。”此“学”字，合“始终”而言，说得赅广。此说与《蒙》《浅》〔2〕不同。

愚按：“学以成之”连上文读，言所以能有此威重之质，以学成之也。如此，方见“威重”中亦有“学”在。但玩此文势，毕竟是以“学则不固”“学”字贯通章了。俟再详定。

独首节“穷其弊者”，人多以此为外面事，与学问无关。即或知“不威”之弊，亦未必知“不固”之弊也，故云。

九　　章

首句字字有味，不曰“丧”，而曰“终”者，父母于此永终，断不可忽。但人当此急遽匆迫之时，往往忽之，故用“慎”。“慎”有事事精详，不敢一毫留悔意。不曰“祭”，而曰“远”者，见一脉相传，虽远不可忘。但人当时移物换之后，往往忘之，故用“追”。“追”有触目伤心，想不忘之意。《古注》〔3〕以“哀敬”贴之，《集注》易以“礼诚”，方于“慎”“追”二字有体会，方尽“德厚”之致。

当时在上者多忽此。如“三年之丧莫之行，禘自既灌而往不欲观”之类可见。故曾子为此言。

---

〔1〕 质干：指事物的主体。

〔2〕 《蒙》《浅》：指《四书便蒙》《四书浅说》。《四书便蒙》作者不详，该书有康熙时期俞长城、焦袁熹、戴有祺注本，道光时期亦有刊本传世。《四书浅说》见第39页第一个注释。

〔3〕 《古注》：指《十三经古注》。此书由东汉郑玄等人编注。

《注》"盖终者"五句，是将白文二语上下打通，泛论道理如此。下四句方贴"人"说。

"忽则不尽礼"对"慎"字；"忘则多不诚"对"追"字。

此节看来，是以下句回抱上句，不当以上句想象下句。

《蒙引》"民德归厚，亦是慎终追远，而各念所生"，《困勉录》曰："'厚'字宽说，不必指'丧祭'。"二说不同，看来当以《蒙引》为主，参用《困勉录》方备。

云峰"惟民生厚"之说本杨氏[1]，《或问》驳之。看来似亦可用，俟再详定。

"民德""德"字，《蒙引》只作"民心"看。

按：直作"德"字看，似亦可，再详。

十　章

首节

言"至"，则非习于是者。"是邦"，则不止一邦。两层逼出"必"字，所以可疑。"必"与"偶然者"不同。

"求"属"子"边，或可操券而获；"与"则属之"邦"，君恐不尽贤，而皆欲就正。可见"与"字全无把鼻，故加一"抑"字。原意重在"求"，故下节单以"求"言。然又不敢执定，故兼带"与"字。设子贡言"是与"，禽[2]又将问"所以与矣"，看来下节不必补"与"字。

二节

"温、良、让"有"和易"意思；"恭、俭"有"谨严"意思。五者在夫子一时俱有，在子贡则从旁细细摹拟出来。

"夫子之求之也"，言夫子这样求法与人不同。故"求"字，俱粘"之"字说。"与"字，有赞叹意。

《注》"厚"，乃"宽厚、深厚、浑厚、厚道"之"厚"，与"厚重"不同。如无轻喜易

---

〔1〕　杨氏：指杨时，生平事迹见第7页第二个注释。

〔2〕　禽：孔子弟子，春秋时人。姓陈名亢，字子禽。

怒,嫌长憎短之意。

"良",良善也。"易",平坦无险深之容。"直",正直无委曲之意。朱子以开口见心说"直"字,在言语上说,要亦兼容貌。如怒者常情,笑者不测,此便是容貌之不直。

西山谓:"庄主容,敬主心,由中达外,故曰恭也。"其意或谓非敬则流于色庄。然圣人之"庄",不必补'敬'字。愚意"庄"主"容","敬"主"事",皆以"外"言。此时固无别事,如一举一动皆是。姑存之,以备一解。

"节"在"好"边说,"制"在"不好"边说。言有自然之界限,而裁制收敛,使无放肆也。看来余皆平对。此二字是一串(依西山,"庄""敬"二字亦是一串)。

"俭",朱子既以"衣冠、服饰、用度"言。则"恭",是以"耳目手足"言也。

曰"盛德光辉",曰"德容",曰"德盛礼恭",有外必有内,正如影不离形。

"光辉""容""礼恭"只是一样。"容"是本体,以"中乎节者"言曰"礼恭",以"光耀照人者"言曰"光辉"。子贡驳"求"字甚婉,朱子恐人误看,故将"未尝求之"一语直驳之。

吴因之以"不求"二字抱尽通节大旨,自于《集注》合。然将"温良"句专作驳"求之"看,犹觉未安。盖首句自是闻政之实,此是彼非,只是暗与"求之"对照,未便是正驳"求"字处。下二句方是正驳"求"字。《集注》"所以如此云云"者,因首句已带有"求"底意思。通节语意原自一串,且恐人误看,谓是以"温良恭俭让"去求,故直探子贡大意而言。先云"未尝求"之语意已自分明,下用"但、其、自、耳"数虚字,又明与"求"字对照。下又直云"非若他人,必求之而后得",可见"求"之一字,总于夫子安不上。此却正是子贡之意。《注》只是举其大意而言,未便是正贴他语气处。"今看来"一节,虽俱有"不求"意思,而首句自是说"所以闻政",并不是"求"之实,语气自是郑重。若用"但、其、自、耳"字正贴首句,则精神便觉顿减矣,故因之[1]说"虽善而犹混"。再详。

"温良"句自是应"必闻其政";下二句方是驳"求之与"。虽是如此,言"是此",则便有"非彼"意思。玩《注》用"但、其、及、自、耳"数虚字,正见意思是一串。

言"夫子未尝求之"一段,见子贡之言,是借其"求"字而反言之,非真以"温良

---

〔1〕 因之:指吴默,字因之,生平事迹见第 22 页第四个注释。

恭俭让"求也。五句一气读。"夫子未尝求之"，非若他人"必求之而后得"，二句紧相照应。中三句见得"是此则非彼"，可知是以下二句回抱上二句，非以下二句统上二句也。吴因之谓："一节只是'不求'二字，非'温良'句为闻政之实。下二句始明'其不求也'。"此说殊混。

看来"夫子未尝求之"句，安在"温良"句之前，使上下打通亦可。但用"但、其、及、耳"字描写。白文上句"必非"语气，《注》用此数虚字，只是于言外见得白文原是一串耳。

圣人事上使下，凡与人相接处，莫不有"过化存神"[1]之妙。此际诚非可一揣测也。然全副"过化存神"处，只是一个"盛德"之所发。但即此而观，虽不见全副"过化存神"处，亦可见是"德盛"发为"礼恭"。而"过化存神"之一节，不愿乎外。仁山谓："是照'求'字说，然亦醒出'过化存神'意思来。"

离却"盛德"，固不可言"过化存神"。然单谓是"盛德"之所致，将外面作用看成是另一截事，则"过化存神"未有不入于渺茫者。如无为之化，亦必是己先孝，而民始孝；己先悌，而民始悌。"过化存神"全在"盛德之所发"上见，非离却外面，单凭在内之"盛德"，便有甚"过化存神"也。"温良"五者，正是"盛德"之所发，"过化存神"即于此见。所以"盛德"必粘"礼恭"说。

夫子之感人，以"己"言则有是"德容"，以"人"言又皆有"好德之良心"。所以"知愚贤否"一接之下，便不知不觉自然感化。此便是"过化存神"之妙，非谓真有甚不可测处也。玩内外注，何等实落！《时讲》不知"未易窥测"句是说"全副"处，遂将"过化存神"之妙说入幻境，殊觉未安。

"未易窥测"，是说"盛德"之所发处。如遇下大夫则"侃侃"，上大夫则"訚訚"，在乡党则"恂恂"。由此推之，凡接世间人莫不有感动处。此则"未易窥测"耳。内外注四"亦"字，皆是对"全副"言。

自"圣人过化"以下，是"为学者"言。谢注[2]正申明圈内末句意，又恐学者有

---

〔1〕"过化存神"：语出《孟子·尽心》，"夫君子所过者化，所存者神"。谓圣人所过之处，人无不受到感化。圣人的思想和意念，都会存在于人们的心中。旧时多用以称颂贤哲人物的仁德和神圣。

〔2〕谢注：谢，指谢良佐。谢氏是程颐弟子，对儒家经典多有自己解释，创立了上蔡学派。生平事迹见第97页第三个注释。

未能专政之疑,故又取南轩说"圣人之德无不备"。即"子温而厉"一节,亦只在"容貌"上说。若此章又只"温"之一字,所以《注》下"过化存神"二句。

十 一 章

此论"观人子之法",非泛言"观人"也。上二句先观其善否,善则贤子矣,然未可为孝也。子必以"孝"为极则,故必天性纯笃,不忘其亲,乃见其孝。

通节折转说下,首二句亦非两对话头,玩《注》"然后"字可见。

通章相因说下,有一层进一层之意,看来重一"孝"字。然上二句亦不轻,苟志行不善,更说甚"三年无改"? 所以必从"志行"上说起。《孝经》云:"始于事亲,终于立身。志行正,立身之大节也。"父贤,子固当继述;即父不肖,而克自奋厉[1],亦可以光耀父母,则岂非子道之当然乎? 然立身虽善,而无不忍之心,于父母分上犹有欠缺,故不得为"孝"。

观"可谓"字,末二句亦有"观"字在。"孝"字虽紧贴"三年无改"上说,亦是本上文言。非离却"善行",单以"三年无改"为"孝"也。

《注》"观此足以知其人之善恶",疑总承"志行"。玩"又"字,可见"孝"离不了"善行"。玩"必能乃见"字,可见又不靠在"善行"上。

观"志"观"行",俱兼善、恶两路说。下二句却只说了一面。然玩"可"字,亦有那一面在,故《注》云云。

尹注提"明孝子之心",游注则言其事。

如其道则终身无改,孟庄子[2]是也。如其非道,何待三年,周宣王[3]是也。

《语类》:"此有'处变'意思,必是有为而言。"陈新安亦曰:"此为父子志趣事,

---

[1] 奋厉:激励、振奋。

[2] 孟庄子:春秋时鲁国大夫仲孙速,孟献子之子。鲁襄公十六年(前557),率师拦击齐军。齐灵公赞其勇猛,下令撤围。孟庄子后会合晋军攻至齐都城下,与莒会盟结好,领兵伐邾。曾子评价孟庄子"不改父之臣与父之政",难能可贵,是孝的典型。

[3] 周宣王:西周晚期国王,姬姓,名静(一作靖)。共和元年(前841),"国人"暴动,周厉王仓皇出逃,姬静因召穆公保护得以不死。共和十四年(前828),召穆公、周定公立姬静为王,是为周宣王。周宣王在位时,整顿军旅,北伐猃狁,南征荆楚、淮夷、徐戎,相继获胜,"复文武之境土",史称中兴。

为之不同者言之。"如此看极切。然圣人言语包括自广，亦不可泥看。

十 二 章

首节

此章陆公重下节，周聘侯[1]重上节，《时讲》则上下节兼重。聘侯谓"下节是有子言无隙漏处"，今玩"有所"字、"亦"字，周说良然。以春秋之时势想来，出了原壤子[2]、桑伯子一流人，则下节恐亦不轻，非必单是补语漏也。但不可过重下节，反轻看了上节耳。再详。

当以《总注》为主。上下节俱重，但语气却是一串。

出口"礼"字，便有"严敬"意，贵"犹是"也，言必如此方是也。所以《注》下"必"字、"又"字，非拘迫者，亦是而"和"为"尤贵"也。"道"即是"礼"，以先王制之，为后人所通行者。言曰"道""斯"字，玩程注，自贴"和"。说"美"字，与"贵"字不同，乃"尽善尽美"之"美"，是现成底。"之"字，贴"道"说。

此节重上二句，下三句只是申明上二句之意。虽溯及先王，却不是进一步语。盖上二句已有下"先王之道在和"意。下特明揭出"先王"来以动人，见人之行"礼"者不可不"和"也。

《注》"天理"，不即是"礼"，"天理"之"节文"是"礼"。"人事"不可谓之"礼"，"人事之仪"则是"礼"。

朱子曰："'节'，等级也。'文'者，不直截而回互之貌。"陈氏曰："'节'无太过，'文'则无不及。"

按：朱子是正解"节文"字面，陈氏是就"节文"上看得如此。

"节文"就"理"说，是"礼"；"仪则"就"事"说，是"用"。但人事之"仪则"，即"天理"之"节文"。盖"礼"之可见者，只人事之"仪则"而已。黄勉斋[3]似将"节文"

〔1〕 周聘侯：名周大璋，字聘侯，安徽安庆人，生平事迹见第69页第一个注释。
〔2〕 原壤子：姓原，名壤，"子"是时人对男性的敬称。春秋时期鲁国人。原壤在孔子看来不重礼仪、碌碌无为，是个不懂事的人。
〔3〕 黄勉斋：指黄榦，南宋理学家，生平事迹见第108页第四个注释。

“仪则”平看了，不若陈氏“体用”之说为善。

“和”者，顺适之意，指“心”说。《批注》为“从容不迫”者，贴“行礼”时说，乃“和”之迹象也。再详。

有是心，自有是象；有是象，必本是心，意原一串。

“从容”对“牵强拘迫”者，如人本不欲读书，即强读之，只形扭捏。若甚爱读，自然和缓顺适，不拘迫矣。“但无不迫”字则“从容”，只是对“急遽”说，故必四字相粘，而义乃全。

朱子“心安处便是和”，此意即在“从容不迫”内。但“心安”以“内”言，“从容不迫”以“外”言，而兼内一层在，谓和乐顺适而无艰涩之状也。

本文只言“用”，此言“体”，何也？盖“礼”是有形象底，所以有“体”。然非人不行，则“体”亦即在“用”上见。即“体”即“用”，正不能离“用”以见“体”也。

晚村曰：“‘礼之为体虽严’句宜着意，方见‘用之为贵’四字不是混下。”

“出于自然之理”，“出”字宜玩。言“礼”之严处，是从那“自然之理”中出。可见“自然之理”是“礼”之根源。陈新安曰：“从容不迫，盖从‘自然之理’来。”又可见“理之自然”者，是即“和”之上截。盖“自然之理”不能自显，因制为“礼”以显之。惟“礼”从“自然”出，故行“礼”时，便带得一段“自然”意思在。是即所谓“和”也。“和”便是那段“自然”意思之显著处。

“自然”，即未有礼前之“和”；“和”，即既有礼后之“自然”。“礼”从“和”出，故“礼”以“和”行。

“和”是“美”与“小大由之”，故《注》曰：“此其所以为美。”“所以”字，在“为美”前，可见“美”与“小大由之”，皆就“现成底”说，而此“和”，正“美”与“小大由之”故也。言先王之道，人皆知为尽善尽美，而“小大由之”矣。斯“和”乃其所以为“美”，而小事大事无不“由之”也。“美”与“小大由之”是一气说，皆承“和”来。所以“小事大事”句用“而”字，不用“故”字。

《详说》〔1〕云：“此因用之贵和，而叹先王之道本和也。”二语说三句之旨最分明。

---

〔1〕《详说》：指《四书详说》。作者曹端，字正夫，河南渑池人。明永乐六年(1408)举人。主要著作有《〈太极图说〉述解》《〈通书〉述解》《性理文集》等。

细玩"礼之用"三字相粘，"用"字自是属"礼"。若直说"礼为人用"，便抹却"之"字了。故只须说"礼之用"，便自是"人之用礼"意。沧柱泥住"礼非人不行"意，而讥《存疑》之非，亦误矣。

"体严"，自是"礼"字正面。由此而追溯之，是出于"自然之理"；由此而实体之，是"礼之用和"。不曰"礼出于自然"，而曰"礼之用和"，只就下一截说者，盖说"用"处，于教人尤切也。玩"和为贵"，其言引而不发，正令人深知夫"和"，而不得其所以然也。

"礼"本是严底，如何说"和"？稍留意于"礼"者，便作如是想，自可以真知夫"和"矣。真知夫"和"，便见得与"礼"相关。此"和"，正所谓"礼中之和"也。若但绰此口气去，早把"礼"忘却一边，自然所知不真，而为下节之知"和"。沧柱驳"和不可令人知"说，诚是。《语类》亦云："苟不知以臣事君，以子事父，合用为此，终是不解'和'。"

"立心"，即《注》"一于和""一"字。

"立心"一条最易误看。要知朱子此条不过申明"人不可立心"，要"和"耳。其引"恭而安"为证者，犹言"人只知道'礼'中自有'和'在，自然不待勉强而'和'"。才说要安排个"和"，便添了一个"只"。重在"安排"字，所以将圣人之"安"，来说常人之"和"。意只如此，非谓"和"不可知也。

二节

"所"字宜玩，便有下二句意。"不行"只是"和"不行，此已无"礼"了。观下"不以礼节"句可见。

过下云"礼之用和"，则"小大由之"。如此是"和"，固无所不行也。然复"有所不行"者云云。

"小大由之"，言"礼"之无所不行也。然"礼"以"和"行，"礼"之无所不行，正"和"之无所不行也。而"和"亦复"有所不行"者，以徒"和"也。

"而和""和"字，与上节"和"字不同。上是"礼中之和"，此是"礼外之和"。惟"知和""和"字，在二者之间。本上"和"字来，而却为下"和"字之根，其名是"礼中之和"，其实已认向"礼外之和"去。沧柱谓："旧说'和不可令人知'者非是。"此语固然。但此"知"字,不是真知。惟知先差,而"行"亦因之差矣。

"不以礼节""节"字,与上节《注》中"节"字较不同,上是"礼"中自然之"节",此是以自然之节节"和"也。上"节"字较实,此"节"字较虚。"之"字以"和"言。

首句紧承上节来,是从"真和之行"上说到"伪和",故曰"有所不行"。"亦不可行"紧承上二句来,是从"伪和之行"者回照"真和",故曰"亦不可行"。添一"可"字,见"知和而和"者,在彼亦何尝不行来?然非"礼中之和",必至于流荡忘返,自是不可行。

要知"不可行",与上"不行"非有二意,但加一"可"字,语益醒。

《注》承上文,是承通节,不只"小大由之"一句也。"徒知",便不是"真知"。

"礼"之本然内便有"和",与"礼之本礼"不同。此句紧贴"知和"二句说。"所以"字,与前"以其"字相应。盖中二句一串说,是所以不行之故。"流荡忘返",与"不复以礼节""复"字相应,俱合当下。以至后来并说在内,非流弊也。聘侯看"复"字,似得朱子之意,然再详定。

"亦非复""亦"字,对"拘迫者"说。而"亦不可行",即是正文"亦"字,对"无所不行"说。

程注发明所以"和为贵","不可行"之故。"礼胜则离"[1],从上节反面说;"乐胜则流"[2],从下节正面说。

范注[3]从"礼之用,和为贵"一句上,看出"达礼乐"之本。见有子之言[4]不只说了"礼",便见礼、乐相关意。

拈出"礼之全体"示人,是并为"拘迫"与"流荡者"儆也。"理之自然",与"自然之理"不同。"礼之全体",包前"体用"而言。上四句是论"礼",下四句方说"人之用礼"。

《内注》"礼之体严",《外注》"礼之体敬",看来"严""敬"不相离。以"分之不可

---

〔1〕 礼胜则离:指礼节过分,亲属也显得疏远了。语出《礼记·乐记》。

〔2〕 乐胜则流:过分强调乐,会使人际关系变得随便。语出《礼记·乐记》。

〔3〕 范注:范,指范宁,东晋人,籍贯河南南阳。官至豫章太守。范宁是经学家,有《论语范氏注》,本书简称"范注"。

〔4〕 有子之言:有子问于曾子曰:"问丧于夫子乎?"曰:"闻之矣,'丧欲速贫,死欲速朽'。"有子曰:"是非君子之言也。"曾子曰:"参也闻诸夫子也。"有子又曰:"是非君子之言也。"曾子曰:"参也与子游闻之。"有子曰:"然。然则夫子有为言之也。"见《礼记·檀弓上》。有子首先提出"礼之用,和为贵"思想,对后世影响很大。

犯者"言之，曰"严"；以"事之不敢忽者"言之，曰"敬"。"主"字宜玩。"礼"之真体，只是父坐子立，君尊臣卑，与仪文跪拜之类。但"仪文跪拜"一以"严敬"为主，无"严敬"便不成"礼"了。以其不相离，故直以"严敬"为"礼之体"。如棹子[1]之体主乎平，然其真体自是木底。

《内注》不用"敬"字，而用"严"字者，对"和"言也。

"敬"贴"礼之体"说，故是合聚底；然"体"即在"用"上见，故是全聚底"和"。"和"贴"礼之用"说，故是碎底；然"礼之用"不离"礼之体"，故是碎底"敬"。

"敬"是以"礼之自我施行"上见，"和"是以"礼自我行之而及于人事"上见。

"敬"是"礼"之把柄。把柄在我手只是一个，有此一个把柄，自可以随在而行之，故曰"'敬'是合聚底'和'"。本此把柄，而行之于人事，则事事都要"和"。及于此而有此处之"和"，及于彼而有彼处之"和"，故"'和'是碎底'敬'"。"礼"如人[2]，"敬"如人之学问，"和"如人之文字。有此学问可以作文字，则学问是合聚文字。

本学问以作为文字，则文字是碎底学问。

"严""敬"不相离。看来亦可说"严"是合聚底"和"，"和"是碎底"严"。

以"和"为"礼之用"，可见"礼"之本体为"严敬"，而"达礼之本"矣。"礼"中说出"和"来。"和"者，"乐"之所由生；又可谓"达乐之本"矣。此"礼乐"字，与程注不同，彼以"性情"言，此以"仪文钟鼓"言。"本"字，却正是程注"礼乐"。

"严而泰，和而节"，分配两节，不曰"严而和"者，"和"有伪和，"泰"无伪泰也。其实"泰"字，即上节"和"字。

看《总注》是两平，可见两节皆不轻也。然须知下节是从上节出，不然便不得口气了。

十　三　章

"近"，即合也。不曰"合"，而曰"近"；不曰"得"，而曰"不失"者，有许多谨慎斟酌之意。言拟议较量，不敢自以为"合"与"得"也。若云苟且相近不失，则非其

---

〔1〕　棹子：指桌子。
〔2〕　此处缺三字。

旨矣。

"耻、辱"不相离,故《语类》虽兼人、己说,而不分贴。然《存疑》云:"'耻'由内生,'辱'自外至。"玩字义,说自可从。

"亦"字,对"因"字说。

《注》"信约",信也。言"信",乃人之所约者也。"约"字,便贴向"人"去。

按:释字法有解其字义者,有直指其实事者,此盖指其实也。

只以"事宜"释"义","节文"释"礼"者,此处不是无心之制,但"约""信"已就"见于事者"言之,故"义"只训"事之宜",于文为顺。若"天理"之"节文",虽亦在"心"上说,然毕竟说得是理,故以"节文"训"礼"字。不言"天理"与"仪则"者,此二字已都改了。云峰说似未可据,然再定。

"敬"在心,致之于人则为"恭"。

"因",犹依也。盖有所因而倚依也。如俗云"和他打交道"之意。

可亲不亲,不可亲而亲,俱是"失其亲"。玩《注》"不失其可亲之人",似前说尤是正意。然亲其所不可亲,即便失其所可亲,亦是相因底,故宜兼用。

"因"者偶然相交;"宗"则终身相交矣。据朱子说"宗"字,如孔子于司城贞子云云。故《存疑》云:"不必说言行皆取法他。"

按:"皆之"为言似亦有取法处,但此非正义。"宗"只是久为依归,事有靠他处。

"言行""交际"亦可分贴,亦可浑说,《朱子小注》甚明。看来首段"言行""交际"俱有,次段似只是"与交际",三段又只是"交际"。然则于下段中,又不可浑合混用也。

"谨始"自贴"各上"三句;"虑终"自贴"各下"三句。然下三句即在上三句中,则"虑终"亦即在"谨始"中。盖"谨之于始"而近义,自便是虑及于言可复者也。

"因仍苟且"就当下说,"自失之悔"就后来说。此章正为"因仍苟且"者发也。

始之不谨,到后来若悟得不合义,便不"可复"了。若顾信而必复之,亦自是失义而不"可复"。《或问》兼两路说,发"可"字甚透。

顾义而不复,是自己见得不可复。不顾义只顾信而必复,则君子终见其不可复。惟近义,则无不可者。"可"字,全从"义"字出。

"恭近于礼"，兼过、不及说。

《语类》因乃泛言"亲则近之，宗则尊之"，三字有深浅轻重。

按："亲"即因时已见、既见为可亲，则合下便不以泛常视之也。"宗主"，犹俗言"靠他"之谓。《语类》说未透，《松阳讲义》发明最详。

"亦"有近义而不可复，近礼而不能远耻辱，因不失亲而亦不可宗者，此则无如之何？看本文两"可"字，一"远"字，固甚活也。

据《语类》，三项前自有穷理工夫在。

十 四 章

通章描写"好学"二字。玩"无求、敏慎、就正"字，正"好学"之实。

"君子"，学者之美称，与《不重章》同。

"无求安"，不单指宫室，凡坐卧居处皆然。

"无求安饱"不在境，而在心。有其心，虽不安不饱，终是有求。无其心，虽已安已饱，不害其为无求。此之"无求"，凡声色货利，与一切闲杂之事，举不足以入其胸中矣。

"慎言"，启口便审其可否，非言行相故之谓。

"有道"已无愧于事，言者就"亲近"之意，正质证之意。明求剖判，是显正私为观法，是隐正就正，兼此二意。

按："学"字之义无二，然似有虚实之分。此章"学"字，较"学习""学文""学"字少实。

《注》"志有在"三句，俱是以所以然处释白文。

因"敏慎"所以"无求"，惟"无求"故能"敏慎"。原是一时俱见底，白文特由虚入实耳。

正是非，是正事言，非正敏慎也。

《注》数虚字于本文添毫，总画出一"好"字。

"道"，即理也。故曰"事物当然之理。""道"，犹路也。故谓"人之所共由。"合两句说来，而有"道"之名。此通释全部"道"字，故曰"凡言"，曰"皆谓"。

朱子恐人笃志于学,或谓"不必就正"者,故取尹氏[1]说,见"就正"所关于学之大也。

三项俱彻头彻尾事。"敏慎"是前一截,"就正"是后一截。"就正"了依然"敏慎","敏慎"矣又要"就正",总以"不求安饱"持之。

"好学"以"心"言,但下皆"好学"之实,非空言"心"。一于专志上见其好,一于实功上见其好,一于虚心上见其好。"虚心",是惟恐差夫学之路,不敢少疏忽于学,故亦见其好也。

十 五 章

首节

此言理无终穷,学无止境也,重次节。分言之:首节论贫富之道,二节论学问之功,三节是许其触发之善,合来止"学无止境"一句便了。

"贫富"二字少顿,转出"而"字,便含《注》中意思在。"无谄无骄"[2],不但禁之,使不形于外,并此念亦力为绝之,使不有于中。故子贡以为至。玩《或问》张南轩[3]说可见。

"可也、未若"四字,已伏下节机关。"乐"与"好礼"皆兼内外言,玩注可见。"者"字,以"人"言。

"谄骄"以"接人者"言。《注》"卑屈矜肆",以"在己者"言,正"谄骄"之实也。

"溺"字宜玩,便发出常人病根。不知所以自守,似由心而达于外。然与上一句一正一反,皆就"心"上说,总是"谄骄"之由。故下用"故"字,接"知自守,则不溺"可知。但尚知有贫富,而未超乎其外耳。

"病"字,亦宜玩。"无谄骄"只是无病了,"乐好礼"方是有好处。

"自守"字重,"知"字尤重。惟"知自守",故能自守。此是子贡以为至实际即

---

〔1〕 尹氏:指尹焞(1071—1142),字彦明,一字德充,河南洛阳人。生平事迹见第 180 页第三个注释。

〔2〕 "无谄无骄":《论语·学而第一》:子贡曰:"贫而无谄,富而无骄,何如?"意思是:贫穷却不巴结奉承,有钱却不骄傲自大,怎么样?

〔3〕 张南轩:指张栻(1133—1180),字敬夫,又名乐斋,号南轩,四川绵竹人。南宋著名理学家,岳麓书院创办者。与朱熹、吕祖谦齐名,时称"东南三贤"。官至右文殿修撰,著有《南轩全集》《四书存疑》等。

可也。"实际而未能"句，亦在"可也"中，便透出"未若"消息。可见四字一气相接。

心宽体胖，自然不卑屈；安处善乐循礼，自然不矜肆。《大全》辅氏、陈氏、许氏，说此数句甚详，宜玩。"安处善"，"好礼"之实；"乐循礼"，"好礼"之本。

以当然者言谓"理"，以无疵者言谓"善"，以中节者言谓"礼"。"理"者，"礼"之本体；"善"者，"礼"之别名。处善之安，是"好"字外一层；循礼之乐，是"好"字内一层。合言之，总是"好礼"。

子贡货殖亦是有些如此，然毕竟与他人货殖不同。《语类》云："子贡初年，亦是把贫富煞当事了。"此语要会看，不可作"溺贫富"说。"溺"则不能自守矣。

此节子贡未粘自己，夫子亦是就现成品诣说，今曰"勉其未至"，何也？要知《论语》中如此等语，皆有勉进后学意。圣人从无空空做一场话说了事者，况此处子贡又原是暗以己质乎？

"乐与好礼"，不可看成两人分贴贫、富者。《蒙引》所谓"以其重者言之也"。若"无谄""无骄"则是两人。《语类》已明。

二节

子贡闻夫子之言，顿有感悟于心，而言之曰"《诗》云云"。云"理无终穷，而学无止境"，其即夫子"可无谄无骄"，而更进之以"乐与好礼"之谓欤？

四"如"字，贴"君子之学"。"其与"二字，正会悟赞欢神情。子贡以"无谄无骄"为至，亦是从此节看出。初时子贡原无此节意，方以彼为至，迨一闻子言，始知道上面更有个"乐与好礼"，便豁然悟得"义理无穷，学问不可少得而遽已"也。故必加"为至"句，方写得出所以闻子言而能感悟之深来。

又，"知"字从下节看出，明揭出来"欲人知"。此节是照上文又推开说也。"义理无穷"三句，紧相粘说，是一时俱知得。

"切琢"是义理之已，从"无谄无骄"生来；"磋磨"是义理之益求其精，从"乐与好礼"生来。玩"无穷"字，是既切而磋之又磋，即琢而磨之又磨，无已时也。

"虽有得"二句，贴"义理无穷"说。然其中便隐着"无谄无骄之不可自足"意。盖处贫富之道，亦义理中之一节也。

白文以"工夫"言"有得"，未可足以"心"言，似是白文前一层。然此注原从白文看出,细玩白文,紧从上节来,便见此即白文之反面,无两层也。至义理无穷,又是切磋琢磨,之所以然,其实亦在白文八字内。

"自以为至"句下得最精,"上乐好礼"是现成造诣,原未说到"工夫"上。赐云"切磋琢磨",似与上不对针,不知子贡此际大有神会也。盖方以"无谄骄"自诩,认为已至,一闻子言,乃知道上面更有个"乐与好礼",遂爽然自失,豁然以通,觉得"理无终穷,学无止境"。虽有所得,实未可遽以为足。故以为"切磋琢磨"言之,便见夫子之言实有勉进学者之意。故又以"其斯之谓"终之,苟非有一段意思先在胸中,即闻言,何便感通如是?此种辞气,细玩乃见注语之妙。

黄际飞[1]《合订》云:"此章义理无穷是一意,有得未可足是一意,二意具藏在'斯'字内。然'未可足'意,较'义理无穷'意尤重。使子贡但空空见得'义理无穷',而无俛焉。'日有孳孳'之意,则首节已寓有'义理无穷'意。夫子告之,子贡知之,但可谓告往知往,不可谓知来也。"

按:此论是恐人误看"又知"句,反忘却本文,然说来遂矫枉过正矣。《语类》云:"公只管缠某'义理无穷'一句。子贡问'无谄无骄',夫子以为'仅可',然未若'乐与好礼'。此其浅深高下,亦自分明。子贡便说'切磋琢磨',方是知义理之无穷也。"又云:"《注》中所谓'义理无穷'者,不是说'无谄无骄'至'乐与好礼'处便是'义理无穷',自是说'切磋琢磨'处'精而益精'耳。"玩此两条,可见"义理无穷"是在下节,上节且无此意,所以《注》加"又知"字于其上。此如何谓之"告往知往"?且此节本文固是说"工夫",而"义理无穷"意即寓于其中,乃有得未可足之。所以然也,苟非"义理无穷",如何说个"切磋琢磨"?如何说个"有得未可足"?所以"谓又知"三句紧相粘说,只是一意俱在"切磋琢磨"上见也。以"义理无穷"为上节已有,而下节单重工夫。虽俗讲无此说,而乃出之《合订》《或问》《语类》之人,则贻误后学甚矣,故辨之。

子贡平日不是不解《诗》,亦不是不知"义理"之无穷,但一向他做底工夫尚在浅近一边。故此际只就口头说过,其"知"非"真知"也。惟至此就己所能者一有触发,然后豁然领悟,见解顿异,遂以"切磋琢磨"为言。可见此"知"方不同往日之

---

[1] 黄际飞:名黄越,字际飞,江南上元(今江苏南京)人。明末清初学者。康熙己丑进士,改庶吉士。著有《退谷文集》《四书义疏》等。

"知"，故夫子许之耳。

三节

诗词婉意深，非有领悟之姿者不可与言。如赐也，始可与言《诗》已矣。"告诸往而知来者"，此其识解通达，有非泛泛之颖悟所能比者，其于《诗》也何有？

首句只是承上文，借他所言底《诗》上称赞了一句，不必苦苦描写，意只重在"可与言《诗》"。之所以然处，即下句所云。晚村、稼书〔1〕两先生发挥此节极精。

不重悟《诗》，亦不单重能悟，是盖许其善悟耳。因论"贫富"，便悟到"学问无穷"上，是其善悟也。

《注》"已言"，谓"义理学问"之一节；"未言"，谓"义理学问"之全体。

白文"往来"字确有所指，与"逝者如斯"注语不同，不必说入原妙。

子贡重学问后一层，《外注》却重前一层，是为学者言。

许东阳〔2〕曰："浅深以'学力'言，高下以'见识'言。"看来"见识、学力、造诣"，皆包四字内，似亦不必分。

此章本文可为进一步者勉，《总注》特为初学者劝。

通章一片神行，所宜细玩。若但泥其语句，而不求其神理，说来总无是处。

十 六 章

以人"不己知"之患，移而"患不知人"。欲人求，其在我也。言君子所求者，在我而已。乃人每以"不己知"为患。"不知人""不己知"与我无干，此不必患也。反是而观，己"不知人"，乃是在我之工夫未至，此其所当患也。知患不知人，则"求在我"工夫更不容已矣。

先立"求在我"者句在本文二句之前，便见得"不己知"与在我者无干。"不知人"，则是"求在我"之功尚有欠缺。下两"故"字，皆从此生。或谓"求在我"句紧贴

---

〔1〕 稼书：指陆陇其，字稼书。生平事迹见第16页第一个注释。

〔2〕 许东阳：指许谦，字益之，号白云先生，因迁居于浙江东阳，故又称许东阳。生平事迹见第95页第一个注释。

"故不患人之不己知";"是非邪正或不能辨",紧贴"故以为患",作两开说。不知是非邪正不能辨,只是"不知人"正面,非推其所以然也。因有"求在我"句在前,此又将"不知人"细说一番,所以下用"故"字接之。

是非以"制行"言;邪正以"学术""心术"言。

"患不知人也"要看得好,固不是方人之事,亦不只是观法之意。固不是在"知人"上做工夫,亦不是因"知人"始做工夫。连类并观,言所患者不在彼而在此。总是"求在我"意思中,有"居敬穷理"工夫。朱子所谓见得道理明,自然知人也。

以上数条,余旧说也。今看来俱不是,宜尽删之。次句若只主上一层意,则在我全体工夫所绾得自阔,何必只粘"不知人"上说出?看来此二句俱是就人、己相接处说。朱子不识道理之论,只是推"不知人"之原。仔细推来,去"求知人"虽亦归于"求在我"底工夫上,但此处意之所主自在"知人",不主"求在我"。平心细玩本文正面及尹注可见。

"不知人",则是非邪正不能辨,亦是"切己"事。但此是就"接人"上说,与"求在我"者不同,不得泥看。

周聘侯曰:"两句各有地头工夫,不必谓不患'不己知'工夫,只在患'不知人'上做。两句虽是对勘,究与'不患无位'节不同。彼是一事串说,此是两事对说。张彦陵谓夫子'于患人不知者'下一转语,全要学者用心于内作一滚说,终不如尹注之平允也。"又曰:"'求在我'是上句道理,'是非邪正或不能辨'是下句道理。《注》中两'故'字分承明白。"又曰:"湖南讲云'要看主意甚善',但云'主在资益',此却未该知人前正有本原在。即知人后亦不只是'资益'一项。"又曰:"'不知人'由于不知道,是可患前一层;不知人无以取人,是可患后一层。《注》意主后说,然前说正自要紧。"

按:聘侯此数条甚是。但末一条犹混。"患不知道"自在"求在我"内,隐含上句中,观《大全》许东阳说可见。本文所言之"患",只是就"是非邪正不能辨"上说。但"患"之工夫,则在"知道"耳。

"求在我"工夫,原不单为"知人";但"求知人"工夫,亦不外"求在我"耳。然不可因此遂谓"患不知人",便是欲其"求在我"。本文自是亦以"知人"为"切己"事也。

为 政 第 二

一　　章

新安分别两章"政"字甚悉。须知此章"政"字，与"道之以政""政"字毕竟无两样。"为政"亦自是施布法制禁令，但所主则在正人，《注》盖切"德"字解也。

《续困勉录》："北极、北辰有别。"

愚按：北辰即是北极。北极云者，天之极中在上而居北者也。因此处无星可纪，难于识认，故取近此之星纪之，遂名此星曰北极。北极星与北辰自有分别，但此星以近北辰而得名。则言北极星，即是指那极中之处而言，故曰北辰。北极，天之枢也。枢，枢纽也。极星，亦名曰枢星，亦以天之枢纽名也。

《史记》："北辰有五星，太乙常居中，是极星也。"朱子又云："枢有五星。其前一明者太子。其二最明者帝座，乃太乙之常居也。其后一个分外开得些子而不甚明者，极星也。"

按：二说说极星不同。据朱子"帝座即北极"条，及《续困勉录》"北极五星"之说，似五星俱以"极"名之，特末后一星专此名耳。再详。

朱子"德"与"政"非两事。看来"德"较在"政"前一层。然有"德"则本己之所得者以教人。凡"政"之所展布，悉为"德"之所流通矣，故云云。非"德"只在纪纲法度上见，反不在纲常伦理上见也。

"以德"，则与民相感通处在性命之微，而不在法令之迹。故夫子口中说个"为政以德"，便穆然神往，便有"无为而民自归"一段境界在，因而取象于辰居星共也。李毅侯说甚妙，但有未妥者。

为政所以正人，不徒恃法制禁令，须以"躬行心得"为主，以在己所尽之纲常伦理一一推施于教令之间，则"政"皆是"德"。自然性天相感，不见法制之详而契其同然之好，有不天下归心者乎？所谓正己以正人者如此。

不是直把"德"当作"政"，故"以"字不可泥。然亦谓不可泥耳，非不重"以"字也。盖"为政"之本，全恃乎"德"，故"以"字自不可轻看。

以"政"为主，就"为政"中说出"德"来。虽云"以德为政"，亦不妨若以"德"为主,则不可说以"德"去"为政"。此章自是以"政"为主,犹《大学》"新民"本于"自新"也。

二　章

此示人以读《诗》之要,正是要读《诗》者"思无邪",不是空示人以读《诗》之法也。

《翼注》:"此是发先王所以垂《诗》教之意,总是要人'思无邪'。"

按:此是指先王之意说,不是指《诗》说了。盖先王以《诗》垂教,正以《诗》之功用足以使人"思无邪"。

此章正就《诗》之功用说,不是说先王以《诗》垂教之意。看本文以《诗》三百起,及《注》"凡《诗》之言"句可见。《翼注》亦本《或问》,但《或问》恐不是正说本旨。

聘侯云:"《注》'凡《诗》之言'四句,是一言可蔽之理。然其言以下,乃'蔽'字正面。"

一说不是作《诗》者"思无邪",是要读《诗》者"思无邪"。一说古以《诗》垂教,是先王之意要人"思无邪"。

按:此二说皆是先王以《诗》教人,原欲其"思无邪",故后之读之者不可不如是。二说自是一串,但尚非本文正意。细玩本文,直提《诗》三百说入,是夫子于全诗并理会过,见得《诗》之功用皆能使人"思无邪",无论善恶,同归于是,故一言以蔽"三百"也。如淫奔自叙之诗,一列典策,扬播后世,直是自呈其丑,岂不可羞可辱之甚乎欤?兴于《诗》,《诗》可以兴,参看自明。

三　章

首节

"政"谓法制禁令,如朝廷治人之律则;"礼"谓制度品节,则圣人垂教之礼经。

法制所以使之入,禁令所以戒其出。

"品"谓有等级;"节"谓有界限,即在制度上说。

所禀有厚薄，所感有浅深。

二节

晚村云："免而无耻[1]，有耻且格[2]。褒贬彰彰，不得从新含糊起来。"

岱云谓："礼即德之有节文，无过、不及者也。"自看得好，但须知是齐民底，不是正言君之所守者。

君自不越乎礼，但本文无此意。

末句，新安作分承上二句自是，然亦不可太泥。再详。

四　　章

首节

自"志学"外，下五项俱以"成功"言，"用功"意包在内。程子自言"进德之序"一语，确是通章大旨。

"学"字，总包下文在内。曰"志于是"，则"志"字亦统下文矣。晚村说正不必拘。云"念念在此"，是心之专为之。"不厌"，是力之专此。二句是说"志学当下"底工夫，盖统后来说"期许远大"。是"志学"底意思就"当下"说，心力精专是"志学"底实功。

二节

"立"，《浅说》兼私意不能侵，外物不能乱，自可用。《说统》兼纷华曲学不能摇动说，亦与朱子合。

三、四节

事物之理各有其所以然。对"天命"说，则"所以然"处亦在"当然"内。

事物之理无一不出于天，是为天命，非即指天道说也，本《注》自明。

---

〔1〕　免而无耻：意思是百姓只是为了免于刑罚而服从，并无羞耻之心。
〔2〕　有耻且格：意思是人民不但有廉耻之心，而且有格调、品位。格，格调、品位。

事物所以当然之故（此"所以然"是就那来处说），《蒙引》分统体逐事看甚分明。

天命不变是天道，是天道之流行而赋于物者。赋于物，正切"命"字之义，此则为事物所以当然之故也。事物各有当然之理，天命果是何如？而遂为其所以然之故耶！窃意此个道理，只是因物付物，自然与之相适，略无矫拂，略无伪妄者，《中庸》所谓诚是也。如父当慈，子当孝，牛当负重，马当致远，所以当如此者，总出于自然之实理。觉必如此，乃合乎人之心，顺乎物之性，得乎事之安。不如此，则共觉其不相适。此则天命之理，而为所以当然之故也。

事物各有所以然，与此所以当然之故。旧分作两层，今看来事物之当然处，一推到所以然，便关着天命了。如子当孝亲，所以当孝者，以生于一本，恩重情深，自不容不孝也。此不容不孝处便是天命，然再详定。

五、六节

"知之明""知之精""知之至"紧相应。"守之固""安而行"紧相应。

"耳顺"之所知，不是较知天命之所知又进一层，只是益熟耳。

其实闻见顺适皆心之莹彻，本文特以"耳"言之耳。

胡注"体用道义"之说，看末节甚好。

玩《注》，聘侯句句说得平近之论未可凭。《总注》末段极平允，所以折衷程、张两夫子之说也。

"不思而得，不勉而中[1]"，已是穷神达化圣不可知境界了。使圣人再活十数年，亦不过如此。管登之[2]可谓敢于乱道。

《松阳讲义》论工夫，则知、行并进，必无十年一"知"，十年一"行"之理论。得手则知、行有辨，有得力于"知"之时，有得力于"行"之时。

---

〔1〕 不思而得，不勉而中：语出《中庸》，原文为："诚者，不勉而中，不思而得，从容中道，圣人也。"意思是说，天生真诚的人，不用勉强就能做到，不用思考就能拥有，自然而然地符合上天的原则，这样的人是圣人。

〔2〕 管登之：名志道，江苏太仓人，学者称"东溟先生"。明隆庆五年(1571)举进士，除南京兵部职方司主事，以丁父忧归，服除，补刑部主事。万历初，张居正当国，登之以员外郎出为广东按察司金事，分巡南韶道。明年以老疾致仕。居正败，荐起湖广金事，以母老乞归。著有《问辨牍》《续问辨牍》《师门求正牍》《惕若斋集》。

愚按：得力于"行"，"知"亦未尝不进，但于"行"自信耳；得力于"知"，"行"亦未尝不进，但于"知"自信耳。

五　　章

首节、二节

据《翼注》《续困勉录》，首节直透"理"字，甚觉实落。但如此说，于"从亲之令"终觉牵强。盖既云不违于理矣，如何还差向"不违"乎？亲去谓从亲之令，亦可附于理。则附于理者，安必不出于尊荣其亲，而乃出于从亲之令乎？

愚按："从"字正与"违"字反照，正恐其差认。无"违"字，未必是恐其差认不违于理也。毕竟旧说还妥，俟再详订。

三节

"礼"字，对孟孙[1]说重过一边。

胡氏"心虽无穷"句补底好，不然是无本了。

六　　章

王罕皆云："《注》'爱子之心，无所不至'，与下'唯恐'句紧相贯注。常以为忧，正见其无所不至。前人误以上二句开，下二句合，'惟'字不见吃紧矣。"

按：此"唯"字，不对他事说，只是忧无已时，即《注》"常"字意也，甚可从。

言父母爱子之心极其切至，终日间但只是忧其子之疾也。《注》"无所不至"，以"分数不欠缺"言，非"无事不忧"之谓。

此自是紧切武伯一身以告之者，故说得窄。《大全》新安陈氏又添出"失身不义"一层（如此说又似正大而开阔，然却泛了），是不知此意也。霍林[2]说来似切

---

〔1〕 孟孙：《论语·孟懿子问孝章》，孔子称懿子为孟孙。朱熹注曰："孟孙即仲孙。"

〔2〕 霍林：指汤宾尹，字嘉宾，号霍林，安徽宣城人。明神宗万历进士，授翰林院编修，后官南京国子监祭酒。著有《汤霍林先生秘笥四书金绳》等。

孟氏矣,然不免将"疾"字看杂了,俱不必用,然再详。

不必谓"疾"字亦兼"匪僻之为"[1],谓"匪僻之为"亦所以致疾则可。岱云、聘侯说可从。

七　章

今之孝父母者,只是说能养其亲耳。夫养,不但父母为然也,父母而下,至于犬马之贱,皆得有食以养之,是父母与犬马同一有养也。"不敬",则养亲与养犬马何异乎?

首二句先言养而轻其词,次二句推言养而贱其施,末句方合拢来言"不敬"之罪。

"是谓""谓"字,疑夫子谓之也。一说指人之称谓(此说是)。"能养"对"不能养者"言。仁山说"至于"字,来历亦未全非,但与父母对较,只须就犬马说,方合《大注》"甚言"之意。"皆"字该犬马与父母,便见养之无别意。下"能"字,余旧作"得"字解。聘侯云:"'皆能',正从上一'能'字生出。此'能'字说得轻忽,连上一'能'字亦轻矣,故曰'何以别'"?

按:此解似未稳。然正见字法之妙,殊胜余旧说,宜从也。"有养"言有食以养之,何以别言养亲与养犬马无别?不得倒说养犬马与养亲无别致,失了语脉宾主。

其实养亲何得便下而与养犬马全无分别?但此际所以分别处,只当在"敬"上论,不得不在"养"上论。不敬,则养虽有别,亦不可谓之有别。便是以父母之尊,而下同于犬马之贱矣,故《注》曰:"甚言不敬之罪。"

八　章

色之所以难[2]者,以不能勉强而深爱和气为难有也。新安有深爱和气之难,是"色难"之故,以其本于此也。

《或问》"色本于爱"毕竟是重内是重外?曰:"自当以色为主,但内外原一串

---

〔1〕 匪僻之为:指邪恶行为。
〔2〕 色之所以难:指"色难",意思是侍奉父母,以能和颜悦色为最难。

意思，亦俱重。"

按：新安"和气"亦就内说；"愉色婉容"俱在本文"色"字内。

色之难亦难于有深爱耳，则"深爱"为重。然夫子为子夏少温润之色，故言此，则"愉色"亦不轻。盖论道理原重深爱，而意之所以指，则归于"愉色"，须从"愉色"透出"深爱"。本"深爱"著为"愉色"，方使两面俱不失。只重"愉色"，则道理不圆；只重"深爱"，则夫子何不直以"深爱"告子夏乎？

"服劳奉养"未为孝，则有"和悦之色"为孝可知。

按：此与上章俱进一层言"孝"。

"敬"不在"养"之外，"色"亦不在"服劳奉养"之外。

九　　章

陆公云"此章是婉转其词以形容之，不可作始疑终信话头"甚是。聘侯又云："若谓夫子与言时，早已知其足发[1]，则'退省'句竟成剩语。说个'省'，必曾实省过来，然后知其不愚。"

按：此说似有理，然说来便是始疑终信了。愚意本文下个"如愚"字，亦第曰"如之而已"，非前尚疑其或愚，后来方知其不愚。其所以必有省者，正欲验其内外相符，微显一致之光景耳。《注》"然后知"字，正不可泥。

若谓始疑其愚，则圣人许多言语不几枉说耶？圣人自不肯将许多话都妄说了。或谓夫子与言时，已知其不愚，但未知其足发之不愚耳，故用省。

愚按：本文"足发不愚"，是一串相粘说，自不应分开看。若如《或问》说，似又于本文外另添一种不愚。则本文"不愚"字，并无对浅一层之"不愚"说。与"如愚"字反不十分针对，觉口角不相合矣，殊不可从。再详。

始与言时一若全不晓，及退省时，却是晓之。至此节语意只是如此，自是统以"知"言。故《时讲》云："深赞颜子悟道之妙，并非上知下行，如聘侯说也。""足以发"句虽以"行"言，亦是"行"上验其"知"耳。武曹说近是。

---

〔1〕足发：《论语》原文为"亦足以发"。

"意不相背",自是正解"不违"字。然只是就外面见得如此,故下接云:"有听受而无问难也。"二句正是一意。不可谓"直指他心里",与"默识心融"作一意看了。故《困勉录》说疑未是,盖于"不违"字面偶忽略也。

聘侯解《注》"深潜纯粹,默识心融"二条俱好。

"亦足以"三字从"不违""如愚"来,其词若不满者,其实乃深喜之也。

十　章

谓之"所由"者,蒙上"所以"来,其实即指意是那所为之从来处。故曰:"意之所以从来,不是意又有所从来也。"聘侯说犹混,再详。

细玩《语类》"为善必有意以主之",而为善之意有从为己来者,有从为人来者,"由"字似当如此看。旧说非是,再详。

胡圣基[1]曰:"所由不善固是伪,所安不在是亦是伪。两节俱以诚、伪分。"

按:此说于《注》"亦"字极有体贴。又云"第三节非以安、勉分天下。有勉强为善,而其心安于是者,岂可谓之非君子乎?"

按:此语却不是。玩《语类》三节自可以安、勉分,但安、勉与二节"为己为人"总归于诚、伪耳。若勉强为善,而心安于是者,此自是"安"。又有勉强为善,而心不安于是者,此便是"勉"。"安"字中本包有"勉强"意,但又有一种与"安"字对之"勉强"耳。胡说看两种为一种了,故误。盖此"安勉"与"安而行之""勉强而行之"之"安勉"不同也。

三节论大意自可以安、勉分,但语势却只是就"所安"一边言。其"在是、不在是",《翼注》说得明。

"所由"只一时之意,"所安"则平素之情。

三节以事为意思性情分贴,确不可易。

"所安"谓其顺适便安处也。朱子云"心肯意肯",俗云"安心乐意",是此"安"

---

〔1〕 胡圣基(1762—1847):名镐,字圣基,号心斋,江南上元(今江苏省南京)人。幼承母训,博闻强记,通《十三经注疏》。成年后治经,尤邃于《易》学。为文浑朴醇茂,姚鼐称其似归震川。曾中道光二十四年(1844)副榜举人,与桐城派学者梅曾亮有交往。著有《群经说》二十卷,《说易》一种等。

字之意。

黄勉斋似与朱子"事虽恶，而心本善"一条相背，俟再详订。

末节不重人不能庋[1]，只重我使人不能庋。

十 一 章

温故而自能知新，温故而又能知新，兼此两意说，重下一层。《或问》《语类》可见，再详。

玩《注》"每有新得""每"字，则"知新"自有浅深。"不尽"，指豁然贯通时说。至"所学在我"，则贯通矣，故"其应不穷"。

由略而详，由粗而精，知新也。因此及彼，因一及十，亦"知新"也。"知新"虽不直指贯通，要必归结在贯通上。盖"知新"则能有心得而贯通矣。本文正以"知新"见"贯通"意，故接曰"可以为人师"。

"所学在我"，据《小注》，是"活动不死煞"之谓。又有"渐渐上达"之说，则"贯通"之谓也。二义宜并用，盖活动则贯通矣。"所学在我"，谓理实得于心，已成自己底了。有融洽透彻意，有贯通不滞意，有活法不死煞意。

讲上句当云"温故而实能知新"，用"实"字，自然两层俱到。

此章只重学贵心得，不重为师。玩"可以"字，是言温故知新之妙，然亦须就为师说出，方合《语类》。再详。

十 二 章

《注》"体无不具"，是"用无不周"。之所以然，云峰"具众理，应万事，及学问之功"两层，又向上推出，更是"体无不具，用无不周"。之所以然，须将"器"字抬起说，转出"不"字方精神。

---

[1] 庋：隐藏。

十 三 章

君子当下行底只是理,人自其既从之后观之,见其为"先行其言"耳。

辛未旧说又云:"'其言'即是理,君子得一理,是悬一'其言'于此。"今按此说看,"其"字殊不着实,且费周折。玩"其言"二字,已是坐实指"君子所已言底"说了。此是从既言之后,追溯"所行"字,纳入"言"字一线中。谓"其言"非是空言,必是先行了那言而后,随所行而言之者,固是言、行交互说。要自是就"言"上,推本于"行",正为子贡言也。

此二条是论语势如此,若论大意,自是后言先行。玩"先""后"字,较言行相顾进一层。

胡备五曰:"此就现成君子说。'先后'二字作旁观推原之词。盖君子之言行,俱是现成底。要其所言者皆是行之于先,而后从之者也,不是君子欲言而先行之说。"此说甚妙。

此自是重"行"意。《大全》小注第二条说出来不是杜撰云云,似是"行"为"言"地了,用作余意则可,必非正意。

补丁丑说。王罕皆评"戊午浙墨",上句题云:"通下句看,则其言于君子既从后见得;若就本句看,则其言即在君子当下意中。"

按:此后二句与余旧说相似。毕竟不是君子,当下意中只有"行"而已,何尝有一"其言"在耶?须作旁观者,从君子既有言之。后追想君子当行之时,见得君子俨然是悬一"其言"而"行"先赴之者。如此说方是。

十 四 章

未有公而爱之不广者,诸说多谓不在广、狭上分,只在心、体上分,是抹却题面了。《翼注》则妙。

"周"便不是"比"，"比"便不是"周"。而不云云者，固是别辨"周、比"[1]两种不同处，亦所以见君子、小人之适相反也。

两句上下截正当颠倒对较，不得只争上截也。

"周""比"所争岂不相远，然君子亦有时而寡交者，小人亦有时而到处倾盖者，故须相审其公私之机。再详。

十　五　章

"思而不学"虽见得真实，然无所依据，终是摇摇难定也。据《或问》，"危"于临事上见，要自是心里不安。再详。

十　六　章

天下只有圣贤一端道理，忽益一端与此不同，故曰异端。

岱云说"攻"字好。

害兼人、己，犹重在害人，正恐其为世道人心害也。

十　七　章

必于道理皆无所疑，方可谓之"知"。如《大学》"致知之至"，乃"知之正"也。若此章以"不自欺"为"知"，自不是正言之"知"。故《大注》于上用一"但"字，下又云"虽不能尽知，亦不害其为知"，可见非"知之正"。但如此亦不失为"知"耳。"不害"句承上，对正言之"知"说，却是正贴"是知"也。末二句虽似稍出，然亦在"是知也"之内。盖以"不自欺"为"知"，则自不甘于不知矣。

"所以是知"处，却不在中间四"知"字内讨出，却全从两"为"字讨出。

"是知也""知"字，不必如《大全》单贴"心"说。盖能"不自欺"，则于理自不甘

---

[1] 周、比：指结党营私。语本《论语·为政》："君子周而不比，小人比而不周。"

于不知。原有可知之极，可知之势，故曰"是知也"。此是预透一层之"知"，不是别一种之"知"。若贴"心"说，便是别一种之"知"矣。终于"知"字难说，俟再详之。

吕晚村说尤是，当以彼为正说（见改本）。"不知为不知"，《蒙引》主"自屈"说，《存疑》主"自知"说。今合"是知也"来看，似《存疑》为是。盖此是言于"知不知"上明白，故为"知"。如《蒙引》说是于自认、自屈上明白。因以为知了，殊觉说出一步，便于由此而求意不贯矣。且自己晓得不知，而饰为已知，此只是欺人，亦不为自欺了。二"为"字，似是己心得，如此，非只向人说话也。《说统》《翼注》俱甚是，吕、陆二公不知何以亦从《蒙引》说（陆公兼用二说），再详可也。

中二句，《精言》[1]分两事两境、一事一境看，甚好。

"强其所不知"有二义：一如事理之不知者，自己并不觉其为不知，凭己之所见，强谓此理必是如此，此一惑也。一于不知者，亦自觉得不甚知，但少有所见，便强谓此理自是如此，遂将那自觉处亦都胡涂过了，此又一惑也。一惑在心不自觉，一惑在虽觉，而亦归于不觉。"不知为不知"，是于不知底自觉其为不知，于自觉不知底更不凭意见混过，便到底认真为不知。可见"为"字，兼"不知底明白""不知底到底明白"二意。此即兼用《蒙存》自知、自屈二意。但所谓"自屈"者，乃从晚村之说，当改作自认，与《蒙引》有辨。"自知"意与《存疑》《说统》亦少不同。《存疑》"自知"似单主内说；《蒙引》"自屈"似单主外说。今用自知、自认二意俱主在内，特就那外者说出。盖本文二"为"字，自是以在外者言，故朱子连用"说"字贴之，但所主则在内。知之则说是知，不知则说是不知，此便是指心里明白，无自欺之蔽说。内外原自一串，故《蒙存》《说统》似俱少误。知其为不知又混作知，固是自欺也；不知其为不知竟以为知，亦自欺也。盖不肯深求，而有此蒙蔽，即是自欺之蔽。故《存疑》与晚村说自可并用，但须知晚村为正说耳。

《蒙引》之说毕竟不妥，晚村所驳者正其说也。若《存疑》之说晚村亦置之，看来兼用自可。

前二意总是不自欺，总见不安于不知意。

---

〔1〕《精言》：指《四书精言》。辑者周大璋，字聘侯，号笔峰，安徽安庆人。生平事迹见第69页第一个注释。

十 八 章

上二段有四层，《注》只释三层者，释其实功也。夫子示子张处，正重此。

看来惟"疑殆"分贴"言行"为不可易，若闻见尤悔，俱不必太泥。

"言行"正学中之大端，须照上节"学"字看。

择之精矣，即所当言当行者亦须慎之。慎言慎行，有不敢多言，不敢妄行意。故曰："守之约不是只言行其余，便为守之约也。"

其最先而紧要者是"学之博"，学不博将甚去择守？惟于彼于此都要学了，就其中觉有疑殆，一边底则置却一边，那一边不疑不殆底，又须谨言行之，如此方寡尤寡悔也。阙疑殆、慎行两路，俱从"多闻见"来。而"慎言行"，又从"阙疑殆"来。

又，末三句正对他干禄说，见只须如此着实功用，诚能善其言行，禄自是不求而自在底，何以干为？

此只是为干禄人说出学禄一串底道理，以见禄在学中，断不可干，不是歆动子张之辞。

若不说学禄一串之理，几疑君子为学总不要做官了。今如此云云，却是见学中原自有做官之理。"禄"原在"学"中，本是个不干而自得底事体，何可妄干？

若云寡尤、寡悔，"禄"就在这个中了，又何必干？此便说成不干之干矣。须云寡尤、寡悔，"禄"自是在这个底，又何可干？将"其中"二字一重读，便是语意。

谓之"不必干"，似是以势论，便觉有"不干之干"意。谓之"不可干"，则是以理论，便永斩除了"干"字。将"其中"二字轻读，便是"不必干"意；将"其中"二字重读，是"不可干"意。诸讲亦知避不干之意，而说来多混，须细玩始得，然俟再审。

"禄在其中"，言只有"以学得禄"之理，那有"以学干禄"之理？此"理"字，与"学有得禄之理""理"字不同。

"学干禄"之"禄"在"学"外，"在其中"之"禄"在"学"中。"学外之禄"是实有此禄者，故必用"干"始得；"学中之禄"是不必实有禄者，乃言行成就之效也。夫子以"学中之禄"破他"学外之禄"，见"禄"原是不求而自至底，又何可"干"？

谓"禄"即在"学中"，而不用"干"似是，但以得"禄"为主，而不"干"了，便觉不曾驳倒他"干"字。谓"禄"自在学中，而不可"干"，则见"禄"之得不得全非所计，原是个"不当干"底物事，如此方是直驳倒他"干"字。《或问》本说得分明，人多混混。

十 九 章

"举直错枉"虽上之事，而实民之心也，故服。享其利，受其害犹是后一层事，不可据以为论。

下句仍是即反面以见其服于举错[1]得义耳，不平对。

岱云说"诸"字好。

举错得义只是上自尽其道。然上尽其道，正尽乎人心所同有之道，而合乎好恶之至情矣，故人心服。程注似就前一层意说，谢注就后一层意说，要知程注便包得谢注意，好在圈内正贴本文。

程注贴"举错"，就"当然"处说；谢注贴"民"，就"所以然"处说，二说相须始备。

二 十 章

看康子"问政"数章，夫子都就他身上答他，可见康子全是责民意思。则此章即谓以"则"字破他"使"字，正无不可。岱云说殊不必。

欲民敬、忠，劝固是正当道理，但康子"使"字中，便有责求乎民，全不自责意思，故夫子驳之。

二十一章

因或人不为政之说，遂言己未尝不为政，是随分以尽道意。

因孝推之友，因孝友推及于家政，特未曾因家政而推及于国政耳。上截事已有了，固非不为政者也。

---

〔1〕 错：同"措"。

"施于有政"四字相粘说,谓推广此心施于有政处。盖欲使一家长幼尊卑各尽其道,原有许多政事在,正当推施于此。岱云说甚明。一说"施"字一顿,谓施此孝友之心,于以有一家之政。此说破碎,不可从。

不曰"推广孝友",而曰"推广此心"者,盖为政于家,犹不止孝友。须使一家中大小事物无不整齐划一,方是有一家之政。然皆是本此孝友之心以推之,故云。

《小注》"明皇"一条,说推广此心甚实落。

政,即一家之事也。然亦是正人,故亦可以政言。"是以为政"句虽承上来,却是正对他"奚不为政"。下句又是明应他"奚不为政"。"是"字是断词,不作"此"字看,《注》甚明。"亦"字,对"不为政"。聘侯谓对"君陈[1]"者,误也。"其"字,指"居位"说。上"为"字,即"是"字意,与《注》中同。岱云作"居位"看,甚误。

二十二章

无信不但是不可行,含下便是失其所以为人之理了。但此章却未说那深一层意,只是就不可行上浅浅说,特揭出这实落分明处,所以深为无信者惕也。

"信"字,朱子似就"言"上说,《时讲》兼贴"行",自可从。

"不知其可也",言说话行事,吾不知他怎么样才好。

"无信",据《语类》《或问》,只就言语无实说,即"言不忠信,州里行乎哉"之意。讥谢氏"实有诸己",游氏"中无所主"之说为太深。

按:本文不曰"诚",不曰"忠",而以"信"为言,朱子说自不可易。向从《时讲》,俱误,然再详之。

"不知其可也,即何以行之哉",意思正是推出他那难行之状来,但于末句喻意中始揭出耳。聘侯云:"'不知其可'语意决绝,不是忖度商量语。"

軏是辕端之横木,所以缚乎軏,以驾牛者。軏是辕端之上曲,所以钩乎衡以驾马者。据《大全》吴氏,軏与衡只是一木,軏则另是一木,与軏相联者。又,秦龙光[2]

---

〔1〕 君陈:君是尊称,陈指姬陈,即周平公,周公姬旦次子,西周时期的第二任周公。

〔2〕 秦龙光:指秦宫璧,字龙光,江苏武进人。雍正二年(1724)举人。笃志实学,工诗及古文辞。邃于经史,著有《崇正集》《章句大全》等。

曰：“《章句》解‘轼’字，即指辕而言；解‘軨’字，乃指辕前之横木，所谓衡者而言。”

按：此是以軨与衡为一木，轼另是一木。二说不同，未知孰是。查《〈诗经〉图考》，亦谓軨与衡是一木，姑俟再详订。

二 十 三 章

子张于十世之事见其小者，故觉后来杳渺无定，夫子于事见其大者，故断得后来确然有定。即小者亦统于大者之中，而辅弼乎大者，虽有损有益，而损益大概可睹，是无定亦未始不有定也。

三“可知也”，《蒙引》非是，《存疑》俱总承因革说，当从。

三“可知也”，直应上节一“可知也”。

聘侯“而其已然之迹”二句，通承三纲五常来，不粘“文为制度”说，看得是。

三代之礼俱是相因，虽有变更，要不过少有损益耳，仍不失其为因也。相因而少有损益，其已然之迹无不可知，又何后来因革之不可知乎？

二“所”字，是从“因”字中出，故王宇泰[1]云：“‘因’字不与‘损益’对。”谓因于其礼，而损益之耳。

不但是因往知来，是因已往之一定者以知将来。

“君为臣纲”，君为臣之纲领，盖言事之重大者也。俟再详。

“夏正”“正”字，按《字汇》，岁之首月也，本音去声。秦始皇名政，改从平声，后世因之。

二 十 四 章

因谄故僭祭，则僭祭者是谄也。因无勇故不为义，则不为者是无勇也。一回环看来，意思、语气方两不相失。

谄也，无勇也。《大全》俱作“推原”说。《翼注》云：“是就上文断之，不作推原

---

〔1〕 王宇泰：指王肯堂(1549—1613)，字宇泰，江苏金坛人。明万历十七年(1589)进士，选庶吉士，官至福建参政。参与国史编修，著有《尚书要旨》《论语义府》等。

说。"愚意是推原其病根以断之也。重"断"之说于儆人意方切，然再详。

质义，谄也，无勇也。皆所以"愧之"之词。使之惕然戒而知止，赧然羞而思奋。

八　佾　第　三

一　　章

此二章自是言僭乐。

《蒙存》俱谓"孰"字指细事，谢注却指弑父与君言，武曹谓兼用。马唯一云："谢注自是正意，《或问》甚明。"

此非细事，尚可忍为，则何事不可忍为？

人于逆邪只看他忍不忍，既有所忍矣，则一忍将无所不忍。推到无所不忍，皆是胎胚，于此者仍是甚此一事之罪也。故马唯一云："下句原在上句中。"

"是可忍也"，下接"孰不可忍也"，乃进一步说，以重僭祭之罪。是缩归上截语，不是推开语。《蒙引》就细事说，殊不谙此义矣，不可从。再详。

"是"字一读，便见所关重大意。

二　　章

三家歌《雍》，似有取于此义也。然三家之堂非有此事，则此义亦何所取？言其两不相涉，殊令人不解，其取之之故也。

奚取于三家之堂？谓其无取也。然不曰"无取"，而曰"奚取"者，似有所取，而不解其取之之意也。似诘问之词，却令他无可回答。

备旨，取用也。

《注》此义，谓辟公[1]、天子之说也。

---

〔1〕辟公：指诸侯。《诗·周颂·烈文》："烈文辟公，锡兹祉福。"朱熹《集传》曰："辟公，诸侯也。"

三　章

一"不仁",则无往而可。"仁"字本盖得广,不单为"礼乐"言。但此章意思不是从"仁"字推到"礼乐",是论"礼乐",因推出"仁"字来。盖"礼乐"以"仁"为本也。

言僭礼乐者,无论其不当用即用之,而礼乐究不为用之用也。

参内外注说,当云"人心亡,则无序而不和",虽"玉帛交错,钟鼓铿锵",亦将如之何哉?言虽欲用礼乐,而礼乐不为之用也。

此较后"如礼何",以"不能让"言之者似为扩落。玩内外注,盖为僭窃者发,乃悟此原从前章来。《孟子》:"人皆有不忍人之心。"《注》云:"天地以生物为心,人各得天地生物之心以为心,正谓人之本心,即此不忍之仁心也。季氏忍舞《八佾》[1],则人心亡矣。在其志岂不谓天子之礼乐,吾得而用之乎?不知'人而不仁',则本心已亡,必无序而不和。虽用礼乐,而礼乐终不为之用也。"此与前章又推开一步,亦是儆其无知妄作,徒取僭窃之罪意。

四　章

"大哉问"言,此问大有关于世道人心也。大有关系者何?盖以时方逐末,是世道人心之敝也。而放[2]独有志于本,是暗室一灯,中流一柱,使人皆相效而求其本焉,岂非大有益于世道人心乎?求其本而有益者何?盖得其本,则礼之全体无不在其中。本末兼该,文质并茂,故曰:"大有益于世道人心,礼之全体在其中。"《大全》已明。《注》"末"字,对本文"本"字。三层意思只是一串。前一层是本文,是题面;后二层是集注,是题意。此与《蒙引》少异,似亦不背,然再详。

此"礼之本",是"礼"之初起处,非先王制礼之本也。向多混看。

----

〔1〕 季氏忍舞《八佾》:孔子谈季氏曰:"他用六十四人在自己的庭院中奏乐舞蹈,这样的事他都忍心去做,还有什么事情不可狠心做出来呢?"八佾,行列之意。古时一佾八人,八佾就是六十四人。据《周礼》规定,只有周天子才可以使用八佾。诸侯为六佾,卿大夫为四佾,士用二佾。季氏是正卿,只能用四佾。

〔2〕 放:指林放,字子丘,孔子弟子。

若正论"礼之本"，以"体"言则为敬，以"用"言则为中。此以质为"礼之本"，自是"本始"之"本"也。

孟子曰："君子不以天下俭其亲。"故上句朱子单以吉礼言对下凶礼（对本之末，云峰与《浅说》不同。俟再详订）。

《注》"得中"，犹言恰好。礼之全体须有本有末，有质有文，无不恰好，乃礼之正也。自世风日坏，未能返正，因林放伤末世之繁文，而问及于"本"。故夫子即就此奢俭易戚，较量出个"本"来。欲其崇"本"抑"末"，或可复中正之全体也。以中正之全体言之，"礼之本"为敬，"哀礼之末"为仪文。为质为文调剂各当，是为得中。兹之奢易过于文，非末之正。即俭戚亦不及而质，非本之正。特就衰世之事推较出"本始"之"本"，俱与"中正之礼"不合。故《集注》须有此"礼贵得中"一段安了定盘星，称出短分量，姑取其犹可用者，以待增加将来。由此俭戚之质，自生仪则之文。更本敬哀以出之，庶可尽返于中正耳。"中"在礼之全体上说；"本末""文质"就礼中分析处说，语意不类。

《殖学斋》[1]似本《大全》来，以"中"为礼之本体，语殊愦愦，不可用。

不告以礼之中正，而如此言之者，以林放原薄末世繁文，而问礼之本始也。子答所问，自是降一步说，而用"与其宁"字，言外便有礼之得中者在。故《注》补出，正得"与其宁"字所含之实意。

《不孙章》"与其宁"字，是较量其弊之大小；此章"与其宁"字，是较量之本末。

五　　章

朱子谓"内外注俱兼上下言"固是，看来《内注》"僭乱"字，于"臣下"边为切，似犹重在"臣下"一边，故《时讲》多如此说，俟再详。

"亡君"，《时讲》就"心"上说；程注就"分"上说；尹注就"道"上说，似宜兼用。

"有亡"字，正相对"有君"，本说得浅。诸夏于夷狄之所有者而亦无之，岂不可叹？一说"有君"自切"夷狄"说，"亡"自切"诸夏"说，不必谓于夷狄之所有者而亦

---

〔1〕《殖学斋》：殖学斋，清人王遂升书斋名。王遂升生平见第109页第一个注释。王氏曾手录《殖学斋编订四书大全》，刻于雍正十一年(1733)。

无之。再详。

《内注》用程子说，合前后数章看来，自以责臣下之僭乱为正意。然君不尽道，自在言下，故朱子谓兼责上下。

六　　章

进林放处，便是励冉有处，二义不平对，《存疑》自分明。

七　　章

"所"字宜玩，只逐一搜剔来。"君子总无所争也"，下"必也"字，从"所"字生。搜剔一番，而必欲刻求君子之争，其惟射乎？然雍容揖逊乃如此，是仍一无争也。

"必也射乎"不是从无争转出有争，为退一步说话也。乃是从无争搜剔出有争，而仍见其为无争也。上下只是一意。

首句"君子"字虚，末句"君子"字实。其争也自成其为君子，是以"君子"字代无争意也。无所争之争，是矜气角力之争，是与人争底。其争也之争，乃尚德有养之争，只是自争，与人全是让底，故虽争仍无争也。

"其争也君子"下，不宜添"之争"二字。玩《语类》"争得来也是君子"可见。

自争与自反不同，自反在射之后，自争在射之先。自反只说得不胜者一边，自争则胜者、不胜者俱有此意。

"射"所以欲争胜者，即"射"以观德故也。

八　　章

素、绚〔1〕乃诗人藉绘事以言人，故下文夫子以绘事明之，《注》自明。

据李岱云说，"素、绚"只是借字，不作比喻说，《注》特照下以立言耳。似可从。

---

〔1〕　素、绚：朱熹《论语集注》曰："素，粉地，画之质也。绚，采色，画之饰也。言人有此倩盼之美质，而又加以华采之饰，如有素地而加采色也。"

"素以为绚"，《大全》作"比"也，《条辨》作"借"字，看得好。

原本《精言》，载《条辨》甚详。

"绘事"实指施五采说，乃与"素"字对之。"绘事"，不是统"素"字之"绘事"。

通章眼目在一"后"字，通章精神在"礼后乎"。

上二节不过寻常师弟问答耳，礼后一悟，忽开异境，令人起舞，故下文夫子赞之。

"起予"二句全从"礼后乎"来，已绝不着意诗词了。末句特不过借言诗赞之耳，故此及《子贡章》都不重在言诗。

九　　章

曰"不足"，则非是全无，圣人因此识彼，故自能言之。

末句悬想到"足之"可快，益以见"不足"之可伤矣。

得《或问》说，夫子欲将二代之礼勒成一书，以无征而不果。据此，则慨叹意思愈见恳切。

末就"文献不足"时一反转看，情意更觉难堪。

十　　章

单提禘[1]为言，自有伤鲁祭非礼之意，故《集注》云云。然此意只浑涵于中，不宜于夫子口中径露伤诚意，懈怠自是本章正意。辅氏说自妙。

本文"禘"字一顿，便见鲁祭非礼。

揭出"禘"字，鲁失自见，亦作《春秋》例也。

"禘祭非礼"口气中不得露。只言如此大祭，而诚意懈怠，所以不欲观。上一意便含里许。

---

〔1〕 禘：古代帝王或诸侯在始祖庙里对祖先进行的盛大祭祀。

十 一 章

《或问》一本当敬,此何难知? 曰谈何容易,试观今人祭远祖,真能看得亲切,毫不容疏者有几人? 故此自非仁孝诚敬之至不能看得,直如一点骨血,无亲无疏无远无近也。

惟极诚故能知;既知得,则理无不明,诚无不格矣。

"知其说者""知"字,与天地之化育"知"字同,不是闻见之"知",是仁孝诚敬之至,乃能知此。有其"知",便有其诚。故曰:"理无不明,诚无不格。"

十 二 章

先祖之气虽散,毕竟有散未尽者,故能来格〔1〕,恐难说已散之气复聚也。朱子语亦当分别观之。

天子独行禘祭,当是其远祖之气最盛,经久不散,故宜祭之。诸侯以下,其远祖气薄,久则已散,故不祭。不然天子、诸侯当不患无别。既同有木本水源之思,何独行于天子,而总不及于诸侯以下者哉? 姑存所见,俟再详。

"吾不与祭,如不祭"者,以诚意未伸也。是可知圣人之祭,有如在之诚矣。

范氏"有诚则有神"二句,恐不当如双峰说。再详。

有其诚则有其神,盖同气相感,故能致鬼神来格。若无其诚,则己之气先不聚,如何致鬼神之气? 须知是祖宗之气原自不散,故能来格,若已散尽,如何能又聚而来享? 若谓已散之气便是祖宗之气,则生人之气安得作已死之气? 谓孝子心目中见得如此之伸孝敬之心,理固可通,但圣人制祭礼,必非只慰生者之心,于死者了无所预。若果如此,则祭始祖之所自出,凡庶人而有仁孝诚敬之至皆可祭矣,何独行于天子,不及诸侯以下耶? 正为天子远祖,其气必厚,原未尝散,诸侯之祖,其气已散,故不复祭耳。圣人制作,必不作空头事理。自可想,姑俟再定。

---

〔1〕 来格:来临、到来。格,至。

互参朱子诸说，有诚则有神云云，盖为主祀者说，法不必求之。恍惚间若自己精神，便是祖考精神。正谓已尽其诚敬，祖考之气便在这里同气相触，易于感格耳。不是只有自己所得祖考之气，别无祖考之气也。死者原自有气在，看文集如太公祭爽鸠氏[1]，气便与他相通。非是无此气，姑漫为之，玩此益可知。

祭外神各以类应，如朋友相契者然。

十 三 章

首节

《注》"奥"[2]有常尊，"常"字宜玩。非"奥"为尊，乃"奥"为人所常尊之处耳。《小注》朱子语已明。

"奥"有常尊，自人见得如此。灶虽卑贱，然执掌火政。若当夏之时，则用夏之事，是为有权也。

灶之掌火，无时不然。然必夏月火盛时，乃为灶用事时也，故云当时用事。再详。

二节

玩《大全》及《困勉录》，盖谓一有媚意，便是得罪于天。得罪于天，则却非媚于奥、灶所能祷而免也。故媚之说不然也。"获罪"不是泛就平生行事说。

不必果有祸也，只逆理便获罪于天，而非媚祷所能免矣。论理自是如此。《蒙引》与《小注》自不悖，《存疑》则不免泥看朱子语矣。

"获罪"即暗指媚言之故，即以"无所祷也"折之。

通节只一意，下二句正申明"不然"二字。看下二句有两意：一是媚则逆理而有罪，见媚之不可；一是有罪，虽媚而祷之，亦难免见媚之无益。然玩语气，二意又只是一串说。谓媚则有罪而难免，故不然耳。

上句是有祸害，下句承上是无利益。

---

〔1〕 爽鸠氏：人名，传说是少皞氏的司寇。《左传·昭公二十年》："昔爽鸠氏始居此地，季萴因之……而后大公因之。"杜预注："爽鸠氏，少皞氏之司寇也。"

〔2〕 奥：指房屋厅堂，或指房屋的西南隅，尊长者多居之。

玩语气,自是从道理说向"媚之无益"去意思。重逆理,特归结在"无益"上,不平对。再详。

"天"字,与"奥、灶"对,是揭出"天"以压倒"奥、灶"也。"祷"字与"媚"字一类。马唯一云:"要知夫子非故藉此压他,理实如此。"

贾[1]是以媚与媚较量优绌,夫子则将两"媚"字一齐驳倒。

言"媚"则逆理,而祸难免。是可见当顺理,而不当有所媚也。

圣人之言虽严,却不曾粘着自己与贾,故谢氏云云。

十 四 章

首句推文之所以盛,次句正赞文之盛,末句承文盛说。

"文"者,灿然光明之谓,要于"礼制大备"上见。

"郁郁",文盛貌。谓礼制无处不有,是文之盛也。

"气数",圣人二意兼说固是,又须知意是一串。盖圣人因乎气数,而有此制作也。

十 五 章

礼制虽经考论,未尝身亲奉行者,恐未必一无遗漏疏落处。此访问所以为敬谨也,不是单以访问为敬谨。

或人以夫子为不知礼。以"礼之文"言,子曰"是礼也";以"礼之本"言,"是礼也"。不添入"知"字为是,《翼注》说甚精。

十 六 章

以"力不同科,而不主皮[2]","不主"字宜玩。是古尚德,不专论力之道也。

---

〔1〕 贾:指王孙贾,卫国的大夫。

〔2〕 主皮:古代乡射礼共射三次,第二次以射中皮质的箭靶为主,故称"主皮"。《周礼·地官·乡大夫》:"退而以乡射之礼五物询众庶:一曰和,二曰容,三曰主皮,四曰和容,五曰兴舞。"

今也不然，故可慨。

失不在于贯革，在于一味以贯革为主。至礼射亦如此，是文德微而兵争炽也。

本文只是说"力"，原未曾明提出"德"一边来，则"德"一边意自轻，不单是慨不尚德也。然"力"亦第云不尚耳，不是全不要。则圣人所慨者，自不是贯革，自是所以必要贯革之故也。作"慨尚力兵争"看，而"不尚德"意亦在其内矣。《集注》末四语最可味，故《困勉录》之说甚着实稳当，与白文《集注》俱合也。

今本《说约》与《困勉录》合，而陆公讥之，岂旧本异乎？

"古"字，依《翼注》，不当专指"周初之时"说，而"周初时"亦在内。再详。

古自有"主皮"之武射，但时平则专尚礼射，而不"主皮"，如武王克商之后是也。夫子慨想不"主皮"之射，正见今已无有了。非无礼射，谓礼射亦"主皮"耳。

伤叹列国兵争，正从"射不主皮"看出。盖乡射礼文原从武王克商后天下安靖，贯革之射息说来。

时文多以尚德不尚力为意。再详。

十 七 章

首节

"告朔"之礼，《体注》[1]载得详明。

子贡非鲁之当事者，特有欲去之见耳。"欲"字可玩。

二节

爱羊是只见羊不见礼，故爱羊而欲去。爱礼为礼之存者只有羊，正要寄礼于羊，故爱礼而不欲去。

言"我爱其礼"者，盖不欲去羊也。去羊则礼废，故夫子为礼惜。欲去羊，便是爱羊；不欲去羊，便是爱礼。

言尔爱惜而不欲费者，羊也；我爱惜而不忍没者，礼也。言爱惜便是不忍没

---

〔1〕《体注》：全称《四书体注》。作者为清代范翔，生平见第42页第一个注释。

意,羊去则礼没,礼甚可惜,故夫子惜之。

非因子贡去羊方惜礼,是惜礼自不欲去羊。

"礼虽废"五句,是所以爱礼之故。

十 八 章

《蒙引》说甚得旨,当重维臣礼上。

此"礼"字,只就"仪节"上说。"尽礼",实际于《乡党篇》可见。

玩陈西陵〔1〕说,此章"礼"字,自宜只指"仪文"言。

十 九 章

"事君尽礼"之"礼",只就"仪节"说。若"尽心竭力"之说,则是"忠"字话头,且与"谄"字不合。君使臣以礼,则说得宽和。待之诚,养之厚,遇之隆,任之重,皆谓有礼也。若只就"礼节"说,如齐宣王之于孟子,亦可谓有礼貌矣。谓之尽君之道而无亏,可乎?故《蒙引》之说殊详于《存疑》,与《大全》冯氏〔2〕亦自不背也。

玩《大全》,礼、忠是就人情所不足处言之,此是就末世见得如此。陈西陵从君臣有义上看来,"使臣"只有一礼,"事君"只有一忠,而推本于性分。陆雯若〔3〕并推及于"天纵不出",《注》"理之当然"四字,此说乃见根柢。二者皆理之当然,是说礼、忠各欲自尽,是说两"以"字。

---

〔1〕 陈西陵:待考。

〔2〕 冯氏:指冯椅,字仪之,一字奇之,号厚斋,南康都昌(今江西都昌)人。南宋学者、教育家。受业于朱熹。

〔3〕 陆雯若:明末清初学者,与吕留良等交往,著有《陆雯若先生遗稿》。

二　十　章

当哀而哀，当乐而乐，自不可为淫伤。乐止于此，哀止于此，又不至于淫伤。《注》正兼此二意说，一是以"理"言，一是以"词"言，俱见诗人性情之正也。

玩《注》"后妃之德"六句，自重前一层意。然揭出"寤寐反侧，琴瑟钟鼓"来，亦自包得后一意在。

以后妃之德当哀当乐，固是性情之正；而所乐所哀不过其则，亦是性情之正。二义虽有正副，都关在"性情"上。不得如《精言》作余意，遂看轻了第二层意。玩《大注》，不能无"寤寐反侧"，宜其有"琴瑟钟鼓"，明揭本诗字面，便包得此意，不得谓单是《语类》说也。

问音乐，今已废，学者何从而审之？曰："孔子时尚未废也。"

二 十 一 章

首节

先王分茅胙土[1]，而社以立焉。当是欲为君者修德行仁，以保守其土地之意。《体注》以社祭土神，报其养万物之功，言之殊误。盖此是祭灶之意，非立社之意也。当以《蒙引》为正。

《风俗通》曰："《孝经》说社者土地之主。土地广博不可遍敬，故封土以为社，而祀之报功也。《周礼》说二十五家置一社，但为田祖报求。《诗》云'乃立冢土'；又曰'以御田租，以祈甘雨'；又曰'谨按《春秋左氏传》曰：'共工有子曰勾龙[2]，佐颛顼[3]，能平九土，为后土[4]，故封为上公，祀以为社，非地祇。'"

按：《风俗通》二说不同，要皆为祭祀而设。余前说误，然再详考。

---

〔1〕 分茅胙土：指分封侯位和土地。

〔2〕 勾龙：社神名。在古史传说中，为共工之子后土的别称，是中华民族远古祖先之一。

〔3〕 颛顼：上古五帝之一。黄帝之孙，姬姓。十五岁辅佐少昊治理九黎地区，封于高阳（今河南杞县），故又称为高阳氏。

〔4〕 后土：勾龙别称。上古时代，"后"字可指天子。

非立社之本意。《精言》不指"使民战栗"说焉,唯一[1]先生非之,看来《困勉录》可从。然再详之。

二节

意思正是深责他合天下失言处。《注》"欲使谨其后"意,乃就白文词句上看出,自是余意不重口气,谓"言已出者不可救,则未出者所当谨"矣。此似仍是切责当下之意,然再详。

二 十 二 章

首节

《注》提圣贤大学之道,以看"器小",甚有根据。

不知圣贤大学之道,是所以"器小"之故。"局量"二句正言"器小"。"不能正身"二句,是正身修德,致主王道,正是知圣贤大学之道者器小实验。《大全》胡氏说已明,然再详。

不能正身修德以致主,于王道都从"不知大学之道"来,是局量规模之实际。

不能正身修德,便见胸中所蕴蓄者只有个功利,是其自治疏而本之浅也。不能致主王道,便见事业所成就者只是个霸功,是其治人疏而所及狭也。

二、三节

奢僭之敝更甚于"器小",然惟其"器小"故至此。盖"器小"则不知礼之当然,而但震于其功,故不惜奢且僭也。前一意是《外注》程子说,后一意是《小注》朱子说,当兼二意,然再详。

局量似是言其学术,规模则是言其治术。学术为治术之体,治术为学术之用。

功烈如彼,其卑见他规模卑狭处。然即做得大功业,亦是卑狭,以其不过自私自利之事也。宜兼此二意,然须知既私利矣,功烈亦不必能大。

---

[1] 唯一:指马惟抑,生平事迹见第17页第二个注释。

二十三章

玩一"其"字，乃夫子摹拟出音乐之正规，欲太师厘定也。

"始作""从之""以成"是节次；"翕如"四项是声音；"乐之可知"处，重声音上说。

放手大作，谓放开手去作，不必谓自从以成声音俱高也。

"以成"承上言，由是以成也。

众音合作，则难于和谐，故以"纯如"继"翕如"之后。"纯如"三句相承之次，《大全》已明。

二十四章

此封人〔1〕情殷于圣，遂识其必能匡正世道也。

此章似不重在夫子必用，当重在封人知圣上。然再详。

乱极当治，此天理也，亦天心也。天有以主之，故云"天将以夫子为木铎"。

以世道天心决夫子之必用者，深窥于圣人之道德也。若乱极当治，封人已久持此见，非于此时始决之也。聘侯云："一于天下必之，一于夫子信之，两意都到。"

愚按：此说殊失主张。

本文只是验之天下，因拿"天下"来说"决夫子之必用"耳。其拿"天下"来说所以"决夫子之必用"者，以于夫子信之也。重在"信夫子"意，然却暗含在本文之中。两意只一串，非平对。再详。

二十五章

"子谓《韶》谓《武》"五字，是记者之词，下四句俱是夫子口中语。《时讲》通节

---

〔1〕 封人：官名。《周礼》列为地官司徒的属官，掌分封诸侯之事。

俱作记者之言,似未是。玩"又未矣也"字,口吻宛然。

是论《韶》《武》,非论舜、武;是《韶》《武》自有升降,非夫子升降乎《韶》《武》。

美言功,善言德者,盖功成而《韶》象于乐,乐正是那功得圆像。舜有绍尧致治之功,武有伐暴救民之功,故见之于声容皆美盛也。但德者功之根本,而时亦功之所由以成就者。故声容所以象功,而功本于德。因乎时,则声容之美自必本乎德。因乎时也,舜武之德与时不同如此,故象功之乐美同,而善不同也。美是浅一层者,善是深一层者;功是浅一层者,德与时是深一层者。故分配之如左,晚村说亦正如此。

此段本之《蒙引》,而以己意参之。玩《注》似不可易,然再详。

《大全》不载《蒙引》说,不知何意?

丙戌说如两人作文,认题俱真,自然文字皆有可观。然学问有浅深,则文字不能无厚薄矣。

二 十 六 章

"宽""敬""哀",都有实事在。

"吾何以观之哉?"向忽"以"字。

所行之得失,全在"本"上说。无"本",则所行之得失皆非,在彼已无足观了。吾欲执"本",以观其所行之得失,亦复何所据乎?

"本"自是对"末"而言,但有"有本之末",有"无本之末"。如"本"宽以著为法令,"本"敬、哀以形为仪节,是"有本之末"也。离"宽"而言"法令",离"敬、哀"而言仪节,是"无本之末"也。此章"本"字,是对"有本之末"言。《注》"所行之得失",正谓"有本之末"也。若"无本之末",则不在论量之限矣,朱子《语类》已明。

如不本尺度以制为器物,吾更何所凭借以观其长短之合宜与否耶?质义作文之喻亦佳。

旧说亦多未稳当,更详之。观《小注》"不是不足观"一条自明。

里 仁 第 四

一　章

"知"字浅看，玩《注》，只是"同然之知"。

"仁厚"之俗，不单是不刻薄残忍之谓。朱子谓"仁"亦是心"德"，"仁厚"谓"淳厚"。可见是一乡人大都向善，不非为也。玩《注》，当以"仁厚"为主。

"知"字从"择"字生。既择矣，而不处仁，故不得为知。据《困勉录》，当兼二意：一是不知其美而不处，一是知其美而亦不处，要俱是失是非之本心者也。一是昏其知识认不出，一是牵于俗见认不真。

不可谓不知仁，只是不知仁里之为美。

不重"择"，只重"处"；不重"知"，只重"仁"。识其昏昧者，正以仁当处而不处也。"焉得知"要活看，正是此意（一说此言择居者贵有抉择之智。再详定）。玩《语类》，将择居看得重大；勉斋更将道理发得精实，可识此章之旨矣。

二　章

下曰约乐，曰久长，上曰不仁，当从三面夹出"不可以处"来。"安仁利仁"是"知仁"全体本领，不单谓"可以处约乐中"，自包得"可以处约乐"。《注》"无适不然，不易所守"二语，两面俱到，精甚；末二句，不过又明点出处境耳。

"仁者知者"与"不仁者"对；"安仁利仁"与"不可处约乐"对。大概是如此。其实谓不仁不可以处约乐，可以处约乐者惟仁，又是以"安仁利仁"，与"不仁不可以处约乐"对也。"安仁利仁"是得其本心而可以处，"不仁"是失其本心而不可以处。

"约乐"中自有"仁"。

不可谓仁者、知者心在"仁"，自不暇计及于物，若如此，是说成两截了。盖"安仁利仁"原贴"处事物"说。"约乐"中自有"仁"处。"约"则安利乎约之"仁"，而自不至于滥处；"乐"则安利乎乐之"仁"，而自不至于淫。

《注》"无适不然"，便是"安仁"正解；"不易所守"，便是"利仁"正解。却自打着约不滥,乐不淫意。但还不是正说不滥不淫,故下又以"非外物能夺"句找明。两"而"字,是直下之辞,不是分出之辞。孙贻仲、周聘侯俱少误,当以邱月林[1]为是。

须知本文"安、利"字,原是对"不可处"说,故"无适不然""不易所守",正解"安利"字,便自打着"不滥不淫"。《精言》分作两截,未是。

三　章

《困勉录》:"仁者,以人品言,兼体、用。无私当理皆在其中。能好恶则专属当理。'无私心'三字在'仁者'下补说。"

"无私当理"虽分体、用,要自是两项意。故《小注》云:"有人好恶当于理,而未必无私心;有人无私心,而未必好恶当于理。然有私而当理者不过一时之偶然及,或非其真耳。若真能当理者,必无私而后可。"盖虽是两项事,而内为外之本。内有不好处,外面亦难以言好。故好恶当于理,要必本于无私也。

"无私当理",犹之克己复礼。原有两层意,但外本于内,无彼方能有此,故体、用分焉。此体、用与"一本万殊"之体、用不同。朱子《小注》析理最精,必细玩方明。

两"能"字,是"当理"意,中含得"无私"在。

此二"能"字,与"能竭其力""能致其身"诸"能"字不同。盖彼处"尽诚"意,已在"竭力致身"上,而以"能"字按之。若此处好人、恶人却不见"当理"意,"当理"意正在二"能"字上见,故不同也。盖此言"能好人""能恶人",犹言善于好人,善于恶人相似。

"唯仁者能好恶人",下六字颇难说。初意着眼"人"字,上"人"字即善人,下"人"字即恶人也。再玩之,不如着眼"好恶"字。好其所当好,恶其所当恶,始可称之曰"能好恶"。不然,虽有好恶,不得谓之"能好恶"矣!

看来只当着眼"能"字,二"人"字只泛言。

---

〔1〕 邱月林:指邱橓(1516—1585),字懋实,号月林,生平事迹见第172页第一个注释。

仁者之心一无私累，浑然天理。故其接人不私所好而好皆当理，是为"能好人"；不私所恶而恶者当理，是为"能恶人"。无私自属心，当理自属事，故有先后、体用之分。然二义虽分体用，而体用自各有其存发。盖心无私，自发为好恶之公。而好恶之正而当理，则本于心之浑然天理也。但公而无私、正而当理，在常人则分为两意，在仁者又只是一串。无私便是浑然天理，能正，未有不能公者。此能好恶，所以独属之仁者也。

朱子以"无私当理"解程子"公正"二字，看来是一串意思。朱子分作两项者，以常人论之，原有无私而不能当理者，亦有当理而不能无私者，可知自是两种。然其无私非仁者之无私，仁者之无私便是浑然天理。其当理亦非是仁者之当理，仁者之当理即本心之无私。天理浑然者出之好恶，以得其公正为能。常人公而不正，正而不公，惟仁者心无私而事当理，此所以有公正之能也。

"无私"意思浑沦广大，自当贴"心"。"当理"意思散碎细致，自当贴"事"。

附录："当理"固是贴"能"字，然须先醒出"能"字，后以"当理"意贴之，方见精神。言人多偏于"好恶"，惟"仁者"为能专有此能耳。

下二句"不可说当好当恶"者，仁者能好恶之，只宜说"好其所当好而不偏，恶其所当恶而不倚，惟仁者为有此能也"。盖前说是有一定之人而后见仁者之好恶，后说是即仁者之好恶而见其能。细玩"惟能"字，紧相照应，故觉后说为贴切也。

按：前二说理自相通，但玩语势自如，后说非如前说耳。

四　　章

"苟志"字，说得重，"无"字便见自然。

"志"是实字，甚重；"苟"是虚字，尤重。

五　　章

首节

欲富贵，人之同情，然苟不以其道得之，则不徇欲而处。恶贫贱，人之同情，然虽不以其道得之，亦不徇恶而去。

"不处不去"根源，玩《注》，仍须在"富贵贫贱"上看。意之所重，不在"不以其道"上，但当就"不以其道"说出耳。"不处"富贵，自是"不处非道之富贵"；"不去"贫贱，亦必说到"非道之贫贱"，方可谓"不去"。

上"不以其道"是正说审正审之于此，下"不以其道"是推说必至此方见其能安。

二节

玩《注》"不处不去"，便是"仁"。君子"不处不去"，便是"为仁"。但"为仁"不专于此耳。不是君子另有"为仁"工夫，遂不见此之"可处可去"也。《困勉录》载《说丛》[1]，邱说[2]与《注》背，必不可从，余旧日圈之，误甚。

荣利不可贪，困约不可厌，即此是"仁"。无徇所欲，审于其义而不处；无拘所恶，安于吾义而不去，此便是"不去仁"。于贫贱"不去"，似是安命意，玩《语类》，朱子不重安命，即以命自安，亦是守吾义理而不当去也。如此，方是都注到"仁"也。

次节颇不得其义。按：《语类》立个大界限，先要人分别个路头，及"须是立得根脚住"等语，乃见此节精义。

前章"不滥不淫"，乃"仁"之余事。此"不处、不去"，是"为仁"始事。语脉固各不同。

审富贵，安贫贱，是"为仁"之根基。若贪且厌焉，则根基已坏，自没了后面工夫，即此便是"去仁"了。但不贪不厌，则未尽"不去仁"之事，故下节所云，《注》亦以为"君子之不去乎仁如此也"。知此，方见两节《注》意相通处。再详。

"君子去仁"，玩《注》，自单指贪富贵，厌贫贱说。若终食之间违仁，亦自是进一层之"去仁"，但此处且不兼此意，只是一机引起耳。

玩语气，是重加警惕意。《汇参》[3]《语类》甚醒快。

---

〔1〕《说丛》：指《四书说丛》。撰者沈守正(1572—1623)，字无回，浙江钱塘人。万历癸卯举于乡，谒选得黄岩教谕。后迁国子监助教、国子监博士。著有《四书丛说》十七卷。

〔2〕邱说：指邱月林的说法。

〔3〕《汇参》：全称《四书本义汇参》。作者是清代学者王步青，生平事迹见第18页第二个注释。

三节

此节当以双峰《说统》之说为是，然亦当参看西山说，汪武曹折衷底甚明透，可从也。

"不去"是大概言，"无违"乃"不去"之精细处。

存养之功密，取舍之分益明。可见存养时亦有取舍，但取舍自易耳。

六　　章

首节、二节、三节

首言成德之难，次言人若用力亦不难至。未有力量不足，终不能到成德地位之理（"力不足"，便是说不能至于成德）。末言或亦有用力而力不足，不能到成德地位底，但我未之见耳。盖谓"人皆不肯用力于仁也"意思。重后二节，一是望人用力，一是叹人不肯用力。末节不是说"力不足者终少"意，须重读下句"正叹人不肯用力也"。必就此醒出"人不用力"意者，所以圆上文之说，终不敢以成德为易至也。《注》"不敢终以为易"，正贴本文叹人莫肯用力，是本文言下之意。此意较正意尤重，观《总注》可见。聘侯说可玩。

"好仁而无以尚，恶不仁而不使加"，此自是就"用功者"说。故《语类》谓"利仁"事但用力已到至极处，故《注》云"成德之事"。

《注》"此皆成德之事""事"字可玩。此"皆"字，紧承"无以尚""不使加"来，原指"事"说。下节意不重成德之人。

"无以尚"是专一于仁而略无更移。此是用力而大有所得者，不使一毫不仁加其身，则已事事仁矣。故曰："此皆成德之事。"

四节

《注》"气"字，贴"力"。"志"字，在"能"字上见。

"用力而不至者，今亦未见"，对首节"用力而至者之未见"言也。首节便是"用力而至者"，故《总注》下一"亦"字，须知是圣人意思如此。若末节之语气，自当如

《内注》只平平说,但对上文看来,中包得"亦"字意思耳。

成德者固未见矣,然用力亦自可以至于成德。但用力而不至者,今亦未见其人。又,"不但用力而至者之未见也"二节承首节说,三节承二节,亦对首节说。末句"未见"正与首句"未见"相映,故《语类》云云。《语类》曰:"言成德之事已不可见,而用力于仁者亦无之。"聘侯云:"《总注》两'亦'字,都对首节看,成德虽难,而用力亦无不可至之理。"此就道理论也,成德固难,其人而用力不至者,今亦未见,此以人言也。

"用力而不至者今亦未见",自是对"用力而已至者之未见"言。另有"有用力而未至者"一层,则包在"用力而不至者之未见"内。盖本文说"用力而不至",与"用力而未至",正俱是用力者。玩本文及《注》,固是以"用力者"与"成德者"作对照耳。再详。

"我未之见也",玩"之"字、"也"字,口气迟重,便含得"叹人莫肯"意思。《注》用"偶"字,不必泥。《精言》重看"偶"字,虽于"不能终以为易"意说得出,却于下一层隔断了,恐未合。

用晦看首节,谓是"用力而力已足者"。得此,则通章皆一线穿成矣。盖因"用力而力已足者"之未见,遂望人"用力而断其力无不足"。末又转出"力不足者之未见",乃深叹人之莫肯用力也。三节总是"用力""力足"二层意折转说到底。《精言》看错,首节便不贯串。

七　章

"各"字,承"过"字来。"其"字,贴"人"说。"其党",即人有君子、小人之党也。玩"于"字,乃"过",各从乎人之党,而亦各有其党矣。《精言》发挥甚明,但语差谬,当分别观之。

"观于过",斯知其中之仁为何如矣。尹注正贴末句,《时讲》多背《注》,不可从。但须知意则侧重"仁"一边耳。

《续困勉录》载《语类》数条甚精透,《大全》失载。

《精言》解程注甚精细。的确谓厚薄在心,爱忍在事,是就心之"仁不仁",以分别出"过"之所由来。此说与《语类》"厚爱从仁中来"条正合。在"各于其党"句中已透出"观过知仁"之故，并见程注说理之妙。

本文"斯矣"口吻，对"不但善事可以知仁"说。《精言》作"不消用力去观"，语意太轻快，殊误。《汇参》说是。

"观过""过"字承上来，原兼两面。下单言"知仁"，说这面，便有那面在。必从略者，以意之所注，全在君子这面也。与《中庸》"因其材而笃焉"正同，讲家异说不可从。

周孔之过原不可谓之过。盖此章原为"以过弃人者"发。周孔大圣人，自入不到此章。时人多混拈，乃《大全》刘氏[1]误之也。

八　　章

道者，性分之真。见于事物之间，大之在纲常伦纪，小之在日用饮食，所以为人之理者是也。"闻者"大段知得到，实理信得及，如所谓已见大意是也。

"夕死可矣"，甚言不可以不闻。人若闻道，虽死亦可。若朝闻道，虽夕死亦可。

不是闻道了便该死，只是言闻道了便不虚度一生，无乎不可也。《注》添"生顺"一面，看"死"字便活；下"所以甚言"四字，看"朝夕"便活。

按：《语类》"不闻道，虽生活百年何益？"翻转看本文，语意甚明。

于所以为人底道理，若能闻得，则信之笃，守之固，便在上也可，在下也可，富也可，贫也可，极言之生也可，死也可。本文正极力形容出"闻道之可"来，以见人不可不闻道。

《语类》："闻道亦不止知得一理，须是知得多，有个透彻处。"又曰："闻道通圣凡而言，不专谓圣贤，大率是为未闻道者发问。所谓闻者莫是，大而天地，微而草木，幽而鬼神，显而人事，无不知否曰也。不必如此，大要知得为人底道理，则可矣。其多与少，又在人学力也。"玩此三条，则闻道固兼"一贯"说，却不单主"一

─────────────

〔1〕 刘氏：待考。

贯"。朱子意思尤侧重在低一层底上,《大全》齐氏不可从,云峰亦少误。

双峰"闻道似主凡人"说,云峰"闻道似主圣贤"说,二条可并存,要自不相背。

程子谓"已见大意",即此处闻道脚注。

所谓闻道者,是大概于为人底道理,如君臣父子间亲切体验,确见其当然而不可已,与其所以然而不可易,信之极笃,守之极固者是也。

闻道则守之固,便有行在。生自顺理而行,即死之速,而未及大行[1],亦不昏昧过了一生矣。

《小注》朱子是如此,双峰及胡氏犹少误。

九　　章

据《或问》,"耻恶衣恶食"又在"求安饱"者下,故云"识趣卑陋也"。

"识趣卑陋"于道便两不相入,故不足与议。此又不但是"心有所纷而不专"。

须着眼"耻"字,是其心目中仅见及此。而"识趣卑陋"之甚者,彼求安求饱,犹是实求适乎口体,不必胸襟识见仅寄乎此,而计较其美恶也。故此犹在"求安饱"者下。

"志"字,为"耻"字引脉。《注》"识趣",正从"耻"字看出。

《体注》云:"'识趣'皆'志'之所发。"

"士志于道",言他原是心欲求道底,然以"恶衣食"为耻,则心向于道者,转而心向于衣食矣。此于道岂复能相及?"耻"字与"志"字应;"恶衣恶食"与"道"字对。

黄际飞曰:"'志'字,《注》只作'心欲'字看,与'志于仁,亲切用功'者不同。"

十　　章

只就"君子"身上说,则下三句当一直说下。若就"论君子"说,中自当用一折。

---

[1] 大行:佛教语。行业广大之意。这里指死亡,去而不返也。

玩语气，似当用前说为正，衍而参用后说以发其理。然再详定。

义之与比，言与义相从也。

"君子"字内，有《精义》[1]之"学"在。

看来此章只是标"君子以立应事"之准，不必太泥在"君子"身上。说"君子"止是"义以制事"，未必并有"除去私见"意思。缘世间人刚愎者临事多主于"适"，疑畏者临事多主于"莫"，即私见不形者亦未必曲从乎"义"，故夫子特就"君子"表出，虚其心以待事物之感，精其制以赴事物之宜，如是以应事，斯事无不得耳。玩"与比"字，正要人与义较短量长，委曲相就，不可少有龃龉处。

十 一 章

不重君子与君子分别，只重君子与小人分别。

上二句是高一层之君子、小人，下二句是低一层之君子、小人。

"土"，谓所居之便安处。如好博好弈，凡安守其适意之事皆是，不但是安闲暇逸也。《松阳讲义》以"身家爵位"言，再详。

"怀德"乃人之正则也。然不能自然向善，须藉"刑"以自儆。怀土苟安不振，丧其固有之善而弗恤，此已大可惩戒者也。怀惠则又甚焉，冀幸利益即蹈刑法不畏，则无忌惮之小人矣。夫子示人以法戒者如此，皆言怀者不徒在事为之著，直欲人谨之乎念虑之微也。

十 二 章

"多"字，从"放"字出。双峰说是正意，《蒙引》乃余意，宜参用。

《注》"取"字，是"取之在己"意，不单是"自己取"之意，向误看。

"多怨"，《注》加一"取"字，煞有意思，一见怨出自取，绝非他人非道之干；一见许多仇怨取之在己，则切身之害可畏也。

---

〔1〕《精义》：指《性理精义》，是清代官方府、县学中的教材。

"多怨",似只是说怨之在人者便不见切于己处。《注》加"取"字,谓多取得怨来。方见是招致其怨,于一己乃切身之害,危险而可畏者。《集注》之"一"字,不可忽如此。

十 三 章

他处多是"为国以礼"意,此似更进一层。盖他处言礼,便该得让,此章却仔细剖析出也。

"礼让"二字不平,故加一"之"字。"为"是"为国何有"处? 固重在"让"。然礼文一层亦不可略。

《困勉录》"礼让"作"礼之让"说,与《注》甚合,然正衍本文恐难用"之"字。若作以礼之让为国,却似有让无礼了,与末二句较不合。愚意当云:"能以礼而让者为国乎? 何有? 不能以礼而让者为国,如礼何?"再详。

《大全》小注"虽有礼之节文,亦不能行",是说"虽行礼而礼不为之行",非是说"不行礼"也。《浅说》亦然。余旧日误看,再详。

《浅说》第二条"不必以礼让为国",据《语类》似是"君自尽其礼让,则为国不难礼让"字,贴"君之一身"说,与"为政以德"相似。一说云"为国原有许多事,一本礼让,以行之礼让",即贴"为国"说。未知孰是。愚意君之一身,人所瞻仰,当亦在"为国"中。则以"礼让为国"须兼"行己理政,化之处之"说。故《语类》以"一家让,一国兴让"言之。如此,则前二意正可并用。俟再详。

玩《或问》,此因周末文胜,君大夫专尚繁缛之礼,故就"为国以礼"道理,推重辞让之心,欲为君者务礼之实也。礼、让虽相连说下,却摘出"礼"字,语意自见。

按:孟子辞让之心可见。言"让",便有"辞"在。又言"礼",一以"辞让"言,一以"恭敬"言,可见"辞让"与"恭敬"相关,故《语类》多连说。

"让"就"君之一身"言,《语类》引"一家让,一国兴让",自主于感化。然君之让必行于臣民,必通于政事。《蒙引》说向"为国",自见周到。

"让"自在"行礼"上见,故须二字相连,但着重礼之实耳。

十　四　章

此章不是泛常勉人修德业，乃专为骛外者示之，以反求诸内也。"患所以立"，"求为可知"，只是因其病而药之。

"所以立"，可知俱是借其词来说。词连而意断，不要泥煞看。南轩《存疑》[1]可玩。

不怕无官位，只怕道理不明；不怕人不知，只怕学问不进。

"为"即"修为"之"为"，《或问》及《小注》俱作实字看。

十　五　章

首节

"之"字，指万事万物之理，似与"一"字对。然重在"体"与"用"上，当以"贯之"对"一"字。"一"者其"体"，"贯之"其"用"也。

贯，通也。随在皆通得去，正"泛应曲当"[2]意。

"吾道"一顿，"一与贯之"俱含在内。故《或问》兼大小、精粗、内外、本末说，下只就中剔出"一"来，绝不及"万"，但以"贯之""之"字暗指说，盖已统于"吾道"中也。以曾子已务其多，故只归重"一"字，犹言"吾道只一个便"，已无所不贯了。《或问》深得其旨。

夫子之"一贯"所谓知天命也。曾子悟及"一贯"，即用力久而豁然贯通也。次者如漆雕开之"已见大意"，曾皙之"风浴泳归"，再下如学者"知见明通"皆是。浅深各有不同，朱子"不执定"说最善，但本章境界自甚高。

玩《注》"将有所得"句，曾子已恍惚见得"一"了，但未真耳。故应之速而无疑，不然，何得如此速？

---

〔1〕　南轩《存疑》：指张栻的《四书存疑》。张栻生平事迹见第 208 页第三个注释。

〔2〕　泛应曲当：谓广泛适应，无不恰当。《朱子语类》卷十三："若得胸中义理明，从此去量度事物，自然泛应曲当。"

二节

他处"忠恕"字,只就"接物"说,此处兼"应事"说,故《大注》止曰"推己之谓恕"(此"忠恕"字原系借用,自说得全)。"一贯"固是说底大,说得全。"忠恕"亦不可谓是小,是偏,总是自然勉强之分。故《语类》云:"忠在一心上,恕则贯乎事物之间。"然玩朱子"忠恕"说,却似是小,是偏,《存疑》亦从之。俟再详。

在圣人分上浑然一理,止用言"一",不得言"忠",盖"忠"在圣人则是"诚"。"忠"是着力底,"诚"是自然底,然此亦只是一上一偏底名目。以一之真实者言之曰诚,亦可曰忠;若以一之粹美者言之,则曰善;以一之极至者言之,又曰太极。程子又以"仁"言之。究竟以圣人之"浑然者"言之,则止曰一而已。言"一",则已无不包了。"忠"是勉强底"一","一"是自然底"忠"。此"忠"与"一"之所以异,所以同也。在圣人分上止可曰"贯",而不当以"恕"言。盖"恕"是"推己"之名,圣人自然"泛应曲当",又何用推?若学者必须推得去,始能"泛应曲当"。然推去之"泛应曲当",与自然之"泛应曲当",只争生熟之分,究竟都是"泛应曲当"也。故曾子借"恕"来说"贯"字,此"恕"与"贯"之所以异,所以同也。

惟"忠恕"是生底,故"忠"亦随乎"恕",而不能"贯";惟"一贯"是熟底,故"贯"自因乎"一",而无待于推。知此,则《大全》散线索子,及生熟、安勉之分原自一串。生时只可言"忠恕",盖"忠"虽是"体","恕"虽是"用",然以"用"为主,"体"亦随乎"用"。熟时则以"体"为主,"用"自随乎"体",故当以"一贯"言,而不必言"忠恕"矣。然"忠恕"是生底一贯,"一贯"是熟底"忠恕"。故"一贯"亦可以"忠恕"言,而"忠恕"亦可以明"一贯"。

《蒙引》不是正言"忠恕"一条,宜玩。若正言"忠恕",则重在"忠"随乎"恕"。此要贴出"一贯"来,则重在"恕"本乎"忠"。

旧说云"一贯"重"一"边,"忠恕"重"恕"边,学者之心亦是。寓于"恕"中者,亦见得是散碎得"忠"。如曾子前此用"忠恕"底工夫,犹未知"体"之一也。武曹之说亦如此。

当此余前所见也,看来不是。若说"忠"亦是散碎得,则门人所疑者,正是以"一"贯"万"。而曾子说来,仍见得是"万"以贯"万"矣,如何能解其疑?看来就用工夫说,是散碎底"忠"，则可就曾子门人平日所见者，迥不知"忠"是一个则不可。盖曾子及门人平日用力于"忠恕"，未尝不知是一个"忠"，行许多"恕"。但工夫未熟，则里面底"忠"未能自然行出。只见得外面许多道理，须是都要体贴推行得去。故虽知道是许多"恕"，本之一个"忠"，而自不能不本此"忠"，逐事逐物，去着力体贴推行。并不见得一个"忠"，便包了许多"恕"，则何以能知夫"体之一"耶？得力在"恕"，则"忠"亦从"恕"。故虽曾子亦未能真知夫"体之一"，但曾子此时已随事体察，将有所得，与门人意思又不同，故一闻子言，遂直应之而无疑，而门人不能也。于是曾子仍举"忠恕"以明之门人，虽不知"一贯"，而"忠恕"乃其所素知，故不复再问了。究竟门人所知者仍只是生底"一贯"，若熟底"一贯"，门人依旧依稀。以工夫未到，不可强而知也。此条里面外面，即《蒙引》"事显心晦"之"心"，而《大全》"生熟"意亦在其中。

"一贯"如一个泉自然流出千支万派水来。"忠恕"如一个泉，水却流不出，须是要决，决诸东则东流，决诸西则西流。决得久时，则水亦自然流出，如那个泉了。

"至诚无息"照"忠"字说；"万物各得其所"照"恕"字说；"自此之外""此"字，指"自然之忠恕"说。盖上文以"天地之忠恕"譬圣人，可见圣人固是"自然之忠恕"。

"夫子之一理浑然"七句，言圣人只是个"自然之忠恕"，非勉然者所可并也。"有见于此而难言之"四句，言自然者难以谕人，特借勉然者说出那自然者，而人可以晓矣。"借"字，正从上两层生来。盖"至诚无息者"六句，就"自然之忠恕"分出"体用"来，正见是"一贯"之义，故下二句云云。

盖"至诚"六句，《大全》辅氏、许氏[1]解得不同；陆、汪[2]各从一说，未知孰是，俟再详定（看来只是泛说"自然之忠恕"，不指定天地夫子也）。降"一贯"是正意，然亦有升"忠恕"意。不然，曾子当下以圣人之"一贯"语门人者，全不是本来面目，便不见分明矣。说着降"一贯"意，便有升"忠恕"意，二意原自相关。

按：前说是泥《蒙引》之说而误也。玩内外注、《语类》及岱云、聘侯之说，自知其非。盖本文语气虽是降"一贯"为"忠恕"，其实曾子是借"忠恕"以拈出"一贯"来，正是升"忠恕"以等于"一贯"也。《注》"尽己推己"，只是先详出"忠恕"之正名

---

〔1〕 辅氏、许氏：辅氏，指辅广，字汉卿，号潜庵。祖籍赵州庆源，后为浙江崇德人。先后师从吕祖谦和朱熹，著有《六经集解》《四书纂疏》等。许氏，指许谦，元代浙江金华人，生平事迹见第95页第一个注释。

〔2〕 陆、汪：陆，指理学家陆陇其。汪，指汪份。

正义,本文"忠恕"字,却不是指此样底说。盖是藉此移上一阶,便指那圣人"自然底忠恕"说。如此,方贴出"一贯"。若学者勉然之"忠恕",岂得便是"一贯"耶?一费周旋,便非语意。

语气谓夫子"一贯之道"也,不过是个"忠恕"而已。"忠恕"只是借字,以"一贯"难以晓人,故藉此以著明之。正欲人即所藉者之正位,而一深观之,而"一贯"可晓矣。观《语类》方知旧日之误。观《蒙引》"忠恕而已矣",不是正言"忠恕"一条,则"降一贯"之说亦未尝误,但泥看则误耳。须知虽降而实未尝降,未尝降而自亦为降也,要看得圆透,再详。

《蒙引》此条以曾子、程子对说。似曾子只是降,不曾升了。其说原较混,武曹删之,亦有见。

借"忠恕"说便是降,其所指者却是升。须就平近说出高远来为妙。《困勉录》谓二意合说,犹未晰。

详玩《集注》之说,本文"忠恕"只是借字,不是借义。盖其义乃指"自然之忠恕"说。然虽不是借义,而借此字来说,正欲人即"忠恕"之本义,以知夫借言"忠恕"之义,而有以识"一贯"也。

"忠恕"二字大都是贴向"用力"说。

学者所见之"忠",是资助用力底,不是存贮包含底。

学者行一"恕",是本"忠"以推之。即行百千"恕",亦本"忠"以推之。宁不知百"恕"不离一"忠"?但能"推"而不会"贯",故不知"体之一"。

惟不会贯,故只见百"恕"不外一"忠",终不知一"忠"包含百"恕",惟于用处见得"忠"能包"恕",便是圣人之"忠恕",便是"一贯"了。

百"恕"不外一"忠",学者是于推行上见底,更不知一心之理,便包得许多。

以真诚无妄之"忠",流为称物平施之"恕",此夫子之道也。然玩《集注》《或问》,"忠恕"毕竟以"尽己推己"为主。一可以释门人之疑,一所以勉门人用力。须就学者之"忠恕",醒出圣人分际,自能与夫子之道相应。当云夫子之道虽高,实体之,不过尽己之"忠",推己之"恕"而已矣。盖"忠"即道之"体","恕"即道之"用"。只此一个"忠",行出许多"恕",即"一以贯万"之谓也。虽圣道如天,无事于推施而用之。万本于"体之一",有上下之分,无彼此之异。如此说来,言外便见。学者从事于"忠恕"，即可以得圣人之"一贯"意。

工夫在推己之"恕"，虽尽己亦有工夫，但不过主敬存诚耳。着实处自在"精察力行"上。

曾子以"忠恕"解"一贯"。朱子恐学者看卑浅了，致于上句"不应"，故《注》先向上推出天地之忠恕，以发明夫子之一贯，自见曾子所言非学者之"忠恕"，乃圣人之"忠恕"也，实即天地之"忠恕"也。以天地之"忠恕"，体用一原者观之，则夫"一贯"之实，不从可识乎？

十　六　章

此分判理、欲于知解。

"喻"之前，"喻"之后，程、陆二说已明。所"喻"之中无微不入，《或问》明之。所"喻"之外别无所知，范注明之。

"喻"字横说，无事不然是也；竖说，细微必烛是也。

"喻"字，与"晓"字较不同。"喻"字说得深，故《注》下"犹"字。《外注》"深"字，正贴"喻"字。

"人情之所欲"，对上"天理"看，乃理外俗情也。

按：《或问》所禀之清者，则先喻而好必笃；所习之高者，则先好而喻愈深。可见程注不必太拘。

本文各分说，然理、欲不并立，便有互相反意。杨注醒出，《语类》"义利"分头尾一条，发挥甚精。

"喻义""喻利"二种随在皆然，不指定一事。《语类》只一事上君子只见是"义"，小人只见是"利"。

按：此正见所喻之专，所喻之深。

《精言》解"晓"字字义自妙。

十　七　章

此视"别贤否"较进一层，欲其因人求益也。

有是善，无是恶，犹后一层，要紧是"思"与"省"，乃就合下所见，动其求益之念也。

贤不贤非泛言品目，原就实行言。故曰："思齐自省。"

《条辨》两"见"字活看，似未安。愚意两"见"字，当坐实看。凡章意各有所主，此要人不虚所见，非宽论通体工夫也。但一见不虚，言下便有处处勉励意。然非本文正旨。陈西陵病同此。

十 八 章

"几"字正解，只当如《集注》说。李衷一[1]所谓"微词以讽，乘间而导，委曲转移不令人知"三意，虽亦在"几谏"中，然只可兼用，不得便作"几"字正解。然再详。

"几谏"，不欲有谏之迹也，非定是不教父母知其为谏。

"志不从"，是父母之心与我相拂了，故又孝敬以致其悦，然后可以复谏也。

"敬"与"不违"，《注》分两层说。要带"又"字、"劳"字，贴"子"说。

顺本文说"谏志不从，又敬不违"，是第二番谏；"劳而不怨"，又是"又敬不违"以后事。"不怨内"，复有熟谏意。故《蒙引》补之曰："劳而不怨依旧是谏，不容恁他休也。"此说固可从。然据愚见，"又敬不违"固是第二番谏，然玩"不违"二字，是自己不肯与初谏相违，自然谏总不相违了。则至三、至四改而后已底许多谏，便都该在此句内。"劳而不怨"，特就其中剔出难堪者言之耳，不必看作在"不违"之后。俟再详。

据《小注》，朱子"不违"有二意：一不违初谏之法，总不敢触父母之怒也；一不违初谏之心，务于致父母于无过而后已也。玩此后一意，与余见正合。"不违"云者，始终不异辙，依旧如此谏而无休歇也。《大注》"熟谏"，虽在"劳而不怨"内，要自是从"不违"出。玩"宁"字，是现成语气也，然再详审。

《批注》"几谏"，引《内则》，就"声色"上说，似未尽，李衷一之说正可辅之。而胡备五谓："《内则》是铁版脚注，若徒以言词求之，是谲谏讽谏，非所以事父母

---

[1] 李衷一：指李光缙(1549—1623)，字宗谦，号衷一，福建泉州人。生平事迹见第77页第二个注释。

矣。"看此注甚妙。

讲家多谓"几谏"到底不易，而《蒙引》独引《礼》[1]词，"三谏不听，则号泣随之"。

愚按：此当审所谏之何事，若得罪乡党州闾，则可"几谏"到底；若有关于家国天下之大，则不妨号泣如小弁之怨，孟子称之是也。

十 九 章

此即出游，以见体亲心之意。

"不远游"，是正说；"游必有方"，是不得已而通其变。

《大注》首二句，紧贴"远游"说，"不惟"二句，方是"不"字正意。玩"不惟"及"亦"字，自折转重下句。下段重"欲亲"句，"召己"句带说，故末以范氏注总括之。

"必"字宜着眼。

《详说》[2]陈西陵一条甚善。

二 十 一 章 [3]

知亲年一念也，中却藏得两念。然"喜"不敌"惧"，故爱日之诚不能已也。

晚村云："喜惧原一时并集，不分先后彼此。"

愚按：《大注》"既又"字，自不无先后彼此，但方觉为喜，即觉为惧，惧念生，斯喜念微矣。若作大界限，分开两念则非。

《注》"爱日之诚"二句，双承"喜惧"说，不单指"惧"边。

玩两"一"字，"喜惧"自是两念。故《注》用"既又"字，自不可易。本文原是先"喜"后"惧"，盖一生"惧"念，便不容更"喜"矣！玩两"则"字，"喜惧"虽有两念，却是才有"喜"，便生"惧"，转念固无多时。玩两"以"字，俱承"知"字来以因也，"喜惧"皆因知而生也。讲家多谓"喜惧"一时并有，不作两念。抹煞两"一"字，殊

---

〔1〕 《礼》：指《礼记》。

〔2〕 《详说》：指《四书详说》。作者曹端，生平事迹见第 202 页第一个注释。

〔3〕 前缺对《论语》第二十章的解读，《论语》原文为：子曰："三年无改于父之道，可谓孝矣。"

未是。

《注》"爱日之诚"二句,即隐跃在"喜惧"中。玩一"诚"字,及"不能已自"可见。不知亲年者,并不解有"喜惧"。即"喜"矣,亦必不生"惧"。"喜惧"并集,此便是真心呈露处。"爱日之诚"恶能自已,此惟真有惧者自能领之。不然,不以此语为蛇足,则以圣言为歇后矣。此等处后学宜细参之。

《精言》"爱日之诚",两字内都有,非单重"惧"。

愚按:喜亲之高年,即常人亦有此情,却未尝爱日。在知亲年者,自必喜其可及时尽孝矣,但"喜"则气盈,气盈则易自满;"惧"则气歉,气歉则不自安。尽孝,毕竟得力在"惧"边者多。

二十二章

《详说》云:"此章不徒说古人慎言,而推古人所以慎言之故,是见古人厉行意。"

按:此说甚善。若重慎言意,是只教人简默了,于"躬之不逮"四字殊看轻矣。但须知语气乃是从谨言说出厉行耳。

即作"警易"言者说亦可,但不是只教他谨言,正是教他厉行也。要紧处在一"耻"字。

此特就"言"上追出"行"来,专重古人厉行之心。《或问小注》已误,《精言》更非。

二十三章

"以"字,要看把柄在手,常常不失意。旧作以"约"读"住",下五字相连。《精言》则谓"上五字为句"。

按:二说语气迥不同,上五字相连,便将"约"字打入"失"之中,"鲜矣"方扶起上二字。读"住",则为才智自逞者郑重言之。吾从旧说。

此为放纵自逞者发,即与奢宁俭之意。

二十四章

"讷言敏行"是君子心中事，不是外面事，但自有外面底在耳。

"欲"字，是"忧勤惕励"意。

不曰"谨其言"，而曰"讷于言"，是矫其轻便，宁甘迟钝之意。不曰"励其行"，而曰"敏于行"，是做其颓惰，务极黾皇[1]之意。"讷""敏"及两"于"字，俱从"欲"字说出，全是君子警惕刻励之心。语本虚景，意含实事。讲家只作实在工夫说，殊失本来面目。

讲家亦重"欲"字，但虑涉虚景，必要坐实言行。不知既立志讷、敏，矫轻做惰矣，又安有空虚之虑？

二十五章

稼书、岱云[2]说大概相同。但"不孤"句，李就"生初"言，陆就"生后"言。细玩本文及《注》"类应"之解，陆说为是。再详。

据《存疑》，"必以类应"亦在"德不孤"内。

愚按：此是说理。"故"字以下方就事说，贴"必有邻"句。然再详。

"德"是所修者，非固有者。若固有之德，天下皆同，安得云孤不孤？但所修之德所以不孤而有邻者，原从同然之德来。

二句理、事相承说，非但一反一正语。

自以《困勉录》为定说。

---

〔1〕 黾皇：奋发之意。

〔2〕 稼书、岱云：指陆陇其、李岱云。二人生平事迹分别见第 16 页第一个注释和第 25 页第三个注释。

二十六章

此以不善谏之失惕人。《蒙引》单主见机而作,恐非正意。

马唯一主此说,看来自可从,再详。

须看两"斯"字,直敲出两"数"字真髓来。

此就忠谏剥进一层,即不可则止之义。须知非教人自全,正教人善谏。

《蒙引》见机之说意虽是,语不比附,不可用。

公 冶 第 五

一　　章

圣人择配,固取品行。但两节俱以缧绁[1]刑戮为言,则保身全家亦天理人情之至,恐不得识此意为非。但讲保全,亦只在品行内。论其常,不论其变。圣人固曰:"虽在缧绁之中,非其罪也。"

朱子评论第五伦事,可与圈外程注并看。

节首五字,记者语"可妻也",乃夫子称谓之词。下二句虽非申解上句意,亦是翻剥出"可妻"来,故记者遂接入末五字。

避嫌只为犹有私,意在不见谅于人,故须出于此。圣人则至公无私,只自尽其事之宜,然又何所容心乎? 若第五伦因子侄病,亦只为克不去私心,遂有十起不起之事。然则未能无私者,正须避嫌以求进于道,如鲁男子不纳邻妇,正为善学柳下惠者。

二　　章[2]

附记"邦有道不废"评语。

---

〔1〕 缧绁:原指捆绑犯人的绳索,后借指监狱。

〔2〕 二章:此小节内容应属《论语》第二章,原文缺失了部分内容,只写了"附记"之评语,今以"二章"明示。

此因择配而论南容[1]之品，自是称其贤。言有道可以不废，不是决他必于仕，谓有道一定不废也。

玩《注》语，是就"有道不废"上见他谨于言行，不是因谨于言行，遂推出他"有道不废"也。如前说是重在题意，如后说是重在题面。重题意则只是一层，题句原甚活脱。重题面则有两层，题句便成呆相矣。

此原为择配而发，须照顾择配意方有根据。只作泛论人品亦无当。

三　　章

此章以首句为主。盖"尊贤取友以成其德"，便暗含此句中。下二句就此意又推出一层。然须知此意却是就下二句显出，不得于上句内便透此意，当如《翼注》说"夹缝中发出"为妙。

原不重"鲁无[2]君子"，却正藉此以遂其尊取之心，著其尊取之能。《条辨》从两"斯"字看出神情，固不单重一"取"字也。

"取"字紧粘"斯"字，自指"德必有所由取"。《注》加一"所"字，语意自明。

"鲁无君子"，便发不出他"尊贤取友"能事来，何以成其德？

四　　章

"汝器也"，言有用于世。"瑚琏[3]也"，更言重用于世，而美其观。

贵重、华美二意并用，然当以"贵重"为主，"华美"辅之，故《大注》末句单言"器之贵"。

---

〔1〕　南容：指南宫适，孔子学生。

〔2〕　无：原写作"多"。

〔3〕　瑚琏：宗庙盛黍稷，即小米、黄米的一种礼器。子贡问曰："赐也何如？"子曰："女，器也。"曰："何器也？"曰："瑚琏也。"

五　章

通章只重斥佞，"仁"字带言。

"佞"，一是口快意，一是变乱是非意。

"御人以口给"〔1〕，言所以抵当人者，只是口头备办了，全无着实处。"屡憎于人"，即指所御之人说。上下二"人"字本相应，但无实强辩，自拂于人心之同。然虽旁人亦憎之，或作贤者说为其碍，当时皆尚佞耳，然自不相妨。

给，办也。即"办事"之"办"。但取备办于口，便是挡塞人。

《续困勉录》，"给"，犹"给事中"之"给"。

末句自承"不知其人"来，仍与首句相应作泛说。此等处不必着解，自可得其语意。《时讲》或作泛说，或指仲弓〔2〕，各执一偏，抑独何耶？

《总注》"全体""体"字，作"死"字看，自以蔡氏说为是；"双峰"作"活"字看，亦通。再详。

六　章

"信"字，《注》自以"知"言"行"，亦说得"信"，但此处自重在"知"耳。

"信"字似当兼横、竖说，然玩《注》，却只就竖里说，《语类》亦然。愚意就横里说出竖里来，为合一说。真知其如此，是竖说；无毫发之疑，是横说。

按：此恐未是。《困勉录》亦谓无毫发之疑即"真知"意，只是一正一反语，俟再详。

"真知其如此"，"如此"字照"斯"字说，与《或问》"目有所见，手有所指"，俱发得"斯"字精神出。"验之于身"二句，亦说得"未信"精神出。

"已见大意"，谓开〔3〕已见得吾性中有许多道理。

---

〔1〕　御人以口给：指能言善辩。御，应对、应付。口给，善于言辞，应对不穷。

〔2〕　仲弓：鲁国人，冉氏，名雍。

〔3〕　开：指漆雕开，春秋时鲁国人。字子开，又字子若，孔子学生。在孔门中以德行著称。

"已见大意"，重"大"字，对"小"言。"见道分明"，重"分明"字，对"茫昧"言。其实，"大意"即道，言"已见"，便有分明意。分言之，则各有所重耳。

惟其"已见大意，见道分明"，故不安于小成，而笃志于学，将来所就，有不可量者，故夫子悦之。"悦"重当下，便该得后日。

圣人岂不知开尚未可以言信，但开自觉得信与未信则圣人不能知。可见《蒙引》与谢注原不背。再详。

《或问》"细微或有未尽"，是不能无毫发之疑意；"未必反身而诚"，是不能真知意。俱就竖里说。再详。

"见大意"，据《或问》，对"小"而言。是已见了全体广大底意思，不执一隅之见。然曰"大意"，又是"大概之意"，故《或问》谓细微或未尽，遂与"未能信"不相妨。

"见大意"，是从"斯"字看出；"见道分明"，是从"斯"字及"未能信"看出。盖茫昧于道者，略有一知半解，便谓大有所得，不知进一境更有一境，登一级又有一级。惟"见道分明"者，乃愈进而愈不敢自信也。"见大意"是横说，"见道分明"是竖说。本是两项，却自相通，盖见得此理随处皆是，便见上下精粗统归于一"广大"之中，自有精微，此所以未易言信也。"见大意"，正从"斯"字看出。言"斯"而谓之"见大意"者，正以此理见之于日用平常间，无一处不是，举目便见，伸手可指，上下精粗统归一贯。能见得这样意思，非大而何？

程子并称开与曾晳已见大意。据"点尔"节注，谓"有以见人欲尽处天理流行，随处充满，无少欠缺，而其胸次悠然，与天地万物上下同流"。

按：此则曾晳所见道理，便是鸢飞鱼跃，察乎天地底。此章"斯"字，似颇有此意。然朱子又云："开所见未必如点[1]透彻。所以此处'斯'字，但云许多道理见于日用间，君臣父子仁义忠孝而已。"可见此章"斯"字虽指"大意"说，终不同"暮春"一段道理之高阔。"斯"字指"广大"说，便含"精深"意。"未能信"，谓"所见不周匝，所知不透彻"。《续录》载王前席[2]文，讲"斯"字用"广大精微"，讲"信"字用"全识定力"，讲"未能"用"坚僻游移"。

---

〔1〕 点：指曾晳，又名曾点，字晳。春秋时期鲁国人，孔子学生。
〔2〕 王前席：清代陆陇其门生，曾刻陆陇其编《四书大全》四十七卷。

按："全识"照"广大"，即《注》"无毫发之疑"意。"定力"照"精微"，即《语类》"保得过"之意。"游移"即"疑似"，照"定力"，自合"坚僻"[1]，未便是。"拘墟"照"全识"，似未稳。然再详。

七　章

浮海之叹自是悲世，不是愤世。岱云说觉未妥，再详定。

他人当不能从己，惟由平日勇于进退，故能从己而行。可见此行原自难说，即此便是不去底意思。《语类》最可玩，再审。

"好勇"二句，《注》虽分一美一识，其实不是判然两截。二句俱从他喜上看出。即他勇处，便是他无所取材处。从浮海而喜，故美其勇。所喜者从浮海，故讥其无所取材。"美"字从"过我"字生，"识"字从"无所"字生。

浮海之叹自是设词。《或问》驳谢氏"终不浮海"之说，引逢萌、管宁避乱居夷[2]，而谓圣人不行。盖度其时有未至，非终以浮去为虚言也。

按："危邦不入，乱邦不居。天下有道则见，无道则隐。"道理原自如是，但圣人所以不去者，固是以世未大乱，不欲遽循此理。尤是其心以天下为一家，中国为一人，实不忍拘执此理也。《或问》特驳谢氏，故如此云云。而《精义》[3]收吕氏说，正欲人互参而并采耳。看来当以《精义》为正说，以《或问》辅之。盖圣人惟于万不得已时，或循危乱不居之义，不然必不肯轻绝中国也。《精言》谓当从《或问》，似误。

"子路闻之喜"，自是喜夫子以己为果勇，而与之至。谓有愤世之心，而喜其逃避，则夫子晓之者当不只此矣。"无所取材"之讥，看来只是就以为实然说出。

---

〔1〕坚僻：固执怪僻。

〔2〕逢萌、管宁避乱居夷：逢萌，字子庆，东汉时期北海都昌人。时王莽杀其子宇，萌谓友人曰："三纲绝矣，不去祸将及人。"即解冠挂东都城门，将家属浮海，客于辽东。辽东古属东夷。见《后汉书·逸民列传第七十三》。管宁，字幼安，北海朱虚人。天下大乱，闻公孙度令行于海外，遂与朋友至于辽东，庐于山谷。时避难者多居郡南，而管宁居北，示无迁志也。中国少安，客人皆还，唯管宁晏然若将终焉。见《三国志·魏书·管宁传》。

〔3〕《精义》：指《性理精义》，是清代官方府、县学中的教材。

《条辨》《精言》俱作不能裁度，行止随时之义，似过泥。《或问》遂失了圣人不忠天下之心，恐不可用。再详。

八　　章

又问及两"何如"，俱是问"仁"，则三"不知其仁"，是正答问处上。特藉"才"之可知者，以见"仁"之不知。言"才"处，语意直注到末句。

"子路仁乎?"浑浑一问，自是辨别他"仁不仁"。才一言"仁"，便须连全体在内方是。若一、二事之"仁"，自是算不得。《语类》发挥正是此意。但一事即关全体，四句未免说煞，会其意可也。

《条辨》"或在或亡"，自不能必其有无。则不知是正答非，隐之不以告看得好。

"治赋"，有整饬车马、训习士卒二意。"为宰"，有安辑人民、治理繁剧二意。"接宾"，有威仪不抗不卑、词令不激不随二意。三事皆当理，无私便即此是"仁"。下紧接"不知"句，便是打在"仁"外了，故止是"才"，不是"德"。

九　　章

"一""十""二"字本不须解，《大注》解之者，为下即始见终，因此识彼地示人，不得泥字面看也。

明睿所照，推测而知。是推知十知二之故。

"自屈"固生于"自知"，然亦有"自知"而不肯"自屈"者，故《注》下一"又"字。

"不安于已知，不尽于已至"，即就"自知自屈"上看出。辅氏说[1]极善。

前后俱是圣人引进子贡意。

首节"愈"字是一层，下"望"字便降一层，是期望齐等之意。到知十知二，乃大相悬隔矣。字义有此三层。

"自知自屈"所以可与者，以其必有进步也。《时讲》"与汝"，就当下直断说，不

---

〔1〕　辅氏：指辅广，字汉卿，号潜庵，浙江崇德人。生平事迹见第255页第一个注释。

可从。

十　章

上节即其事以深责之,下节又因其能言而行不逮,即别事以重儆之,总以其志气昏惰也。

"志气昏惰"贴"朽木粪土之墙"。"较无所施"贴"不可雕杇"。

儆予是正意,儆群弟子是余意。

听言信行不必问始是何时。听言观行不必问今是何日。"于予与改是"[1],亦不必执定"昼寝"一事。《条辨》谓《时讲》"呆滞可笑",却必谓今是后此不属当下,不亦在"呆滞可笑"之例乎?当再详之。

玩"今吾于人"三句,此与上节当非一日之言。故节首"子曰"字不直作衍文,即是一时言语,而听言观行自是设词,又何必执今是后此乎?且玩上节下语严重,疑偶尔寝息当不至此,应是宰我[2]志气昏惰,早在夫子心目中,特于"昼寝"发之耳。据此二意看来,《条辨》之呆滞何疑?

十　一　章

无欲仍不是刚,刚则自然无欲,欲则必不得为刚,《外注》似不可用。

"不屈"贴"心志"上说,于事物上见"不屈"。谓心不屈于事物,非心不屈于嗜欲也。

不可曰刚只是无欲底,只可曰刚自无欲底。盖无欲犹不是刚,无欲而不屈方是刚。欲乃屈之根,无欲乃不屈之根。《说约》宜玩。

按:《蒙存》《说约》"无欲"与"不屈"是两层。程、谢注及《语类》《大全》岱云,

---

〔1〕 "于予与改是":意思是说,从宰予这件事,使我有了这样的改变。这是对宰予不满的话。宰予昼寝,子曰:"朽木不可雕也,粪土之墙不可杇也,于予与何诛?"子曰:"始吾于人也,听其言而信其行;今吾于人也,听其言而观其行。于予与改是。"

〔2〕 宰我:指宰予,字子我。春秋时期鲁国人,孔子学生。他口齿伶俐,和子贡一样因辩才而有名。

"无欲"与"不屈"只是一层，即克己便是复礼，克己又须复礼二说。

看程注"欲"字，带"所欲之事物"说；看谢注"欲"字，直就"不刚"说自通。但似说出一层，觉不与本文同。俟再定。

"刚"自是胜物底，故常伸于万物之上。"欲"则为物掩，故常屈于万物之下。

以上数条乃旧从《蒙存》说也，今看来《注》说恐不可违。谢注"为物掩之谓欲，凡少有系恋顾念处便是欲"，看"欲"字极细，便与"刚"字反对了。但终觉少借，姑从，以俟再详。

玩谢注末二句，"申枨[1]所以为刚处，即所以为欲处"，看"欲"字极细。

《蒙存》《说约》晰理最精，恐不可废。但本文原以"欲"字对"刚"字说，故程子将"刚"字说粗了一层，以就"欲"字。谢氏将"欲"字说细了一步，以就"刚"字。此正贴本文"欲不得为刚"语气说。若《蒙存》《说约》之说，另作一层讲可也。愚见如此，亦未知是否。

毕竟从程、谢及《语类》为是（戊寅改）。枨之所以为刚处，即是枨之欲处，即是枨之不得为刚处。盖枨是个假得，刚假此，刚便是欲，又安得为刚乎？《大全》蔡氏分别"刚"与"悻悻"甚明，宜玩。

"枨也欲""欲"字，粗细俱有，然以细者为主。以粗者参之，方合谢注意。聘侯说活看。

诸家所以驳程、谢注，盖谓刚强不屈不但是无欲，直是纯于理耳。如此说来，则刚者便是仁者矣。恐刚与智者、勇者相类，不与仁者比肩。常说"刚果""刚毅""刚健"，只是不屈之意。即"刚正""刚直""刚方"，亦只是合乎理，未必是纯乎理。至"刚烈""刚愎""刚暴"，则更偏执有疵了。大概一意孤行，略不挠于物欲，此是"刚"之正名、正义。诸家看得太深，反与程朱为难，不亦异乎？

"欲"之为字，心上有欲，只愿欲动处便是。《批注》为"多嗜欲"，正是连外物为言。盖愿欲所动，必是触于在外之事物境遇，如富贵利泽，则嗜好所及而欲得之；贫贱患害，则嗜欲所不在而欲去之，此所为"多嗜欲"也。"欲"未有不与物相连者，或谓"刚"是不屈于"物"，不是不曲于"欲"，亦误矣。二条俱再详之。

---

〔1〕 申枨：字周，春秋时鲁国人，精通六艺，孔门七十二贤人之一。

十 二 章

子贡自是有"物我无间"之志,但不曾实在去做此事,故容易说过了,不知这地位尽高。夫子所言,且欲他从事于"恕"耳。

子贡惟未及乎此,故不觉容易说出。若实有工夫,自然悉其甘苦,便不如此说矣。故夫子只以"非所及"点醒,而勉强之功,自不容已耳。此章意思,当与"漆雕见道"分明参看。但彼是于统体道理见得分明,此是于仁道精微未有实功。所指各是一项,亦不必伸彼屈此。

十 三 章

"得闻不得闻"固属学者,而"可不可"之故则在夫子。此章不重在学者上,只重在夫子教不躐等[1]。

夫子之文章日见乎外,固是不能隐底。但对下段看,正重在以此教人上,不必用"不能隐"之说。

文章是理之浅显者,性与天道是理之深奥者。据仁山,似是照"黼黻文章"为解。文是彩色灿烂,章是黑白昭彰。

天地有大文章,日星河岳是也。圣人则之,尧乃为君之大文章,故言礼乐法度。夫子乃为师之文章,故言威仪。《文辞精要》云:"威仪如温良恭俭让,文辞如恂恂、便便、訚訚、侃侃。"

按:此特举其例耳,当不止此。合"乡党"一篇,可见夫子之威仪;合《论语》全部,可见夫子之文辞。

本章"文章"与"性道"对说,原是一串道理,而有"上下""精粗"之别。盖道显者谓之"文",文章是道理之浅显者,性道是道理之深微者。《批注》作"威仪文辞",是紧切文章显著有色者言之。其实,言"威仪"便有"举动事为"在;言"文辞"便统

---

[1] 教不躐等:指教育应因材施教,不能采用超越次序的方式,而应采取循序渐进的方式。躐,超越。

"教诲讲论"在。讲家谓此是"下学"事，故《松阳讲义》云："博学、审问、慎思、明辨、笃行，皆是在文章上做工夫。"盖对下"性道"就"上达"说，自当不拘拘于泛常之威仪文辞也。玩《注》，先解以"德之见于外者"亦可见。

子贡此论根由，原从得闻"性道"来。向来服教只据文章，至是始得闻"性道"，遂尔由后追前，恍然有悟，不觉深叹圣人教不躐等，故如是之妙也。须玩"可得"，因人而施，随时而发，各顺其怀，不可幸至。其权衡不真，正非过来人，固不能领会得。本文两"得"字，固大可味。

"性道"不是不教，自是非其时。不当教，在门人方疑隐讳高深，不肯示人，只为诣力未至，自不能洞悉其故。惟到"得闻"地位，方涣然冰释，悟得圣人之教与不教，故大有权衡在。

承文章之教，便见夫子"无行不与"，处处皆是道理，在在皆为法则。勉勉循循，惟此是务，几不知此外更有圣教也。及积之既久，始得闻"性道"之教，便觉别开一境界矣。盖前此自是支流，后乃探其原本；前此只是固守，后乃得其贯通；前此惟是一身之修，后乃与天地万物同游矣。所以下学之不躐等，故如此也。

此两截当上下回环看，就后来事追想从前事，乃知文章为常教乎人者，是夫子之文章可得而闻也。即照从前事，以推后来事，乃知"性道"为偶尔一发者，是夫子之言性道与天道"不可得而闻也"。因闻有"不可得"者，才说个"可得"，即就"可得"者，并看出"不可得"。上下语意相生相照，当细玩之。

"文章"字不得绝奇，圣人首出，万物而作。睹夫子之昭示乎天下者，如天地之日星河岳，如帝尧之礼乐法度，光辉焕耀，真足以炫人之耳目而动其心。然却是覆载无私，人人瞻被者。盖天地有文章，所以陶铸乎万物；古帝有文章，所以协和乎万邦；孔子有文章，所以垂教于天下。后世故曰："夫子之文章，可得而闻也。"然见而人莫不敬，言而人莫不信，行而人莫不悦，反而求其本原，便是仁义礼智之性。而仁义礼智之性，即是元亨利贞[1]之天道。此惟学者真积力久，方能得其本原。到此地位，便敛万而归于一矣，化迹进于神矣。以一身而与万物同体，以一心而与天地同游矣。此是何等境界？必非下学所能骤至。故曰："夫子之言性与天道，

---

[1] 元亨利贞：《周易·乾卦》卦辞。唐孔颖达疏："元，始也；亨，通也；利，和也；贞，正也。"

不可得而闻也。"

"文章""性道"原分出上下两层。"可得闻""不可得闻"却自是一时情事,故是"教不躐等",不是"教人有序"。《时讲》混拈,须辨。

"教人有序"是统教之始终。而言先教其粗,后教其精;先教以下学,后教以上达,层递而上,故曰"有序,教不躐等"是单就"下学"之教,不遽及"上达者"言。故文章得闻性道,不得闻教。虽两存,"闻"只一面,故曰"不躐等"。可见《注》语精确,不得混拈。

十 四 章

于行时观子路,固可以见其勇行之状,然而未得其心也。今惟即未及行时观之,先一步,紧一着,方画出勇行者之精神意念来,此正门人刻意摹写性情处。

"惟恐有闻",盖复有所闻,则闻有余而行不足。行已为迟缓,而不及乎闻矣,故恐。《体注》"恐后闻壅滞,前闻不得行"之说似不必用(盖虽两闻并在,要自可行前闻,如何便不得行?此终说不去)。即不必壅塞前闻,而行已遗失在后,不副乎"闻"了。此意似更紧切,与《大注》"行之不给"意亦合("给",《说文》"相足也"。"行不给",谓闻多行少,不能相足也)。然再详。

《大注》"行之不给",重读"之"字,便是后说意;轻读"之"字,便是前说意。看来毕竟前说是。《体注》殊不妥,再详之。

看正文,恐后闻之关心,并虚吾前闻之实用。此意用作推说亦可,必非正意。

子路当方有所闻,还未及行底时节,便巴不得一时就要行了。惟恐复有所闻,遂将这项耽搁下,其勇于必行为何如?

辛未旧说云:"行前闻迟了后闻,行后闻迟了前闻,故恐。"按:此殊失主张。本文只是急前不是虑后。"迟后闻"又多了一层,不可用。冀应身为后闻地之说,亦不可用。

急行之心固于末句揭明,却正缘上二句,逼得出所重在末句,得力自在上二句。《时讲》谓通节一气说下,甚是。

"给",供给也。"行之不给",犹俗言"供应不上"。旧解作"不足",少误。

十 五 章

夫子只推得谥为文之由，而"不没人善"之意在其中。

十 六 章

立身行己，事上临民，人生大节已尽。此数条子产[1]俱合君子之道，则大节已端。询当时之贤大夫也，故夫子表之以"风有位"。

"恭"，属己也，不但主容。《蒙引》犹未尽。

一身之言行交际，皆在"行行"内，不当如《蒙引》，单以"出入起居、升降进退"言之。《时讲》以"善不伐，劳不施"为解，自好。

《注》于"恭、敬、惠"释其义，于"义"字独实以事者，以有实迹可考也。子产为政，"惠"即在"义"中见，故亦不举其实迹。

"恭"以"不伐善，不施劳"言"敬"；以"尽礼尽职"言"惠"；以"爱根于心，利施于外"言"义"，则正服物以抑奢僭[2]，饬田畴以惩奸贪。

"行己恭"是根源事，惟"行己恭"，自能"事上敬"；"事上敬"，则"养民惠"，"使民义"矣。此与列国名卿以才知闻，而不衷诸道者固大悬殊，所以夫子亟称之。

十 七 章

是因其久敬而目为善交，是称其善交而实以久敬。上虚下实，宜相粘说。

有信所以笃为友之情，能敬所以全相交之礼，二义皆朋友一伦当然之理。

---

〔1〕 子产：复姓公孙，名侨，字子产。春秋时期郑国的政治家和思想家，在郑国为相数十年，执政期间颇多建树。

〔2〕 奢僭：奢侈逾礼，僭越法度。

十 八 章

此即谄渎[1]鬼神。盖蔡龟[2]是鬼神之所凭者。

一枯骨而有灵,是鬼神为之也。鬼神,二气之灵也。

鬼神凭于枯骨一意,养龟便是谄渎鬼神。

十 九 章

二节分别处,《存疑》《困勉录》似可从,而《汪订》[3]驳之,再详。

看来陆说可据。所疑者,惟《注》"人欲之私""私"字,似指"心"言,然指"事"亦可。

以二子事皆当理,而心未必无私,因以"未知"单主"心"说者,此高中元[4]及俗下讲章之说也。因《内注》上节无"心"字,下节有"心"字,遂谓子文[5]心无私,而事未必当理,文子[6]事当理,而心未必无私,致将两"未知"看作两样者,此《存疑》《困勉录》之说也。看来前二说皆不可从,两"未知"俱兼"事"与"心"说。上节《注》"偶不见心"字,下节《注》"特就心说,包有事在",正不可泥看。聘侯分析甚明,今改从汪、黄[7]之说。二节俱用"当理无私"为断。然再审之。

就"子文""文子"之事,大概论之自是好事,故许以"忠""清"。就其事仔细推

---

[1] 谄渎:阿谀在上的人,轻侮在下的人。

[2] 蔡龟:国君用以占卜的大龟。因蔡地产龟,所以把大龟叫做蔡龟。

[3] 《汪订》:汪,指汪份,生平事迹见第31页第一个注释。汪份著有《增订四书大全》,此处简称《汪订》。

[4] 高中元:指高拱(1512—1578),字肃卿,号中元,河南新郑人。明朝政治人物,隆庆年间担任首辅。著有《问辨录》《春秋正旨》等。

[5] 子文:指令尹子文。令尹,楚国官名,相当于宰相。子文,楚国宰相,为楚国的强大和争霸做出了杰出贡献。

[6] 文子:指陈文子,齐国大夫,名须无。

[7] 汪、黄:指汪份和黄越(际飞)。

之，僭王猾夏〔1〕、不能正君讨贼即在其中。故"不许其仁"二意，俱是事不当理，而心不能无私可知矣。

一事之仁而可以见其全体，此以"成德之仁"言也；全体非仁而许其一节者，此以"事为之仁"言也。如管仲有仁者之功，乃称其事之仁，而非许其人之仁也。以事论，管仲做得题目大，故虽假仁亦可以言仁；子文做得题目小，故事虽有可许，而不可以言仁。

朱子解"仁"，以"内外"言之，则曰"无私当理"；以"横竖"言之，则曰"全体不息"，二意又是一串。"无私当理"有以满其量，即全体也；"无私当理"之全体有以纯其功，即不息也。

二　十　章

须从《或问》《语类》《大全》《存疑》《翼注》，谓只要人向道理上思，不必计及利害也。向重"多思"反惑，殊误。

"再"字对"三"字，"斯"字对"而后"字。"思"可矣，犹言"再思"就罢了，"可以行"意在其内。但不必云"斯可以行矣"，遂添入"行"字。

看来"可矣"，照上即指"可行"为直捷。

《存疑》"'一思'之后'再思'，有异于前思者，则'再思'即为'一思'，当另有'再思'在。"李兆恒则谓："'再思'与'初思'有不同者，此已剥进一层道理。则似是之非，当不足以乱之。"

按：此"再思"只一回，不另有"再思"。此似胜《存疑》之说，然不可泥看。只问其审不审耳，不审，则另有"再思"亦可。俟更详之。

二十一章

因下面说个"愚"字，所以上从对面说个"知"〔2〕字。此只浅说，不必说向睿哲

---

〔1〕　僭王猾夏：指越礼逾位称王，侵扰中原。僭王，越位称王。猾夏，扰乱中原。
〔2〕　知：去声，同"智"。

去。如照常办事,不费手脚,即便是"知"。《讲义》如说乖巧一般。

"愚",犹言朴质也。不是真愚,只是对"知巧"看见为"愚"耳。《注》"知巧"字,与本文"知"字不同。

"尽心竭力"四句,是正释"愚"字。"保身济君",则说向后一步,然亦不可看作上四句是说其愚。"保身济君",是说"愚之不可及"。盖"保身济君"亦是在那愚中说出,正是愚中之美处。言武子尽心竭力,不避艰险之愚,乃是能"保身济君"底,此其愚所以为"不可及"也。尽心竭力不避艰险之愚,已是不可及了,但愚而不能"保身济君",于国家终何所益? 武子之愚,实又能保其身以济其君,此其愚之所以"不可及"耳!

"保身"正欲以"济君",一"以"字可玩。

"愚不可及",不只是"知巧者"不可及,虽愚而不能济君者亦不可及。玩"其愚""其"字,此愚原不属第二人。

"尽心竭力",正是说婉转图谋以济其君也。"欲济其君",乃尽心竭力底主意。"保身济君",即在尽心竭力中;"尽心竭力",即在不避艰险中。当艰险之时,欲救其君,只管尽心,只管竭力,务期克济,略无震慑退缩意思,此是其"愚",此是其"不可及"也。"卒保其身,以济其君",正承"尽心竭力,不避艰险"来。虽分两时,意自一串。《时讲》看作截然两意似未合。如此看,程注"沈晦"意,亦在"尽心竭力"中,内外都归一线。

《内注》"不避艰险",有"憨直向前"意,是真性所发之愚,愚之无心者也。《外注》"沈晦免患"[1],是不露圭角[2]意,乃智术所为之愚,愚之有意者也。以性所发者,加之以智所为者,两层合成一个,乃真不可及矣。

按:《语类》内外注兼用,与武子前后事正合。《困勉录》谓"《外注》另一意不可用",似误。

武子之愚只是憨直向前,不露圭角,务成其事,此愚之所以"不可及"也。

据内外注,"愚"字当兼二意:一是径直向前略无退避之愚;一是精神内运不自暴露之愚。

---

[1] 沈晦免患:隐而不露能免除祸患。沈晦,也写作"沉晦"。
[2] 圭角:圭的棱角。此泛指棱角,比喻锋芒。圭,一种玉器。

径行不知忌顾，俗所谓愚憨妆呆全无灵气，俗所谓愚蠢憨直中带蠢气。世之目武子者当如是。

按：内外前后自是一串，原当并用。讲家各主一边说，俱偏。"不避艰险"自是主本，意思最重。但谓不论成败，则圣贤无迂阔学问。至"专重保身济君"，是重看成败，反轻看可否了，圣贤更无此无本学问。看来以"不避艰险"为愚之正位；"沈晦"即在尽心竭力中为愚之作用；"保身济君"为愚之归宿。合来总是其愚，总是其愚之"不可及"。

二 十 二 章

惟狂故简。"简"字只是贴"狂"说，以"狂"为主。《详说》云："志意高远可进于道，其好处在此。过中失正或陷异端，其不好亦即在此。"

"成章"，据《语类》《蒙引》，当承"狂简"说，谓其"狂简"已各自成章。如子路已成就个勇底"狂"，子贡已成就个达底"狂"，冉有已成就个艺底"狂"。所成之章各自不同，大概多不离乎"狂"耳。

"成章"不即指"狂"说，然所成之章率不外乎"狂"。再详。

"略于事"疑有二义：一是略于小节，一是略于大节。盖大节亦多有虚志，而无实事也。《时讲》单作略于小节，恐未尽，再详。惟成就片段，故当裁，"所以"字亦要看。

此叹不能行道于当时，因思传道于来世也。

"狂简"二字符串说，以"狂"为主，"简"即在其中，各有好不好两意。"斐然成章"承"好"一边说，"不知裁"承"不好"一边说。

以字面论，"志大"自是贴"狂"；"略于事"自是贴"简"。但本文下二句不可分顶耳。《汪订》说好。

二 十 三 章

因其人可恶，而恶之所恶，不在我也；因其恶可恶，而恶之所恶，并不在人也。

"是用"二字宜玩,是归并上文之词。

程子"此清者之量","清者"二字有眼。

夷、齐[1]清介,几不能容物,宜怨之者多矣。乃不念旧恶而怨,亦以是希耳。末句不重"人怨之者少",只是说"夷、齐之清,不招人之怨"。

二 十 四 章

"曲意狥物[2]"照"或乞"说,见其不直;"掠美市恩"照"邻"说,见其不直。《体注》"曲意狥物"是不直,"掠美施恩"是所以不直之心。看得好,与《语类》合。

非是苛求微生,正欲存直道于天下也。此及《臧文仲章》,俱须识得此意。

此圣人观人于所忽,范注教人"不可不谨",是余意。

此章似不重即小见大,当重于所忽处见人真情。《注》取范氏说,而不及此意。再详求之。

二 十 五 章

此章向来都说得太甚,须浅浅说方合警戒学者意。马唯一云"不必说到大故奸险",然此意亦自包得。

按:"浅"包得"深","深"包不得"浅"。此章以"不直"言,总不必说向深处。再详。

"巧、令、足、友"[3]以"事"言,不以"人"言,故"代为之耻"意不可用。

《大注》以"直"字说,《小注》以"诚"字说,诚、直二字不相离。

"立心以直",不是内外如一。盖四字说下段则切,说上段则不切。以"巧、令、

---

〔1〕 夷、齐:指伯夷、叔齐。武王伐纣后,二人不食周粟而死。

〔2〕 狥物:迎合物议,迎合他人。

〔3〕 "巧、令、足、友":原文为:"子曰:'巧言、令色、足恭,左丘明耻之,丘亦耻之。匿怨而友其人,左丘明耻之,丘亦耻之。'"意思是说,花言巧语,装出好看脸色,摆出逢迎姿势,低三下四地过分恭敬,左丘明认为这种人可耻,我孔子也认为可耻。把怨恨装在心里,表面上装出友好的样子,左丘明认为这种人可耻,我孔子也认为可耻。

足、友"之人，未尝不是立心欲悦人也。

按：上条不是彼虽立志欲悦人，而中心必有自觉得不必巧令处，此便是表里不如一。

自知正言正色之为是，却必要致饰以悦人；自如匿怨友人之为非情，却必要亲就以鸣厚。盖不以本心出之，而以周旋世故之心出之，此所谓立心不直，不是内外如一之说。《汇参》说好。

沈无回[1]说："尤见夫子。此言于世道大有关系。"

二 十 六 章

子路以己之物与人共，颜子是知善劳己与人皆有，无庸矜伐，就性分各足上见得与人共。夫子则是以人人自具之理，使之各得其所，就因物付物上见得与人共。二子做底究是自己身上事，夫子则是以万物之事为自己事了（此大小之分，本程注次条意）。子路与物共底，只是己之物；颜子与物共底，则是人己之善；夫子与物共底，乃是使万物各得其所。子路底小而粗，颜子底大而细，夫子底大之至而且化矣。《注》"付与万物"是"大"，"己不劳"是"化"。

玩《语类》，"无伐施"是克己功深，已去得此病了。《详说》云："'无'字工夫最细微，有渣滓未尽亦算不得。"

颜子犹见有善、劳，有心向道理上走去；夫子则只是因物付物而已，全无痕迹了。

二子是用力克私，夫子是自然当理（此安勉之分，是程注首条意）。"怀"者，怀抱。疑"抚育"之意字较虚，故《注》与"养与"字对。用"恩"字与"安信"对，其义不外养教。再详之。

子路有公共之意，只在外面器物上说，是就世俗之事推勘出来，其所见者粗浅而小。颜子则在自己善劳事上说，直以尽道处与人相共，其所见乃精切而大矣。若夫子则是天地生有万物之心，自然流出大而且化者也。

---

[1] 沈无回：指沈守正（1572—1623），生平事迹见第246页第一个注释。

"朋友"字,与"上下、老少"似不副。盖"朋"同类也,全是从自己身上说出,不觉将自己身拖入在内矣。

如今朋友相交,有财物者济人所乏而不以为意,此犹是常情所有。若做一篇好文字,决无矜夸意思。此大是难事,于此可见二贤之浅深。

"善"以"尽性"言,《注》作"有能",是照"伐"字解之。"劳以尽职",言有功,亦照"施"字解之。

"老者安之""之"字,指"老者"言。老者宜安,我则有以安之,是"因物付物"意,言下便有"物各得其所"意在。

二 十 七 章

"内自讼",便是悔悟深切处,非"内自讼"了,方悔悟深切也。

"讼"是与人争胜;"自讼"则自己心里争胜,以理克去其欲也。

《注》"口不言",解"内"字。

《注》"悔悟深切",正应上"心自咎"。盖能见其过,则自悟其非,而深悔之,是即所谓"心自咎"也。如此,而犹有不决意以改者乎?

"内自讼",是示人以改过之法。

二 十 八 章

大概无美质者多自诿,有美质者多自恃。不知美质易得而难恃,学力当尽而可凭也。夫子此言,自两边都照得到。

"忠信"是质之美;"生知"是气之美。本文言"忠信",而《注》却添入"生知"者,以"好学"在"知"一边说也。必好学以闻至道,然后由博文以约礼实行,略无差错,进于真诚,故可以为圣人。再详之。

金仁山曰:"古者九夫为井,四井为邑,二亩半之宅在田,二亩半之宅在邑,凡三十二家。十室之邑,甚言其小,不满三十二家也。"

按:三十二家之邑,恐不是县邑。若县邑,似难说只三十二家。存之以俟再考。

美质不以敏达粹美为言。而言忠信者，以人不忠信，为恶则易，为善则难。此乃入德之根基也。然言忠信，只如俗言老实，所以虽十室中必有耳。

此节据《翼注》。"好学则充"，此忠信而进于至诚。"好学"专重"行"一边，颇为直捷融洽。然按《注》，"好学"自主"知"一边说。故上用"生知"字，下有"至道难闻"句。疑《注》意或以朴实人易入之于固陋，故须好学以扩其知识，则至道可闻，将充其忠信而为圣人矣。如此，则与"笃信好学"之义大概相同，当再详之。

读《论语》随笔（下册）

朱子

序說而疑者不入焉　聖諱如字讀作某者不敢名

也　大全孔子六世祖孔父嘉為宋督所殺�逃遷

於魯此語不知何據按家語本姓解云孔父生木金

父金父生睾夷睾夷生防叔避華氏之禍而奔魯依

此則遷魯者為防叔而非縱矣家語註又云防叔生

魯去華督殺孔父嘉三世矣於世不相次潘公十一

午宋鄉南宮萬弒潘公固殺華督國亂疑防叔避亂

取史記要語為

雍也　第六

一　章

据《大全》辅氏，宽洪、简重自是两意，不只是"简"。然仲弓为人自是简重底，既简重，应必宽洪，原是相连事。夫子既许以"南面"，证之"临下以简，御众以宽"，故《集注》如此解之，要知以"简"为主。

又，《详说》"宽洪则不失之烦，苟重则不失之轻浮。三者皆'简'之所该。"按：此说上下自见贯串，再详。

二　章〔1〕

首节

据朱子《存疑》，仲弓知夫子与己在"简"，因又见得伯子之"简"与己不同，自以为此是而彼未是，故以为问此自是辨"简"，虽亦有自证意，却难作藉彼以问此。看《四书家训》纯作自证说，颇觉费词，且毕竟不甚明彻。俟再详。

问伯子〔2〕便是辨"简"意，不重自证，如此看方与《困勉录》合。

二节

"居"，训"坐"。"行"，训"走"。古人因事类情，字法如此。

"行简"而必本之"居敬"者，盖"居敬"则心不放逸，而义理著明，自然简其所当简。虽"简"，自有严密者在。盖有主乎"简"者，始收"简"之利，而无"简"之弊；无主乎"简"者，则"简"自必入于弊，而失"简"之正矣。诸说于此多疏，今本《或问》衍之。再详。

承"可也简"，似以上段为宾，下段为主。然合通章道理看来，却重在上段。

"行简"，朱子云："是拣紧要底行。"愚谓"行紧要底事"。当行时，亦有烦琐不

---

〔1〕　傅士逑原文此处标注序号错误，今按《论语》原文重新标注。下面依次改正，不另说明。

〔2〕　伯子：指桑伯子，此人以行事简易著称于当时。

烦琐之分，必行紧要底事，行去又不烦琐，兼此两层说方备。

"不亦可乎"，是可居敬之简，不是可临民。此"可"字，大意即"可使"之"可"，紧照"可也"之"可"。下"太简"，即谓"不可"，乃反对"可也"之"可"。

据《或问》，"居敬"是身处于敬。《集注》"中有主，自治严"，则合内外言之"中"。用"而"字符串下，已由"体"及"用"了。盖"中有主"是正解，"自治严"便出一步。凡举止、云为[1]俱包在内，已含得"行简"在。但还是浑举其功能，故下以"如是"字接之。"事不烦而民不扰"，亦一串说下。"事不烦"贴"行简"；"民不扰"则是临民之所以可处下，接句自明。

"居敬"则见理分明，自行事得其简要。然亦有过于小心反失之烦琐者，故"居敬"而又要"行简"。《内注》原作两层看。

"临民"须事事循乎法度，"太简"则无法度之可守，尚何以临民？此句虽实说"太简"，亦即透出"临民"之"不可"来。

三节

圣贤所见始终相同，中只多了"可也"一疑。

"雍之言然"，承"仲弓"两段语来，仍是"可使南面"，"可也简"之意。"居敬""居简"两段意，仲弓口中宜串说，以应二节、末节；夫子口中宜对说，以照首节及二节。然再详。

"居敬""居简"不同，则两"行简"即便不同矣，圈外程注亦玩。

"居敬而行简"，《或问》从程子作一串说下，《大注》与《语类》则分作两层。

按：为学者用功言，分作两件道理，乃各有头项。但本文自重"本居敬而行简"道理，虽两截，语意自一串。盖上下二段俱归之"简"，故《语类》又云："上是有本领底简，下是无本领底简。"

《或问》用程说，《大注》用己意，虽分两层，仍归一串。玩《语类》"内外本末"之说，可悟其义。

夫子与仲弓原可其"居敬而行简"，故"可使"之"可"宜重看，与"可也"之"可"

---

[1] 云为：指言行。

有辨。于伯子仅可其“居简而行简”，故“可也”之“可”宜轻看，与“可使”之“可”有辨。方仲弓问伯子，正辨伯子之“简”与己不同，乃夫子两“可之”曾无低昂，故遂明辨以质之。不知“居敬行简”可以临民，正夫子“可使”之意。“居简行简”失之太简，即夫子“可也”之意。意皆相合，故夫子然其言耳。仲弓乃知两“可”之不同，伯子之“简”未为全是，而己之“简”庶可自信矣。

三　　章

据朱子，“不迁怒”较之“无不中”节更细。

“不迁怒”二句，朱注写其面，程注发其意。

盖“深惜之”贴“今也则亡”，又以见“真好者之难得”，贴“未闻好学者也”。又似不分贴为妙，然再详。

“不迁怒”即不错过事理底道理，但彼是随事制宜，此是因物付物。

“不贰过”[1]，玩程注，有“见之明”“克之尽”二意。即能见其过，而“内自讼”道理，此以“成功”言，则尤为闲静耳。

按《语类》，“不贰过”“过”字，不单只“旧过”一事上说，凡此事之相类者，俱不萌作。

按：此照闻一知十看，尤见精细。

《语类》说“不迁怒”分二种：一内有私意，而至于迁者；一为怒气所动而迁者。

按：私意即是己私，怒气即属血气，与程注自合。谓有私意者，或私意即《注》所怒者，或私意《注》所迁者，或为别事而欲逞其私者。遂故意张大其怒，因迁及于人。谓怒气动者，即《大学》之所忿懥[2]也。

《外注》载程子论，正以发明本文之实义。观此，则知颜子之所学者，乃圣人之道也；所好者乃致知以明诸心，力行以求所往也。即克己复礼，非礼勿视、听、言、动也。

---

〔1〕 不贰过：意思是不犯相同的错误。傅士逵底本原文写成“不二过”，今改。

〔2〕 忿懥：亦作忿疐、忿愤。发怒之意。懥，怒貌。

四、五章〔1〕

与之少，虽与，初不伤于惠，正所以示不当与也。

"赤适齐"一节，一气说下，非两截意。

"周邻"是退一步说话，所以处置毋辞之道耳。

程注发明圣人用财之义，是本章正旨。《或问》则发明"不直拒冉有"之请，不过责原思〔2〕之辞，使吝者不得。盖其陋贪者不得便其私，扶起清苦廉逊之人，而预杜举世污秽之溺，又从反面看出一大段名理。不但见圣人处事面面皆圆而惩戒流弊，尤见理之最为切要者也。

六　　章

父之恶不能废其子之善。"废"字，正贴本文"舍"字，不是"父不能掩子"之谓。

胡圣基谓此"专为欲勿用"者发。

按："虽欲勿用"句，圣人自有此意，但贤者用世不拘于世类。此段名理自当为仲弓洗发出，以破世俗之见。圣基下"专"字则太泥矣，至王遂升〔3〕谓为用人者。

法则又于"子谓仲弓"四字不切。

七　　章

"三月不违仁"，与"日月至焉"，只分久暂，不分精粗。《注》"能造其域"，四字宜玩。

"日月至焉"，日一至，月一至，不是一日至，一月至。《时讲》从朱子初说，殊与

《大注》不合,宜从《语类》后说为是。再详。

违者自内而去也,至者自外而来也,上下字义相应。内外宾主之辨,正从此二字看出。"造其域"亦照"至"字,解《四书》"通之"说甚妙。

玩《或问》,"仁"为"心"之德,本非两物,故"违""至"字不可泥看。然本文用此二字,正借作两物形容之,则张子[1]"内外宾主"之说自妙。

"月至"虽疏于"日至",然"日至"或一时或数时,要不出一日之内。"月至"则一、二日及数十日俱不可知,亦不谓"月至"定不如"日至"也。但此惟身应其境者方见得分明。讲家或从朱子旧说,或从《集注》新说,俱系臆断,愚意专从今本为是。

八　　章

"果"者,不犹豫直然来,不畏缩公然来。"达"者,不昏昧,不执滞。

康子重视"从政",故曰"可使",有"不足"之意。夫子深信三子,曰"何有",是"有余"之意。

此章主"用人"之说,与《孟武伯章》主"仁"说不同。

九　　章

新安"始婉终决"之说自是,但细玩"善"字,内便隐着"决于辞"之意。《蒙引》"今项后次"之说亦是,但预却了后次,正见当下辞之决耳。再详。

季氏,权奸之臣也;闵子,德行之士也。以德行之士而见仕于权奸之臣,岂不可鄙?记者直下一"使"字,煞有意味。

"善为我辞"句,于轻婉之中便寓决绝之意。不徒曰"为我辞",而必曰"善",正恐辞之不脱也。下二句于初来召时即计及于"复我",原不问他复不复,偏要打开后壁,以见"决于辞"意。讲家谓"首句辞今日之召,下二句却后来之召"。

---

〔1〕 张子:指北宋哲学家张载,生平事迹见第93页第二个注释。

按：本文正面固是如此。要知只是一意，不得截然分开。下二句即是"善"字意思，盖预计后之"复我"，正见今之果决于辞也。"决于辞"意，不单在"则"字、"必"字字义上见首句有委婉意，观辅氏说首四句可见。

谢注说闵子不仕季氏有二意：一是乐道忘势，见自重意；一是取祸取辱，见自量意。

玩"使"字，当是季氏召贤之礼未至也。然即使至矣，而季氏之于闵子，已俨然以君使臣之分临之矣，自非闵子所承也。

十　　章

不应有此疾而有之，无可奈何而安之命，所以深痛惜之也。谨疾意不重。

《详说》云："'亡之'，言其疾势必亡也。'命矣夫'，叹其为一定之数，而不可易者也。'斯人也'四句，又反复叹息，以见天命不祐，出于常理之外。"按此分三层看，极合痛惜语气。又云："观《注》'是乃天所命也'，可见下二句即申上'命矣夫'。"

按：此说却不合。盖《注》是释书法，须说向道理归着处。但本文口气，不是以下二句作"命矣夫"脚注，乃承"命矣夫"，故作怪异之词，以深致其痛惜也。四"斯也"字，二"而有"字可玩，断不重挽到"命"字。

"有疾"解为"癞"，正为下"斯疾"一"斯"字伏案。故他处有疾不解，而特解此也。

十　一　章

"人不堪其忧"，衬起下句"贤"字更醒。

不是乐道，是有道，故乐耳。如大富人不是乐有财，有财则乐耳。动静起居，日用周旋，固无一不见其顺适也。

只一"乐"字，已见颜子之贤。夫子极言其贫，且衬以"人不堪忧"句，处此境地而不改其乐，此尤难之难者，故再言"贤哉回也"，以深美之。

"其庶乎屡空"，是近道安贫，分两项说。此则联为一片，即就处贫上带出"近道"来,益见其近道之难。

十 二 章

"今女〔1〕画",照"中道而废"说来。"力不足者"举步向前,已至中道始废弃,而不能强进耳。画〔2〕则自外于道,停步不进。废出无心,画则有意。

《注》"欲进而不能,能进而不欲",对照分明。

十 三 章

子夏笃信,谨守规模狭隘,于小事上不放过,便有周旋人情之弊。着意在小处,则于尽性至命远大事业或反有昧者,故谓之曰"为君子儒",欲其求之远大,而无负乎己也。须知远大中自包得近小之理,非遗近小也。曰"无为小人儒",欲其于小事不可太周旋,而有为人之弊也。

为己即是正其谊,为人便是谋其利,内外注自属一串。

安于近小,不及远大,即所谓以私情灭公理,适己自便也。如此则周旋人情以投时好,即不觉入于为人而不为己矣。须看得一串方是,然再详之。

十 四 章

此言子游能得方正之士。如此,则《总注》两意,俱在个中。

"见小欲速"照"径"字说。

《详说》驳"得人以端士习"之说,诚是。

必因小以明大者,当是观人于所忽。

"苟贱邪媚"四字,各分贴二事。

"行不由径",方版而不求利便也;"非公不至",贞介而不事私曲也。方版近于

〔1〕 女:通"汝"。
〔2〕 画:意谓中途停止。

迁,绝无苟与邪之态;贞介近于简,绝无贱与媚之弊。合来总一正大之情,而不入于曲小也。须看内外注,总归一串处。再详。

十 五 章

是因下事而称其"不伐",非宽言"不伐",而以下事证之也。

"策",鞭也。是以实字作虚字用。

据《注》"反奔而殿",则"奔"字亦贴"反"说,但不只"反""奔"耳。然再详。

"奔"字毕竟宽说为是,《注》语不必泥。

《存疑》一段较本文说过去了,不可用。

《语类》"欲上人之心,便是私欲",只为其心地不平,多好胜之念耳。如自己尽职,人不尽职,便有矜心,却不知人不尽职,是人之欠理处;自己尽职,是己之全理处。全此理自是己之当然,以平心观之,又何矜伐之有?故心苟能平,便是划去私欲,克伐不行。

十 六 章

此正今日所谓言谈仪表也。

此是伤时尚之非,正欲人不可曲徇时尚也。"不有"字、"今之世"字俱可玩。

此非为求免者丑,亦非为难免者惜,总为非此难免之世道伤也。言下有做人不可曲徇世道意。再详之。

《困勉录》专主"为求勉者儆,为守正者劝"。

按:此所训者几人耳?主伤世道,则有变易天下之思矣。《条辨》重看"难乎免"一"乎"字,盖此"乎"便是将罪归到"今之世"了。语气犹言不佞美者,难向这个世道上讨便宜。

十 七 章

"道"与"户"俱切于人者,使"道"可以"不由",则"户"亦可以"不由";使"户"可以"不由",则"不由道"亦足怪矣。乃"由户"而不"由道",所以可怪。

"莫",无有也,与"谁能"字应。

晚村看"道"字甚精,方见喻意之切。

出门便宜,上路乃"由户"而不"由道",岂不可怪?

以"由户"起"由道",讲家谓"由道不难行"意,愚谓"此是以户必要由,喻道必要由"。盖"由户"只是不能不然,并无论及难易之说。谓"喻道不难行",殊属牵强。

首句题评语云:"'由户'本眼前相习事,突然下'谁能不'三字作翻驳语,殊觉无头脑,无意味之至。然圣人缘先有下意在胸中,故不觉冲口吐出此骇人字面,所谓气已先吞也。作此题者,苟非一眼注定下意,则'谁能不'三字便土木形骸,真无头脑,无意味之至矣。故须体贴出三活字跳,口气方佳。"

十 八 章

"质、文"俱兼内外。言"文质彬彬",盖是内有"忠信诚悫"之意,而外有"威仪文辞"之采,总无所谓"有余与不足"耳。

"质胜文"不但是"文"不足,而"质"亦有余了。"文胜质"不但是"质"不足,而"文"亦有余了。"彬彬",则"文"称乎"质",而"质"亦不过;"质"称乎"文",而"文"亦不过。聘侯说觉犹混。再详。

此与子贡所言分别处何在?

本文俱就现成底说。《大注》补"在言外",《详说》似不可从,然再详。

此言持身之道。"文、质"俱在外面说,而根源则本诸内。不但外之朴实,即内之肫诚,而外之华采,亦即内之文理也。三百、三千俱是缘人情而作则者。

"彬彬",不是子"莫之执中"。玩《注》"均"字,上加一"适"字,煞有意思。有时宜"质",则"质"不妨多一、二分;有时宜"文",则"文"不妨多一、二分,乃为适当而不失乎均平也。不是执定五分"质",五分"文"之谓,故与子贡"文犹质,质犹文"之说不同。

只重论"文、质"言"野、史",君子特即此以见"文、质"之善否耳,全不重言人。

此章自是为学者论"文、质"之理，见不可偏胜而贵得中也。《注》言学者当"损有余，补不足"云云，盖夫子意中之言欲人如此。本文原无"学者"字样，《精言》直贴"本文"说，谓与他章不一例，恐不然也。"则"字、"然后"字，亦是论理如此，非以此为指人说也。

十 九 章

"生理本直""直"字，是理之本，然不着人为者说。人不拂其本然，自然顺此理行去，亦所谓"直"，但非本文"直"字。此意宜加在两句中间。

宜如此而便能如此，是人为之"直"宜如此。而不肯如此，是为人之不"直"。

《说约》得之。

"罔"，不直也。依此则"罔"与"枉"同上"王"，谓罔无也。与《注》不符，再详。

"仁、义、礼、智、孝、悌、忠、信"是生理，其"孝、悌、忠、信"原有那自然流出之势。是直如孩提之童，无不知其亲及其长也，无不知敬其兄。爱亲敬兄是"生"理，其无不知处便是"直"。

非谓"直"便是"生"理，而"生"理自无不"直"。盖"生"理之本然者原无所矫拂，原俱有自然流出之势，即此是"直"。若无此自然流出之势，何以见有此"生"理乎？

两"生"字最警动。"生"理本"直"，则"直"是人所以"生"之理，不"直"便没了那所以"生"之理，便宜无"生"了。而犹"生"者，亦只留得空壳子，侥幸苟免耳。

据《语类》，此"罔"字，与"不可罔也"之"罔"，同是脱空作伪之意。脱空作伪，则不"直"也矣，《注》故云。

此余旧说也。今玩《语类》诸说，当作"孝、悌、忠、信"是自然流出，得此乃"生"理也。

按：旧说"生"理，单以理之本体言，"直"乃"生"理之运用处。今说"生"理，兼"体用"言。看来其实是一般，只争上下一转换之间耳。然当从后说。

如人有学问，便有好作用，其实好作用即其学问也。

"直"者，即中庸之率性，孟子"故之利"是也。

不是"生"理"直",是"生"理之流出得"直",此乃"生"理之本然也。

"生"理自指"仁、义、礼、智",即以"直"为"生"理者误。

"有物必有则,民之秉彝[1]也,故好是彝德。"此"直"在"生"理外之说。"仁义忠信,乐善不倦,此天爵[2]也。"此"直"在"生"理中之说(据此,即以"直"为"生"理亦可)。二义并存,可识其义。

二　十　章

"知、好、乐"以造诣言,非只一理之知、之好、之乐而已也。

"知之""好之",有工夫、无工夫之分;"好之""乐之",得与未得之分。然再详之。

"知之"者是立根基人;"好之"者是用功能进底人;"乐之"者是已经成功底人。三层俱宜着眼,不可因两不如,便轻忽上二种人。然三层俱不容少,而逐层尤不可少懈。故用"两不如"以鼓励之,务由"知"进于"好",由"好"归于"乐"而后已。

二十一章

教者之心,岂不欲尽人而语之以上? 然惟"中人"[3]以上者方可以语,若"中人"以下,则不可以语也。重在"可以不可以"上。

"中人"以上只是上等人,"中人"以下则包"中人"在其中。

上下俱从"中人"分出界限。欲教者即此而察其高下,以告语之也。两段俱以"语上"言,正恐人骛于高远,故明以"可不可"示之,见"可语"者少,"不可语"者多也。

---

〔1〕 秉彝:持执常道。《诗·大雅·烝民》:"民之秉彝,好是懿德。"毛传:"彝,常。"朱熹《集传》:"秉,执。"

〔2〕 天爵:天然的爵位。指因德高受人尊敬获得爵位。

〔3〕 中人:指资质和道德水平中等的人。

二十二章

"敬鬼神而远之"，向单重在"远"字，以"敬"字为补语漏，不必与"知"有关会。及玩程注与《大全》，却是并重，都说向"知"上去。又，《内注》"不可知"，沧柱以"祸福"言，自可从。

玩《内注》，毕竟当以"远"字为主，以"敬"字为辅之，宜串说，不宜平对。樊迟似是问知仁之理，夫子则征实于立心行事之间，以明其所以为"知仁"处。"知仁"之理明，而求进于"知仁"之实功，即此而是答诸贤问"仁"。皆以"实功"言，此亦其例也。

项仲昭[1]文于众不仁中求一仁，以一仁拒众不仁，岂不难乎？"发难"字最醒。

从"务远"字看出以"事"言，从"先后"字看出以"心"言，然亦可互参。

"务民义，远鬼神"虽是两事，本文却作一串反正说来，与下"先难后获"对看。故《注》同用"而"字符串下。《语类》亦谓两句是一意。盖分看是两事，合看意自相因。专务明，而人事者自不惑于幽，而鬼神之不可知也。此作一意说，《非其鬼[2]章》则作两意说也。

二十三章

"知者动""动"字，不是说举动去做事，乃言其流动而无所阻滞，变动而未尝拘执也。"仁者静""静"字，不是说寂静不应事，乃言其凝静而不纷杂，贞静而无间断也。仁者应事未尝不动，然自带得浑厚气象。知者守身，不必不静，然自见其利便光景。

须以动静为主，周流不滞，厚重不迁，即动静意。道理自是一串，语气则各开说。

---

〔1〕 项仲昭：指项煜，字仲昭，号水心，南直吴县人（今江苏吴县）。天启乙丑进士，官少詹，兼侍读。
〔2〕 非其鬼：意思是不该被祭祀的鬼。

虽作三层分说,自见相因互串意。故《注》即动静意,解乐水乐山而乐寿,即承动静说来也。《汇参》"体开神合"之说甚好。讲家各执一面说,似俱偏。

《语类》谓"此章说得浅",又云"然亦在人看"。

按:此"知、仁"统说在此,而身分却有浅者,有深者,其情、其体、其效亦因之为浅、深然。玩《语类》诸条,毕竟主深说者多,此条固不可太泥也。

《汇参》六"者"字重重设想,学者当体会圣人想象之神语入微。

二 十 四 章

齐鲁皆失其道,非变不为功。然齐一变,仅至于鲁,若鲁一变,则至于道。题面是变有难易,题意则总要至道。

《精言》:"齐俗急功利,喜夸诈是俗,霸政之余习是政。鲁重礼教,崇信义是俗,下三句是政。"

愚按:不应如此截然分说。须知俗因乎政,急功喜诈固是齐俗,却是政先已如此。故曰"霸政之余习"。盖上以此感,下以此应,相习至今也。下段亦如此。细玩《注》说自见。

齐鲁之初如人皆肥壮,后来齐不惟不肥壮,且大有病症了,鲁只是瘦弱不壮耳。齐须先医其病,然后抚养起来;鲁只须抚养,便可肥壮,所以变有难易也。

二 十 五 章

第一"觚"字以"器"言,第二"觚"字以"器之形制"言,可以"棱"字代之。三、四"觚"字与第一"觚"字同。

"觚哉!觚哉!"言其不得为"觚"也。注是释其意,非代其词。《时讲》以"尚得"为之"觚哉",代本文"觚哉",殊失语气神情。

按:《语类》以叹觚为本意,以《外注》为余意,不主举一以该余,举小以见大说。再说。

末句《注》言"不得为觚",是释其意,非摹其面,讲家多误。

《或问》："夫子之意本为觚发而推之，则天下之物皆然也。"

愚按：言中是觚，而意中则悠然神往，不止一觚。若谓是后人推言，恐不其然。盖圣人意思，当不仅在此无关之一物也，以《麻冕章》对照可见。再详之。

二十六章

《存疑》："井本无人也，故曰'虽'。"一说"虽"字是甚言之。

按：下文"欺、罔"字，《存疑》可从"也"字。一说是决词，于"虽"字较顺。再详。

末四句一串迭说，言君子但往救，必不从井。原在情理中，不在情理外。再详之。

下二句虽是推言上二句之意，然须一串说下，方合语气。

以从井救人言"仁"，宰我岂痴人？竟为此痴语乎？缘他见得仁者"万物一体，痌瘝[1]在抱"一段十分恳挚，十分迫切，情怀觉非此不足以相副，遂着意形容之。但满了那一面，便亏了这一面，故忧为仁之限害也。细玩本文，"仁者"一重顿，"虽"字一甚言之，便含得此意。盖他认"仁"不真，看仁者太死煞，便不觉说向情理外去。夫子即就他从井救人，一反转指点之，见得仁者自无情理外事，原非矜心作意以求为仁者。故下一"君子"字，换了"仁者"字，遂畅言其事理也。正谓不要看"仁"太死，方可得"仁"之真也（癸卯题解）。"虽"字不作"井无人"，而设为有人说。向从《存疑》，误。

"也"字，当作决词语气，谓"看仁者恳挚光景，须甚其辞"。告他说"井有人焉"，当必是从之底，那言下便有问意在。

末二句语气虽推开说，却不可泥看。正是就"泛底"以见此一事之义。《精言》说"只是说从井救人，必无此理，仁者必不若此之愚耳。"

---

〔1〕 痌瘝：病痛，疾苦。

二 十 七 章

"博文"则见理明，而审择精。"约礼"则当行时，就其所为者恪守夫当然耳。"之"字，朱子指"其人"言，看来指"其人之行"言更明备。言"行那所学底，则约之以礼也。"《汪[1]订》、朱子本注各开说。

按：如此说"之"字承"君子"来，不承"文"字来，两句所指方明备，非谓两句遂不粘也。

按：《大全》饶氏"未尝不是约其所博"，两句相粘说。但"约之以礼"，是以"行"言。朱子恐人误认为只是将那所博底贯通归一，亦以"知"言，而不以"行"言，故《语类》谓"之"字，非指所学之文言，究竟何尝谓两句不相粘也？本文"约"字对"博"字，正谓当行时约其所博耳。

君子学那所行底，须"博学于文"，以审其理。行那所学底，则"约之以礼"，以求其当，而道"弗畔[2]"矣！

此章文字固不外诗书六艺，然归到"约礼"上，尤重事事审察道理，故《语类》云："博文所以验诸事。""礼"字亦即是经礼、曲礼。然照《约说》，只是《蒙存》所云"守绳墨，行其是"而已，故《语类》云："礼所以体诸身。"

"文"是"礼"之分散者，不尽精醇；"礼"是"理"之整齐者，一归中正。《蒙存》只是一理之说，似犹粗在。

要知"礼"即在"文"中，参考互证，而节文绳墨于是乎出焉。

"礼"有三百三千，《语类》乃谓只是一个道理，何也？盖三百三千，当在"文"中。此"礼"字，是三千三百之统会要领处，即恒言"节文之礼，中正之礼"也。本之于先圣，裁之于吾心，著之于当事，总不过一个规矩而已。

本文"约之"二字相连，以"约束"言方顺。《注》却以"要"字释之，是释其文义也。

按："约束"自是"约"字之本解，此处当用之。但才一约束，便归简要，意自一

---

[1] 汪：指汪份，字武曹。生平事迹见第31页第一个注释。
[2] 弗畔：不背叛、不背离。畔，同"叛"。

串，俱在个中。或偏执其文义，而反遗其字解，亦误矣。此"直"就"约束"说来，便是简要意思。《精言》殊欠融会，后得《或问》说益信。

"约之""之"字，朱子谓指"其人"，是承"君子"来，不承"文"字来。盖照"约我以礼""我"字看，且恐混同《孟子》"由博反约"，专主"知"说也。但二句相承，自有"由博归约"意。玩《语类》"礼是归宿处"一条可见。

双峰阐发"博约"二句可谓尽至，今撮其大指，并参程注言之，盖谓："君子所以求进乎道者，一博一约，分之不容偏废。由博反约，合之固自相须；先博后约，进求之确有次序；学博守约，实按之分轻重。"

"亦可以弗畔"，据《文集》《蒙引》，是对与道为一者看。如此用功，虽不能与道合一，亦可以不畔矣。

二 十 八 章

所誓词也，当于语气间求之。有可见之礼，无幸进之心。圣人不是执此以为见南子[1]底把柄，虽南子毕竟缘此而见，但圣人之心不为已甚，固自磨不磷，涅不缁，另有一段把柄在。特子路见不及此，故示以无不合于礼，不由其道者，欲其姑信此而深思也。《语类》云："此圣人出格事，今且莫要理会他。"《大全》小注："吾人见未到圣人心下，这般所在都难说。"

按：此圣人原有不能喻之人者，故聊即誓词以示之，则此誓词原非无端，而率遽以出之者。

二 十 九 章

"庸"之为平常，他处多是"不难知行"之说。此章《语类》本程子"定理不易"之说，谓是"古今不可变易"者，以见"民鲜"之可伤。

又云："庸是依本分，不为怪异之事。"此另一义，要亦是见此"德"之不可

---

〔1〕南子：春秋时卫灵公夫人。

不有。

民之质有过不及之异,赖有世教以变化其气质,故皆可兴起于行。惟世教衰,则气质用事。所谓谨愿者,则小廉曲谨;放纵者,则跌宕不羁,故中庸鲜能知行矣。

坐实"民"字看,则夫子此言,是为有世教之责者警醒。活看"民"字,士君子亦在其中,则是勉学者"自振行于德"意。愚意二义似可兼用,再详。

三 十 章

首节

"博"字连"施"字,就"在我者"说,是施恩之广多也。"众"字则指"内夏外夷,人民之众多"言,故云"济众难于博施"。《大全》小注自明。

"必也"二字是从上句生来,言此何止于"仁",必定是自仁人推其极,如天地间头一等底,圣人其或能之乎?试观千古来圣,莫过于尧舜,而犹以此为病也,又何止于"仁"乎?

圣人是行"仁"之极者。"必也"二字,是由"仁"而推其极于圣人也,与下"乎"字自不碍。

"必也"二字,是从"仁"以推其极。但人之行仁之极者,只到圣人便止,故只得说到圣人便住了。其实圣人犹有所未尽,故粘"圣"字下一"乎"字。

按:如此说,则"必也"二字一顿,方转出"圣乎"来。再详。

上者虽谓已博而济乎下者,犹或未尽乎众,以势隔而难周也。且即能遍施矣,果能常有所济乎?《语类》"解衣推食,能使人不饥不寒",而此岂一施所能者?此可见济众尤难。

据《或问》《语类》,"必也圣乎"不与"何事于仁"相连,乃是起下句之词,宜与"何事于仁"小顿,"必也"句直连下去。向作"由仁推圣",非是。

言博施济众[1],何至于"仁"?此乃"仁"之极至处。尽仁者原不必如是,求其

---

〔1〕 博施济众:广施恩惠,拯救众民。

如是，必也尽仁之极，如圣人或者能之乎？其实尧舜犹以为病也。

二节

言"立人""达人"，亦是就"事功"说，但意则重在两"欲"字，自是以心体言"仁"也。

两"人"字，对上"博、众"字，要知不是说此小小事功是"仁"，盖谓有此欲是"仁"也。承上事功，说出心体；说着心体，带有事功。

《困勉录》说妙。

《注》首二句先揭出本节"仁以心言"，下二句说出"就心言所以为仁"处，末二句见此是"正言仁"处。

上言"己欲立"，不言立己；下言"立人"，不言人欲立。盖上下分说，正当彼此互参。

此是打破人、己界限，便已合天地万物为一体矣。有此公心，便有此公事。由己及人，及百姓，便是天理周流而无间也。再详之。

"立"是扶植起来，不放倒之谓。"达"是通达得去，不阻塞之谓。人情莫不欲其成立，莫不欲其顺利，故此就"人之所欲者"言之。

按：《语类》"达"有二义：一谓明达，即事无不知也；一谓通达，即行无不得也。一是通达于己，一是通达于人。

按："立"亦有二意：一是植立不偃仆[1]；一是成立不废弃。

按：二义其实是一般。

按："达"字，亦只以"行无不得"为正义。《语类》"如读书要理会得透彻"，此义自统在"行无不得"中，不宜对看。玩《语类》"存发"用二义可见。

人生在世，持身要占底稳，举步要行得去，如此而已。仁者通己之欲于人，其养教所施，使之成全，是即所谓占底稳也。养教所施使之顺，遂是即所谓行得去也。如此则尽乎人道，而天理周流无间矣。

"仁"不在事之极于无外，只在心之公而无私，随分行事，总是天理之无间

---

〔1〕 偃仆：仆倒。

隔也。

三节

《注》补出"推所欲以及人",其实即在本文"取譬"中。"于此勉焉"三句,是就"能近取譬",说出"所以为仁"之方来。

"近取而譬之",是《注》前一层意,后一层"推施"意即统于中,故直以"能"字冠之,此与《大学》言"絜矩"一例。

述而　第七

一　　章

"不作",按《注》,自是"不敢做"意。然玩作者"略备"句,及《存疑》之说,又有"不必做"一层。《时讲》两意合而为一,殊觉混混。看来下句不作"推原"说似顺。若依新安陈氏,则下句亦当重"不敢做"意,而以"不必作"意用在前,言"我之所以不敢作"者,以作者已备,皆卓绝古今,我实信之深而好之笃,则惟有传述而已,又何敢妄作也。姑存之,以俟再定。

以"不敢做"正意,以"不必做"余意。《注》自明,人多混混。

看来"信而好古"正是"述"底意思,故《注》云:"信古而传述者也。"不知何以人皆作"推原"说。

惟其"信而好古",所以"述而不作",作"推原"说自顺。

"信"则见古人为"不可易","好"则见古人为"无以加",所以只述之而不敢做也。俱再详之。

此欲人笃信古训,继迹前贤意。

按:"信""好"俱本于能知,《存疑》却以"信"为"好"之本者,《漆雕章》以"真知其如此"解"信"字,则"信"正是真知意,故当为好之本。然须"信""好"兼至,乃见得古人所作至当不易,不容另出手眼,自为创造。惟是补其偏,修其废,详其所未备,以大著于后世而已。

玩《注》"不敢显然自附于古之贤人",用"显然"字,是从"窃"字看出,若直云

"比于老彭"〔1〕，是显然自附于古贤矣。兹"窃比"云者，见本不能比，不过私心妄求其比，原未可昭示于人也。

正面自是"不敢做"意，然玩次句，正以古人所作亦自略备。可好可信不容更作，只须缵述〔2〕旧闻，以著明其理于天下后世，乃此时之所宜然者。若夫子生当前人未作之时，岂以避圣作之嫌而不创造，以垂教于人世乎？则"不必作"一层，自暗含在次句内矣。

是夫子欲人笃信古训，接迹前贤意。圣王不作，教化益衰，所以启牖人心，维持世道者，惟此古圣之遗经耳。无奈庸碌之流，自甘肤浅，既不能得其精义，而英异之士挟其才智，务为新奇，甚者离经叛道，入于异端。即云诵法圣贤矣，亦多阳儒阴墨，日趋于歧途，而不自觉揆厥〔3〕。由来只坐不信古，不好古，徒矜诩其心思，而遂流于自我作古也。此即所谓小人无忌惮之甚者也。所以士习日以坏，世风日以颓，而天下几不可复救。想夫子或有感于此，故自居于"述而不作"，而特表其"信而好古"。且谓"窃比老彭"，极致推逊之意，其殆为无忌惮之小人示讽乎？今讲家但作自慊看，恐未尽其意。

才重看信古传旧，便关那不如此有蠹世道一面。然则此章所感者深，所关者大矣。

二　章

"默而识之"，是不待平时讲贯，因人提撕，要知未尝不是从闻见用功来。

按：《大全》所收朱子及云峰说似是。"学"即学所识底。《困勉录》则分已知已能、未知未能，似不同。以"学"即"学所识"，则"所识"似就全体说了，分已、未两境，则"所识"亦全体中之条件也。觉陆〔4〕说可据，再详。

按：所识所学俱就逐件说，今日识一理，明日识一理，件件皆归心得。未学者学之不厌；已学者仍学之不厌新，故总觉悦心。以所识为海，以所学为海，凡有得

---

〔1〕　比于老彭：老彭，一指活了八百岁的彭祖，一指殷初与仲虺齐名，热衷教育，传播古代文化的贤大夫老彭。此处应指后者。

〔2〕　缵述：继承传述。

〔3〕　揆厥：测度失误、缺失。

〔4〕　陆：指清代学者陆陇其。

悉,以公人三项,要俱是下学事。

与《若圣章》"辞、任"不同。再详。

首句真得此理于心,次句精求此理于己,三句乐推此理于人。

"默识",即《温故知新章》所学在我,实有心得意。如此,自不烦与人论辩,借人提撕,自能强记不忘。

此三项本学者事,然在圣人分上,便是以"至诚无息"运之。故《圣仁章》夫子自任之,而公西华则曰:"正为弟子不能学也。"此章又推却者,以夫子所云"默识不厌倦",即是神化之所为。故虽"下学"事,而夫子仍觉其甚难,而不敢自居也,所以不是虚让。

三　章

《困勉录》曰:"依朱子,修德专属行,而兼内外。徙义迁善俱主外说。"观此二语,本文四句了然。曰:"修德专属行,则讲学专属知可知。"曰兼内外,曰俱主外,则下二句是修德中紧要事可知。

徙义是未甚合宜处,要迁到那恰合宜处。改不善是有过,恶要改之入于善,有轻重之分。向来看"徙义"甚误,宜从《语类》。

看来四事只是修德而已,讲学是修德先资,徙义改不善亦修德中条件,但圣人既合并举来,自以四项分说为是。"修德"是存省事,"讲学"是讨论事,"徙义"是迁善事,"改不善"是改过事。工夫原要分头去用,故不分细大,一并说在此。

人常有忧劝意,则日日不放过,便日日有新处。其当以为忧,而欲其新者,犹不止四事。兹特举四者,正以此为日新之要也。归之于吾,实以为吾人切身事。

四　章

"申申""夭夭"[1]自是和适意思。《注》"严厉",正是本文反面,故讲家以"为

---

[1] "申申""夭夭":原文为:"子之燕居,申申如也,夭夭如也。"意思是说,孔子在家闲居,清爽整洁,积极乐观。申申,指整洁。夭夭,形容充满活力。

正"相对。然怠惰放肆，则申申、夭夭之近似者相似而大不同，亦未尝不相对。盖圣人不但不同于庸众，且不类于贤人。

《语类》"才整肃则自和乐"，是说学者事。

五　章

因梦而知其为衰，衰而无梦，则道永不能行矣，是叹"道不能行"意。再详。

《注》"盛时，是指血气壮盛时"。言志亦随乎气，气盛则志亦盛，因而有梦。迨志衰而无梦，则是血气之衰也。不是圣人叹老嗟卑语，是慨道之永不能行也。《语类》发挥精妙，宜细玩之。

《语类》："梦周公，忘肉味，祭神如神在，见得圣人真一处。"

按：圣人至诚无息理会一事，自是恳恻[1]不能自己底。但当行则行，当止则止，于恳切之下，却又无所凝滞。故《语类》又云："自有个脱然无所系累处。"

按：此即袭水土，律天时[2]二义之并行不悖者也，圣道原自如此。

《语类》："程子不做梦见人说，其意盖嫌于因思而梦者，故为此言。其义甚精，但非夫子所言之本意。"

按：因思而梦，所以可嫌者，以此便似是流俗之沉溺，于事梦寐不忘一派。故曰"其义精也"。但圣人之因思而梦，自是圣人之恳切，不是流俗之沉滞，安得定不许圣人有因思而梦之事耶？所以朱子又云："圣人毕竟是曾梦来。"又云："不是孔子衰，是时世衰。圣人之精神血气，原与天地之时运相应。"

按：此是天不欲夫子行道于当时，故听其衰而不之恤耳。可知此章夫子之所感者深矣。

---

〔1〕恳恻：诚恳痛切。
〔2〕袭水土，律天时：指下要和地道，上要和天道，意思是做事要遵循自然规律。"袭"，顺从；"律"，顺应。

六　章

首节

"志于道",《大注》只就"向往得其正",说"志"字之真挚处,于"必之"二字微露之,须合《或问》《语类》诸说观之,方尽其义。

二节

不"据",则新底虽有所得,而旧底已失了。德不能崇高起,安得有日新之功?惟守之不失,则日积日多。故曰:"有日新之功,由是而进于纯全不难矣。"

"终始惟一"是说旧得底;"日新"是说新得底。已得者不失,方得者无穷,是其愈积愈多,日见其新也。

三节

"据德"[1]是动时工夫,然事事去尽道理,则心思意念亦日密似一日。于动时道无不尽,则静时心思亦浑然于理矣。存养工夫惟合内外而一无间断,故直承之曰"依于仁也"。到得"仁"时,已是依了,然又必亲依之不已,方进于纯熟耳。

"依于仁",据《条辨》说,似未到浑然地位。然存养熟,则浑然矣。玩《语类》诸条,自说向到头境界了。

《语类》:"'依于仁'则心无不在。这里连许多'德',总摄贯穿都活了。"

按:此云"总摄",则全体不息矣。曰"贯穿都活了",则融化贯通矣。一句兼二意,以此原是相连是也。观此,可知是说向尽头地位者。

四节

"游于艺",玩《蒙引》,毕竟重在"应务有余"上,是大德不举,小物不遗意。但能如此,则兼又收心耳。玩"亦"字,心无所放,毕竟不甚重。盖"依于仁"时,已存

---

[1]　据德:指修养德行。

养之熟，原不全赖此以收其心也。

"游"，按《大全》，即"游花玩景"之"游"，有"从容自得"之意。故《注》以"玩物适情"解之。照上志，据依例看，则"游"字亦自指"用功"说。但"依仁"后之用功，虽玩味研求，却不甚着力。正如游观者玩物适情，从容自得也。圣人用字之妙如此。

"博其义理之趣"，盖义理见于礼乐之"文、射、御、书、数"之法。其规为法术，各有趣味。如六书之"会意、指事"，五御之"鸣和鸾、逐水曲"[1]，各有其妙也。

《批注》"艺"字，分两截说，盖礼乐之节文占底宽阔，自伦常以及日用细事，直无处不有。"礼、乐、射、御、书、数"之法度，则各就一事说。而"书、数"亦较宽阔，但皆日用不可缺者。

《注》"皆至理所寓"二句，见"艺"虽小物，其实皆吾性分中一理。所分并不是道德仁以外事，且常见于日用之间，而亦为行道中所必须之事。游之则尽得其理趣，而应事接物于行道时皆得所资藉，而一无留难于此。益见天理之流行不滞，而心亦何至放哉。须看他句句是就末节归到本体上去。《外注》"小物不遗而动息有养"，前后只是一个意思。

"小物不遗"，则安息时玩此理动作，时行此道，是动与息皆有养也。兼修教养，则日用之间无少间隙，便是得所资藉，而天理随在，流行不滞，斯涵泳从容渐入化境矣。

玩《总注》，颇重"游艺"意。必由本及末，以末辅本，然后道理彻底贯通，而归于止境也。

《注》"心必之焉，守之不失。无终始之违，游焉以博"，其义理之趣，俱是正解。本文就"工夫"说，"则"字以下，俱是就"效验"说。

《语类》"发游于艺"一段向来疏忽，宜细玩。

圣贤道理无论本末、精粗只是一个，但用工自以本务为主，故自"志道以后，于

---

[1] 五御之鸣和鸾、逐水曲：五御，指驾车的技巧，包括鸣和鸾、逐水曲、过君表、舞交衢、逐禽左。鸣和鸾，指和在车轼上，鸾在衡上。"和""鸾"都是指车上装饰的铃铛，车行时，声音节奏要统一合适。逐水曲，指沿着曲折的水沟驾车前进。过君表，君表指标示国君位置的旗帜。御者驾车经过君表时，要向国君行礼致敬。舞交衢，车在交叉道上往来驰驱，旋转适度。逐禽左，驱车追赶禽兽，并把禽兽阻拦在左边，以便射猎。

心性实行"处一气赶去,直到"复性全仁",方是得所归宿。既得吾心之一理,则天下之变化多端者已无不兼收并蓄于此。然名物象数虽皆一理所流注,而千支万派异致分形,自各具其端委,各有其脉络。苟不逐处理会,便欲其一一流通,无所滞碍,亦势有所不能耳。六艺为象数〔1〕之大端,日用之切务,求此理之通彻,并及乎微文末节,固不能舍此而他及也。游心于此,自见粗浅之事,并关精行、束修之所以不可少也。

以上当从《大全》,指"厚于束修者"说为是。"自从也"与以上相呼应,不指自己说"诚心来学"意于"行束修"上见。愚旧说误,再详。

《汇参》即就上句见教人,益切意自好。

七　　章

……束修之所以不可少也〔2〕。

以上当从《大全》,指"厚于束修者"说为是。"自从也"与以上相呼应,不指自己说"诚心来学"意,于"行束修"上见。愚旧说误,再详。

《汇参》即就上句见教人,益切意自好。

八　　章

玩《批注》"愤、启、悱、发"反复字,上下原都相应。盖"启"者,启其奋发者,发其悱复者。复其反,既不愤,不悱,不反矣,有何从而启之,发之,复之乎?无受教之地,则教无安放处,虽强教之,亦不相入耳。

按:辅氏"愤",有郁邑之意,即所谓心求通而未得通,如结绳不解。然"启"谓"开启"意,即因之"其意之不开而开之"也。"悱"乃屈抑之貌,即所谓口欲言而未能言,如屯萌不达〔3〕然。"发"达其词,即因其词之不达而达之也。玩此,则启也、发也,原从人之"愤、悱"来,与寻常之"启、发"不同。故必有此"愤、悱",方有此

---

〔1〕　象数:古代占卜学。《左传·僖公十五年》:"龟,象也;筮,数也。物生而后有象,象而后有滋,滋而后有数。"杜预注:"言龟以象示,筮以数告,象数相因而生,然后有占,占所以知吉凶。"

〔2〕　此处内容不能衔接,有缺失。

〔3〕　屯萌不达:指反应不机灵,欲言未言。

"启、发"。"不愤、不悱"，则并无其意，其词却"启、发"个甚？然则"不启、不发"，讲家谓是无益于人，谓是激励乎人，犹为剩语也。

若据圣人"诲人不倦"之心，自当常有以"启、发"之。

然不待"愤、悱"而"启、发"之，彼未必能理会得，终于人无益。且听了必不当做事，固不如不"启、发"，或可以激励其"愤、悱"也。

按：《语类》不"启、发"，当兼"无益于人、激励乎人"二意。《困勉录》专主激励说，似偏。然再详之。

言"一隅"便见有"三隅"在，"不以三隅反，则不复也"。

按："反、复"字，原是一事相连之词。且《批注》"反"为"还"，以相证之义，学者既举同类以质证之，则教者安能不更有一番论辩之词？《蒙引》乃谓"所复者另是一件道理"，误甚。

九　　章

《注》两"不能"字，写出自然之性情。

十　　章

（缺）

十　一　章 [1]

首节

"用""舍"无与于己，如有一毫营谋求用之念，便是与于己了，圣贤自无是。此句在"则"字之前宜轻看，然再详。

玩胡氏，只说得一边。上句是"无意见"，下句是"合时宜"。

---

〔1〕 此处傅士逷原文缺《论语》第十章的解读，而第九章的解读文字很少，明显不完整，反映出同治年间誊抄时有遗漏散失现象。本处依据《论语》原文次序，将第十章改为第十一章。第十章《论语》原文是："子于是日哭，则不歌。"

"用""舍"无与于己是无心,无心方能因时而应,《注》"二语自是一路事"。

《语类》只看义理,如何都不问那命?盖命系乎天理,出于己。圣人只自尽乎己而已,此外何计焉?

天命不足计,意必无所容。两处说来,总是一主乎理而已。

《注》"用""舍"无与于己,是"不着己"意,不是"己全无"意。"行""藏"安于己所遇,是顺乎当然,不是听其自然。须知,与佛氏"心无所往"不同。《语类》揭出,义乃圆。

出仕之理,圣人原是全体具备,用之则有可行之实。然出仕之理便是居家之理,一或"舍之",圣人则又有五藏之用[1]。但夫子语意谓"则行则藏"者,殊不关乎此,只是用便行,舍便藏,一顺乎时宜,而略无所顾恋,略无所系累耳。故《蒙引》"有是夫",解作"能然"极是。

二、三节

"暴虎冯河"[2]是勇之状;"死而无悔"是勇之心。

"临事"是头;"惧"贯乎事之始终;"谋"在事之始;"成"在事之终。三意重归"惧""谋"。《困勉录》甚明,言内知"惧",以植乎事之本;外要好"谋",而且务要成其事,则大异于徒勇者也。

"惧"字对针"死而无悔"。"不知所惧"说尤重,故粘"临事"。先提出此二句,当以"惧"字为主。

《语类》"惧"字,与"安而后能虑""虑"字相似。又谓:"既谋了,须是果决去做教成。"

按:此"惧"字,已连合了"谋"字,似与上文不大对针。又有轻看"好谋",重看"成"字之意。讲家遂谓两"而"字语势俱折。《注》下截将"成"字与"惧"字平重。

按:"暴虎冯河,死而无悔"只是个"临事不惧",故界面便说"必也临事而惧"一语折倒。可见"惧"字最重,且贯事之始终,不但只在事前说也。"暴虎冯河"便是有勇无谋,"死而无悔"便是事不定期其成,故又找"以好谋而成事者也"。各做上下分对。且"惧"只是制事之本,而"谋"为事之先资,"成"为事之归宿。必须三

---

[1] 五藏:指心藏神、肺藏魄、肝藏魂、脾藏意、肾藏精志。
[2] 暴虎冯河:暴虎,空手搏虎。冯河,过河不借助工具,徒步涉水过河。冯,同凭。后比喻有勇无谋,鲁莽冒险。

层合说兼重，方能尽制事之理。似不得拘两"而"字，作两"平"对也。《辑语》《条辨》竟以"成"字与"惧"字平重，似与情势不甚合。

按："临事"必以"惧"为主宰，上"而"字宜着力读；好谋又要求成，下"而"字宜和缓读。《时解》注"敬其事"，以"心"言；"成其谋"，以"事"言。可见本文八字自一串说下，安得直作两平对乎？俟再详定。

朱子不是把"惧"字便作"虑"字看。《语类》又一条云："'惧'是戒谨恐惧底心，古圣人都是此一个心。"按：此是"惧"字正名正义。又云："庖丁解牛每到。"

族心必怵然为之一动，然后解去心动，便是"惧"处，岂是似醉人胡乱做去？据此，"惧"处便不容胡乱做，便是有"审虑"意思在。此正恰好递到"谋"上，非是直以"惧"为"谋虑"也。至本戒惧为谋虑，又不可过甚而无决断，所以又用"而"字递入"成"字。故意本一串说下，而遂成两对之词。《注》"敬其事，成其谋"亦是对说，而自见一串意思。"临兵事"须是要"惧"，"惧"自不容不"谋"。"好谋"又须是要"成"，必此人方可与耳。

"临事而惧，好谋而成，"《蒙引》以"素行"言，《精言》从《文集》，直指"行军"，不说他事。

按：此言夫子，自是说"行军"，然此能却非临时所骤辨者。两说未尝不并是，但只照本文说去，语意自见。讲家每好为翻驳，只见其没紧要耳。

十 二 章

"虽"字、"亦"字上下相应，乃甚其词也。非不知其可耻，亦非不以为耻，但为求富计，则顾不得许多。注意于彼，遂甘心于此，所不恤耳。

两"吾"字，当从《说约》。

玩"从吾所好"，可见圣人一片婆心，不肯空空拨过失处便休也。

两"可"不就"理"上说，是就"事势"上说。"吾亦为之"，是为其人，不是为其事，然"为其事"在其中。

"如"字作设词为妙。

"富者可求，虽人世间执鞭以求富之士，吾亦为之"，"士"字即指"世人"说，"吾"字正与此对。"吾亦为之"，是言人为。"吾亦为"，不是人不为，吾亦为也。

明明是"不当为"底，曰"吾亦为之"，特故伸"富可求"之说，以振起"不可求"

已耳。

"吾亦为之",是对"为之者"说,不是对"不为者"说。曰"为之",即去求富也。晚村云:"'吾'字自处甚高,要下得极慎重;'亦'字设词甚婉,要下得极圆通。"

名节本当顾惜,但富若可求,吾亦为之,见吾也不是一味顾惜名节而不求也。然其如实不可求,何此?是降下一步说,以见其决不可求耳。

"执鞭之士"要说得极低,"吾"字要提得极高,两面对勘,"亦为"字方醒。设词说来,其热如火,轻轻转正,其冷如冰,看圣人言语,是何等神理!

此为"中人以下者"说法,自重上三句,《时讲》单重下二句,殊误。若无上段,不能打动求富者之心,则"从吾所好"一语,何异嚼蜡?

十 三 章

夫子无不慎,但他事乃诚敬中自然之慎,虽慎而非子之所慎也。此三事,则夫子实加意焉。故"独以此为子之所慎","之所"字宜重读。

国之大事,惟祀与戎;身体发肤,受之父母。此子之所慎,特及此三者也。

十 四 章

《大全》苏氏、辅氏二条俱精。须知是韶乐本寓此意,但惟夫子能契此意。故曰:"不图为乐之至于斯也。"《注》"及其情文之备"句当玩。

"心不在"云者,谓"偏于私意也"。若入于理,恐不可以"不在"名之。然亦须活看,终不成如王荆公嚼石莲咬破指头〔1〕乎?

圣与圣同一心渊,故相契之深至于如此。然亦须学之三月之久,则圣人诚不易测识也。玩"辅氏"一段,直将圣人之德、圣人之世,从声容中一一领会出来,此方发得透彻。圣人心无留滞,不错过事理,何至有不知肉味之说?玩《语类》"所思之事大",有"饮食不足以夺其志"。此理推勘至精,如父母有病,人子还留心饮食之味,有事理乎?

---

〔1〕 王荆公嚼石莲咬破指头:王荆公,指宋代政治家王安石。王安石作《字说》时,用意良苦,置石莲百许于几案上,咀嚼以运其思。遇石莲尽,而未及添加,即啮其指,致流血不觉。

《精言》发挥"为"字一段亦妙。

十 五 章

"兄弟让国"两是，则"父子争国"两非。但章旨重在卫、辄一边，且辄之罪亦浮于其父。

心之怨不怨，本于理之合不合。子贡"怨乎"一问，正是于理上决也。玩大、小注，俱是心理相粘说。故《困勉录》直断之。《汪订》"安勉"之说，是只于心上决了，殊属不合，不可从，俟再详。

"理顺心安"只在"仁"字中说，然亦透出"不怨"意。

"贤人"紧切"让国"说出，不是泛言制行之贤。就下子贡"怨乎"之问看，亦可见。

看来"求仁得仁"，"古之贤人"句内有了，称其为"贤"，原为所行之当理也。及再以"怨乎"问，即揭出此义，以见"不怨"之所以然。可见两层未尝不是一层。然《语类》云："所谓贤人如君子，而未仁者有矣，如何便见得一时皆当？"盖贤人虽曰当理，亦未必纯于"仁"，故必须再有此推勘耳。既曰"贤人"，则定于一是矣。然于是之中而或有未全是者，故又问之。

伯夷尊父命，叔齐重人伦，此是"求仁"；先后皆逊国而逃，便是"得仁"。

《文集》各认取自己不利便处，退一步便是此条，看《汇参》所载方明。盖伯夷不利便处，在无父命，故须尊之而逃，而不得偏执乎天伦；叔齐不利便处，在无天伦，故须重之而亦逃，而不得偏执乎父命。此所谓各自认取，各求乎理之当，而心之安也。

汪《大全》[1]载《答范伯崇书》[2]，亦宜看。

社稷未尝不重，但犹是家国公共事。若自己站脚不稳，却要顾恤那公共底，是与舍身以救人相似了。吴因之说大意自是，但未圆稳耳。

---

〔1〕 汪《大全》：指汪份增订的《四书大全》。汪份，指汪武曹，生平事迹见第 31 页第一个注释。

〔2〕《答范伯崇书》：该文作者朱熹。范伯崇，指范念德，字伯崇，福建建阳人，南宋理学家，曾从朱熹游学。乾道三年(1167)八月，范念德与林择之随朱熹访张栻于长沙，同登衡岳，多所唱和。淳熙二年(1175)四月，范伯崇参加了朱熹与吕祖谦在寒泉精舍的聚会。五月，范伯崇又随朱熹参加铅山鹅湖之会。

"求仁而得仁"，紧照"怨乎"之问来。言"仁"便是言"心"，两层只是一层，故下紧接个"又何怨?"盖夷、齐合下未必有一"仁"字放在胸中，只见得父命当尊，天伦当重，必如此吾心方安，不如此则过意不去，所以断然要遂其心耳。夫子即就他这遂心处而断其为"仁"，盖仁者是天理之正，而必从本心发出。是即人心之安，在夷、齐见得当如此，便必要如此。是他理从心出，心以理安。其求合于理处，即是求安于心处。故总归一"仁"字中，而以为"求仁而得仁"也。

《时讲》于"求仁得仁"有只重"心"不重"理"者，此又不然。

十 六 章

就"乐"说，本不关贫富事;就"贫富"说，有"乐"而贫富皆在所轻矣。此自是圣人自言其处境，非自诩起能"乐"也。

穷困之极，绝无可乐矣，而"乐"亦未尝不即此而在。自有其"乐"，则不以富贵之乐为乐。

非义之富贵漠不动心，全然摆脱。若以义得者，则亦如蔬水曲肱;若固有之，而不以加其乐耳矣。《或问》甚明。

"浮云"是倏来倏往，似有如无意，即程注"轻视"之说。但不是以其来去无常而轻之也。《或问》辩驳甚明。

人境遇所累，其用情遂以变其常。夫子因自言所处虽极贫困，而我自有乐，未尝不即此而在而殊，无所慕于非义之富贵耳。本文似有两截，其实一串说下，《或问》自得其语意。

人多有忧，所以夫子自言其乐，不是自夸其能乐也(此三句似宜在言所处下)。《或问》:"以义得之富贵，视之亦无异于蔬食饮水，而其乐亦无以加耳。"按:此只是"安然处之，乐无所增"意，不是"轻其去来"意。故下驳杨氏[1]说，谓圣人于"不义之富贵，视其去来如浮云之轻"者，亦误。

---

[1] 杨氏:指杨时，生平事迹见第 7 页第二个注释。

十　七　章

吉凶消长，以"天理之自然者"言；进退存亡，以"人事之当然者"言。盖在天本自有吉凶消长之理，人则有进退存亡之道，二者皆载于《易》也。"吉凶消长"贴"阴阳善恶"说，"进退存亡"贴"举动势数"说。然再详定。

欲假年[1]以学《易》，而方可以无过，是不可以不学之义。必假年以学《易》，而仅"可以无大过"，是不可以易而学之义。

《易》是虚悬千万道理，正要人一一照此行来。

"吉凶"，疑以"阴阳之气"言。如人之有生，五十以前属阳，此是血气进长时，即为吉。五十以后属阴，此是血气渐消时，即为凶。然阳中有阴，阴中有阳，即各有消长，各有吉凶。当再详定。

据《存疑》，人事之进退，因乎天道之消长，则人之存亡，亦因乎天之吉凶。

此章当再详之。

十　八　章

又添出末句，是赞叹三经之切于人，圣教之切于人，亦有门人当体会意。

《易》《春秋》固是未经缵修[2]，恐亦不可以作雅言[3]也。再详。

《诗》《书》、执礼[4]，或谓与末句相连。

愚按："所"字，当紧与首句连，末句少断，方得记者语意。

《诗》理性情，则平正和厚；《礼》谨节文，则循规蹈矩，此诚切于日用者。若《书》似远了一步，然学者便是大人道政事，正切大人日用之实。

---

〔1〕　假年：假以岁月，指延长寿命。

〔2〕　缵修：继修。缵，继承。

〔3〕　雅言：古时称"共同语"，同"方言"对称。孔颖达在《五经正义》中说："雅言，正言也。""雅言"是中国最早的通用语，类似现在的普通话。

〔4〕　执礼：赞礼意。

黄辑五〔1〕说扎实可据。

十 九 章

叶公〔2〕之问,或高视夫子,而未当者乎? 则下节之言示子路,更示叶公也。

不知不觉过了多少日子,而老已将至了。盖谓终身于学,而全无间断止息也。

"愤""乐"二者圣人实有此事,只无一毫假借处,便非圣人不能及。

《注》"全体",言求道之全备而无遗漏,是横说;"至极",言其求道之深至而无欠缺,是竖说。"全体""至极"就"发愤"二句看出;"纯亦不已"就"不知"句看出,此句是直说。

按:《注》合并说,在此未当。"全"不可分贴,观《语类》"忘食""忘忧",是逐事上说,及发愤便忘食,乐忘忧,直恁得极至。二条自可见,但不知却是紧承上二句,不得截开看。故《注》用统说,《蒙引》直谓"不可分贴",则太粘滞耳。

"乐以忘忧"亦在用功时说,不可因注"已得",直作效验看。此与《大学》"此之谓自慊"相似,看下注云"以是二者俛焉,日有孳孳"可见。

二 十 章

"学而不厌""不如丘之好学也",俱兼知、行说。"信而好古""敏以求之者也",俱单就"知"上说。再详。

夫子自谓学知此理,其实理由生知、学知者,特事物耳。然理以学知,事物而益明。故夫子自谓"学之此理也",不是虚谦之词。

《存疑》与伊注不同,看来宜兼用。义理,圣人固生而知之。然自以为"知",犹不是圣人之心。盖圣人未敢以为真知而无疑,故亦必一一体会去。于"学《易》"诸章可见。

《语类》:"圣人虽是生知,然也事事理会过。"

---

〔1〕 黄辑五:名瑞,号学博。清康熙丙子(1696)进士。生平事迹见第202页第一个注释。

〔2〕 叶公:春秋时期楚国贵族,名子高,封于叶(今河南叶县),因称叶公。

按:此条较尹氏"礼乐名物,必待学而后知"意,更深一层。圣人常以"好学"自居,可知实实如此,然自不害其"生知"。

二 十 一 章

"语怪"则惑乱人心,而趋于新奇,败常理矣。"语神"则使人疑惑,而入于幽渺,失显道矣。

《内注》是所以"不语"之故,《外注》则从对面推说耳。

二 十 二 章

通章重一"我"字,总是要人"自得益"意。

彼二人原不必一定一善一恶,然人之行不过善恶两端而已;使二人者一善一恶,则我从其善而改其恶,于人固无遗漏之行矣,是无一人非我师也。

"择"在"师之"之先,"从""改"则正言"师之"也。

二 十 三 章

平日修省时,见得道理无穷,故圣不自圣;当此厄难时,又觉得实有所得,故信莫能害己,二者自不相悖。

自反无愧是贤者事,是去私事。圣人则浑然天理,不必言无愧矣,是自然合理事,故《语类》云云。

"生德",犹言"赋德"也。再详。

《或问》云:"天使之气质清明,义礼昭著,则是生德于我矣。"

按:此以解"生知"〔1〕语解"生德"最有分寸,便见夫子是圣人,却不是自认为圣人。盖此语可低可昂,原与辞"圣人",辞"生知"语意不相戾〔2〕。知此,则本文

---

〔1〕 生知:生而知之,不待后天学习。语本《论语·季氏》:"生而知之者上也。"

〔2〕 相戾:指前后矛盾、互相违背。

"生德"亦有确解矣。

又《或问》："圣贤临患难有'不自必'之辞,有'自必'之辞。于伯寮臧君之僭[1],以事所关者小,而主之者在人,故不可必于桓魋匡人之难[2];以事所关者大,而主之者在天,故有'可必',二者皆以理断之。"又,"信桓魋不能为害,却微服过宋。"《或问》谓："虽知不能害己,避患亦未尝不深。避患深处之,亦未尝不暇。"

按:此论天理人事交尽皆是道理如此,绝不是两可游移之见。上两段名理皆从参观互见处看出。圣贤所不言者,朱子皆一一剖明。如此类甚多,其有功于吾道大矣。彼门外汉,执偏见以訾。朱子只见其不知量耳,于朱子何损?

二十四章

弟子以学者多不能得夫子高深之道,故疑其有不传之秘。不知"作止语默[3]"无一件不是教二三子处,又何有秘而不宣者耶?盖"高深"即在"浅近"中,只须于"浅近"中逐处体贴,自然下学而上达矣。故云然。

"以我为隐"者,不告以高深也;"无行不与"者,高深即此而在,而固无一之或隐也。

"乎尔""尔"字,一说指门人。

[1] 伯寮、臧君之僭:伯寮,公伯氏,名寮,字子周。春秋末年鲁国人,与子路同为季氏家臣。公伯寮曾暗地里将孔子呈献鲁定公的书信透露给季氏,使孔子得罪于季氏。季氏又让公伯寮带给孔子玉玦,并让公伯寮告诉孔鲤,是定公亲言送此礼物给孔子,这使得孔子认为定公让他离开。从此,孔子开始周游列国。公伯寮因暗助季氏,得到了季氏的赏赐,退出了孔子弟子的行列。臧君之僭:臧君,指臧武仲。臧氏名纥,谥武,因祭鲁孝公之祀,尊称其"臧孙纥",史称臧武仲。臧孙纥是臧宣叔之子,臧文仲之孙。臧孙纥矮小多智,号称"圣人"。公元前587年,继父为卿,世袭司寇。鲁襄公二十一年(前554)鲁国多盗,季武子因他任司寇而提出质问。二十三年(前552),因与孟孙氏有仇,被告发将作乱,遭季孙氏讨伐,出奔到邾国。《左传·襄公二十三年》载,臧孙纥不容于权臣,出逃到齐国。《论语·宪问》中,子路问成人。子曰:"若臧武仲之知,公绰之不欲,卞庄子之勇,冉求之艺,文之以礼乐,亦可以为成人矣。"曰:"今之成人者何必然?见利思义,见危授命,久要不忘平生之言,亦可以为成人矣。"

[2] 桓魋、匡人之难:桓魋,古人名。任宋国主管军事行政的官——司马,是宋桓公的后代。他的弟弟司马牛是孔子的弟子。桓魋欲杀孔子,据《史记》载:孔子过宋,与弟子习礼大树下,桓魋伐其树,孔子去。弟子曰:"可以速矣。"子曰:"天生德于予,桓魋其如予何?"遂之郑。匡人之难:孔子去卫如曹,曹不容。又之宋,遭匡地之人围困。因孔子长相类似阳虎,而阳虎曾残害过匡地之人,故误以为孔子就是鲁国的阳虎而将其围住。匡,春秋时卫地,在今河南省长垣县西南。

[3] 作止语默:指行动、静止、说话和沉默,简称"作止语默",泛指人的行为言谈。

"行"字自包得"默、止"，不必如时说作"往"字看，照旧说为是。

门人以夫子高深之道不可及，故疑有入道之方不肯示人。子曰"无行不与"[1]，是即入道之方，未尝不以示人也。此是疑隐入道之方，不是疑隐高深之道。此说似与白文程注俱合，但与《语类》"不得闻性与天道"一条不合。姑从前说，再定。

门人以夫子之道高深不可几及，惟频为指示，庶几可入。乃但语以浅近，不及高深，故疑其有隐。不知浅近之道便是高深，未有舍浅近而能得高深者，故夫子言"无行不与"随在。皆是此道之预示处，又何尝有隐耶？但说来似未分明，须知不是圣人打哑谜，以此有难以明言者，故言是某也，使之自为领会耳。

圣人"教不躐等"，如性与天道，其精深之旨原非浅学所能窥，夫子必不虚枉说过，故门人遂疑其有隐。然此段意思难以与人言，即言之门人，必信不及，所以只言其无隐耳。盖"精粗微显"只此一理，说着这面，便关着那面。且"行远自迩，登高自卑"，以"卑、迩"教之，即是引入高远路头。原别无径捷之法，圣人又何尝有隐来？但此说有难以喻诸人者，故特以"无行不与"为言，使之自悟。"无行不与"，《注》以"作止语默"释之，便如夫子之文章一般。虽极力铺排出来，仍恐门人未必信，所以特提出自己名氏，郑重言之。见"某之所为某者"原是如此，尚得以"隐"疑之乎？玩末二句语意，颇与"予所否"者三句相似，亦是欲其姑信此而深思，庶有以得之也。如此看末三字，煞有意味在。未知是否，再详之。

按：程注"圣人之道高远，故须俯就之，方始可及此"，固是圣人善教，须知求进于道原是如此，非圣人有意贬损以教人也。

吕注只就"无行不与"看出，尚不是本章大旨。只是"教不容躐等"，故即身示指，无在不然，以明其教之无隐也。

二十五章

据朱子，"忠信"只承"行"说，《蒙引》则兼承"文行"。看来自可从，但侧重在

---

[1] 无行不与：是说没有什么是和你们不一样的。这是孔子对学生表白的话，意在说明自己没有什么隐瞒。

"行"耳。俟再详定。

"忠信"通绾"文行",《蒙引》《条辨》甚是,《语类》却单主"力行",以所重者言也。四件都是学者事,然四事原归一贯。夫子之讲"习乎文",便是教以"行"与"忠信"之理;故教以"力行存忠信",即在此教以"学文"之内。《语类》发此意甚明,须知仔细推来原是一串。

照本章正面说去,自是四教。仍是既教以"学文",复教以"力行"。而存"忠"体"信",正欲门人于四件各自分头用力也。

平分四项固属不易,然按其义却是一串说,而归重在"行"。盖圣人立教,只欲人实尽其性而已。要必先明其理,乃可力行其事。而力行又必内尽其心,外尽其物,而性于是尽矣。

二 十 六 章

《详说》"此章朱子云'此但为思其上者而不可得,故思其次之意'",当以此为主。后注"未有不自有恒而能至于圣人者",示人入德之门,是推说。又,《体注》玩《总注》"思有恒",为"作圣人之基"意。二说不同,似后说较长。俟再详定。

按:《体注》说,似与"不得中行而与之,必也狂狷乎"同意。

"亡而为有",据《大全》小注,不但指"学之所至"说,更兼"事之所能"言。

"有恒者,不贰其心,不贰其事",此必是质实无伪底。若夫为虚诈之事者,后必不能继于虚诈,而可以知其无常心,无常事矣。"亡而为有"三句,宜活看。张彦陵说极是,是于此见得"无恒",不是即以此为"无恒"也。

上节"思见有恒",意在"用功"上。末节"亡而为有"云云,说到"难乎有恒",却似就现成事体说了。故初疑上下两"有恒"不相符,今看来上三句虽做现成事说,却不必泥。盖只藉此以形容出虚诈底模样耳。《大注》于"此者"上下"凡若"字,便推开说,原不泥看上三句也。再详。

圣人事事做底来,极自然极现成,直是神异灵明不可测度。"亡而为有"三句内,便包得"不可以久"意。至"难乎有恒",及《注》"不能守其常",却不是说他虚夸处无恒,乃是说他为人处无恒。此节"有恒"字,与上节"有恒"是一般,《语类》自分明。盖惟诚实方能"有恒"，虚夸便不能"有恒"。《蒙引》原文更清楚，讲家多删去前半截，便不明矣。

此从圣人说到君子，又从善人说到"有恒"，虽两扇意思，未尝不是自高而下，逐次说到"有恒"。正欲有恒者进于皆善，由希贤而希圣也。"有恒"为作圣之基，自是此章正旨。

此即虚夸之事，以断其人之不能有恒也。上三句以"事"言，末句以"人"言，非是说虚夸之事，不能有常也。故上下节两"有恒"只是一个意思，盖诚实者方能"有恒"，虚诈者必不能"有恒"。

只就"为有、为盈、为泰"时，合下便见他无恒了，不必到他接续不来时方见无恒也。既是虚夸，必不更求进益，即此便是无恒。至"盈""泰"等事不相续，犹是后一层意。此意虽与《语类》不同，却不妨。再详之。

"亡而为有"三句作一例看为是，《语类》有"不必从者"，此类是也。须知三句不作一人说，或一人而不作一时说，故《注》用"凡若此者"四字。

二 十 七 章

一是不多取，一是不袭取。洪注甚明。

子厚伯〔1〕云："宿鸟即栖鸟也，不是夜宿之鸟。"

按：此说颇有理，宜从之。

"本心"，即天地生物之心。

二 十 八 章

"不知而作"，兼冒昧、狂妄两种人。

"多闻多见"重，各下半句轻。

"知之次也""知"字，玩《注》，是贴"知理"说。谓"知之次"者，盖天下惟上智之

---

〔1〕 厚伯：待考。

人自然实知其理，可以正当得一“知”字，是谓“知之上”。至从闻见入者，所知似不如生知，故为“知之次”，此圣人之谦词也。此“知”字与首句“不知”正相应。再详。

“不知而作”，兼常人“冒昧无知”“异端自作聪明”二意。

“多见而识之”，《条辨》谓《注》备参考”，亦归向“善则从，不善则改”意，看得最有着落。盖说“从”便是应上“作”字说，“闻见”便反应。上“不知”，言我由“闻见择识”之功而乃以从之，是则“知之次”也。岂不知而作者哉？末三句应上两层，便带得“无不知而作”意，然却归结在“知之次”也。上原重在“多闻多见”，示人以求知之功，以为作之本也。

“不知”“知之次”，上下两“知”字应作一般看，俱指“见理真实，彻底贯通”说。于理少有所见，知其粗而不知其精，得其末而不得其本，总谓之“不知”。而作“闻见择识”，正是求进于“知”，由“粗”以及“精”，由“末”以及“本”底工夫。如此用功，虽未能彻底贯通，遽递于“知”之上，而相去不远，已为其次矣。此所以无不知而作也，言“知之次”也，原指工夫未到圆满时说，不是“终于次”不能上，亦不是“自安于次”而终不及其上也。此是圣人之谦词。

凡天资至极，学力至极者，皆“知之上”；凡用学力而未至其极者，则“知之次”。《条辨》分两路说反不明。

二 十 九 章

曰“难与言”者，盖与“见”字相呼应。以“难与言”之人，却许其见而与之言，此门人所以惑也。

“人洁己以进”，一串说而有两层：“洁己”是向善自新意；“以进”是虚心求教意。故下分承之。

“不与”，《注》以“非许”字贴之，大抵亦不管之意。再详。

“洁”训“修治”者，必扫除其污秽，而乃进于洁清也。

固是即能进上见其“洁己”，然用一“以”字，自分两层。“洁己”是自去其不善以进，是求诲以善。既去不善而洁矣，故可许，而前日之善恶则不计及也。既进而向善矣，故可许，而后日有不善则在所不许也。言“不保其往”“不与其退”，仍是

"与其洁""与其进"意。只论当下，不得参以计度前后之私心也。门人惑者，犹有计念前后之意，而反遗了当下事理矣。故终以"唯何"，甚警惕之。

曰"不保"，自兼善恶说；曰"不与"，自单指不善说，可见《注》之精细。

三 十 章

不曰"为仁仁至"，而曰"欲仁仁至"者，正极言其"不远"也。

《时讲》谓"欲仁仁至"，即此"欲"便是"仁"。

按：此非正意。

此章大旨，自以《辑语》为定说，《条辨》《精言》参入"工夫"，殊非正旨。

"远者"，谓远于我而求之不至也。不知"仁"在我心，只缘不求，斯亡失而若远耳。若反而求之，不必功力有所加也，只意念及于"仁"，即应念而至矣，何远之有？

"仁者"，我心之理；"欲者"，我心之意。以心之"仁"动，而有欲仁之欲，即以心之欲起，而为我欲之"仁"，故曰"斯仁至矣"。"斯者"，即此而是，即"欲"即"仁"也。

三 十 一 章

"谓之吴孟子"[1]，看来从《大全》吴氏说，作当时讥笑之语，于本文为合。盖谓"公之不知礼，在当时已播于人口也"。再详。

就末节细推，毕竟是伸礼屈君[2]了。但不曾沾着君，只泛泛归过于己而已，所以为善。本文一"苟"字最可玩（玩"苟"字，似若不为此事言者），吴注甚分明。

此章盖为君讳过，而亦不诎乎"礼"也，自重在"君"一边。

君子居是国，不非其大夫，况本国之先君乎？君父有恶，即显然共著，臣子亦不忍出诸口。盖父子相隐，天理人情之至也。况司败[3]问词本浑，安得不如此答之？若或提破，想亦只是不答而已。

---

〔1〕 吴孟子：鲁昭公夫人。《周礼》称之为吴姬，昭公讳之，称为吴孟子。

〔2〕 伸礼屈君：也称伸天屈君。语出汉代董仲舒。意思是限制君主的权力，而使上天意志得到贯彻执行。

〔3〕 司败：官名，指司寇。陈司败，指陈国的司寇。

"谓之吴孟子",《大全》吴氏谓是当时讥笑之语,其说甚是。若直作君隐讳之词,是欲盖弥彰,恐不得有此憨语也。然玩《注》意,似即作君之谓之者,盖是在司败口中,乃故作"君谓"以丑之耳。讲家遗却此层,故两说并存而未足。

"过"字按实说,原即指"党君"。但玩"苟"字、"必"字,自是推开宽说。只归罪于己,而不染乎君也。尹注"夫子之盛德无所不可",亦是言坐罪在己而不辞,乃夫子之盛德,不是恃有盛德,而无妨于认罪也。再详。

三 十 二 章

《详说》《语类》只有"不待其反而后和"一层,《说约》兼"后"一意(善未有不和者,然不遽和也。如此说则两层俱到),于义似周。而于"必使""而后"字,则似添设也。

按:此甚有理,似胜《困勉录》,俟再详之。

《注》"气象",以在外者言诚意,以在内者言谦逊,是自认在己者不如彼审密,是必欲在彼者得之。己谦逊审密,皆是不掩人善处。"气象"二句是大概说,就本章看出,却不单泥在本章。"谦逊"二句是紧贴本文说,玩"而其及又如此"六字可见,然再详。

旧说似亦有理。"又须谦逊"是承"气象从容"说,"审密"是承"诚意恳至"说。

"取其善,与其善"是分说,"反之、和之"之故,"谦逊审密"是合说,必使反而后和之。其主脑大意,则只是个不掩人善而已。"气象从容""诚意恳至",则又是从此看出圣人全体来,故曰"一事之微"云云。(以上俱俟再详定。)

"歌""反""和"〔1〕,姑从双峰三遍之说。再详之。

《或问》《语类》似于首句"而善"中便见"欲得其详"意,然按《注》,自在"必使反之"句内,故《困勉录》疑其为未定之说。愚意此自是前一层意,盖初歌时俟其曲终,已尽得其首尾节奏之善矣,而犹以为未得其详,故"必使反之",欲得其详也。由此看,似更曲尽。《条辨》则直将"欲得其详"意移入首句,殊觉扭捏,与《注》语不合。至"必使反之"二句,玩《语类》,自是相连。看《条辨》《精言》,自为可从。盖

---

〔1〕 "歌""反""和":原文为:"歌而善,必使反之,而后和之。"

"反"与"和"分之原有两般意,故《注》用分说;合之却只是一时事,故《或问》《语类》用串说。照他所"反"之条理节奏,一一随声而附"和之",自然逐处详晰。"其善必彰",故一面见"欲得其详"而取其善,即一面见"喜得其详"而与其善。不必谓"反之"既毕,自己另歌以"和"也。饶双峰作三回歌,虽较清楚,却似失之烦琐,恐圣人未必如是。然再详之。

"众善之集"二句,指"气象从容"五项说。

通节精神总在"必使"二字,虽与"反之"为句,却上管定"而善",下贯入"而后和之"十字,原一气相连而下也。语意盖谓闻歌之善,必是要和得。然于初歌时不遽和也,待他尽其首尾,必使之复歌,以得其详,而后依韵而和,以著其善也。融会其语意便见。《大注》《或问》《语类》原是一串,泥饶氏说便不明白。

此见圣人于一歌之善,而务得其详。乃诚于取,而因以为与也,便是大舜善与人同景象。

《条辨》说与《或问》《语类》极合,但如此,则《注》当云"不遽反,而必使复歌者"云云,"使复歌,而后和之者"云云,如此方明。今《注》直揭二句说,似不得谓"必使"句,无"欲得其详"意。朱子注书,恐不如此迂曲,然再详定。

三 十 三 章

言"躬行"便是君子,则吾全未有得也。"吾"字对"君子"说,"有得"承"躬行"说。"未之有得",言躬行之实事,未之有得也。玩"得"字,不是说未尝去行。

玩谢注,似是"躬行君子"之道,若如此说,未免是歇后语了。俟再详。

难易缓急俱在虚实上分。

"躬行君子"定作"行君子之道"说,通上文看来,旧说与文气不顺,不可从。

三 十 四 章

圣人辞"上达",而以"下学"自处。公西华则见其"下学",非寻常之"下学"也,亦可想见其"上达"矣。

刘蕺山弟子泛说"不能学",不重"弟子不能",只赞夫子不易学而已,尽仁圣之实意。

已有之则心与理相融,有以彻其精微,而契其趣味,故不厌倦(此与新安说不同,再详)。学者心理相融,即笃志为诲,毕竟有厌倦在此,子华身而确有说见,故有此言。

使夫子只辞"圣、仁"而止,则人将以圣人为不可为矣,岂夫子意乎?故晁注摘发甚精,自是本章切要意思。末节深知"夫子之意""意"字,正指"进天下之材"说。盖公西华谓"弟子亦常从事为诲,以求进于圣人之道",却正是此"不厌倦"之难学耳。盖亦能体夫子之意。"只学夫子不来"语意,遂注到"夫子不能辞圣、仁"上去。须知此不是本章正意,故内注"不用"。

夫子于"下学"之事一本上圣,"以为之故"自见,是为"下学"之常。而要之,即此是圣人之事也。前章"好古敏求,发愤忘食"俱见此义。若《学而不厌章》,则另一意,乃见学问之功之难耳。

诸家皆谓不重"弟子不能学",只是叹夫子已备"圣、仁"之实。

按:此意固是。然《语类》云:"若不是公西华亲去做来,如何解恁地说?"且按公西华原不曾粘着"圣、仁","正唯"字紧承"云尔"转出,见夫子所自认为浅近之事,乃是亲身经历,实见其有遗憾者意。虽不重"弟子不能学",却正就此说来,言外可想见夫子之为"仁、圣"也。若略"弟子不能学",直断夫子为"圣、仁",便不合语意。

三 十 五 章

"尔"者,《诔》所祷之人,不必泥看。"上下神祇",据朱子,似只指天地,不必又指上下众神。然再详。

既为圣人矣,尚何用祷?但不请而自祷亦可,请之则又失矣。然夫子不直拒子路请之非,而但曰"我之祷久矣",告以无所用祷之意。则"士丧礼"一段小意思,固是难言而已,可以不言矣。

际飞[1]云:"此章波澜,生于一'请'字。"

---

[1] 际飞:名黄越,字际飞,江南上元人。生平见第210页第一个注释。

按：此固是夫子问答之由，然须知夫子一问一答，却是将"请"字揭过，但发出上一层议论来。俱再详。

子曰"有诸"不应，圣人不知有祷之理。盖此已有末句意，特先为此问，令其自思耳。子路直曰"有之"，故夫子曰"某之祷久矣"。俟再详。

祷者，为素行或有不善，便与神明不相合，故悔罪于神，以期神之佑耳。若夫子平日惟恐不合神明，战兢惕励，事事向善，不罹于过，已得乎祷之理，故曰"我之祷久矣"。

一问一答，俱以"有祷"之理言《诔》词。正谓即尔之悔过者祷告于神祇，以祈其佑，此所谓"祷之理"也。盖"祷之理"只要是不得罪于天地鬼神，夫子从来如此，故云"祷久矣"。上下原是一意相接。又玩末句语意，便见无所事祷，又何必请子路？"不当请"意亦包在里许，圣人之言深远无渗漏如此。《注》云"不直拒之，而但告以无所事祷之意"，玩一"直"字、一"但"字可见。

"祷"本不可为训，在臣子不得已之情则可，在病者则不可。夫子不直驳[1]倒"祷"字，固是气象从容，亦是为臣子留得一线。然曰"祷久矣"，自是不驳之驳。

三十六章

《困勉录》曰："财奢便是不逊，其流则又必至于过度僭越上。"二意兼说方是。《存疑》说"单主流弊"，不是。

按：此是本《大全》朱子说，然再说之。

"不逊"，可以"意思"言，可以"事为"言。

宋羽皇[2]说甚妙。

《林放章》重下截，犹是就"事为"上较量。此章重上截，直就"弊病"上较量，又推出一步说，所感益深矣。

"奢、俭"只是时尚之偏，有"过"与"不及"耳。"未偏"是弊，"不逊"与"固"方是

---

〔1〕 驳：原写作"剥"。

〔2〕 宋羽皇：名凤翔，浙江武林人（今浙江杭州），一说浙江嘉兴人。明万历举人，曾参加明末复社组织，为文章大家。著有《四书题炬》《四书证学录》等。

僭乱鄙陋之弊。本有两层,然"奢"便有"不逊"意思,"俭"便有"固"底意思。有其意思,即不知不觉有其"事为"矣。下层原安胎于上层中,虽两层,而实为一串。

玩两"则"字,是分为两截,即是联为一串。下直以其弊言之,更可见"奢、俭"必至于此,不是或然或不然也。是伤叹诸侯大夫陪臣之僭窃,俱从周末文盛之故来。

三 十 七 章

凡境地,陂则窄狭,平则宽广,故"坦"与"荡荡"是一串事。

"荡荡"与"戚戚"对,"坦"字又在"荡荡"上一层,是"荡荡"之由,不与"长"字对。"坦荡荡"之上,亦有"长"字意。再详。

以"地势"言,其宽广者未有不是平坦底。苟高下崎岖,便不见宽展矣。然平坦者又不尽是宽广,则"宽广"较"平坦"意又近一层。故须以"宽广"为重,以对下"戚戚"看。"戚戚",则倾险而窄狭矣。

《条辨》"坦平"就"循理"说,与本文直指心境少异。然惟循坦平之理,此心之所以坦平也。自是一串,如此看自好。

三 十 八 章

以各上截为主脑,而各下截却最重;有下截,方见上截之妙处。

"厉"之不同于"威"者,是"温"中之"威"也。"不猛"之不同于"温"者,是"威"中之"温"也。

"温"如燕居时,"威"如临民时,"恭"如见宾承祭时。然再详。

"全体浑然"以"德性"言,"阴阳合德"以"气"言。是所以然处,"中和之气"见于容貌,是正贴本文说。惟其有"中和"之德性气质,所以有"中和"之容貌(本《大全》)。《释义》云:"'厉、不猛、安'[1],正形容'温、威、恭'恰好中节处,非两样相济之说。"三"而"字是合并语,此看得好。

---

〔1〕 厉、不猛、安:《论语·述而》原文为:"子温而厉,威而不猛,恭而安。"

"温、威、恭"是主脑，"厉、不猛、安"是底蕴。合并说来，所以为"中和"。盖"温"易流于波靡，"厉"则中有骨干，而"温"得其"中和"矣。"威"易至于严暴，"不猛"则不露棱角，而"威"得其"中和"矣。"恭"易伤于拘迫，"安"则出于自然，而"恭"得其"中和"矣。

《注》"阴阳合德"，言夫子气质所禀，得天地阴阳之正气，刚柔相济，略无偏驳，此所谓"合德"也。"中和之气"无所偏倚，至当恰好者，"中"也。无所乖戾，顺理中节者，"和"也。承上"浑全之德性寓于纯粹之气中"，故生来抱得此"中和之气"，诚中形外，自然见于容貌间者，无不得其"中和"如此。

泰 伯 第 八

一　　章

按：《语类》"问泰伯可谓至德"，曰："这是于'民无得而称焉'处见。此句煞有意思云云。"玩此，则泰伯之所以为"至德"处，固在让天下。而"让之无迹"意，正未可轻看。玩《大注》"夫以泰伯之德"一段，自主让商[1]说。上句是"能让"，下句又是"让之无迹"。盖曰"坚执让商以全君臣之分，已为全德。而让得又一毫形迹不露，则其为至德何如？"盖少露形迹，虽无损"至德"，毕竟其让于家庭有碍，犹未为尽善也。但玩《蒙引》"泯迹"一节，只是处父子之间不得不如此，其好处只是善全父子之恩，并非于"让商"上更见他好处。

按：此殊觉与白文《集注》不合。阅《或问》"非有为名之累"一条，最与白文《集注》合。但玩"事之难处"一语，则《蒙引》之说恐亦未可废。愚意似当兼说，以《或问》为主，以《蒙引》之说参入其内。盖泰伯当日使有一毫为名之意，则其让犹为未至，而父子之间亦多可愧矣。惟泰伯全无为名之念，故只见得父子之恩当全，并不见得"让天下"事大，遂不明不白而去，此其所以为"至德"也。

按：前说就泰伯身上说出"不为名"，似乎反把泰伯说浅了。看来"为名"意只贴"让天下"上，泛说为是。盖"固让天下"，此何等事？若以人处之，或疑其有"为

---

[1] 商：指根据历史惯例确立的太子，后写作"嫡"。

名"之意,而泰伯则是于家庭难处之间,委屈以守其节,则其让也,非有为名之累可知。

论泰伯之心,其"泯迹"一节只为值家庭之变,不得不委屈以成其志,并非怕有"为名"之累,故泯其迹也。至夫子论泰伯之德,亦不是或疑其有"为名"之意,只是就"让天下"上看,易于有"为名"之疑。而泰伯之"泯迹"如此,则绝不必有"为名"之疑矣,故曰"至德"。

若说上句是"能让",下句是"处难",让之势而能委屈以成其"让",亦足以见其为"至德"。但于"无得而称"字面为少疏耳。

依此说,是于末句"之所以然"处,看出"至德"。《或问》说是于末句之正面看出"至德"。今看来二意俱见"善全其让"处,似宜兼用,俟再详定。

"让天下"原不定要无迹,但有迹则疑于"为名"。而泰伯之"让",则是处难让之势,而能委曲以成其"让",斯则绝不必有"为名"之疑可知,是益见其"让之善"矣。

玩《注》"事之难处"一语,毕竟重在"委曲成让"上。盖是就"民无得而称"句内,见其为"至德"。《或问》说参用可耳,余旧说殊误,再详。

玩本文三"让"字,则泰伯"不从"乃"让"之始也;逃至荆蛮,乃终成其"让"也。始终一于"让",故曰"固逊"。《蒙引》谓"泰伯不从即是让"最精,又谓"'让天下'处却在前之'不从'上。至逃之荆蛮,亦因其'不从',故有是事云云"。

按:此"逃去"一节似只说向"无得而称"句内去,觉犹少疏。盖本文二句自是相粘说,"无得而称"即"无得而称其让",原是一件。故必合"不从""逃去"两项,方见其为"固让"。而于"逃去"上又见得"让之"无迹,此固不分两截也。

《蒙引》又云:"逃之荆蛮者,特以遂其父传历[1]之志,盖知太王之志既不可回,传历之志又不当拒,故去之以灭其迹。"

按:泰伯之去只是让商,不是让周。故《语类》云:"泰伯之意只是见太王有剪商之志,自是不合他意。因自己不欲做此事,便掉了去,只从此为是。"看《蒙引》之意,固是以"让商"为主。但以"让商"为前一截事,以"遂父志"为后一截事,似不免

---

〔1〕 历:指季历,泰伯之弟。是周太王少子,文王之父。

正用"让周"意了，与《语类》不合。

玩《语类》"断发纹身"一条，及看"仲雍俱去"一节，则成父之志亦自是有些，然其去之意却不重在此。其意只是见父欲传位季历以及昌[1]，知其剪商之志确不可回，故须要去。又见得父子兄弟之间不可草草，所以偕仲[2]灭迹断发纹身，这样个去法以成父之志，而安季之心。主意在"让商"，因"让商"一节又生出"让周"来。其实，"让周"非逃去之本意也。《困勉录》甚善。

说本文总不必牵扯"让周"，以致混淆"让商"本旨方妙。

以"泰伯逃去之意"言之，只是"让商"不是"让周"，不得牵连混却本旨。以"去之泯其迹"言之，是为全父子兄弟之恩。然善全父子之恩，正是要曲全君臣之义，故"无得而称"之所以然处，虽在"善全父子之恩"上，而夫子说此一句，则全重在"曲全君臣之义"上，不得将"全恩"混作本文正意。此《蒙引》之说犹未为明朗也。

伯之志既坚矣，然父子兄弟之恩断不可伤。使泰伯于此不得所处明白便去，则显父之失，伤父之心，而季历亦必有所不安，则伯之素志不几无以自遂乎？惟泯其迹以去，则不伤乎父子兄弟之恩，乃始有以遂其素志而无憾，此所以为"至德"也。俟再详。

"让天下"，是夫子就他当日光景推论之如此，若泰伯之心只知是全君臣之分，并不以为让天下也。此须识得泰伯本意之所在，又须识得夫子称颂语意之所在。

泰伯之心只知循君臣之分耳，并无"让天下"三字在其胸中，又安有"固让"之说？只是委曲以全君臣之分耳，并无让国于弟之意，又安计有为名之累？

本文所云盖是夫子于事后追想其德，细推所处商周之势，及家庭父子之变，故断其为"三以天下让，民无德而称"，而见为"至德"耳。不曰"守臣节"，而曰"让天下"者，盖实按其德与势，原不可与寻常之安守臣节者并论，真是以天下"固让"者也。不曰"委曲成全"，而曰"无德而称"者，盖守大节者自得大名，而好名之心又足为人累。伯则以大节难全之势，而委曲以全之，盖值父子之变自不容露形迹，"泯迹"自是善全父子处。兹以善全父子之情者，成就了善全君臣义，是其处置之尽善，民自"无德而称"。其"让"则无"为名"之累，更不待言矣。"让天下"已见为"至

〔1〕　昌：指季历之子姬昌，即后来的周文王。
〔2〕　仲：指仲雍，泰伯之弟。

德”，于难让之势而曲成其让，绝不必有“为名”之疑，更见其为“至德”。二句发出“至德”实义，有涵蓄而无渗漏，所以为圣人之言也。再详之。

二　　章

“恭而无礼”，玩《大全》朱子，似只是不当恭而恭，故曰“无礼”。看来，亦须兼“当恭而过其分者”说方备。再详。

“无礼”只就“过”一边说者，盖有“不及”。先不得为“恭”，不得为“慎”矣，又何庸言及于“无礼”耶？

新安仁、厚之分，即《蒙引》轻、重之说也。

“故旧”不必谆谆说向“功勋”。

三　　章

“而今而后”，《翼注》以上二字一读，似亦有理，但于本文不顺。“而后”字，言“今以至于终也”为妥。

《注》“保之之难”，只说《诗》三句，“而今”二句，言“保之之久”也。一说，下二句亦是“保之之难”。再详。

此只就“守身”说，而真西山乃以“行”言者，言“守身”亦自包得“行”。

能“保身”则跬步不敢苟，又焉有越理妄行者乎？本旨自无缺漏，不烦讲家干补。《外注》载范氏说，特为点醒耳。

四　　章

“动、出”字虚，“正”字实，较不同，然亦须作一例看，以工夫都重在下三截也。

固不可舍本务末，亦不可务本而旁及于末，盖大礼当恤也。

言“色”大概在“喜怒”上说，无轻喜易怒处为正，尤须要“内符乎外”耳，不可倒说成“外符乎内”。

《注》改旧说,自当从今说矣。

但合下即是用工处。若平素全无工夫,恐于临时未必便遽然尽道,而一无遗憾也。

按:操存省察不可有造次,颠沛之违原该平日。(临时改,仍存尹氏注,但不可泥看,《精言》之说则不可从)。

胡备五:"工夫不在'动、正、出'三字,在'远、近'二字。"此说大可从。"斯矣"字,正见"合下用功无间断"处。刘眉峰[1]作"现成"说,亦不可从。

"远暴慢"[2],则容貌皆和平敬谨矣。"近信",则颜色之正者皆表里如一矣。"远鄙倍"[3],则辞气皆雅驯合理矣。此即"庄以莅之"[4]道理,而意思更细腻周密。《语类》云:"看来三者只是'非礼勿视'四句。"

按:此即是克己工夫,故为修身之要,为政之本。而"操存省察不可有须臾之离"者,虽切"临民"[5],只就"言貌"上说,而"实行"即在其中。盖敬信有理如此。则有德容者必有德行也,原是一串相连事。故《注》言"所关之大,用工之密如此",直以全副道理贯之矣。再详。

五　　章

"能不能""多寡"是概以其人言之,不是指"所指所问之事"说。两"所问"者,皆在"能不能、多寡"之外。

"从事于斯",据朱子,不作"工夫"说,犹言"服行于斯"也。

上五句虚悬出一个境界,末二句举其人以实之。

看来此章只一"宏"字尽之,前四句是器量容理之"宏",后一句是器量容物之"宏"。《内注》"惟知义理之无穷,不见物我之有间",《外注》"非几于无我者不能",

---

[1] 刘眉峰:江西金溪人,生平事迹不详,辑订有《四书易简录》。
[2] 远暴慢:远离粗暴和怠慢。
[3] 鄙倍:粗鄙背理。倍,同"背"。
[4] 庄以莅之:庄严地面临民众。语本《论语·卫灵公》:"知及之,仁能守之,庄以莅之,动之不以礼,未善也。"
[5] 临民:治民。

皆说得一个"宏"字。但此是"克己功深"之"宏",与后章"士之求进于弘者"境界为不同耳。

《松阳讲义》发此章最明快。

《精言》《汇参》俱不徒作"追悼"意,便有心慕手追,身体力行处看得好。盖曾子去颜子身分为不远也。

六　章

"大节"宜从《浅说》,下"不可夺"方着实。然再详。

上二"可"字自以"才"言,不兼"节"在内;下"不可"字自以"节"言,却要承"才"说。盖"才"之所施布者,不以死生而夺其正也。玩《语类》《文集》可见。再详。

"可不可"三句语开意合,当始分两面,而终归于相成。

《松阳讲义》发挥最透,讲末二句确切君子身分,胜《条辨》之说。

七　章

首节

按:《语类》"弘毅"无"专切"工夫。又云:"须是见理分明,胸怀磊落,无遁惰病痛,便由自家处置。"据此,则平日穷理以扩其识,力行以厉其守,便自然进于"弘毅"矣。再详。

二节

"仁"本至大,以为己任,则必须身体而力行之,可不谓重乎?"仁"本不息,死而后已,则一息不容少懈,可不谓远乎?"仁"字似统两段说。

"仁"字自紧粘"以为己任"说。"死而后已"则又统承"仁以为己任"来,非单承"仁"字也。

此章正面自是以"弘毅"励士意,然其所以欲士弘毅者,正欲其"体仁"也。"仁以为己任",虽说得现成,正见得自当如此意。自当如此者,以其为士也,尤重在

"责成为士"底上方得旨。

八　章

首节

"诗本性情,邪正判然",是言之易知也。"诗本性情",吟咏时其美善刺恶,令人流连不尽,是感人易入也。再详。

"诗本性情,有邪有正",是诗之文词;"吟咏之间,抑扬反复",是诗之旨趣。此四句皆诗之体也。"其为言易知,其感人易入",此二句乃诗之用也。际飞〔1〕以上下段分体用,似未合。再详。

人皆有好善恶恶之性情,诗本性情而发,其言邪者讥刺暴露,即显然共见其当恶;其言正者诵美昭彰,即显然共见其当好。故曰"易知诗本性情"。吟咏之下,声韵抑扬,言词反复,更能感触人之性情,故曰"易入"不可略。

二节

循乎规矩,则可以收束人之血气精神,使不散乱而妄动,会凝聚也。再详。

礼是有规矩,可以束缚人底物事。前此或在道理中,或出道理外,俱不可知,惟习礼久之,自然时时守定个规矩,然后卓立于道理中,非外物之所能移矣。

按:《或问》兼"内外"说更备;《集注》"肌肤之会"二句单指"在内"说。以"礼之用"言,要亦自包得"外"。

"习礼"〔2〕而内以恭敬辞逊为心,则谨慎而一无怠忽;外以节文度数〔3〕自守,则整饬而一无放逸,自可以使一身之内精神团聚。而见于视听言动间者,尽皆收敛,而无不归于道理之中矣,故曰"立于礼"。

"恭敬辞逊"通以"心"言,玩《文集》辅氏可见。《蒙引》"恭主容,辞逊是心之

---

〔1〕 际飞:指黄际飞,生平事迹见第210页第一个注释。

〔2〕 习礼:学习礼仪。

〔3〕 节文度数:制定礼仪,使行之有度。节文,见《礼记·檀弓》:"辟踊,哀之至也。有算,为之节父也。"度数,见《周礼·天官》:"其属六十。"郑玄注:"六官之属,三百六十,象天地四时、日月星辰之度数。"

发"似亦有理,然虽见于外,而实主于心,自通以"心"言为是。

"心存"而理得,"习礼"则身心并见操存,"理"岂有不得者?

"固人肌肤"四字,只是一身收束意,并承上二句来。

三节

"立于礼"后已无大段,不是处了不过,意气之间或有些须未合理处,或有与理未融洽处,到此时亦不容大段着力。惟服习乎乐,久而久之,自然乖气释而和顺矣,躁心平而从容矣。盖"乐"原是个和顺从容底物事,如今之浮躁粗疏底人,闻"乐"时亦有一回静致,则有学问之功者,有不成于"乐"者乎?

"和顺"于道理见易疑安然,于道德故和顺也。

五声十二律是乐之准则,循此则而更唱迭和,则歌舞八音皆有其节矣。惟声容得其正,次序得其和,故可以养人之性情。

养性情者,如乖者使之和,暴者使之柔,躁者使之静,粗者使之细,自然荡涤其邪秽,而消融其渣滓。

乐本和平,故去人之乖戾,而邪秽涤矣。乐本自然,故化人之勉强,而渣滓融矣。

诗主于感动,故可以兴;礼主于收束,故可以立;乐主于和顺自然,故克底于成。

九　　章

"不可使知之",《大全》朱子有两说,看来宜兼用。盖以"民"言,其质本愚,不同于学士之易于开导。以上之教,又不能逐个与他解说,故曰"不可使知"。

上意重,下意轻。

"可使由,不可使知",所以然处,俱从"民"字讨出。

民之性柔顺而从上,故"可使由之";民之质愚鲁而不学,故"不可使知之"。文势自侧注下句,然上句自有实意,亦不可轻看。

"由"与"知"皆民之所当有,皆上之所当教也。但"使之由"则可,"使之知"则不可耳。民众不可遍教，民愚不可深教，兼此二义。

"使之由"便为良民，"不使之知"亦不为敝民。民之分量自如此，故可以不强耳。

十　章

上"乱"，"悖乱"之"乱"；下"乱"，"祸乱"之"乱"。

"疾之已甚"，夫子之言自是统上下而言。以上段照看，似尤重平常相等人说。《大全》及诸说却多贴在上者。

《注》下"作乱致乱"，俱归之己也。

"好勇疾贫"，《条辨》重"好勇"，《义府》[1]重"疾贫"，《或问》注胡氏[2]则平重。

按：《注》是一滚说下。盖"好勇"是"为乱"之根，但"好勇"而安分，何至于有"乱"？惟"好勇"而不安分，乃必"为乱"耳。下段"不仁"之人亦伏"为乱"之根，但"不仁"而恶之不甚，亦不至有"乱"。惟"不仁"而恶之甚，自必"致乱"耳。毕竟以两"疾"字为生乱之正意。"好勇""不仁"只是伏乱之机，"疾贫""疾甚"正是招乱之故。《条辨》似可不据，再详。

两"乱"字，《时讲》分悖乱、祸乱；玩《语类》《大全》，似俱作"祸乱"说，然毕竟不尽同。

两段讲家俱有"教养"意。

按：此是就"上之待民"说，义极正大。又，"好勇疾贫"亦可指"学者"说。"疾""不仁"亦可指同类说，圣言故无不包也。

---

〔1〕《义府》：训诂类著作。明末清初学者黄生撰。黄生，字扶孟，别号白山，安徽歙县人。生于明熹宗天启二年（1622），卒年不详。在明为诸生，入清未仕。精通文字声律训诂之学。《义府》分上下两卷，以解释经史子集中的词语文句为主。

〔2〕《或问注》胡氏：《或问》，指《四书或问》，朱熹晚年著作。此处"注"，是胡寅对该书的批注。胡，指胡寅（1098—1156），字明仲，学者称"致堂先生"，宋代福建崇安人，后迁居湖南衡阳。胡寅是胡安国之弟胡淳之子。胡寅是宋徽宗宣和年间进士，官至礼部侍郎兼侍讲、徽猷阁直学士。著有《论语详说》《斐然集》等。

十 一 章

"吝",鄙啬也。"鄙"只是容受人不得,"啬"是自秘而不予人也。《大全》真氏[1]似未。

歉者,不满足也。惟恐人之有,故不能畅然满足。

骄吝而无德,虽才美一无所减,而亦不成其为才美矣。故曰:"其余不足观,如禘自既灌而往[2],礼文自无缺,而已不成礼了。"

十 二 章

"至"作"志",是朱子看书实落不弄虚处。

"三年学",言久者,对世俗人言也。

据《蒙引》,"三年学"二句连说,言久纯于学,是"不易得"也。又,《体注》作"三年学之后不志于禄"。

按:此另是一说,未知是否,再详。

纯心于学,全不求禄,此君子终身事。今以"三年"为言,就常情论也。

世有为禄而后学者,此盖为人之学,尚不是本文反面意。有不因利禄而学者,积累之久,觉得识见高,德行进,遂有冀望得禄之意,此便是学不纯,而染俗情矣。故云:"纯学者,不易得。"不曰禄,而曰谷者,鄙薄俗情之意。

---

[1] 真氏:指真德秀,号西山,生平事迹见第195页第一个注释。

[2] 禘自既灌而往:禘,是最高规格的祭祀。周朝只有周天子才有此资格。由于鲁国周公辅助周成王平定叛乱,收复周朝东部广大国土,为巩固西周王朝立下了功勋,因此鲁国被特许世袭享有与天子等同的禘祭礼仪。灌是禘祭典礼中第一次献酒的仪式,就是祭礼开始时,用盛酒的礼器装入以香草酿成的酒,酌酒洒地以追请祖先的灵魂。"自灌而往",是在第一次献酒的灌礼之后,助祭的侍从人员将王室列祖列宗的神主牌位依一定顺序排列好,再献酒致祭。这道程序在鲁文公时代产生了人为故意的错误,违背了礼制规范。整个祭祀典礼极为草率随意,很不庄重,祭祀所要展现的精神荡然无存。孔子对此无可奈何,因此说"吾不欲观之矣",意即他实在看不下去了。

十　三　章

首节

上句是前一截事，下句是后一截事。上较虚，下较实，故《注》以"功效"言之。此"功效"，与他处不同。

二句分"学""守"，似《浅说》为是。若笃信、守死一类，好学、善道一类，自是后一层意，乃武曹[1]则取《蒙存》之说。再详。

按：旧说是泥"笃信"属"行"，故如此分贴耳，今看来毕竟以《蒙存》为是。盖有学是言见得明白笃信，虽似在"知"边，却无"见得明白"意。"善道"，则正见是"见得明白"意思。"有守"，是言"守得坚确"。"善道"虽就"行"说，却无"守得坚确"意。"笃信"则正可想"守得坚确"意思（说多有病，不可用）。然则"笃信"是"守死"之根基，故曰"有守善道，是好学之归着"。故曰"'有学、好学、善道'，则于理知之无不明而有学矣。'笃信、守死'则于事行之无不确而有守矣。'好学'是'有学'之由，'善道'是'有学'之验；'笃信'是'有守'之基，'守死'是'有守'之实"。此则前一截亦"有守"之意，后一截亦"有学"之意。"笃信"自与"守死"为一类，"好学"自与"善道"为一类。上下二句，特以前后虚实分耳。

玩《大注》末二语，明以"笃信""守死"为一类，"好学""善道"为一类，故知《蒙存》说不可易。"笃信"虽以"知"言，却有"必行"底意思。"善道"虽是以"行"言，却见"知明"底意思，正不得以知、行分属。

"善道"，朱子云："是不坏了道，便见'知'底意。"

浮慕者不足以入道，故须以"笃信"为根基，"笃信"是深信而不疑。然所信者或非其正，犹不能入道也。又必"好学"以明其理，则信所当信，而知乃不迷所往矣。游移者不足以执理，故须"守死"为质干。"守死"是固守而不变，然所守者不适其宜，犹不可执理也。又必"善道"以正其行，则守所当守，而行乃悉中其则矣。"笃信"是知之实，"守死"是行之实，此所谓有守也。"好学"则知之正，"善道"则行

---

[1]　武曹：指汪份，武曹是其字。生平事迹见第 31 页第一个注释。

之正,此所谓有学也。"有学"以"达其理"言,兼"行"在内;"有守"以"固其操"言,兼"知"在内。

"有守"是做个胚胎,"有学"方是能得其理。但无上一截,则所得之理亦不能常;若无下一截,则胚胎亦无所用,徒见其固执而已。故两层虽分轻重,四事均不可少。

"笃信好学"两意合看,只诚悫有学而已;"守死善道"两意合看,只坚守此道而已。合上下学、守总言之,又只是必"全乎理"而已矣。

二节

"不入""不居"〔1〕以"去"言,则别有所就者可知。

《语类》发"有道"意甚精,正从两"则"字上见。

"学、守"正在两"不"字,两"则"字上见。

三节

此是次节反面,不重,故《总注》不之及。

"有学",则明于"去就出处"之义。而学问既充,道德夙裕,进有可行之道,自统其中而不待言矣。若有道而贫贱,则无学问无道德,自上不能致君,下不能泽民,而绝无可行之道,则"去就出处"之义更不必责其不明也。

上下义虽似不副,而大意自相应。世乱而无能守之节,虽以"守"言,而本文意思亦进一层说。

世治而无可行之道,"道"字与"善道""道"字不同,然却见得是无学而贫贱,亦不是"有守"。再详。

十 四 章

"位"以"职位"言,与"政"字应。"不"字自以"安分"为正意。

---

〔1〕 "不入""不居":原文为"危邦不入,乱邦不居"。见《论语·泰伯》。

"政"意，当就"自下而上"说，如庶人不谋在官之政，大夫不操君卿之权皆是。饶氏自上而下，左右旁推，意皆不可少，但是推说耳。

玩"位"字、"政"字，当主"微贱者不谋在官之事"说，此毕竟是正意。至自上而下，并及左右，自是推说。玩一"谋"字，及《注》"任"字，不是泛常讲究议论之谓。

两"不"字，有"分界确不可移"意。两"其"字，自是"视彼与我无干"意。

十　五　章

此章大旨只是由今以追念昔日之盛，重"始"字。再详。

所以"洋洋盈耳"处，须据《注》意补出。《时讲》更有师挚[1]奉职意。

按：此一意虽在"始"字见，却不是"始"字正面。《注》亦无此意，只作余意参用可耳。

据新安观涛说"始"字，不必作"初在官"说。

"师挚之始""始"字，对"今日"说，盖言其始师挚在官之时也。

按：新安说"举师挚者是以其贤，非以其始在官而勤所事也"，《时讲》臆说，不必从。

"洋洋盈耳"[2]，自以《蒙引》说"举终以该始，至此犹盛"为是。《说约》不可从，再详。

十　六　章

"直"是"直爽"，不"直"则多委曲。责人而恕己，非狂之真也。"不愿"是妄逞才识，轻举妄动，非侗[3]之真也。"不信"则会用诡诈，不守朴拙，非悾悾[4]之真也。

---

〔1〕　师挚：鲁国乐师、乐官，名挚。

〔2〕　洋洋盈耳：指洪亮的声音充满双耳。洋洋，众多。盈，充满。

〔3〕　侗：《论语》原文为"侗而不愿"。意思是人像小孩子一样幼稚无知，但行为却又不谨慎敦厚。侗，通"僮"，指孩童。

〔4〕　悾悾：愚蠢，无知。

"愿""信"分属"知""能"之确然处,然须再详。

《语类》云:"此'狂'字固卑下,然亦有进取意思。敢为大言,下稍却,无收煞是也。"

按:此解"狂"字,与"狂简"之"狂"少有分别。圣门之"狂",是有下稍者,《精言》看作一般,未合。

圣门之"狂"俱是刚直底,此正不失其本色,盖意欲有为。志大,言大有不可一世之概,遂尔直率无隐矣。若世之狂纵者无心实行,徒有大言大志,临事又忧谗畏讥,故流于委曲自掩耳。再详。

侗者多自安于无知,凡事随人作计,不敢出头露面,师己自用,是所谓谨厚也。悾悾者多自安于无能,凡事朴拙行去,不敢做作妆点,饰己欺人,是所谓信也。"愿"是谨守不自是,故贴"无知";"信"是从实不弄功,故贴"无能"。

"直"则知其为"狂";"愿"则知其为"侗";"信"则知其为"悾悾"。不直、不愿、不信,并不得为狂、为侗、为悾悾矣。曰"吾不知之"者,弃绝之中而有不忍深言之意。

十 七 章

"学如不及",言工夫之勤敏有如此者。如此自不至遗失在后矣,乃其心犹不无是恐焉。下句紧贴上句说,即如不及处,见其犹恐失。非如"不及"是说前,此犹"恐失"是说后来,作两截看也。《困勉录》已明。

"犹恐失之"不必果有失,亦不必不自觉其有失也,时不可无是恐耳。

"如不及"非无心,所重在功夫。若第以"心"言,则说空了。"犹恐失"非无工夫,玩本文"恐"字,自以"心"言。《蒙引》说实确当不易,晚村乃谓上下句俱兼"功"与"心"说,似不免蒙混。盖本文"如"字,是人状其用功勤励如此,非就其"心"说也。不然,《注》"其心"二字,应在"既"字之上矣。上句专就"功"说,方说得着实紧切。然天下无离心之功,一言"功"则自有"心"在,而此意却正于下句见之。下句紧贴上句说"焉得不有功",但下句界限自专属"心"耳。晚村恐人将本文看成两截,故有是说。要知上言"功",下言"心",却正事以一串言也。

《浅说》谓"失"即"不及"说，统谓"如不及"是"赶上前"，"犹恐失"是"怕落后"。二说似不同，看来"失"较"不及"毕竟深一层。以"心之恐"言自不厌深，当以张说为可据。

学问无穷，如何是及？但不至大遗失在后则可耳，故"心之恐"以"失"言。

《时讲》有以"失"为"不得其理"者，大谬。

"学"字兼知、行。道理无穷，原是知不尽、行不完底事，何日是可及之期？故曰："学如不及，犹恐失之。须是精勤自励，庶可迪于有成。"此盖言为学极尽其勤，而心犹恐其惰也。

"不及"是赶不上，盖未远也。"失之"是疑在后，则已远矣。为学须急急去赶。"如不及"者，然而心犹恐其遗失在后，而相离甚远也。新安"赶船之说"似是。而"不能前进"及"反退流"二语，却呆滞不合。再详。

十 八 章

寻常有家有国者，便满心都是家国，胸中几放不下，是何心量之狭也？至有天下之大，而胸中全然不见，则心量诚巍巍乎远矣。

"有天下"说得极热闹；"不与"看得极雪淡，便见心体之"巍巍"。但须知通节是一气说下，不得打断。只上三字少顿，"有天下"重读，"不与"冷冷还之，便得其意。

十 九 章

沧柱论《浅说》《存疑》二条甚允，但《集注》此"故"字与他处自不同，上下回环看似不妨，但《浅说》顺说下去，于本文为尤切耳。

据《蒙存》《困勉录》，"无能名"与"可见"只是广狭全偏之分。盖下节是人所见得"无能名之德"，则尤有"人所不见底"在。

可见"即可名"二项不必分。

如孔子之圣人所共见者如此如此，其所不见者尚多也。

据《蒙存》《困勉录》，上节“德”字亦专指“功用”言，与下节“成功”“文章”颇难分。愚意“德”字难以“功用”言，却兼“体用”说较分明。如“过化存神”之“功用”，隐而难知者是“体”也；事业文章之“功用”，显而可见者是“用”也。“德”字却兼得下节，特就中剔出其“显者”耳。俟再详定（前条与《困勉录》合，此条少异，当以前条为是。当再详）。

凡天之所覆冒者，尧之德皆有以覆冒之，是则天之实也。

开首就“尧之为君”说起，且曰“巍巍、荡荡”，则此章“德”字，断当从《困勉录》，就“发用”处说。但“体、用”，一原说“用”，便连着“体”。就“光被四表，格于上下”处言“德”，而“钦明文思，允恭克让”之德，便在里许，但不可如《精言》，专以“浑穆者”言耳。

按：《中庸》“譬如天地之无不持载”节，《注》云：“此言圣人之德。”“声名洋溢乎中国”节，注“配天”，言“德之广大如天”。此注“德”字，正与《中庸》一般，安得偏以“德之体”言乎？虽“用”不离“体”，毕竟正意在“用”一边说。天之化育无所不及，尧之政教亦无所不及，故曰“则天”，曰“巍巍”，曰“无能名”也。

“业”便是“德”，分上节为“德”，下节为“业”者，断不可从。但圣德实无边际，“成功”“文章”不过举可见可名者耳。若“德”之全体，终不能尽见而名之也，此为君之所以大也。

“惟天为大”，饶氏泥《注》。“物之高大”句，专以“形体”言固不是，然亦不离“形体”。盖天之德不能及形体外去，天之形体所到者，德亦无不到，此天之所以大也。天德之所到者，尧德亦无不到，此尧之所以则天，而同其“巍巍”也。尧之“则天”，只就《中庸》“溥博如天”“故曰配天”两节说来，便是此处注脚。原不离“体”，却全主“用”，即所谓“以溥博渊”之德，发当其可而为。凡有血气，莫不尊亲之德也。《尧典》本“克明峻德”者，“以亲九族，平章百姓”，“协和万邦”。其说正可相参。

“荡荡无名”，《存疑》以为是“则天”之实，愚谓此申说“则天”。

以无可形容者形容之，“则天”兼“无能名”“有可见”者俱在其中。此虽举其全体，而“无能名”却说来甚虚，故下节又就“无能名”中抽出实事说。

尧为君之大，只“则天”一语，亦自分明。“荡荡无名”，又即此摹描一番，仍似未踏实地，故又于"无能名"中，抽出可见者言之。究竟可见者止此，而终以"无能名"名者为至，是则尧之德不可测，所以言"为君之大"也。

下节自是退一步说，但不言此"不见大"之实。《注》语却又找归上文，体贴圣言，精细之至。

"民无能名"已无可说矣，却又有下节"成功""文章"，既有可见矣，却仍归上文。白文、注语俱宜细玩。

"成功"如平地成天，教稼[1]明伦是也。"文章"如伯夷典礼、后夔典乐，及同律度量衡是也。然不可劈分两截，"成功"内皆有"文章"，"文章"亦即是"成功"者也。

二 十 章

上二节似俱是夫子及门人论及此，下因赞周才之盛，遂举唐虞并较耳。《存疑》犹未尽。

"五人"盛于"九人"，《蒙引》说似精，然愚意"五人"是"举其尤者"言，其他固尚多也。如此说，与夫子"九人而已"，就数目论方合。玩本文，夫子原未尝不以多寡论也。

"九人而已"，是惜其未满全数也，于此见其"难"，即于此见其"盛"。

本文是因"盛"见"难"，章旨则是即"难"见"盛"，原不分两截看。

蒋一瑽[2]"九人而已"[3]文中，此云"名世之兴，关乎运会，即得其一、二，亦足证气数之隆，而况乎其九也"。特是"九"之于"一"，相去几何？倘更增其一，以成师济之盛，讵不尽美而尽善乎？奈何不靳其"九"，而偏靳其"一"也，则谓之数奇不偶焉可也。佐命之生讵有成额，总缺其一、二，亦无损翌运之资，而何歉夫"九"

---

〔1〕 教稼：教导稼穑。据《史记·周本纪》载：后稷幼年时好种树、麻、菽、麦，成人后遂好耕作。帝尧举为农师，封于有邰（故址在今咸阳市武功县境内），号曰后稷。后人为了纪念他，建立了后稷教稼台。

〔2〕 蒋一瑽：字岂石，湖南清泉（今衡南）人。清乾隆二十五年（1760）进士。

〔3〕 九人而已：语出《论语·泰伯》。全文为："舜有臣五人，而天下治。武王曰：'予有乱臣十人。'孔子曰：'才难，不其然乎？唐虞之际于斯为盛，有妇人焉，九人而已。三分天下有其二，以服事殷。周之德，其可谓至德也已矣。'"孔子把武王之妻邑姜排除在十人之外，轻视妇女。

也？特是"九"而加"一"，似亦无难，苟竟至于"十"，以泯阙遗之憾，奚事借才于阃内乎？奈何其"一"之难，曾不若其"九"之易也？则谓之造化忌盈焉可也。二比于即"难"，见"盛"意颇说得出。

此当时夫子及门人论唐虞之才，首推五人，遂及武王所言之十人，因叹才难，而重赞周室之盛也，自以周才为主。

"才"为德之用，原以"德"为主本。然不曰"德"而曰"才"者，朝廷之辅弼，原以治理世道为准。故上二节言"天下治"，言"乱臣"也。

说来是即"盛"见"难"，言外之意却是因"难"见"盛"。于"才盛"之时，成数犹短其一，亦可谓"难"矣。言中便有于"才难"之局，成数仅短其一，真可谓盛矣。"不其然乎"虽是叹词，却无伤感意。胡备五说妙。

"斯"字明对"唐虞"说，故《注》以"周室"言之。《精言》谓指"十乱"，恐未必然。

"周之德"，《大全》以为对"殷"言，亦似是，但此实承上节语意来。上"斯"字，正指"周"说，见得不但周之才盛，而周之德亦盛也。

正面自是因"才"之盛，并及"德"之盛，而言外自有微意在。《集注》体贴圣意，见理卓绝矣。

二 十 一 章

称禹"无间"[1]者，以其易间而无间也。

先儒谓"禹入圣未优"，亦谓其"学知力行，不无勉强耳"。其实于圣人道理已全体具备，一无遗漏，故曰"无间然"。

丰、俭分看，丰所当丰，俭所当俭，各适其宜。互看，"丰"不侵"俭"，"俭"不侵"丰"，并适其宜。细细搜剔，一无缺误，所以为"无间"。

禹之"无间"不止于此，然即此亦可见矣。

---

〔1〕 无间：指无可非议。

罕言[1]第九

一　　章

"利"兼义外、义中说。有计之心,总足以害"义"。

"命"兼理、气说方备,《或问》却单主"气",俟再详。

注"命之理微",据《蒙引》,兼"理""气"言,似又兼得"气数之理"。再详。

此章总俟详定。

《语类》使人有玩之之心,愚窃疑之,如雅言"《诗》《书》、执礼"[2],独不虞有玩之之心乎?

"仁"统四端,包万善,无物不有,无时不然。颜子犹不能无违于三月之后,则仁道之大,诚未易言也。"子罕篇"读"利与命与仁"为句,此照《不语章》例也。据《说统》,"利"字读断,另是一说。

"利"与"害"对,如"通塞"之"通"、"祸福"之"福",本是道理中事。故《或问》云:"三者皆理之正,但因求利者多,至于污秽不可言,遂成私欲一边字面。"如《大学》《孟子》"义利之辨"是已,须知人向道理处走,便是趋利避害,但不可有心谋画营求耳。故《语类》云:"若说全不要利,又特地去利就害不成?"然《语类》又云:"此是个里外牵连物事,才牵着这一边,便动了那一边,所以这字难说。"盖才一言"利",便引动人心,入私欲者多,入道理者少,故圣人只言"义中之利"。若单言"利",则是惩戒之词,此可以得"罕言"之义矣。

《语类》又云:"'命'字亦是如此。"

愚按:言"命"只是恐其废人事,尚未至于贪私大恶也。如今之图财致者,"命"只是贪利,故罕言者"利"为第一,次乃连及于"命"。若"仁",则精粹无疵,只怕人亵玩不求踏实,遂终及之。此可知两"与"字之义。

如此看来,则"命"字自以"气数"为主。故《或问》《语类》多主"气数"说。《大注》"命之理微",此"理"即"气数之理"。如阴阳五行皆气也,亦何非太极之理也?

---

〔1〕 罕言,此应为"子罕"。

〔2〕《诗》《书》、执礼:语出《论语·述而》:"子所雅言,《诗》、《书》、执礼,皆雅言也。"

理、气本相连,故《语类》云:"命只是一个命。"盖"理"为"气"之主宰,"气"乃"理"之运动。"理"如君如帅,"气"如臣如卒徒。"理"有一定,"气"可转移。盖君帅自有主见,而在下者虽有所为,终以顺从君帅为主。故穷通寿夭虽有一定,而有时转移者,此人能顺乎君帅之理,而臣下卒徒无不从令者也。但此不可闻见,有非寻常思所及者,故曰"命之理微也"。至于君帅之理,若天道之自然,万理之原本,精奥浑沦,更有人所不能察识者。此又是一义,虽属"命"字正旨,《语类》亦言及此,而本文所指,殊不重此。故《语类》又接一条云"命只是穷通之命",亦可见矣。然未知是否,当俟再定。

"仁"之道大,兼横、竖二义。横说统四端,包万善,即所谓全体也。竖说终食无违,死而后已,即所谓不息也。道如此其大,人不与及,徒说何益?此所以并列利、命之后也。《论语》言"仁"处虽多,却只是言"为仁""及仁"之难尽,实言"仁"处正少。

二　章

党人[1]言夫子博学,故无所成名。夫子自谓不能博学,自难成名。故商所执,要知不是必欲成名也,特承之以谦耳。

美、惜二意,《困勉录》与《蒙》《浅》[2]不同。

按:陆说直捷,可从。玩本文七字为句,自不宜破碎也。且"大哉"是极口赞扬,不宜美而又惜,一口两舌也。

稼书先生曰:"一美一惜俱在'大'字内,惜'无成名',不是惜夫子之不能成名,乃是惜人之不能名夫子,总是赞词,故注'总谓之誉'。"

陆稿张批石门[3]说,觉多周折,信然。

博学宜成名矣,而竟无名,"而"字一转,其深惜处正是极赞处。此本之仇沧柱,能折得"而"字出极妙。要知"而"字虽作一折,亦仍是双绾在"大哉"内,不当如

---

〔1〕 党人:指乡党之人。党,古代农村组织结构,以五百家为一党。

〔2〕《蒙》《浅》:指《四书便蒙》《四书浅说》。

〔3〕 石门:指吕留良,因其家乡为浙江石门县,故名。

石门之说也。

《文集》谓《集注》作"当"字优然，今本皆作"将"字。

汪兰友[1]分别此及《太宰章》最精。

圣人辞"博学"，认"无名"，下双承此言之。《大注》虽单承"成名"来，其实"辞博学"意已在其中，非夫子直以党人为真惜也。

闻人誉己，直自承任，圣人岂如此自傲？知此可识此章之义。又须知圣人不会假谦虚。

陶石篑[2]曰"吾何执"三句，非夫子自商量之意，皆承党人之意说来，玩《注》中"欲使我"三字可见。

夫子不敢承当"大"字与"博学"字，只坐实"无所成名"一语，而欲有所执以成名也。御虽卑艺，亦道理所寓，圣人实觉于道理有未精通处，故非虚谦。

三　　章

"纯""俭"原不合古礼，但无害于义，故圣人从之。《条辨》必以"纯"为合礼，与"服周之冕"照看，恐其不然。

言"麻冕"便见是细事；言"拜下"便见是大节。细事而"俭"，故可从；大节而"泰"，故不可从。意重"俭"与"泰"上。

此以义断变理之"从、违"，是降一步维"礼"意。盖世愈变，而心愈苦也。再详。

下节《四书释地》[3]又续曰："拜而受之，如今之一揖折腰而已。再拜而送之，则两揖。至拜下之拜，乃再拜稽首也。"古者臣与君行礼，再拜稽首于堂下，君

---

[1]　汪兰友：名汪蘅，字兰友，顺治己丑进士，知福建南平县，以不媚权贵罢归。著有《楚风雅薮》十卷。

[2]　陶石篑：指陶望龄（1562—1609），字周望，号石篑，浙江会稽人。明万历十七年（1589）进士，为翰林院编修，参与编纂国史。升侍讲，主管考试，后为国子监祭酒。

[3]　《四书释地》：作者阎若璩，字百诗，号潜邱居士，山西太原人。清代著名考据学家、经学家。

辞之,然后升堂,复再拜稽首。故曰:"升成拜见燕礼。"僖九年,王使宰孔赐胙事[1],事距孔子仅百余年。以桓公之强重,以天子之命,犹且不敢越焉,何一变而径自拜乎?上冠履倒置,江河日下,可不谓之寒心哉?

四 章

圣人之心本不易形容,故借说常人之情,令人于对面想出。吕石门说精甚。

须看他处言圣人,俱是浑然一理意。可见无私乃贤者事,不可以语圣人。今如此云云,自是以下一层透出上一层来,断不可泥看,故石门说甚妙。

我当意必固时未尝不有,但到事后成就,于我乃愈显耳,故以我终之。

"意必固"总归结于"我",故《小注》云:"三者只成就得一个'我'。"

"必"似兼前章"适莫"二意。惟早有"为我"之心,所以不论道理,而私意生焉。私意既生,遂期必不移。迨至事后,虽有人追论其心,而坚执旧见,全不更改消化,是为"固"。

注"私意私己",二"私"字不必深看,只不衷诸理,但逞自己意见,便是私意。如显聪明,夸才智,却于理有碍,皆是自己底意思,皆限于偏私也。"我"字对"理"言,不对"人"言。即《或问》谓大同于物[2],亦是指人心共具之理说。谓"只知有己,不知有人",或欲便己之私,或欲去己之害,此皆"我"字粗一层意。其实只不从乎理义,便是自己用事,皆所谓私己也。《精言》之即伯夷之清、伊尹之任、柳下惠之和,亦只是私己。惟夫子随时处中,因物付物,凡所酬应,皆无与于己,此方是"毋我"[3]也。向来说得粗,便不是形容圣人语意。

固执,滞也,谓执守不改变,停滞不流动,只是坚执己见,不知变通意。《或问》"过而不留"向来泥看,"不留"字作"留恋不忘"说亦误。

四病以"我"为根源,临事则起于意。自己立了主意,遂必定如此行事体。行

---

[1] 王使宰孔赐胙事:王,指周襄王。宰孔,周襄王的使臣,名孔。宰是官名。胙,祭祀用的肉。根据礼制,宗庙里的祭肉只分给同姓,齐国姜姓本不该受赏,周襄王赐予齐桓公,表示对齐国的一种礼遇。语出《左传·僖公九年》:"王使宰孔赐齐侯胙,曰:'天子有事于文武,使孔赐伯舅胙。'"

[2] 大同于物:谓与天地万物融合为一。

[3] 毋我:谓无私见,不自以为是。语出《论语·子罕》:"子绝四:毋意,毋必,毋固,毋我。"

过便自以为是，虽有差错，亦自不觉。因固执而略无变通，遂使好名者成其好名，贪利者成其贪利，机巧者成其机巧，拘谨者成其拘谨，自始至终，总成就一个"我"而已。至于"我又生"意，仍复如是而循环不穷矣。

以此摹拟圣人，固是反托法，然亦不宜以大故粗恶者来说，致与圣人全不相似。自庸常以及贤智，凡略有偏私者，皆圣人之所绝无也，但须说得细致方合。

玩《语类》，"必"是必期事成，如此则是主"事"而言。《或问》随事顺理，不先期必也，此是主"行事"而言。参之《精言》意，"必"即是"适莫"，似主"行事"为是。但"事"一定如此做，原期其必成，亦是一连意思。然事期必成，毕竟是余意。《时讲》有以此为正意者，殊不可从。"固"字，《语类》有以"固执不通"言者，有以"执滞不化"言者，当以前说为正意。再详。

五　　章

"将丧"二句反言，以决"天不丧文"之意，以引起下文。

先以"文"自任，为下文立案。下"不得与于斯文"，就此意反转说，言"天欲丧斯文"，则"后死者不得与于"，而"文"自不在兹矣。今既在兹，是"天未欲丧斯文也"。可见马注[1]之确。

圣人虽信之于天，实信之于己。

六　　章

圣由"天纵"，不在"多能"，而"多能"亦其分出者，故言又以兼之。

"天纵"句固是对"他圣者"句，却深一层。若正对"圣者"句，只云"是圣已足"。今却云"天纵"者，是推其所以为圣者。如此其隆言下可见，不得以"多能"当之矣。

"固"字从上"与"字生，与下"又"字映，言夫子原是如此以造于圣，则固不得疑夫子之圣，而亦不得妄言夫子之圣之实矣。但语意似重在起下"又"字，不重在应

---

〔1〕　马注：马，指马融(79—166)，字季长，扶风茂陵(今陕西兴平)人。东汉名将马援从孙。长于古文经学，著有《论语注》等，后人简称马注。

上"与"字。再详。

看来"天纵"不与"多能"对,与"多能"对者,是圣人之实,如知至、行尽、道全、德备是也。"天纵"自是上一层意,乃"所以为圣"处。然说"所以为圣"处,而圣之实亦包在内矣。

圣在"多能"外,"多能"不在圣外,故曰"又多能也。"

此节上截对上文,是辞圣而居于"多能",末二语又言"多能"不足贵。

说知我任多能也,观下单承"多能"可见。但下文又推"多能"之故,却重在"辞天纵之圣"。聘侯云:"'少贱'三句正见'太宰知我',赐所以为'不知我',《大注》已明。""鄙事"以上数句,俱明承太宰,暗对子贡。又明"任多能",暗辞"圣"字,语意煞甚婉曲。"君子"以下,据《注》,另是一意。然《摘训》[1]即以此作辞太宰口中"圣"字,看来兼用似亦可。盖晓之以"君子不必多能,则不足为圣"可知。然再详。

"少贱故多能",见非由"天纵"之圣。又言"鄙事",见不足为"出于圣"之事,且以引起下文。

"少贱"三句明填实"太宰知我",实则暗说子贡。

"兼用",言夫子之圣,原是本于"天纵",不得妄为惊疑。但圣无不通,不过又多能耳,何烦过为称赞?

玩"天纵"二字,是极意形容之辞,兼天资、学力二意,似尤侧注"学力"一边。《翼注》云:"生知安行,圣人皆然。'天纵'则不但使之生知安行,且纵之以知至行尽也。"

按:此说"纵之"最着实可据,《条辨》《精言》驳之,恐未允。盖夫子有"生知"之资,却不恃"生知",而又本是资以好古敏求,于是乎"知之至"。有"安行"之质,却不恃"安行",而又本此质以为之不厌,于是乎"行之尽",因而将次以至于圣焉。"将"字,按《注》,是子贡自谦,"不敢质言"之意,似并有"渐次至圣"底意思。《精言》把"将"字误认成代夫子谦,遂把"天纵"亦照寻常看了,恐不合本文语意。俟再详之。

"将"字,即俗言将来是如此。但俗言有真不知者,有谦言不知者,此则谦词耳。

---

〔1〕《摘训》:指《四书摘训》。辑者为明人邱橒,字懋实,号月林。

《摘训》："'少贱'三句是反子贡言圣之意；'君子'二句是反太宰言圣之意。"

按：此看得尤为亲切，虽与《注》异，似亦可用。见君子不贵"多能"，太宰安得以"多能"为圣？然则学者不可以多能为务矣。本是辞太宰"圣"字之说，却自有晓人意思。如此看自可，然再详定。

七　　章[1]

（缺）

八　　章

"吾有知乎哉""知"字，前辈多就"生知""上知"说，是本"我非生而知之者"来，若泛说不指定"生知"，则无所据，然泛说更见圣人之谦。俟再详。

时人以夫子诲人不倦，随问随答，略无阻滞，遂推进一层，称为"大有所知"。故夫子不敢承当，遂将进一层者谢却，而但以"诲人不倦"自居。盖言"我实无所知，不过于人之所问，虽鄙夫而为空空者，亦据己之意见而告之，必尽其诚耳，究竟何知识之有？"

"叩两端而竭"，不关乎多言。虽一、二语，亦是该始终、本末、上下、精粗在内，所谓言近而指远也。玩《语类》可见。

"叩"，击也。如钟鼓一击，而通体震动，故《注》以"发动"释之。"两端"，不单是自始至终，凡由本及末，自下至上，由粗及精，皆两端也。一叩而无不发动，谓之"竭者"，亦不必始终、上下一齐都说到。或言其"始"，而"终"即在是；或言其"本"，而"末"即在是。言"粗"而该得"精"，言"下"而包得"上"，即此是"叩两端而竭"也。必句句要圣人说尽，亦苦煞圣人，况鄙夫又有必不可与之言者。要知道理，自是包含无不尽。

照鄙夫看，"竭两端"恐难说。精奥处无不详陈，然亦自包括无遗，非若常人之

---

〔1〕　此处傅士逵底本缺对《论语》第七章的解读，该章原文是："牢曰：子云：'吾不试，故艺。'"

言“近”，则止于“浅近”而已。故《注》曰：“始终、本末、上下、精粗无所不尽。”

鹿沙林师云：“‘其’字指鄙夫所问者言。”最宜着眼。

玩一“其”字，则“两端”即所问之“两端”。但鄙夫亦未必知有“两端”，然其理自所必有，而圣人无不竭之也。

“叩其两端”，只是击此而震动乎彼，所以谓之“竭”。愚见只作一层看，《精言》“先叩后竭”之说则分作两层，似亦有理。但玩《语类》，言浅近道理而深远者便在是，不必一一说尽也。《精言》则是都要说尽了，恐上等精微道理，尽有鄙夫所不能了彻者，圣人必不肯枉说过。

九　　章

言圣王之瑞，即言圣王也，全不重在“祥瑞”上，须活看为妙。

高中元[1]说甚得体。若直言“明王不作”，未免有讥刺朝宁之意，故寓意于“凤鸟”“河图”耳。必藉此为言者，以凤鸟仪具五采，音中六律，河图像呈八卦，发泄造化元机，俱是文明之瑞。得是瑞者，自必有圣明之君相出而御世，以文章妆点乎世宙，润色乎太平，盖以类相从也，夫子所以惓惓于此也。圈外张注最为确切，归季心[2]亦颇称名理。

十　　章

“见之”与“过之”对，则“必趋”之上，亦自有“虽少”意在。

本文作“趋”，就外面说。范注由“外”以推其“内”，是说本文之所以然处。尹注就上意，拈出一“诚”字，较深一层。上言有哀尊矜之心，故自然如此；下言有哀尊矜之诚心，故自然如此。再详。

今人见此三种人，亦颇有整肃不敢亵玩处，即此是敬，但未必作“与趋”耳。即

---

〔1〕高中元：指高拱(1512—1578)，字肃卿，号中元，河南新郑人。明朝政治人物，隆庆年间担任首辅。著有《问辨录》《春秋正旨》等。

〔2〕归季心：生平事迹不详，待考。

此是诚不至，惟圣人至诚，故有不期然而然者。

首纪齐衰[1]，大变凶服，最可哀伤也。次及冕裳[2]，名器被身，不可简亵也。终以瞽者，两目残毁，在废疾中尤可悯恤也。此亦是圣人性情之正，但本文纪其接见，故《注疏》以"诚敬"释之。

十 一 章

首节颜子未尝不是用知、行工夫，但其始初尚未熟领夫子"博约"之教，故只见得道之高妙，无可入耳。

"仰弥高"，不可企及乎道也；"钻弥坚"，不能深入乎道也；"在前在后"，不能确见乎道而据之也。"仰之""钻之""瞻之"，便是用功去求道。《体注》载《蒙引》一条，谓"且不说用力殊谬，曰弥高弥坚者，正所谓学之，然后知不足也。"《四书家训》谓二"弥"字不可泥，道非因仰益高，因钻益坚，只极拟其至高至坚耳。

按：此说恐亦不是。

按：《语类》《中庸》"不可能"只是"在前在后"二句，《大全》改作统说四句，却可从。

本文四句却是"不可及""不可入""不可为象"三意，合来又只是"无穷尽""无方体"二意。再合来，又只是"道之高妙"一意也。

《详说》载《翼注》一条，"循循"对上"高""坚"，前后说甚精。与《语类》"道之全体，虽高且大"一条相合。依此，则"循循善诱"是"下学上达"之义，不止是"先博后约"也。"先博后约"是"下学"中"循循"处，说夫子教人"下学上达"最有次序，中便包得"先博后约"意。

按：此甚可从，再详之。

---

[1] 齐衰：丧服。"五服"中位列二等，次于斩衰。其服以粗疏的麻布制成，衣和裳分制，缘边部分缝缉整齐，故名。

[2] 冕裳：贵族人物穿的衣裳。

"卓立"〔1〕不但对"前""后"，并对"高""坚"。"欲从""末由"只是大而未化，矜持而未能自然耳。

"仰、钻、瞻"工夫，俱兼知、行说。

未仰已知其高，及仰而求之，欲登其地，弥觉其高不可及。仰求或犹谓其泛也，及刻意钻研，欲入其内，则又弥觉其坚不可入。仰、钻之下或若有所见，庶可求而得之也。乃方见其"在前"，忽焉又失落而"在后"，盖恍惚迷离，全无真像可以捉摸也。此二句不但是不可见，直是说不可得，玩《语类》自见。

见夫子行事如此尽善，乃细为审睇，若有以见其理之所以然矣。即本此意，以为效法，却依旧与夫子不合，所谓"瞻之在前，忽焉在后"也。

颜子言夫子之道高妙，不可捉摸如此，但学者不可看到元虚渺茫处去，其实最平实。盖日用酬接随其所处，舒徐做去，事事稳当，只如是而已。《语类》谓"中庸不可能"，此语真颠扑不破。

此章言"夫子之道"。玩《语类》，不单指夫子所言者说，须贴夫子本身所行者方是。如《无隐章》"语默动静""无行不与二三子"者是也。

此节讲家谓重"夫子之道"，不重"颜子用功"，是固然矣，但须知通章俱是颜子因自己用功，看出夫子之道高妙难学，赖夫子之教，始可进于道，而究有所未至也。讲家谓首节言"夫子之道"，次节言"夫子之教"，三节方说"用功"，似未为融洽。

在三节俱有"工夫"。首节"仰""钻"固是明说"工夫"。次节"博我以文，约我以礼"中便有"工夫"在。看下节"欲罢不能，既竭吾才"，可见是接上节"工夫"说下。

"循循善诱"自当从《翼注》，盖颜子以绝人之才，便欲一蹴求得圣道，却终不可捉摸。如此方觉夫子"博文约礼"之教，"下学"而后"上达"，为"循循善诱"也。至"博文约礼"中，又自有先后次第，亦是"循循"处。此又是细分。说"循循"正面，自指"上达"必由于"下学"也。

《精言》"博文约礼"于颜子身上必有不同处，因举"为邦""问仁"两章为证。此于两"我"字似为亲切，然须知夫子"博约之教"原有深浅，因人而施，因时而教。教

---

〔1〕 卓立：此处应为"立卓"。《论语·子罕》："既竭吾才，如有所立卓尔，虽欲从之，末由也已。"末，通"莫"。

颜子者虽较深一层,亦是公同教法中所有者,不是另有一种"博约"单为颜子设者。看两"我"字,仍从《大全》冯厚斋〔1〕之说为是。

"道"须要"知",故教我去"博文";"道"须要"行",故教我去"约礼"。曰"博我约我",即此便有"工夫"在内,所以下便接出"欲罢不能"。盖学之有得,识其趣味,才得有欲罢不能处。时习而悦,自进不能已,所以竭尽其才力也。

"如有所立""所"字暗指"物"说,与其"有所容焉""所"字同。

其实,"所"字即指"夫子之道",但是形容之词。

吴注"卓尔",在日用行事之间说最着实,或疑既指行事,自有形迹可据,如何有恍惚不可为象处?不知弟子学夫子者,岂是夫子坐亦坐,夫子立亦立耶?盖坐立自有当然不易之理,人之所处,各有其地,各有其时焉。得执定硬本子,一一去描画。日用行事只是道之运用处,学夫子者,须识得道之本体是如何方得。"夫子之道"原本于性命,发之则为时中。在夫子,合下是一贯底;在弟子,必须"博文约礼"。用"下学"工夫渐次通达去,务使私欲净尽,天理流行,乃有以见道之本体,卓然不可移易耳。再详。

立则在己之前犹是两个"从之",则"欲往"而与之为一也。前此不可捉摹,迨确有形象矣,又欲浑于无迹,便又是一种难学处。此颜子一一从亲身经历中来,乃真知圣道之高妙,此所以喟然兴叹也。

《困勉录》:"朱子言'中庸不可能',还是总说三项,《精言》驳之,看来自是。"朱子本以此解下二句,以下二句正是"道不可得"意,故以"中庸不可能"解之。但"高""坚"便有中庸;"仰弥高""钻弥坚"便是"不可能"。盖上二句原自收结在下二句,不过极力形容,分出头项说来。其实言高不可攀,坚不可破,亦只是不能得其真实之相而已。故下文"如有所立卓耳",只应"在前""在后",而"高""坚"即已在内耳。

"夫子之道"何道也?盖以"天命"为根源,以"仁"为主宰,以"中"为准则;敛之而为一本,散之而为万殊;上下、本末兼收,大小、精粗并举;尽之己而为至善,施之人而为极则,此夫子之道也。在夫子则"作止语默",自然流出;在门人则"勉强步

---

〔1〕 冯厚斋:指冯椅,字奇之,一作仪之,号厚斋,江西南康都昌(今属江西赣州都昌县)人。宋光宗绍熙四年进士,受业于朱熹。著有《厚斋易学》等。

趋",未得体要。此圣道之高妙,学者所以为难学也。

此章"道"属夫子,似当兼"所言所行"说。但重在"行",以有实迹也。

上蔡:"仰弥高,钻弥坚,无所限量,见圣道之大。瞻之在前则不及,忽焉在后又蹉过,见圣道之'中'。"

按:此分说自可从。须知"大"与"中"又自互参看。"大",《注》"无穷尽,无方体",似即本上蔡说。"中","无定体,随时而在",故云"无方体"。

颜子"博文"既久,则于随在道理皆见得透;"约礼"既久,则自己道理皆行得到。因于夫子之"作止语默"前日捉摸不着底道理,今皆确有定见矣。《存疑》"卓尔"就圣人身上说,与《语类》《文集》俱合。

"博文约礼"自是圣门长设规条,如今人入学者便要读书一般。颜子初时原不是外此而另辟途径,只未得"博约"之效,只见得圣道高深,故苦其不能入耳。及"博约"既久,渐有所得,方知"上达"由于"下学",而叹夫子为"循循善诱"也。

十 二 章

"子路使门人为臣",法无明文,疑子路之门人也。家臣治丧,其礼自异,然使之、为之者,不知果是如何,俟考。

"行诈""欺天"俱自"无臣而为有臣"上看出。上句既宽责之,末句又切责之。诈、欺二字相应,惟"行诈",故见得"欺天"。"行诈"虽泛说,却是紧贴此事正面;"欺天"又就此事说出一层来。总深责之词,非子路果欲如此也。

"久矣哉,由之行诈也",我今本"无臣",为人所共知矣,而诈为"有臣",则是欲售其欺也。"吾能欺谁? 无乃欺天乎? 则吾之罪大矣"。"为"字实说,如俗言"做成止以为"之"为"。

由[1]为己设臣,便是自己事体,故引以自归。然咎己,仍是深责子路也。

吾之欺乃由之诈也,自是子路事,本与夫子无干。不必云"由使我欺",致将"吾欺"看呆了。盖就"吾"一边说,特以甚其罪耳。

---

〔1〕 由:指仲由,即子路,孔子弟子之一。

本文两"欺"字，俱承"而为有臣"来。"吾谁欺"，以人共知为"无臣"也。故《集注》顶"无臣"，分明人不可欺，而竟为"有臣"，则是欺天也，故顶"而为有臣"。《集注》是分解两句，归重在"欺天"上。

"而为有臣"以欺人，则人不可欺，然则"而为有臣"是欺天也。以"而为有臣"似乎单是欲欺天者，故安在"欺天"之上，不可泥看。

以"事"言是失实，以"理"言是不当。有白文以"事"言，《集注》以"理"言，究竟不当有而有，即失实也。"失实"以见是"不当有"也，自是一串，故麟士[1]以"不当有"统此节。

两"且"字俱从上节来，上"且"字承"有臣"说，下"且"字承"无臣"说。上段言死门人手，理顺心安，所以为胜，就"好"一边说。下段言师弟虽不如君臣之荣，而亦不至于不葬，就"不好"一边说。玩一"纵"字，是就俗人之见看出，正针对子路也。言外见得子欲有臣，是以"大葬"为荣为好也。我死纵不得好，岂至大不好乎？较上段虽一意，而更紧切。再详。

《注》"不必然之故"，统本文两段说，言"有二三子在葬我"最妥。"必不至于不葬，我又何必用家臣也"，两段俱重下句意。《注》"二三子"上，《翼注》"不足为荣辱"意，似仍注在"家臣"上说了。须活看，俟再详。

因"诈"有"欺"，二字本相连，今将"诈"属之由，"欺"属之己，却不必说"由使我欺"，直硬把罪坐己身，更见深责子路之意。

上节就"使门人为臣"说，下节则回注到子路身上说，见抛了自己，却转诿之人，真不必也。圣言之曲尽紧切如此。

十 三 章

子贡之意固重在"沽"，须知不是"欲沽"，而直谓不妨于求致，与陈代[2]同一识见也。"求"字，亦是子贡有意无意中带出，不知是病，但被明眼人一眼看破，故

---

〔1〕 麟士：指顾梦麟，字麟士，号中庵，明清之际学者，生平事迹见第100页第一个注释。

〔2〕 陈代：孟子的学生。《孟子·滕文公下第一》中，孟子与陈代之间有问答之语。

急以"待"字换之耳。此余前说也,近见石门[1]说与此暗合。然所疑者,夫子平素汲汲欲仕之心,子贡岂不见之,而必待于问耶? 意者初游圣门之时乎?

此见圣人虽以仕为心,而必不枉其道;或谓与"用则行,舍则藏"同意,似犹未切。

十 四 章

君子所居则化,如孝德先生可见。

化之所及者狭而浅,得位行道,泽之所被者广而深。

此照《注》,与《浮海章》同意。自重首句,下节特因或人之问,而即其意以答之耳。重看下节非是。

十 五 章

《雅》《颂》即是乐,各得其所即是正。"乐"字不单指钟鼓管弦说,便包得《诗》在内。且重处尤在《诗》,故下以《雅》《颂》言。

《雅》《颂》是乐之歌曲,不单指文词章句,兼有音调节奏在,所以为《雅》《颂》即是乐。非但如《诗》,本之《雅》《颂》也。

按:"得所"之说有三:一谓《雅》归《雅》,《颂》归《颂》,为得所;一谓《雅》用之朝,而朝聘宴享各有其所;《颂》用之庙,而时祭、祫祭[2]各有其所。此二说皆以所为,处所之之所。又一说,谓"得所"内所该自广,凡用《雅》《颂》,而各得其宜者皆是,不止《雅》宜于朝,《颂》宜于庙也。

按:此"得所"似作"宜"字看,亦可作"处所"看。俟再详定。

《详说》载郑鱼门[3]一条甚精。

---

〔1〕 石门:指吕留良,因祖籍于浙江石门县,故名。生平事迹见第32页第六个注释。

〔2〕 时祭、祫祭:时祭,指四时的祭祀。祫祭,指帝王举行的祭祀典礼。

〔3〕 郑鱼门:指郑任钥,字惟启,一字鱼门,福建长乐人。清康熙四十五年(1706)进士,历官侍讲、湖南布政使。与李光地等提倡理学,著有《朱子或问小注》等。

按：前二说可兼用，以后二说为正说。再详。

圣人必要正乐，何也？盖乐之始由人心而生，先王作之，以象功德，以和神人。合礼与法度，以立教于天下，其功用为最大，而主于导人心之和乐，成德行之精纯。况当末世残缺失次之时，礼教不明，遂致季氏舞《八佾》[1]，三家以《雍》彻[2]，上下之名分荡然矣。故夫子汲汲正之，以立名分之准绳，以惩权奸之僭乱，遂使乐官伶人皆知大义。越国蹈河而去，则僭窃者自不能不为之寒心，而知所警也。由是可以导和，可以成德，而音乐之功用一复其旧，则圣人正乐之功大矣。然《雅》《颂》"得所"者，犹有篇章之可纪，而声音器数，迄今依然荡废无存，将圣人垂世立教之举终不留于来世，岂不大可慨哉？

李厚庵[3]曰："乐正所该者广，凡律吕、声音、器数皆是。然《诗》为乐章，乃乐之本，故以《雅》《颂》'得所'特言之。"

按：此说极是。此章原以乐为主，正乐则声音、器数无一不正。但大义所关，自以乐章为要事，不但天子、诸侯、公卿、大夫乐章各如其分，而褒、美、颂、祷之中，又随分各寓感发箴戒之词，此盛世之音，所以贵也。但用之失所，则诗与人不相符，词意虽美，亦徒然耳。甚者，三家之堂直歌"辟公""天子"[4]，岂不骇人？此夫子所以言乐正，而特以《雅》《颂》"得所"实之也。

解《雅》《颂》得所，《条辨》为曲尽，当从。

---

〔1〕 季氏舞《八佾》：孔子谈鲁国贵族季氏，说他用六十四个人在自己的庭院中奏乐舞蹈，违背礼制。八佾，见第 230 页第一个注释。

〔2〕 三家以《雍》彻：三家，指孟孙氏、叔孙氏、季孙氏三家。《雍》，《诗经·周颂》中的一篇，为武王祭文王的乐章。彻，同"撤"，撤除、裁撤。"相维辟公，天子穆穆"，《雍》中的句子。意思是说：孟孙氏、叔孙氏、季孙氏三家祭祀祖先，撤掉祭品时唱着《雍》的诗篇。孔子认为，"相维辟公，天子穆穆"的词句，不能在三家祭祖的庙堂上使用，只有在天子祭祖时才能歌唱，身为卿大夫级别的三家不配演唱，唱了就是违礼僭越。

〔3〕 李厚庵：指李光地（1642—1718），字晋卿，号厚庵，别号榕村，福建泉州人。清康熙九年（1670）进士，进翰林，累官至文渊阁大学士，兼吏部尚书。著有《周易通论》《读〈论语〉札记》《朱子礼纂》等。

〔4〕 "辟公""天子"：原文为"相维辟公，天子穆穆"。意思是诸侯、天子都庄严肃穆地在进行祭祀活动。相维，语助词。辟公，指诸侯。穆穆，庄严肃穆。此句是说爵位低的人，却在使用不属于他们这个级别的音乐，如此违背礼制，足以骇人。

《语[1]·太师章》是正乐之声音;师挚之始[2]见正乐之声音;《八佾章》见正乐之器数。《雍彻章》见正乐之词章;删《诗》、序《诗》方是正乐之词章;《适齐章》乃是正乐后之效验。正乐原不一事,但以词章为重大,故特言之至。《困勉录》以《雅》《颂》总统音器,恐埋没了各项事功,似亦未合。再详。

补残缺,正失次,想得所之列国者居多。

十 六 章

此重庸行之难。

圣人察于人伦,于道理独见得精细。在他人共见其实行绝人;在圣人直自觉其有歉耳。

十 七 章

"子在川上",四字内便须臾透出"水之往而不息"意,入口气自迎刃而解。

《集注》"莫如川流"以上之前,此详说叙讲也最是;晰讲看,此数语亦妙。

"子在川上",人以为子见"水之不息",在夫子则见得是"道之不息"。人以为见气化中一端之不息,在夫子则是见得道中一端之不息,因此一端会及全体。人以为夫子是因气化之一端,会及气化之全体。在夫子则是见道之一端,因想及道之全体,特就"气化"以言之耳。

此章是即"气化"以言"道"也。

"天地之化,往者过,来者续",三句是正贴"逝者",就"气化"说。然理、气不相离,言"气化"即是言"道",故下接云"乃道体之本然也"。程注"日往月来"四语,正逝者之实事。

---

[1]《语》:指《论语》。

[2] 师挚之始:师挚是鲁国乐师,名挚。"始"是乐曲的开端。古代奏乐,开端叫"升歌",由乐师演奏。师挚是乐师,所以说是"师挚之始"。"师挚之始,《关雎》之乱,洋洋乎盈耳哉!"意思是说:"从师挚演奏的序曲开始,到最后演奏《关雎》结尾,优美的音乐在我耳边回荡。"

见为"不息"者，"气化"之形体也。此即为"道"之形体。盖"道"本无体，藉物之体以为体。

与道为体，言与道同为其体也。此见不息底为物之体，亦即为道之体。以物与道言之，固同为其体也。

按：上条说"与道为体"犹未是。朱子云："是与道做个骨子。""与"，犹给也。"骨子"，犹云躯壳也。如此方是，再详。

往来之化，乃天道之自然流出者，故曰"道体之本然"。但"化"属"气"，"道"属"理"，似毕竟不同。然"气"无"理"以统之，则散漫而无主，亦不成其为"化"矣。即如"气"以成"形"，而形体之完全而无缺陷，长久而不夭折，岂非"理"有以为之乎？故物之有形体可见者，气化为之，实即道理为之，乃合"气"与"理"，而共为其"体"也。则后注"与道为体"之说，正细发出气化为道体之所以然也。但二"体"字少异，"道体""体"字以"全副体段"言；"与道为体""体"字似以"形体"言。玩《语类》自见。

《或问》及《语类》"古说"一条，乃本程注下条，发出夫子在川上所以有此言之根源来。盖惟圣人纯亦不已，能会得此段意思，故即天道以指示出人道耳。

《语类》问注[1]云："此'道体之本然'一条，所说'道体之本然'，与'本体'之'体'不同。"据朱子，则"本然之体"，即在"道体之本然"中。

按："本然之体"谓"太极"。"道体之本然"，谓"太极之见于气化者。"言"气化"便见"太极"，故朱子"谓也"在里面。

又按："与道为体"，是指物以见道。其实物即是道，道不能离物而别见。故曰："往来之化，乃道体之本然也。"

"道本无体"，"体"全属物。然天无此道，便物无此体。"体"实兼"理"与"气"做成者，故曰"与道为体"。

"与道为体""为"字，即《中庸》"体物"。《注》"为物之体""为"字，物有体，物却不能自成其体。物之为体者，实"物"与"道"偕而共成之者。"体"之形象为"物"，"体"之主宰为"道"（以下三条阅《语类》录出）。人得天之理气以生，在天全副道

---

[1] 问注：又称"阅笔问注"。

理,无不具载于人之一身,如口鼻之呼吸,血脉之流动,并无一时停息。偶或留滞,便属疾病,必加调理,使复其常。可见身内之不涉情欲者,都与天地相似。惟天命正大,而人心私小,却与天地全相反背。独不思气病尚加调养,而理病乃听其自然,绝不使之复其常,何耶?苟念在己者本是天地化身,便当与天地同游。天道略无止息,则我亦须时时省察,而无毫发之间断,则全乎己身而无缺,即全乎天地而无憾也。须知此自是本分事体,并非驰骛高远者比。

程注发明圣人之意,其提示学者,亦切至矣哉!

十 八 章

"好德",不止是空好,便有"修为"在。凡人、己之善言善行,及未言未行之善者,皆德也。"德"只是合于"理"之行。

此章讲家只重"好德",然按《外注》,则夫子此言全因"好色"说来。重"好德",是欲人诚于"好德",而警惕其不然;重"好色",是惩戒人"好色",当易之以"好德"。二义似俱可用,然前义较正大。再详。

按:《或问》以胡氏说为详。则夫子未尝不用《外注》意,如此,则是警人,不当以"好色"乱"好德",而当"好德"一如"好色"也,与下论《已矣乎章》较不同。

据《史记》,此章全因灵公"好色"而发,自当以戒"好色"为主。然不直就"好色"说,却提起"好德"来说。且不说"好色"不如"好德",却言"好德"当如"好色",而自叹其未见,若全不为君说者。其实透进数层,警醒尤为切至,并见戒免人世意,此所以为圣人之言也。

十 九 章

此言"进止"之机决于己见,人不可不自勉意。须重两"吾"字,不必太张惶"进止"字。于垂成时言"止",便见不当止意。于始基时言"进",便见当进意。故《大注》云:"自强不息,则积少成多;中道而止,则前功尽弃。"皆从"一篑"字看出。故释《注》之说当从。但玩《注》"自强不息,中道而止"二语,自包得"前此不可止,后此亦当进"意。则本文言两"一篑"，又不可泥煞看也。

上下各九字，须一气说下。"止""进"二字要坐得实，方跌得出两"吾"字。

二　十　章

心解力行皆见他"不惰"处，然重在"力行"上。此章"语之"贴"夫子"说，故有励群弟子意。下章"惜乎"，单就颜子说，则不必夹杂此意。

得雨而发荣滋长，即闻言而心解力行之喻。

"心解"是"不惰"之由；"力行"是"不惰"之实。"造次"二句是"不惰"全身；"时雨"二句是"不惰"机致。

二十一章

《大注》盖沿其方向前进，而未尝有已也，不是"方进"而未至于"止之地"之说。《注》"方"字有味，正当方进而不止，却未及成功而死，所以为可惜也。

二十二章

此章只须说"人功"，不必说"天泽"，方与"学"切。

两句宜合看，不宜分看。论节次有此三层，故分言之，其实总要说向"成功"去。上句是于前节便见其不至于成，下句是于后节见其不至于成。

南轩[1]盖言须尽人事，以顺天工。全重人事上，却不遗天工，甚善。为学者亦是尽人力，以顺其机候，而后至于有成也。

---

〔1〕 南轩：字叔后，陕西渭南人，明代学者，人称"渭上先生"。明嘉靖进士。官吏部文选司郎中、翰林院庶吉士。著有《渭上稿》《渭上续稿》等。

二十三章

"可畏"自紧贴"年富力强"说。惟其为后生，所以可畏；惟其不保来，不如今，所以后生可畏。自是一串事，下句乃说到"究竟"处。

方说"后生"，突然接入"四十、五十"，见光阴迅速，易于悠忽混过也。通章警动处在"可畏""不足畏"上。"亦"字亦宜玩，言此非即可畏之后生哉？如斯，则已不足畏也已。

《注》"年富力强"，从"后生"看出，"足以"句，承"年富力强"。

按：实说遂接云"其势可畏"。"有待"，即指待来者。"积学而有待已"，打通了下句，故紧接出"安知"句。可见上下意原自联成一片。但"年富"二句只是言"可畏"之势耳，若"可畏"之实，自属道高德盛，却含在"焉知来者不如今"句内。《时讲》"可畏"单重"年富力强"，犹未是。

"四十、五十"即照"来者"说，"无闻"即照"不如今"说。上下只是一反复手，但上截先言"可畏"，次言"可畏"之实；下截紧承上句作反，先言"不足畏"之实，次言"不足畏"，遂一气相生。而两"畏"字，恰首尾相应。

二十四章

"从、改、说、绎"俱是法语、巽言[1]之效。但"从"与"说"是法语、巽言大概自有之效，说得虚；"改"与"绎"则是法语、巽言当有之效，说得实。听言者索性不受，还不足责，乃既有前一截，是已微喻之矣，却不有后一截，此所以末如之何也。

"能无从说"是法语、巽言自可使人如此，要必以"改、绎"为贵也。但亦有于法语、巽言而不"从说"者，然"不从不说"是其心有所蔽，犹可望后来有明白时。若既"从"且"说"，是心已明白了，却绝不"改、绎"，则终于此而无复有望矣。其如之何哉？

---

〔1〕 法语、巽言：法语，合乎礼法的言词。巽言，恭顺、谦逊、委婉的言辞。

《困勉录》曰："'从'与'说'权在言者，'改'与'绎'权不在言者，故曰'吾末如何'。"

按：此从"能勿"二字玩出最精，但似与杨注〔1〕不甚合。然细玩之，亦自不背。盖"从、说"虽曰权在言者，而"从之说之"仍是属之听言者。天下亦有闻法语、巽言而不"从说"者，但此反不足责。此反有望至于"从、说"，而不"绎、改"，斯真可责不可望也已。

他自己不能受进言者之益，是"末如何"正意。杨注则是"终不改、绎"句，又是向后推出一层。要知，亦是就当下见得，故在"末如何"之上。

"不改、绎"〔2〕者，不必一定无醒悟之时。但就合下看他光景，真无望其醒悟也。总是极力形容不悟之失。杨氏此注，是将本文"说、从"二字一顿，然后转出"而、不"字来较有力。

"说、从"则已有以动彼矣，而却不能实受其益，故"末如之何"。

《说统》谓："不重'吾说之穷'，只重'彼不可救正'上，极是向意。"就"吾说之穷"上，益见得"彼不可救正"。今看来法语、巽言不必一时俱用，终不必如此说也。若云言得非不恳切，而彼终不见听，亦奈之何？如此则不妨。

贾羽斯〔3〕一节文，破题云"为听言者进一解"，看上截最精。"能无从乎？改之为贵"，本是追进一层之辞。就泛说必追进一层者，欲听言者释其所借口，而实收其益也。

二十五章〔4〕

（缺）

---

〔1〕 杨注：指杨时的批注。杨时，北宋哲学家，生平事迹见第 7 页第二个注释。

〔2〕 "不改、绎"：指"说而不绎，从而不改"中的"不改、不绎"。

〔3〕 贾羽斯：指贾多勇，字羽斯，平山县义羊村人，雍正五年（1727）举人。据咸丰间编纂的《平山县志》载，贾氏曾为学使。

〔4〕 此处缺对《论语》第二十五章的解读。《论语》第二十五章原文是："子曰：主忠信，毋友不如己者，过则勿惮改。"

二 十 六 章

此为立志不坚者提醒。

谓之曰"志"，本是坚强不可夺底。其"志"之所以不可夺者，在己故也。《大注》"如可夺"二句，反言"在己之志不可夺"，是又剔出"志"字来说。即在"匹夫之志""志"字内，宜安放在"己"上一层，非又推出"所以不可夺"之故也。再详。

二 十 七 章

为学最怕有贫富之见在中。子路能不耻，故夫子因其可以进道而深美之也。夫子固是就可以进道上美他，要知此处且重美底意思，盖夫子原不意料他"遂终身诵之"也。下文因其"终身诵"，故又警之。上下文虽非截然两开，究竟意思各有所重。李衷一〔1〕说觉未尽。向下一步看，故曰"臧"〔2〕；向上一步看，故曰"何足以臧"。前"臧"字浅，后"臧"字深，即谓善之尽也。

此当与耻恶衣恶食，未足与议"不处富贵、不去贫贱"。两章参看，子路不耻，便是取舍之分明，便可与议道。曰"何用不臧"，即此可以密存养之功也。曰"是道也，何足以臧"，即取舍之分明，又必存养之功密也。

次节紧承"上也"，"与"字唱叹而入，遂长吟诗词以明己意，故不用"诗云"字，口角与他处引《诗》者不同。

"用"字，武曹以"往"字贴之，似无所本。愚意"用"，以也，以为也。故《批注》作"何为不臧"。俟再定。

打破贫富关，即此是物欲消除，便可以进道，故曰"何用不臧"。"进道"意在"用中"字，下言"臧"，以足其意。下节既云"是道也"，亦未尝"不臧"，但"臧"有未足耳。讲家于"用"字、"足"字，只作虚字空说过，似未得其意，但包长明文用焉。而后"臧有足焉，而臧者哉"，则不合语意矣。再详之。

---

〔1〕 李衷一：指李光缙(1549—1623)，字宗谦，号衷一，福建泉州人。生平事迹见第 77 页第二个注释。
〔2〕 臧：善、好。语本《诗经·邶风·雄雉》。

注"枲著"〔1〕,《大全》上想里反,下展吕反,当音"洗主"。

按:《字典》"著"与"贮"同居也。又,门屏之间曰"著",即《齐风》"俟著之著",并无"枲著"义。又,陟略切,音苟。引《韩诗外传》,士褐衣缊著,未尝完也。据此,仍当读陟略反。"枲著",《大全》赵氏云:"杂用枲麻以著袍也。"许东阳〔2〕曰:"枲,牡麻也。著,以绵装衣也。"谓以枲揌细以当绵,贫者之服也。汪本〔3〕引许氏说,义有不协者,不如陆本引麟氏删易许氏说为明晰。

又,《正字通》云,"著,旧注音主,训絮",误。

二 十 八 章

君子之操,当安常处顺时未尝不是如此。但此时或不甚见,惟当变故时,靡靡者都已凋落了,然后君子之操大显著于世,而人人共见也。然则君子之贞操,诚有足贵者。

"知"字,《注》明以"见"字释之,自当省却葛藤〔4〕。

此章非为君子叫屈,亦非为君子吐气;非叹君子之难知,亦非慨人知之晚(《殖学斋》以此作余意,亦非),总是表君子之德意。想当利害艰难之际,此乾坤何等时?乃必到此,君子之身分然后尽出。此其德之丰,操之坚,为何如耶?学者何可不如是耶?

武曹驳《大全》饶氏分贴之说似是,然必谓是一件。则《内注》只说利害可矣,何必又兼事变?言之利害固有大小,然此处即以利害言小,事变言大,而以《外注》分贴之,亦无不可。双峰正宜活看。

按:此语意本就现成君子说,言君子有深厚之德,不是浅陋易见得。惟经变乱世道,才把德之深厚者尽情发露出来。若非有积厚之德,平常亦可支持过去,一遇变乱便颓靡了,此学者所以必要周于德也。

---

〔1〕 枲著:枲,大麻的雄株,只开雄花,不结果实,称"枲麻"。枲著,杂用枲麻以著袍也。

〔2〕 许东阳:指许谦,元代理学家,生平事迹见第95页第一个注释。

〔3〕 汪本:这里指汪份增订的《四书大全》。

〔4〕 葛藤:本指藤蔓类植物,此引申指麻烦、纠葛。

注"周",足也。言积之厚,则用有余。

有非常之德者,必于非常之时而后见之,"岁寒"字宜重看。

二 十 九 章

"勇"即义理之勇,"气"即浩然之气。

本文"知者"以"成德"言,是明理而未有不能去私者也。至于德之未成之学者,则有明理而不能去私者。朱子语当如此看。

此章勉人进学意。玩《大全》,似重"仁知勇",而周李侯[1]却兼重下截。其说亦佳,当兼用,然再详。

以"成德"言三等人,非各说开。仁者未有不"知勇","知"者未有不"仁勇"者也。特各就一端,分著之耳。

此章不重称赞成德者,只是为学者示,则于先知后仁见之。

学者多惑,多忧惧,故言"知则不惑,仁则不忧,勇则不惧",遂据现在成德者以实之。

按:《语类》知者、仁者、勇者作三人看可,作一人看亦可。

"勇者不惧",兼"遇事不怯懦、末稍不懈弛"二义。

三 十 章

注"知所以求之",惟"知、求",故可与"共学",是在"共学"前一层,乃尽出"可与之适"也。下仿此。

"可与""未可与"诸说,多重"学者"边,总是引进之意。言"未可与",亦惕之使进也。《困勉录》则重"教者"边,故谓有"海人不倦、教不躐等"之意。二说未知孰是。玩《集注》及《蒙存》,似重"学者"边,俟再详。

重"学者"边言"可与",有"奖进"之意;言"未可与",有"警惕"之意。合通节,

---

[1] 周李侯:生平事迹不详。

又有"逐层勉励，以迪于成"意。重"教者"边言"可与"，有"不弃"意；言"未可与"，有"不凌节"意。合通又有"始终不倦，成就人才"意。二说虽不同，要之，"可与""未可与"，总不宜轻看也。

"与"虽在人，"可"与"不可"全在学者。

注"所以求之"，谓所以求之之道。盖少知此道之美，而志之也。一说"知"即"知所先后"之"知"。谓"知"所以求之之方也，恐未是。

知所以求之，故可与共学。既可与共学，自与之共学矣。本文上下各有一层，下仿此。

既可与"共学"了，如何说未可与"适道"（"道"字，疑"道理"之"道"，一说为"道路"之"道"）？盖"共学"只泛泛学之而已，至"可与适道"，则确见其道之美。合下直有勃然莫遏之势，故曰"知所往也"。"共学、适道"只精专、不精专之分，似各兼知、行说。程注"知"字，恐当不了"知"边事。一说《注》"知"字，即"知"边事。"共学、适道"专以"行"言，俟考。

一说"知所以求"，即谓"已求知所往"。即谓"已往"，似亦直捷。

按：以上诸条多影响，俱俟再详。

"权"字，断宜以"处变"言。程子说亦只谓权在经中，未尝谓权亦可以处常言也。《合订》〔1〕"'权'兼大小、常变言"。细玩朱子说，权变就大处言，故曰"惟圣人大贤能之也；若就小处说，恐人亦有能之者矣。"然嫂溺之权〔2〕，则说向小处了。

愚按：常人之权不过偶尔一事，不能常也。且偶尔之一事，亦最浅近之易见者耳。若小事之深微者，亦必不能也。然则权自可兼大小言，至谓兼常便言，是欲尊程而未看透也，断不可从。谓作精义看则不妨。

须知朱子精微曲折之说，非单以小处言"权"也。

立志为己不入异学，不同俗学，于吾性分之理，不甘于不知不能，而知所以求知求能，则"可与共学"矣。然而于道无真知也，至学足以明善。于仁义中正之理，

---

〔1〕 《合订》：指《四书大全合订》。订者黄越，字际飞，江南上元人，生平事迹见第 210 页第一个注释。

〔2〕 嫂溺之权：出自《孟子·离娄上》中的一段话。淳于髡曰："男女授受不亲，礼欤？"孟子曰："礼也。"曰："嫂溺则援之以手乎？"曰："嫂溺不援，是豺狼也。男女授受不亲，礼也；嫂溺援之以手者，权也。"权，权变。

欲躬行而实得于己,则知所往而"可与适道"矣,然而未能确守也。至通道笃实,则一心固执,而略无更变,乃可以"与立"矣,然而未能达变也。惟知时措之宜,可经则经,不可经则反。经合道而不害于经,乃为以义度量轻重,而可"与权"也。不躐等而进,不半途而废,斯学迪有成而入于圣贤之域矣。

"时措之宜"即随时处中也,原兼常、变在内,则重"变"一边。"适道"与"立己",是处常得中了。但处变未能中,便未可言"时措之宜"。惟到"可与权",乃是知"时措之宜"者。

汉儒"反经合道"之说,与程子"权只是经",及朱子"权与经当有辨",三说俱不相背。看来"反经合道",解此章"权"字,自确不可易,正与朱子说同。但重看"反经",轻看"合道",谓反经便合道了,则入于权变、权术,而不合道矣。所以程子有"权只是经"之说。须知程子亦非浑经、权于无辨,正谓权之合道,亦如经之合道耳。然只谓权之合道,即是经之合道,则经与权真无辨矣。所以朱子又有"亦当有辨"之说。三说看透,原自相通。盖"经"是常时之合宜,"权"是变时之合宜。以"常变"言,则各有所宜,自各为一道;以"合宜"言,则总是随时合宜,只此一中耳。

此章"权"字自单指"处变之权"说。若孟子"执中无权"之"权",则兼"常变"在内。"权"即度量也。上"适道""与立"亦自有"权度"在,但不与本文"权"字混。以"权"称物,物物皆然。若非常之物重千斤者,须别有一副大权衡,方可举得起,称得清。此章"权"字,正是圣人之"大权"也。再详之。

三 十 一 章

夫子非是怕人不知诗是思人,不是思理,但恐人因诗之思人者,遂谓思之无益,而概废了思,故借其言而反之也。然实按毕竟可疑,俟考。

此章不是言诗,只自论思耳。须着眼《注》一"借"字,盖圣人原主"思"而言,偶触于诗,遂借言之。全不论诗人本旨,只为言"思"言"远",是谓思之无益也。因谓"思"岂是无益底?思则得,不思则不得,亦何远之有?

《精言》言"思"便是言"理",此说大有见解。盖"思"以"正"言之,随其所属,无非是理,更不容有别项也。《注》"即仁远乎哉"之意,正见是理不远。

乡 党 第 十

一　　章

将于乡党、在宗庙、朝廷各一顿,便见"当如此、当如彼"意。合看,便含有"时中"之妙用在。《注》于上节特释曰"父兄宗族之所在",下曰"礼法之所在"。政事之所出,正是此意。

"恂恂朴实"即在谦卑逊顺,不以"贤知先人"上见。对浮夸,非对虚诈。

"恂恂"者,一味老实,总无浮夸骄纵气象。

"唯谨尔",下一"唯"字,言不过谨,正见其"便便言"处。若说"便便"中却又"谨",则相去天渊矣。此《论文约旨》[1]说也最精。

两节俱统论貌言,不可上下截分。首节特举其"貌",而"言"在其中。下句虽提出"言",却正发明"恂恂"之义。次节特举其"言",而"貌"亦在内。下句"谨"字虽似属"貌",却是自找足"便便"之义。通章言"貌",总说勿对分,勿偏重。

在乡党主于朴实逊顺,而一无所逞也;在朝庙主于判断详明,而自无所放也。分看,见其各当;合看,见其不滞。

两节分列,而语气自是串说。不但于节首见之,"便便言"即反承"似不能言"来。"唯谨尔",亦与"恂恂"相照。盖谓居乡是醇朴,而不多言;在朝庙则是详言,而亦非浮夸。此可以觇圣人之气象矣。

二　　章

"訚訚",谓当言时,和悦而委婉也。

《大全》朱子"含蓄不尽"二句恐非,若然,是在朝廷未能极言也。

两段虽俱有直意,下段自重"和悦"上,张彦陵重"直上"不是。

中"适"字,《翼注》说"好"。

---

[1]《论文约旨》:清张泰开撰。张泰开,字履安,江南金匮人,清朝官吏。乾隆七年(1742)进士,改庶吉士,后为上书房行走、编修,又迁礼部侍郎。

对大夫未尝不“敬”，却以“直”为主；对君未尝不“直”，却以“敬”为主。故《说统》以“直”“敬”分贴上下节。

三　　章

《总注》“摈”，又为相。武曹说可从。

首节方承命为摈时，纪其面容、足容之敬；次节传命时，纪其身容之肃；三节延宾时，纪其手容之恭；末节礼毕时，纪其口容，以见爱君之心。

四　　章

“色勃”二句较前章更进一层。前是“易和为敬”，此是“因敬变而益敬”。

“鞠躬如也”，身容不过如此。但此时之“敬”较前有加，须会意方妙。

两个“鞠躬”，须各切其地言。

此“鞠躬”固亦是“敬”，然升堂时原不容不鞠躬也。

虽是如此，然夫子分上，自与人异。

“入门”以“身容”言。“过位”以“面容、足容”言。“语言、升堂”以“身容、鼻息”言，即此可想其余。

“逞颜色”以下，不是先“和”了，到趋与复位时，又整顿其“敬”。盖此“和”乃敬中之“和”，较面君时为差和耳。只宜浅浅说。复位时，其“和”当更有加。然“和”中寓“敬”，又未尝不踧踖〔1〕也。“和”与“敬”并行不悖。

“逞颜色，怡怡如”，于此尤可回想其面君时之“敬”。

次节紧承上节，作一连看。“立不中门”，在未入之前；既入之后，说“行不履阈”，正就入时说。

首节于入门之始纪其身容，便见全副之“敬”，下二句各为一事之“敬”。

入门敬之谨恪，过位敬之森严，升堂敬之静细。合看见愈进愈加之义。始入

---

〔1〕　踧踖：恭敬不安的样子。

公门，犹是寻常敬谨。过位，则顿见其有加，一如君之在上，而严畏不敢舒。升堂，则敬入微至，反觉其浑穆而归于无迹矣。记者直形容得出。

"出"对上"入"字。"降一等""没阶"，对上"升堂""逞颜色""怡怡"。"敬"中见"和"，移步换形，自然适宜。翼如踧踖和中，寓敬敬尔，在公有始有终也。

<h1 style="text-align:center">五　　章</h1>

此"鞠躬"以"执圭"[1]言，与前又异。

此节自以"行聘礼"时言。《注》语少浑，参观《语类》自见。

单以"执圭"言者，看朱子以"命圭"通信，少间退还，想行聘礼时，始终是执圭故耳。

聘，问也。乃候问之意。

"执圭平衡"，"衡"，平也。平正当心曰"衡"，见《曲礼》。

"有容色"，疑"容"亦"色"也。"和"意在"有"字上见，未知是否，再详。

首节"执圭"，是在邻国正行聘礼时；次节是聘后行享礼时；三节是享礼后行私觌之礼时。

《总注》"此记孔子为君聘于邻国之礼"，当奉此为正说，晁氏注特以存疑耳。冯厚斋[2]以门人所记者为是，不必据《左史》[3]而疑之。

首节言"其敬"，下二节言"其和"。须知"和"中自有"敬"在，非截然两分也。

言"仪容颜色"中便有"和"意，与"色难""色"字同。

以上四节俱承首节，在宗庙朝廷遂言朝廷之事。第二节略言入朝之言貌，三节分言为摈之容，四节详言在朝之容，五节分言出聘之容。二、四总说，三、五各就一事说，圣人在朝之理可识矣。

---

〔1〕　执圭：以手持圭。圭，一种玉器。《论语·乡党》："执圭，鞠躬如也，如不胜。"

〔2〕　冯厚斋：指冯椅，字奇之，一作仪之，号厚斋，生平事迹见第238页第二个注释。

〔3〕　《左史》：指《春秋左氏传》。

六　章

"青",东方之色。东方属春,想即草木发生之色,今之浅绿也。"绿",今之深绿,今谓黑为青,误矣。

"红",今之粉红也。"碧",今之灰色也。今谓深绿为碧,亦误。

"䌬",今之古铜色也。"深衣"俟考。

吉月[1]之朝,据"虽不吾以,吾其与闻之"[2],当是朝于公廷。然再详。

先辨服之色,次记夏葛冬裘,并及佩带深衣,皆正言衣服之制。然后旁及吊服、朝服,亦从其类也。

首节是别嫌,次节方是正说辨色,固取正色,不取间色。但本文只言红、紫,则尤恶其艳冶者耳。其余间色,亦有时用之,即上节可见。

不见体,不必是自敬其身。袒裼裸裎[3],是何等放纵自恣!特圣人持敬,则尤为谨细耳。

"羔裘",取向幽之义。"麑裘",取洁白之义。"狐裘",祭报土功之义。当再详定。

德佩、事佩[4],无所不用也。但"德佩"则左右皆玉,"事佩"则左右皆器物,非玉与器一时并佩也。再详之。

"吉月必朝",是朝于公门内,故得以与闻国政。

――――――――――――

[1] 吉月:指正月,也指吉利的月份。

[2] "虽不吾以,吾其与闻之":语出《论语·子路》。"冉子退朝。子曰:'何晏也?'对曰:'有政。'子曰:'其事也?如有政,虽不吾以,吾其与闻之。'"意思是说,冉求从国君处回来,孔子问他为什么回来这么晚?冉求说:"有政事。"孔子说:"什么事?如果有政事,国君虽然不用我了,我也应当知道的。"

[3] 袒裼裸裎:袒裼,露臂。裸裎,露体。指脱衣露身,没有礼貌。语出《孟子·公孙丑上》:"尔为尔,我为我,虽袒裼裸裎于我侧,尔焉能浼我哉?"

[4] 德佩、事佩:古人佩戴在腰部的装饰物。腰佩分德佩(玉佩)与事佩两种。德佩为玉,事佩多为成年男女佩系的各种物件,除用作装饰外,还兼具实用价值。

七　　章

（原缺）

八　　章

"食精脍细"以"物"言之，单就"好"一边说，便见原当如此。"不厌"以"情"言之，就"厌恶"边说。加一"不"字，便现出圣人身分。

不曰"喜好"，而曰"不厌"，是对针膏粱人说。不曰"或厌"，而曰"不厌"，是对针旷矫[1]人说。

"不厌"二字下得最有意味，在膏粱之人乃深嗜之，不止是不厌；在旷矫之士则又厌矣。以常情论之，旷矫底似胜那膏粱底，然其不合中庸之理一也。圣人固不是深嗜，亦不是厌鄙，须合两层，方夹出圣人身分。

"不厌"加一"特"字，是对膏粱人说，必如此方醒出"厌"字精神。"不厌"上加一"自"字，是对孤矫人说，必如此方醒出"不"字精神。

玩"不厌"二字，与庄子"以无厚入有间"[2]同一语，妙。

本文"不厌"字，是从反面透正意。《集注》以是为善，是从正面说了，故须以下句补之。不是《集注》只对膏粱人说，不对孤矫人[3]说也。

"以是为善"，便是对孤矫人说；"非谓必欲如是"，便是对膏粱人说。

孤矫不必说到异端，膏粱亦须浅说，方衬得起圣人。

"食精脍细"，人所同嗜，圣人亦不厌耳。玩"不厌"字，是大略同常情，而绝异矫情也。

"食精脍细"，自是道理。当然先按定此四字，见非嗜此而求必得，但不厌耳。

---

〔1〕　旷矫：此应为"孤矫"。意指孤傲。下同。

〔2〕　以无厚入有间：语出《庄子·养生主》之庖丁解牛。意思是说，用非常薄的刀刃，进入有空隙的骨节。

〔3〕　孤矫人：孤傲不屈之人。

此对饮食之人看，又见鄙此而偏不用，却自是不厌也。此对矫情之士看，盖圣人不离常情，而衷诸理如此。

《丹铅录》[1]曰："谷一石，得米六斗为粝，得五斗为糳，音毁。四斗为凿，三斗为精。"《说文》曰："粝米一斛，舂九斗为凿。"《释名》曰："粝米一斛，舂八斗精米也。"

按：此"精、凿"少异，《注》则比而同之矣。

"饐"，疑其饭未熟。

饭伤热湿，如今蒸饼火烈水满，溢出箪上，俗谓锅淤之食是也。诸解多不合。

《精言》"色恶""臭恶"，据《注》，承"鱼肉"言。

按：食亦当肉，失饪亦足伤人。《条辨》解似有理，再详之。

"割不正"二句，玩《注》及《语类》，不合于理，便于心不顺，故不食。

濡鸡与鳖醢酱，濡鱼卵酱，是烹时和之。鱼脍芥酱，麋腥醢酱，是吃时佐之。

"造次不离于正"，贴"不食"，就外面说，不要混向内面。

"惟酒无量""惟"字承上文来。"不使胜食气"，盖有定也，惟酒则无定。

此二句，按《说约》，重"不及乱"，不甚重"无量"。然按本文语脉及《注》，"为人合欢"句，对"以谷为主"句；且下用"但"字、"耳"字，与"惟谨尔"一例相似。重上句，下句反轻。盖圣人自不至乱，但有量则不尽人之欢，未免失之矜持矣。夫子则与人合欢，而自然有节，不及于乱耳。如此看，归重上句，而说下句亦细。诸讲皆未及此，再定。

食分主与佐，道理自当如此，亦见养生意。"酒无量"不失人，"不乱"不失己。

"沽酒"节，《精言》解《注》好。

《会要录》："姜性温，故通神明；味辛，故去秽恶。"再详之。

"不多食"，《体注》谓："即精而细，正而备者亦不多食。"将上零星都收拾于此，看得亦好。

九　章

"不出三日"亦是急词。比君赐，"少缓"是余意。

---

[1] 《丹铅录》：作者杨慎，明代文学家。正德六年(1511)殿试第一，授翰林院修撰。世宗继位，任经筵讲官。于嘉靖三十八年(1559)卒于戍所。著有《丹铅录》等。

豆间之地，疑即盛食羹之器。

处祭肉总是敬神之意，不语言是诚一意。必祭必斋，又即祭敬，以见诚意，三条亦依类记之。

十 二 章[1]

《注》"安"字亦玩，释义说"好"。

"席不正，不坐"，亦如富贵人，全不带寒酸气，自是浑化，直出无心。

十 三 章

"斯出矣"，固是敬老意。而未出不敢先，并见务尽少长合欢之意。既出不敢后，并见略无狎亵贪恋之心。

十 四 章

朝服而立尊，古礼意多。然玩"阼阶"字，"敬宾"意亦有。而"或曰"一段，亦不可废。

《注》"无所不用其诚敬"，是从本文看出；而又说出去，则本文之"诚敬"可知。是虽轻小，亦然矣。

程子曰："傩者，古人驱厉气。"亦有此理。天地有厉气，则至诚作威严以驱之也。据此是与藏冰、出冰同意，俱圣人燮理阴阳之一事。固非泛常古礼，所以虽近戏，而圣人必用其诚敬也。

十 五 章

"问人"，则精神意念已与人通，故拜送使者如此。

---

[1] 傅士逵底本缺对《论语》原文第十章、第十一章的解读。

《续四书·释地》云："'再拜'，如今之两揖。"《语类》："'拜'，送使者已出，从背脊后拜。"

按：此自俗眼观之，直如戏事，不知圣人交友之诚，自有不能已者。盖遣使时，已心注于友，"既不见友"，即就见友者一伸其敬，不必彼知，而吾心固非此无以自适也。一如馈送礼仪，不是要人感恩，只是自遂其情耳。

十 六 章

次节范注似只重"必告"，《翼注》兼重"拜受"。再详定。

杨注"礼"与"谨疾"二义皆不甚重，节旨自在"必告之直"上。既不可虚人之赐，又不可轻己之疾，是必直告，乃可两全。若不告而尝，是不能谨疾而轻己。不尝，是虚人之赐而慢友，于此见圣心之诚。上节敬友之诚，下节感惠之诚、与人交之诚，即朋友有信也。

十 七 章

厩焚不问马，上下文紧相照应。通节虽重伤人，却以马为主，故《集注》开口便说"非不爱马"。

哭见厩焚，在常情或只问马，或人与马并问。夫子则只问人，仓猝合宜如此。

《注》"恐伤人"之意多说，"对伤马"之意少说。但玩"多"字，乃无限惊恐全注在人。直有蹰时始定者，非一问意便无余也，故下云"不暇问"。不然，问人后即继之以马矣，何不暇之有？故"不暇"句最重，正于仓猝间见神化也。

《鲁论》本以记言，此云"不问"，并记其"不言"者，记者正大有神情在。

据《注》，"未问马耳"，白文直用"不"字者，乃记者以常情参圣。谛见有出人意外者，故为是怪异惊叹之词，以著其神变不测也。

看来，只重"不暇问"句，宜问而不暇问，正于仓猝间见圣人之神化。

十 八 章

"敬、荣、仁"三层，总是重君之赐。

以君赐为荣，而荐之祖考。荐之，正所以荣之。于君赐而仁之，故不敢轻杀；不杀，正所以仁之。二条俱回环看，可尽其义。

玩《邢疏》[1]，臣侍君食不祭，即君命祭而后祭之，是亦客礼也。君祭先饭[2]，不待命祭，是不敢当客礼也。君祭先饭，是又以厨役之礼自待，而不敢当后祭之客礼也。兼两层说方备，但以"不待命祭"为主耳。

玩《集注》，归重在"不敢当客礼"上，则本文"先饭"，即"不祭"之意耳。但"先饭"其实又是一义，盖以厨役之礼自待，则不敢当客礼可知。

"先饭"固即是"不待命祭"处，然又较进一层。

《集注》言"不祭"者，臣子之心也。《玉藻》言"后祭"者，宾主之礼也。毕竟宾主之礼，君臣亦行之，故《困勉录》谓"不必竟不祭"也。但不知泛言侍先生其后祭亦必待命之否，疑此或有异耳。

《周礼》一段是"先饭"缘起，《大全》《邢疏》是"不祭"根由。

食余曰馂。

"君祭先饭"，《邢疏》敌客[3]得先自祭，盖直以客自居，故先祭。"降等客则后祭"，盖不敢以客自居，必主人命之祭，而后祭也。此《困勉录》所以有先祭、后祭之说。据《录》[4]意，谓"君祭先饭，是君既祭矣，便不是待君命祭。而直自先饭，是不敢当后祭之客礼，而但为君尝食也。若先饭而君必命之祭，则仍后祭也。"

按：此则注"不敢当客礼"，是不敢当"后祭"之客礼，此一谦也。又《汇参》据

---

〔1〕《邢疏》：邢，指邢昺，字叔明，山东曹州人。北宋学者、教育家。邢昺于宋太宗太平兴国初年（976）以通九经及第，授予大理评事。太平兴国二年（977），任国子监丞等。后奉真宗之命，与当时儒家学者杜镐等人核定《周礼》《仪礼》《公羊传》《论语》《尔雅义疏》等。又撰《论语注疏》。后世习称其著作为《邢疏》。

〔2〕先饭：祭祀活动中的一环。"若君赐之食，则君祭，先饭，遍尝膳，饮而俟。君命之食，然后食。"这里说的是，在国宴的时候，先举行祭祀，在君祭时，大家可以先饭，即吃点粗粮。详见《孔子家语》卷五的记载。

〔3〕敌客：指地位与主人相等的来客。

〔4〕《录》：指《困勉录》，作者是清代理学家陆陇其。

《孔疏》〔1〕云："君不见客,则君祭而臣不祭,亦不先饭(此本《孔疏》膳宰尝馔,臣亦不得尝馔)。今夫子侍食,君祭,未尝命夫子祭。而夫子犹自先饭,盖为君尝食,所以致敬,不必待以客礼而始,然其视常礼为尤加矣。"

按:此是单重"先饭",却抹煞《注》"不敢当客礼"句,此又一说也。

愚按:此二说俱执定《〈玉藻〉注疏》之说以解《论语》,俱似屈经合传了。何如只就本文解之,费却葛藤乎?盖"君祭"是不以客礼待夫子,而夫子亦不敢当客礼,只以膳夫尝食自待。如此似为简净,然再详定。〔2〕

二十二、二十三章

"以义合",谓以义理相合也。借之劝善规过,事事适于义,故曰"以义合"。然再详。

《蒙引》是就"学者"说,不必粘着"夫子"。愚意亦可互看。惟见底朋友不可不殡,而非同慷慨,方见得朋友之馈不必拜受也,亦是于"义"字看得透也。

友死可殡,不吝己之财也。车马可受,不重友之财也。惟曰:"义在则然。"

二 十 四 章

"不尸"节,《大全》辅氏以"常则"言,是正意;冯氏以"养心"言,是余意,可兼用。

圣人之容貌已纪其常,此又摘出容貌之变,联为一节,门人之审察圣人者,可谓曲尽矣。

寝则"不尸",敬谨有常也。居却"不容",即此是容貌之变。

---

〔1〕 《孔疏》:唐朝初年孔颖达作《左传正义》,解释晋朝杜预的《春秋左传集解》。孔颖达,唐代经学家。

〔2〕 下缺对《论语》第十九章至第二十一章的解读。这三章在朱熹的《论语集注》中都合并到了第十八章之中,第二十一章集注称"重出",没有解读。傅士逑的随笔依循了朱熹的《论语集注》。

二十五章

见齐衰者,前篇似重在内里。此以"容貌"言,重在外边。

《蒙引》"狎亵"之说固可从,然毕竟未确见底,"亵"是以"地"言。

"变"以"貌"之说必不可从。以本章照看,言"变"则不言"敬",言"敬"则不言"变",原互见耳。其实"敬"则必"变","变"则即是"变于敬"也,殊不必分,且以前篇作"趋观之"益见。

"式负版者[1]",周玉绳[2]说宜与《集注》兼用。

"礼"字即紧贴"盛馔"说,是于"馔"见"礼"也。

其实,"礼"字兼内外。

敬主人之礼,非以其馔也,然毕竟缘馔而得。但不在馔之备物,而在馔之设心。

"迅雷风烈必变",《大全》王氏自夫子以至士庶,皆当自察其身,而有恐惧修省之意。

按:此较恒言"闻震雷而不惊",语意更进一层,却自不相妨。

二十六章

"升车必正立",与"席不正不坐"同意。

范注"心体无不正"以"内"言,"诚意肃恭"以"外"言(诚意,亦是人见得如此),俱正贴"正立"说,"盖"字下乃推其全副也。

"诚意肃恭"即在"正"字上说,非有两层也。

玩"无不"字,似上是从"正立"上看出全体。"盖"字下又是从全体中剔出"正立"。俱俟再详。

---

〔1〕 式负版者:持邦国图籍者。版,指图籍。

〔2〕 周玉绳:指周延儒,字玉绳,号挹斋,明代江苏宜兴人。二十岁时连中会元、状元,授修撰。崇祯即位,召为礼部右侍郎等。后因罪流放戍边,不久被勒令自杀。著有《周挹斋稿》《片野堂诗》等。

末　章

依吴因之说，从邢注。"时"谓饮啄得时，则"山梁"二句，是"翔集"之证。

"子路共之"二句，是"色举"之证，于本文殊顺，且于"乡党"全篇关会尤切。但"时"字未免说狭了，不见独重意；且与夫子叹得意思，恐未合也，故陈新安"时"字之解可从。

首节"斯"字、"而后"字，便是预透出"时"字脚注。"子路共之"二句，又为"色斯举矣"〔1〕之一证。而"翔而后集"，亦可以知矣。

"时哉，时哉"，正是色举、翔集〔2〕之意。

夫子感叹雉之得时，意中谓是人之去就不可不以时也。夫子虽不但自指，而自己仕止久速之时，自于是乎见。故《大全》诸说多以"去就"解之，此本章意也。然记者记于"乡党"之末，则又见得夫子家常日用之间总是一个"时"字。此又一篇之大结也。

从吴说，则"时"字在首节之外。以本章言，只重首节，不见重"时"字了；合全篇论，则只重"时"字，又抛却首节了，故不妥。

夫"时也"者，大之在去就之际，小之在日用之间。惟我夫子去就间，固一时日用间，亦一时可昧其本原哉！

沈无回〔3〕说最妙，依此则是指点一"时"字与人，教人识圣人之本体神化处。则日用间之节目，皆此之所发，不可但执迹象也。

又，须知记者之意不是要人于日用节节去索求一"时"字，是指点与人，教本此"时"字以看节节也。

须知本篇所未言者，亦可以一"时"字包了。

"色举翔集"，《注》以"见机而作，审择所处"释之。打通"时"字，即孔子可以仕则仕，可以止则止之义也。孔子之"时"中，大节在"出处去就"，细务在"日用饮

---

〔1〕　"色斯举矣"：这里指鸟见到人受惊吓而飞起。

〔2〕　翔集：指鸟飞翔集在树上。《论语·乡党》："色斯举矣，翔而后集。"

〔3〕　沈无回：指沈守正(1572—1623)，字无回，浙江钱塘人。生平事迹见第246页第一个注释。

食"。"乡党"篇所记，皆"日用饮食事"，末却统归于"去就"，此记者文法之变。日用饮食事最繁曲，故通篇皆详举其细目，然却不是遗了大节。盖孔子"仕"与"就"时少，"处"与"去"时多，原不须细疏，故止于末稍一为点足，遂以大节统其细目，故又自结得通篇。而通部《论语》所记孔子之事，亦举不外是矣。

记者记此，自是注明孔子之事，然明孔子意，自在言外。就本文正面看来，首言"色举""翔集"，而以孔子叹鸟之得时断之，直是教学者之"去就"当如此也。末二句并记之，只作"色斯举矣"之一证。

通章是借鸟之"飞、集"各得其时，以教人之去就"各当随时"意，言外便见得孔子"随时处中"之妙。若呆讲孔子"时中"，便失记者含蓄语意，与本文正面殊不合矣。

（完）